区域制度环境与知识网络嵌入：
大学主导的创新共同体发展机制研究

王　凯　著

ZHEJIANG UNIVERSITY PRESS
浙江大学出版社
·杭州·

想的两大支柱。① 从马克思的世界普遍交往理论来看，"人类命运共同体"的交往范式从根本上超越了资本逻辑，"共同命运"是其核心要义，为解决世界普遍交往中的问题贡献了中国智慧和中国方案。然而，当前与创新有关的"共同体"研究主要基于传统西方创新理论中的"资本逻辑"，缺乏人类命运共同体核心思想（如"共同命运"和"相互依存"等）的指导，这就难以深刻理解中国情境下产学关系与技术转移的核心价值，也就无法从根本上提升创新能力与可持续发展水平。

基于以上现实背景与理论背景，针对传统的大学技术转移与产学合作存在的不足与局限，本研究借鉴创新共同体理论、大学功能观、知识创新理论、社会网络理论与嵌入性关系理论、新组织制度理论，提出产学关系由价值交易向价值共创转型的必要性，并以影响大学主导的创新共同体（ICBU）发展的关键环节——知识网络嵌入性关系为切入点，基于"网络—制度—资源"共演视角构建大学知识网络能力、区域制度环境、知识网络嵌入性关系和 ICBU 创新绩效的概念模型，提出以下四个研究问题：（1）产学知识网络嵌入性关系由哪些要素构成及其如何影响 ICBU 绩效？（2）大学知识网络能力由哪些要素构成及其如何影响产学知识网络嵌入性关系的发展？（3）区域制度环境由哪些要素构成及其如何影响产学知识网络嵌入性关系的发展？（4）如何从大学和区域政府层面促进大学主导的创新共同体发展？

本研究采用理论研究与实证研究相结合的方法，主要通过四个子课题分析，解决上述研究问题。（1）提出研究命题：基于系统的文献回顾，通过对国内外四所大学主导的创新共同体案例的多维度分析，提出制度环境、知识网络能力、知识网络嵌入性关系和 ICBU 绩效之间关系的研究命题——"大学知识网络能力与区域制度环境"和"产学知识网络嵌入性关系"是"ICBU 绩效"的重要影响因素。（2）构建概念模型：基于案例研究提出的研究命题，结合文献分析与理论推导以及调研访谈，提出 ICBU 发展机制概念模型及研究假设。（3）检验研究假设和修正概念模型：首先基于问卷设计与变量测量的论证，采用问卷调查方法获取样本数据，然后通过探索性因子分析和验证性因子分析对问卷数据的信度与效度进行检验，最后在此基础上采用层级回归和结构方程模型等实证数据分析方法，对ICBU 发展机制的研究假设和概念模型进行检验与修正，并对研究结果进行分析和讨论。（4）提出政策建议：通过对中国科技创新政策与产学合作发展历程的梳理，基于区域制度环境与大学组织情境，重点围绕如何促进区域创新共同体发展这一关键问题，根据修正后的概念模型从区域政府和大学两个方面分别提出相关实践启示与政策建议。

通过以上分析与论证，本文的研究结论主要包括四个方面：（1）知识网络嵌入性关系对 ICBU 绩效有显著的正向影响，知识网络嵌入性关系质量越高，越有利于提升 ICBU 发展；（2）大学的知识网络能力对知识网络嵌入性关系有显著的正向影响，大学的知识网络能力越高，越有利于知识网络嵌入性关系的构建与发展；（3）区域制度环境在大学知识网络能力与知识网络嵌入性关系的关系机制中起到显著的调节效应，区域制度环境质量越高，越有利于知识网络嵌入性关系的构建与发展；（4）构建知识网络嵌入性关系是促进区域创新共同体发展的关键途径，发展知识网络嵌入性关系既要提高大学知识网络能力，也

---

① 王寅. 人类命运共同体：内涵与构建原则[J]. 国际问题研究，2017(5)：22-32.

要提高区域制度环境质量。

　　与"大学技术转移""创业型大学""社会网络"和"区域创新系统"等研究领域的现有成果相比,本研究主要在以下几个方面进行了创新,并做出相应的理论贡献:(1)在人类命运共同体核心思想指导下,借鉴创新共同体和知识协同等理论,以知识网络嵌入性关系为视角,重点研究大学以知识双向动态流动的方式发展区域创新共同体的机制,不仅丰富了大学功能观和大学知识创新的价值实现机制,也发展了创新共同体理论;(2)从大学知识网络能力与区域制度环境两方面同时考察影响产学知识网络嵌入性关系与大学主导的创新共同体发展的因素与机制,在中国情境下从更广泛的维度验证了学术界提出的有关"知识溢出理论修正的假设";(3)通过对知识网络能力、制度环境、知识网络嵌入性关系与ICBU绩效之间关系机制的研究,从组织层面拓展了知识网络理论与嵌入性关系理论。

目　　录

第一章　绪　　论……………………………………………………… 1

　1.1　研究背景 ……………………………………………………… 1
　　1.1.1　现实背景 ………………………………………………… 1
　　1.1.2　理论背景 ………………………………………………… 4
　1.2　研究问题 ……………………………………………………… 6
　1.3　概念界定 ……………………………………………………… 7
　　1.3.1　知识协同 ………………………………………………… 7
　　1.3.2　大学主导的创新共同体 ………………………………… 8
　　1.3.3　知识网络嵌入性关系 …………………………………… 10
　　1.3.4　知识网络能力 …………………………………………… 11
　1.4　研究设计 ……………………………………………………… 11
　　1.4.1　研究目标 ………………………………………………… 11
　　1.4.2　技术路线 ………………………………………………… 12
　　1.4.3　研究方法 ………………………………………………… 13
　　1.4.4　章节安排 ………………………………………………… 14
　1.5　本章小结 ……………………………………………………… 14

第二章　大学主导的创新共同体相关文献回顾 ………………… 16

　2.1　创新系统与区域创新共同体理论 …………………………… 16
　　2.1.1　创新研究的发展 ………………………………………… 16
　　2.1.2　国家创新系统的研究 …………………………………… 18
　　2.1.3　区域创新系统的研究 …………………………………… 20
　　2.1.4　区域创新生态系统的研究 ……………………………… 23
　　2.1.5　区域创新共同体的研究 ………………………………… 26
　2.2　知识创新理论 ………………………………………………… 28
　　2.2.1　知识创新的相关概念辨析 ……………………………… 28
　　2.2.2　知识创新模式的研究 …………………………………… 29
　　2.2.3　大学和产业知识生产模式的异质性与融合性研究 …… 36
　2.3　大学促进区域发展的机制 …………………………………… 37
　　2.3.1　大学功能演化背景 ……………………………………… 37

2.3.2 大学促进区域创新驱动发展的动因 ………………………………… 39

2.3.3 大学促进区域发展的概念模式 …………………………………… 39

2.3.4 大学促进区域创新驱动发展作存在的问题研究——知识协同视角……… 43

2.4 社会网络与知识网络理论 ……………………………………………… 47

2.4.1 社会网络理论研究的进展 ………………………………………… 47

2.4.2 组织合作网络治理模式与机制的研究 ………………………… 51

2.4.3 网络能力对嵌入性关系影响的研究 …………………………… 53

2.4.4 知识网络——社会网络与嵌入性关系对创新绩效影响的研究……… 54

2.5 制度环境对社会网络与嵌入性关系影响 …………………………… 61

2.5.1 新组织制度理论的演化历程 …………………………………… 62

2.5.2 制度环境对社会网络影响的研究 ……………………………… 64

2.6 既有研究现状评述 ……………………………………………………… 66

2.6.1 知识网络能力与知识网络嵌入性关系 ………………………… 67

2.6.2 制度环境与知识网络嵌入性关系 ……………………………… 67

2.6.3 大学主导的创新共同体模式与绩效测度 …………………… 67

2.6.4 已有理论及相关研究的适用性 ………………………………… 68

2.5 本章小结 ………………………………………………………………… 69

第三章　大学主导的创新共同体探索性案例研究 ……………………………… 70

3.1 案例研究方法概述 ……………………………………………………… 70

3.1.1 案例研究的概念与类型 ………………………………………… 70

3.1.2 案例研究的步骤 ………………………………………………… 71

3.2 案例研究设计 …………………………………………………………… 72

3.2.1 案例选择 ………………………………………………………… 72

3.2.2 数据收集 ………………………………………………………… 72

3.2.3 数据分析 ………………………………………………………… 73

3.3 巴斯克大学主导的创新共同体案例 ………………………………… 74

3.3.1 巴斯克大学所处区域的制度环境 ……………………………… 74

3.3.2 巴斯克大学主导的创新共同体治理机制 …………………… 78

3.3.3 巴斯克大学主导的创新共同体发展模式 …………………… 78

3.4 麻省理工学院主导的创新共同体案例 ……………………………… 81

3.4.1 麻省理工学院所处区域的制度环境 ………………………… 81

3.4.2 麻省理工学院主导的创新共同体治理机制 ………………… 83

3.4.3 麻省理工学院主导的创新共同体发展模式 ………………… 84

3.4.4 麻省理工学院主导的创新共同体主要依托平台 …………… 84

3.5 苏州大学主导的创新共同体案例 …………………………………… 89

3.5.1 苏州大学所处区域的制度环境 ………………………………… 89

3.5.2 苏州大学主导的创新共同体治理机制 ……………………… 94

　　3.5.3　苏州大学主导的创新共同体发展模式 ················· 95
　　3.5.4　苏州大学主导的创新共同体主要依托平台 ·········· 95
3.6　浙江大学主导的创新共同体案例 ······················· 99
　　3.6.1　浙江大学所处区域的制度环境 ······················ 99
　　3.6.2　浙江大学主导的创新共同体治理机制 ·············· 102
　　3.6.3　浙江大学支持创新共同体发展的主要组织模式 ······ 104
　　3.6.4　浙江大学主导的创新共同体主要依托平台 ·········· 105
3.7　结果讨论与研究命题提出 ······························· 108
　　3.7.1　案例数据编码 ···································· 108
　　3.7.2　知识网络能力与知识网络嵌入性关系 ·············· 110
　　3.7.3　知识网络嵌入性关系与 ICBU 绩效 ················ 111
　　3.7.4　区域制度环境与知识网络嵌入性关系 ·············· 112
3.8　本章小结 ··· 113

第四章　大学主导的创新共同体发展机制概念模型构建 ········· 115
4.1　大学主导的创新共同体治理逻辑 ······················· 115
　　4.1.1　组织合作的治理机制 ······························ 115
　　4.1.2　创新过程中的知识交互模式 ······················ 116
　　4.1.3　大学主导的创新共同体治理机制 ·················· 118
4.2　知识网络能力与知识网络嵌入性关系 ··················· 119
　　4.2.1　知识网络能力与知识网络嵌入性关系的变量界定 ···· 119
　　4.2.2　内部交流与知识网络嵌入性关系 ·················· 120
　　4.2.3　知识基础与知识网络嵌入性关系 ·················· 121
　　4.2.4　网络导向与知识网络嵌入性关系 ·················· 122
　　4.2.5　组织领导与知识网络嵌入性关系 ·················· 123
4.3　知识网络嵌入性关系与 ICBU 绩效 ····················· 124
　　4.3.1　ICBU 绩效的变量界定 ···························· 124
　　4.3.2　信任与 ICBU 绩效的关系 ························· 126
　　4.3.3　承诺与 ICBU 绩效的关系 ························· 127
　　4.3.4　信息共享与 ICBU 绩效的关系 ····················· 127
　　4.3.5　联合解决问题与 ICBU 绩效的关系 ················ 128
4.4　制度环境的调节效应 ··································· 129
　　4.4.1　管制性要素的调节效应 ·························· 129
　　4.4.2　规范性要素的调节效应 ·························· 130
　　4.4.3　文化—认知要素的调节效应 ······················ 131
4.5　本章小结 ··· 132

1.1.2 理论背景

（1）创新系统理论——由"国家创新系统"到"区域创新共同体"

创新系统研究源于各种创新失灵，注重制度对创新的影响，其概念最初应用于国家层面（Freeman，1987；Lundvall，1992；Nelson，1993），也即国家创新系统（NIS）。其后，学者们基于创新模式的演变，又开发出区域创新系统（Cooke et al.，1997）和创新生态系统（Shipilov et al.，2020）等理论。随着创新模式向战略整合与网络化演进，以及"转型创新政策"范式①的出现，学者们在借鉴创新生态系统理论的基础上开始用"共同体"思想理解和分析知识创造、扩散与应用的动态复杂过程及其社会责任，逐渐形成了"区域创新共同体"的相关概念。

创新共同体受到设立目标、参与成员、区域经济文化特点等多种因素的影响，其运行模式也各不相同。根据创新共同体的运行管理结构不同，可将其运行模式概括为三大类：政府支持机构主导模式、大学主导模式和企业主导模式（见表 1.1）。

表 1.1　创新共同体的运行模式分类

模式	主导者	参与成员	目标	举例
政府支持机构主导模式	政府或政府支持的机构	政府、研究机构以及企业等多种类型机构	区域发展	欧洲创新工学院；高校—地方研究院；科技特派员
大学主导模式	大学或大学教授	大学、研究机构以及企业等	区域可持续发展科研能力与成果转化水平提升	高校协同创新中心、概念证明中心；产学合作研究；技术咨询与顾问等
企业主导模式	商业组织	大学、研究机构以及企业等	组织影响力经济社会发展	创新型产业集群；众创空间

资料来源：根据已有研究（庞建刚，石琳娜，2017）整理。

（2）知识创新理论——从"线性转移"到"协同创新"

"新增长理论"彻底改变了人们对经济发展动力源的看法，经济增长分析过程中开始将知识直接包含在生产函数中（Griliches，1979）。特别是在知识溢出理论的影响下，很多学者认为大学是创新过程中隐性知识的主要来源（Jaffe，1989；Jaffe et al.，1993），基础研究作为公共产品会溢出到社会中（Arrow，1962；Nelson，1959）。事实上，知识对技术创新和经济增长的影响并不是简单的线性过程，学者们由此提出多个有关知识创新的模式，如从超越布什（Bush，1945）的"线性模式"发展到"新知识生产"（Gibbons et al.，1994）、"创新系统"（Edquist，1997）、"三螺旋"（Etzkowitz，Leydesdorff，2000）、"四螺旋"（模式 3

---

①　"转型创新政策"（transformative innovation policy）将政策议程从主要的经济问题拓展到更广泛的社会和环境问题。参见：Diercks G，Larsen H，Steward F. Transformative innovation policy：Addressing variety in an emerging policy paradigm[J]. Research Policy，2019，48(4)：880-894.

创新生态系统)(Carayannis，Campbell，2006，2014)和"协同创新"模式等。这些有关知识生产模式的研究实质上都是围绕科学、技术、创新和社会之间的关系展开，每种模式各有其侧重点。例如，"协同创新"模式在综合前几种模式的基础上，特别强调创新主体(大学和企业等)在创新能力同构过程中要通过组织模式创新形成交互学习和动态互补结构以实现知识增值(陈劲，阳银娟，2012；Mindruta，2013)。

(3)大学功能观——由"知识工厂"到"融入型大学"

由于知识创新是区域发展的主要推动力，很多研究成果(OECD，2007；邹晓东、陈劲，2008；Jaeger，Kopper，2014)表明，作为知识创新的重要主体——大学是区域发展的关键竞争优势，也是区域创新系统的构建主体之一，对区域经济与社会的发展起到重要的促进作用。学者们已经开发多种概念框架来分析大学对区域发展的作用，如"创业型大学模式"(Etzkowitz，1983；Clark，1998；邹晓东等，2014)、"区域创新系统模式"(Cooke，1992；Cooke et al.，2004)、"新知识生产模式"(Gibbons et al.，1994；Nowotny et al.，2001)、"知识中枢模式"(Youtie，Shapira，2008；周光礼、宋小舟，2016)和"融入型大学模式"(Boyer，1990，1996；Trencher et al.，2014；Thomas，Pugh，2020)等。从知识流向角度来看，这五种模式都基本上超越了传统的"知识工厂"和"第三使命——服务"的知识"单向流动"模式，强调知识在大学与区域其他创新主体之间"双向流动"。此外，"知识中枢模式"则特别强调大学知识创新对区域创新系统的"催化"效应和知识流动的"网络化"，以及知识网络的"节点"与"管道"作用(Owen-Smith，Powell，2004)。"融入型大学模式"更加强调包括普通民众或社区在内的更大范围的知识双向流动与交互学习。

(4)社会网络理论——由"社会关系"到"知识网络"

在组织情境中，有关社会网络的研究可分为社会资本研究、网络发展研究。组织间和个体间层面社会资本研究主要包括两种不同但又相互关联的概念：社会资本与嵌入。一方面，网络嵌入性为网络参与者获取资源、结构利益和产生社会资本(Moran，2005)提供了一种中间机制。网络发展方面的研究主要关注网络作为社会现象如何发展、演化，同时分析网络形成和变化的方式与原因。在网络发展的研究过程中，学者们研究了组织获取"识别、构建、嵌入和管理网络关系"的能力，并提出与之对应的概念——网络能力(networking capabilities)(Hakansson，1987)。另一方面，组织或个人创造知识的过程本质上是嵌入社会的过程(Perkmann，Walsh，2007)，组织或个人利用外部知识进行创新的绩效依赖于它们所处的外部社会结构(McEvily，2003；魏江、徐蕾，2011；解峰等，2020；鲁若愚等，2021)。而知识网络就是由能够促进或限制个体或组织搜寻、获取、转移和创造知识的社会关系连接的一系列节点(Phelps et al.，2012)。由于知识生产与扩散既是经济增长的关键要素(Romer，1990)，也是个体、团体和组织之间合作关系的结果(Casper，2007)，而且这种合作能够改进新创造知识的质量和经济价值(Singh，Fleming，2010)，理解知识网络对理解知识创造和经济增长至关重要。

1.2　研究问题

基于以上现实与理论背景，以及当前研究中存在的不足，本研究在构建人类命运共同体思想指导下，基于"制度—网络—资源"共演的逻辑，从如何通过提升大学知识网络能力与区域制度环境质量来构建知识网络嵌入性关系，促进区域创新共同体发展这一根本问题出发，借鉴大学功能观、区域创新共同体理论、知识创新理论、新组织制度理论和社会网络理论，提出并解决如下问题。

（1）产学知识网络嵌入性关系由哪些要素构成及其如何影响 ICBU 绩效？虽然目前已有大量研究表明（如 Nielsen，2005；McEvily，2005；Moran，2005；魏江，2010；许冠南，2011），嵌入性关系对企业间的合作和企业战略联盟的创新绩效有重要影响，但是该理论视角和分析工具在有关产学合作与协同创新研究中仍处于初步探索阶段（李世超，2011；王凯、邹晓东，2014），还没有运用到大学主导的创新共同体的研究。本研究将通过半结构性访谈、探索性案例与理论推导的方法，归纳出区域创新共同体中知识网络嵌入性关系的构成要素，并构建出这些要素对 ICBU 绩效的作用机制概念模型，然后通过问卷调查和统计分析对模型进行检验和修正。

（2）大学知识网络能力由哪些要素构成及其如何影响产学知识网络嵌入性关系的发展？虽然知识网络研究成果已较为丰富，但已有研究主要关注网络特征和嵌入性关系对知识创新绩效的影响，往往忽视了组织应当如何构建知识网络，从而通过发展知识网络嵌入性关系来提升 ICBU 绩效。大学是具有相对独立性、自治性和能动性的公共知识组织，通过发展知识网络能力可以调配和整合资源来实现战略目标，大学知识网络能力水平的高低会对产学知识网络嵌入性关系和 ICBU 绩效起到促进或抑制作用。本研究将通过探索性案例研究与理论推导的方法，归纳出区域创新共同体建设中大学知识网络能力的构成要素，并构建大学知识网络能力对产学知识网络嵌入性关系和 ICBU 绩效的影响机制概念模型，然后通过问卷调查和统计分析对此模型进行检验和修正。

（3）区域制度环境由哪些要素构成及其如何影响产学知识网络嵌入性关系的发展？在当今中国区域创新系统转型发展过程中，大学作为区域创新的关键主体之一对区域创新能力提升起着重要作用。由于近些年中央政府权力不断下放和经济改革持续进行，地理距离和区域制度环境对知识流动的影响开始变得越来越明显，亟须从区域层面研究如何促进产学知识网络嵌入性关系的发展、提升 ICBU 绩效，进而促进创新共同体建设、创新驱动发展。此转型发展时期，区域制度环境对形塑特定领域的独特性质、创新主体间的交互学习和创新共同体发展都起着特别重要的作用（Greenwood et al.，2008）。

然而，已有关于知识网络的研究主要关注网络关系和结构特征对组织知识创新绩效的影响，却忽视了组织所在的网络本身也处于特定制度环境中，并受到相关制度的影响（Vasudeva et al.，2013）。此外，现在有关制度（政策）对产学合作或大学技术转移影响的研究主要从国家层面进行分析，如《拜杜法案》（Bayh-Dole Act）对美国大学技术商业化和专利产出的影响（Mowery et al.，2004；Grimaldi et al.，2011），以及类似法案对我国促进产学合作与科技成果转化的启示和建议等(栾春娟、侯海燕,2010;骆严、焦洪涛,2014)。为此,本研究将通过探索性案例分析和理论推导的方法,提出影响产学知识网络嵌入性关系发展的区域制度环境构成要素,并构建制度环境对产学知识网络嵌入性关系的作用机制概念模型,然后通过问卷调查和统计分析对模型进行检验和修正。

(4)如何从大学和区域政府层面促进大学主导的创新共同体发展?由以上有关产学合作与大学技术转移的现实背景与理论背景可知,产学合作创新绩效还不能满足区域创新驱动发展战略与创新共同体建设的要求,无论区域层面还是大学层面的政策都有很大改进空间。本研究将通过对中国科技创新政策与产学合作发展历程的梳理,基于中国区域层面与大学层面存在的实际问题,重点围绕如何通过改进区域制度环境与提升大学知识网络能力来发展产学知识网络嵌入性关系这一关键问题,根据修正后的概念模型分别从区域政府和大学两个方面提出相关政策建议。

总之,本研究旨在通过综合运用区域创新共同体理论、大学功能观、新组织制度理论、社会网络理论和知识创新理论等理论分析并解答"区域创新共同体发展"的影响因素,同时结合探索性案例分析和半结构性访谈,构建大学主导的创新共同体发展机制的概念模型,并通过实证数据分析厘清区域制度环境、大学知识网络能力、知识网络嵌入性关系和ICBU绩效之间的复杂关系,以期有助于指导大学和政府如何分别通过知识网络能力构建和制度创新更好地发展产学知识网络嵌入性关系、提升ICBU绩效,进而促进创新共同体建设。

1.3　概念界定

1.3.1　知识协同

自 Karlenzing 等于 2002 年提出知识协同的概念以来,还没有一个得到学术界普遍认可的定义,例如:Mckelvey 等(2003)指出知识协同是一种至少两家公司参与其中的知识开发活动,其成效体现于显性的专利或论文等;余维新等(2017)把知识协同定义为产学研组织基于跨组织资源的互动协作行为;何郁冰和张迎春(2017)提出知识协同是企业和大学/科研机构各自拥有的隐性/显性知识的相互转移与提升,其前提是企业和学研机构在知识积累和需求上的"天然"互补。

当前,有关知识协同的概念大致可分为三类:一是强调知识共享、知识创造和知识整合功能;二是把并行工程的理念应用到知识管理中,"协同"主要体现在并行的或多个业务流程的情况下如何高效地开展知识管理;三是认为知识协同就是通过一系列复杂的知识活动形成协同效应(俞竹超、樊治平,2014)。

1.3.2 大学主导的创新共同体

（1）共同体

"共同体"（德文为"Gemeinschaft"，英文为"community"）概念从"社会"（society）概念中分离出来，最早可以追溯到德国学者滕尼斯（Tonnies）于1887年发表的《共同体与社会》一文中。共同体概念早期主要是指一种共同的生活，随着人类社会的发展，后经杜尔凯姆（Durkheim）、韦伯（Weber）和帕克（Park）等学者的推进，其内涵与外延不断融入权力组织、社会网络、社会资本等元素，已拓展至地域型的社会组织和关系型的群体等，并被赋予功能性内涵，如利益共同体、经济共同体、政治共同体和科学共同体等，基本特征包括共同目标、身份认同和归属感。特别值得关注的是，马克思基于"交往"的逻辑起点研究人类社会历史发展规律时提出，共同体正是通过普遍交往的开展——人们在物质交往、精神交往方面的互相往来和互相依赖不断加强而逐渐形成的。基于历史唯物主义理论分析可知，共同体范畴在时空上的演进形态是从"自然形成的共同体"经由"虚假的共同体"走向"真正的共同体"（或称"自由人联合体"）（刘同航，2018）。

在世界多极化、经济全球化、文化多样化和社会信息化的今天，面对经济发展、气候变化和疾病流行等重大问题，人类社会是一个相互依存的共同体已达成普遍共识。党的十八大以来，习近平提出的人类命运共同体思想引发国内外学术界广泛关注和研究热潮。例如，习近平在党的十九大报告中提出，"各国人民同心协力，构建人类命运共同体，建设持久和平、普遍安全、共同繁荣、开放包容、清洁美丽的世界"；他还在2018年二十国集团领导人峰会上强调，"各国相互协作、优势互补是生产力发展的客观要求，也代表着生产关系演变的前进方向。在这一进程中，各国逐渐形成利益共同体、责任共同体、命运共同体。无论前途是晴是雨，携手合作、互利共赢是唯一正确选择。这既是经济规律使然，也符合人类社会发展的历史逻辑"。总之，"人类命运共同体"思想创新性地发展了中国传统文化的优秀成果，同时也是对马克思世界历史理论在新时代的创新和发展，为解决世界问题贡献了中国智慧（李包庚，2020）。

（2）创新共同体

Lynn等（1996）基于组织生态学开发出能够促进技术商业化制度理论研究的框架——"创新共同体"：根植于社会经济关系网络、直接和间接深度参与新技术商业化的组织，由包括为组织成员提供集体利益的上层结构与产生创新或起到技术互补作用的下层结构组成；其成员不固定，围绕技术创新和解决相关实际问题而动态演化。Coakes（2007）认为，创新共同体是一种通过资源集聚促进创新概念转化为市场产品的组织模式；"创新领袖"主要基于自身的影响力、可信性在创新合作过程中发挥纽带和领导作用，他们是创新共同体顺利发展的关键因素。

近些年，国内学者基于京津冀一体化、长三角一体化和雄安新区建设等案例也对创新共同体进行了研究。比较具有代表性的观点认为，创新共同体是以提高自身以及共同体创新发展水平为共同目标，通过具备一定执行效力的跨域机构、合作协议、协同机制，依托不同层级、部门及多元主体之间的集体行动与伙伴关系，对分散的创新要素资源加以集聚整合、统一配置，形成具有凝聚力和向心力的协同性、开放性、创新性的共同体（赵新峰，

2020）。创新共同体在功能上能够有效克服权力和责任的碎片化，缓解集体行动的困境，降低集体行动的交易成本与协作风险。这种功能源于共同体是一种具备超网络结构的网络，在主体上呈现出多元化和异质性特征，在结构上实现了多个网络及其功能的耦合（锁利铭，2020）。

（3）大学主导的创新共同体

基于对创新范式转型的认识，一些学者开始借鉴创新共同体理念开展有关产学关系、高校技术转移和大学"第三使命"拓展等方面的研究。Acworth 基于对"剑桥-MIT 研究院"案例分析提出，"知识一体化共同体"（knowledge integration community，KIC）特别有利于产学间双向信息流动与知识交互，超越了传统的由高校到产业的单向"知识转移"模式。邹晓东和王凯（2016）认为，产学知识协同创新是以提高大学与区域创新能力和促进创新共同体建设为导向，大学通过所在区域的知识网络嵌入经济、社会系统中，以知识双向动态流动的方式与企业进行交互学习和知识创新的过程。Perkmann 等（2021）提出，与知识单向流动的大学技术商业化（如专利转让）相比，合作研究与技术顾问等这样的"学术融入"（academic engagement）活动特别有利于产学间互动交流和产生更大的经济、社会价值。孟东晖等（2018）通过对清华大学的案例研究发现，产学互动过程中大学可以从企业那里获取促进学术创业的知识与经验，实现由产业到大学的知识转移。Bikard 和 Marx（2020）研究发现，区域创新中心促进了大学科学与企业技术的双向流动，显著提升了大学科技成果转化水平。胡赤弟和张国昌（2019）把以高校为中心的创新体称为"高校协同创新社区"，认为其存在意义的基本判断依据是，协同创新社区内部的不同行动者以知识为纽带进行互动，实现价值共创。

综合上述产学合作与技术转移等相关研究成果，并融合命运共同体、创新共同体和知识协同等思想与理念，我们把大学主导的创新共同体（innovation community based on university，ICBU）定义为：基于"命运相互依赖意识"，为共同应对区域经济社会发展的各种挑战，以实现区域创新驱动发展与可持续发展战略为导向，大学积极与企业交互学习、开放共享与知识协同过程中所演化出的网络化跨边界组织模式。主要是指大学与企业之间进行的与知识相关、具有知识双向动态流动特性的合作，既包括合作研究和专业咨询等的正式活动，也包括提供特别建议，以及沟通和交流等非正式活动。ICBU 的主要特征是：以大学主导、多个创新主体参与的协同创新活动为载体，进行相互学习、联合解决问题而实现创新资源互补、集聚与知识增值；有些创新共同体是实体组织（如产学协同创新中心），但大多是非实体模式，没有统一的组织形态，而是以"关系"和"网络"形式而存在（如产学合作研究项目或企业技术顾问等）。

大学主导的创新共同体不仅关注正式或编码知识，也开发和转移隐性与内嵌性知识。很多有关区域创新与产业发展的文献都探讨了隐性知识在获取竞争优势中的作用，认为在一个逐渐以知识为基础的环境中，只有那些不仅能开发、获取和使用编码知识，也能有效促进、传播和重组隐性知识的机构才能够获得较高的绩效。就大学而言，从第一种模式（知识工厂）转型到第三种模式（ICBU），与人们对隐性知识的关注紧密相关，特别是对技术转移和区域内交互学习的日渐重视。但这并不意味着第二种模式的大学不开发和利用这两类知识。在一定程度上，第三种模式中的大学更加意识到隐性知识的作用，从而实施相关战略来增加大学所创造知识的价值。这些战略主要包括吸引或开发特殊类型的人力资本或人才，在产学合作与技术转移中体现隐性知识的重要性，以及联合其他个体或组织探索相关的隐性知识等。由此，大学融入区域创新生态系统中，能够在促进创新共同体发展中承担新的角色，更加重视基于新巴斯德象限——应用和社会需求引导以及用户参与的知识交互过程(Tijssen，2018；张慧琴等，2021)，如合作研究(张艺等，2018；Fini et al.，2021；Rossi et al.，2020；蒋舒阳等，2021)、咨询与顾问(科技特派员)(袁茂等，2017)和农业技术推广(王燕等，2018)。

1.3.3 知识网络嵌入性关系

(1)嵌入性关系

经济行为与其结果会受到行为主体之间的相互关系和他们所处的整个关系网络结构的影响，"嵌入性"是指经济行为在认知、文化与社会结构及政治制度等方面的本质特征，是社会资本的影响结果得以实现的中间机制(Granovetter，1992；Zukin，1990)。后来，随着学者们对社会网络研究的不断深入，把网络嵌入划分为两种形式：一是具体个体联结中的关系嵌入；二是整个网络中的结构嵌入(Granovetter，1992；Moran，2005)。涉及关系嵌入的研究主要关注网络参与者(关系要素)之间直接相互作用的二元交易关系问题(Coleman，1990；Burt，2000)，如信任关系和协作关系等(Granovetter，1992；Gulati，1998，1999)。

组织情景中的关系嵌入研究通常包括两个方面：一方面是关系嵌入强度的研究，如强连接和弱连接(强关系和弱关系)对创新绩效的影响(Granovetter，1973；魏江、郑小勇，2010)；另一方面是组织间网络关系中的信任、信息共享和共同解决问题等方面对创新绩效影响的研究(Uzzi，1997)。

"嵌入性关系"的概念则主要针对组织间交互学习过程中所出现的交互关系对创新绩效影响的研究，指社会行为主体交互过程中由信任、信息共享、联合解决问题和承诺等要素构成的社会关系(Uzzi，1997；MeEvily，Marcus，2005)，这些关系是组织合作过程中组织间行为与交互活动的关键动力(Lavie et al.，2012)。

(2)知识网络嵌入性关系

20世纪90年代，激烈的国际竞争使瑞典日趋关注被视为知识密集型的高技术产业，为充分利用对知识的投入，开始在产业与研究机构之间构建紧密连接关系。在研究这些知识密集型产业发展问题的过程中现代瑞典经济学家发明和使用了"知识网络"概念(Beckmann，1995)，认为通过"知识网络"进行交流对现代世界所有领域的发展都至关重要，通过知识网络进行交互的有关研究由此兴起。在管理学研究领域，"知识网络"通常是指由能够促进或限制个体或组织搜寻、获取、转移和创造知识的社会关系连接的一系列节点，也即社会网络对知识创新影响的简称(Phelps et al.，2012)。有鉴于此，本研究基于上述"知识协同"概念的认识，把知识网络的概念界定为：以社会网络为载体，联结知识创新全过程中问题界定、概念证明、可行性证明和进入市场/实现价值所需各类知识要素(科学与技术/显性与隐性)的网络。

综合以上分析和知识网络的概念，本书将"知识网络嵌入性关系"定义为：大学主导的创新共同体为促进知识协同而构建的相互信任、共同解决问题、信息共享和承诺等嵌入性关系。

1.3.4　知识网络能力

Hakansson(1987)首先提出了网络能力的概念,是指组织如何获取识别、构建、嵌入和管理网络关系的能力。[①] 依据现有研究来看,网络能力通常包括网络愿景、网络关系管理、网络角色和网络占位等构建、维持和利用各种外部合作关系的能力(徐金发等,2001;Walter et al.,2006;曾庆辉、王国顺,2014)。网络能力对组织构建组织间网络关系和利用外部稀缺资源等方面能够起到积极的促进作用(Walter et al.,2006;范钧等,2014;倪渊,2019)。由此,一些学者从企业的角度提出了知识网络能力的概念:企业以所需知识资源的开发、利用、维护和保留为内容,实现知识资源在不同主体间链接、共享的动态能力集合(李贞、张体勤,2010,2014)。

基于对知识网络嵌入性关系和网络能力等概念的综合分析,本文对"知识网络能力"的定义是,为促进产学知识网络嵌入性关系的发展、提升 ICBU 绩效,大学所必需的"识别、构建、嵌入和管理"知识网络嵌入性关系的能力。在本书的后续论述中,将进一步把大学的知识网络能力划分为两大方面:大学组织层面的能力(如内部交流、知识基础和网络导向等)和大学领导的能力(如领导个人构建和嵌入网络的能力等)。

1.4　研究设计

1.4.1　研究目标

(1)探究大学融入区域创新共同体背景下,ICBU 绩效的测度指标,为丰富知识生产函数在知识创新组织和创新共同体中的应用提供理论支撑和方法指导。

(2)通过理论分析与实证检验,构建大学融入区域创新共同体背景下产学知识协同的概念模型,为研究知识创新与区域创新实现战略融合提供理论支撑与研究工具。

(3)探究大学与区域创新主体协同发展过程中深层互动关系,以及区域创新共同体中知识网络嵌入性关系的构成要素,分析这些嵌入性关系对区域创新共同体发展的影响机制,从而丰富和拓展大学与区域创新主体协同发展的理论分析框架。

(4)从组织层面探究大学嵌入和发展区域创新共同体的关键能力——知识网络能力构成要素,及其对知识网络嵌入性关系和创新共同体发展的影响机制,为提升大学知识网络能力、充分发挥建设区域创新共同体的能动性提供理论支撑与方法指导。

(5)从制度层面探究影响区域知识网络发展和嵌入性关系构建的区域制度环境构成

---

① 与网络能力相关的概念包括"关系能力""交互能力""合作能力""联盟能力"和"网络管理能力"等,这些概念在很多研究中的核心内涵都有很大相似之处(刘婷、薛佳奇,2012)。

要素。同时分析制度环境对知识网络嵌入性关系的影响机制。为中国提升知识创新与区域创新战略融合以及区域创新共同体建设成效提供理论依据、政策分析工具和具体方法支撑。

1.4.2 技术路线

本研究以区域创新共同体建设背景下，大学技术转移与产学合作面临的问题为出发点，通过借鉴和整合知识创新理论、大学功能观、社会网络理论、新组织制度理论和区域创新共同体理论等理论，以促进区域创新共同体发展为目的，基于知识网络嵌入性关系视角，从以下五个方面逐层深入地开展研究（如图1.2所示）。

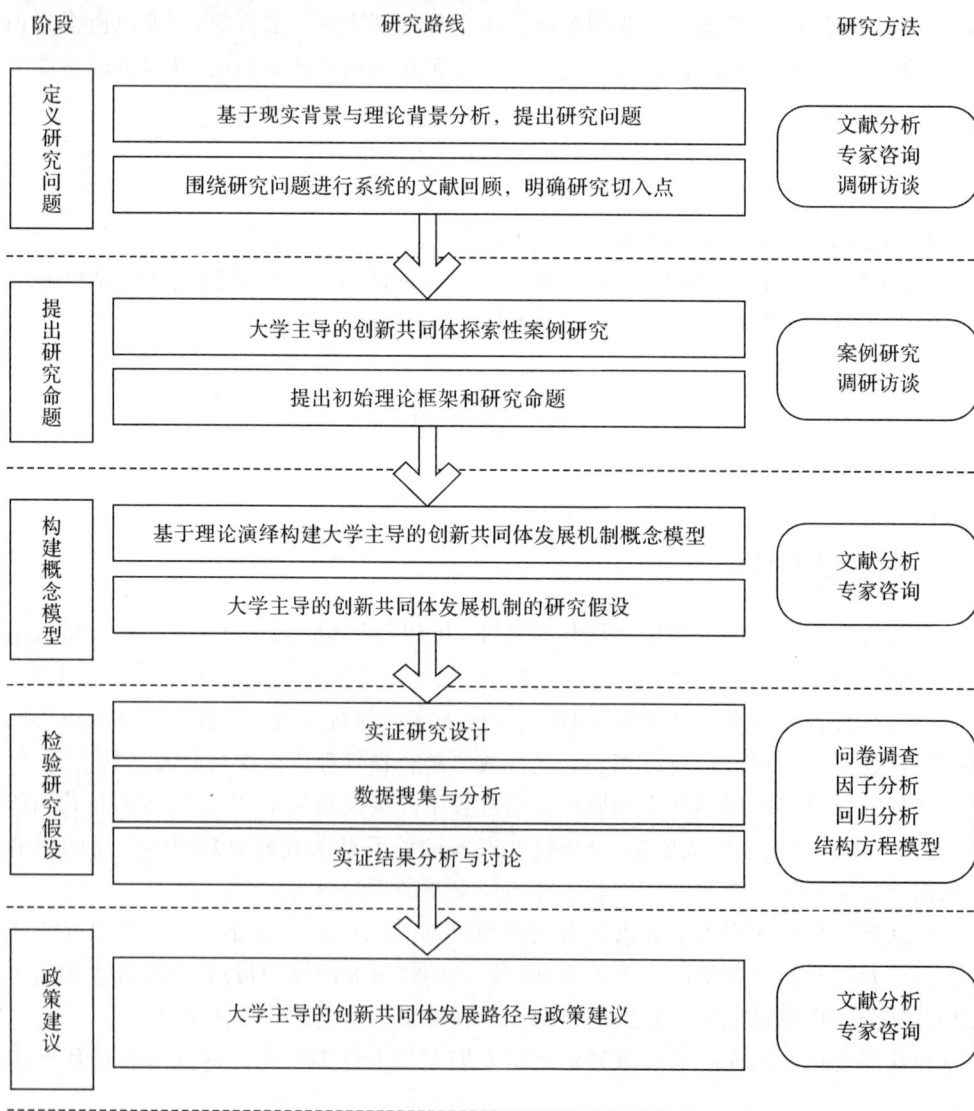

阶段	研究路线	研究方法
定义研究问题	基于现实背景与理论背景分析，提出研究问题 围绕研究问题进行系统的文献回顾，明确研究切入点	文献分析 专家咨询 调研访谈
提出研究命题	大学主导的创新共同体探索性案例研究 提出初始理论框架和研究命题	案例研究 调研访谈
构建概念模型	基于理论演绎构建大学主导的创新共同体发展机制概念模型 大学主导的创新共同体发展机制的研究假设	文献分析 专家咨询
检验研究假设	实证研究设计 数据搜集与分析 实证结果分析与讨论	问卷调查 因子分析 回归分析 结构方程模型
政策建议	大学主导的创新共同体发展路径与政策建议	文献分析 专家咨询

图 1.2　大学主导的创新共同体发展机制研究的技术路线

(1)定义研究问题。在确定研究主题之后,基于文献分析和知识图谱分析,对已有相关理论和研究成果进行全面、深入探究,并结合探索性调研访谈,进一步定义研究问题。

(2)提出研究命题。通过国内外四所大学的探索性案例研究,初步提出制度环境、知识网络能力、知识网络嵌入性关系和 ICBU 绩效之间关系机制的研究命题。

(3)构建概念模型和提出研究假设。根据研究命题,结合文献分析与理论推导以及调研访谈,提出 ICBU 发展的概念模型及相关研究假设。

(4)检验研究假设和修正概念模型。基于问卷设计与变量测量的论证,首先通过问卷调查方法获取样本数据,然后通过层级回归和结构方程模型等实证数据分析方法,对 ICBU 发展机制的研究假设进行检验和修正概念模型,并对研究结果进行分析和讨论。

(5)实践启示与政策建议。基于对我国促进产学合作政策演进规律、特点和不足的分析,根据修正和完善的 ICBU 概念模型,结合国家创新驱动发展战略,以"推动知识创新、技术创新、区域创新的战略融合,支撑国家创新体系建设"为目标,分别从大学和区域政府的角度提出相关实践启示与政策建议。

在完成以上各项研究的基础上,本研究将对以上所有研究进行全面分析和总结,归纳出研究结论;提出研究的理论与实践贡献;对研究中存在的不足之处进行回顾和总结,并提出未来研究展望。

1.4.3 研究方法

基于产学协同创新、知识创新理论、社会网络理论、区域创新共同体理论和新组织制度理论等理论与相关研究成果,本书采用理论研究与实证研究相结合、文献分析与调研访谈相结合、案例研究与问卷调查相结合、定性研究与定量研究相结合等方法对区域制度环境、大学知识网络能力、知识网络嵌入性关系、ICBU 绩效的构成要素与关系机制进行研究,从而保证研究的效度和信度。本研究所采用的主要研究方法如下。

(1)文献分析法。通过文献检索和研读,辅助使用"CiteSpace"和"Histcite"知识图谱分析软件,并结合"规范分析",厘清国内外有关大学发展模式、知识创新、区域创新系统、社会网络和组织制度分析等领域的脉络、最新进展和不足,以此作为本研究的理论基础。通过文献分析和理论推导,提出 ICBU 的概念,并辅助构建区域制度环境、知识网络能力、知识网络嵌入性关系和 ICBU 绩效之间关系的概念模型与研究假设,以及其相关变量的测度指标。

(2)调研访谈法。基于理论分析,通过调研访谈,进一步定义研究问题,并修正区域制度环境、大学知识网络能力、知识网络嵌入性关系和 ICBU 绩效的构成要素及其之间关系的概念模型。

(3)探索性案例研究法。通过多案例研究,经过理论预设、案例选择、数据采集与分析,探究区域制度环境、大学知识网络能力、知识网络嵌入性关系和 ICBU 绩效之间的关系机制,并提出初始研究命题。此外,在探究与区域制度环境相关的因素时还将借鉴"内容分析"(content analysis)和"IAD"(制度分析与发展)分析方法进行分析。

(4)问卷调查法,因子分析、回归分析和结构方程建模等统计分析方法。基于问卷调查获取的数据,利用"SPSS"和"AMOS"等统计分析软件,经过探索性因子分析和验证性因子分析，以及回归分析和结构方程模型建模等定量统计分析方法对区域制度环境、大学知识网络能力、知识网络嵌入性关系和 ICBU 绩效之间关系机制的概念模型进行检验。

1.4.4　章节安排

依据研究问题和以上研究技术路线，本研究共分为 7 个章节。具体章节安排与主要内容如下。

第 1 章　绪论。基于现实背景和理论背景，提出研究问题，界定研究的主要概念，介绍研究的技术路线、研究方法和章节安排等。

第 2 章　文献综述。对知识创新理论、区域创新系统与创新共同体理论、社会网络理论和知识网络理论、新组织制度理论等相关理论进行系统梳理和总结，掌握发展脉络和现状，发现研究不足与缺陷，从而明确研究的切入点，并且为本研究的概念界定、理论推导和模型构建等奠定基础。

第 3 章　ICBU 发展的影响因素探索性案例研究。基于已有理论基础，选择四所大学为样本进行探索性多案例研究，通过数据收集（包括文本资料搜集和调研访谈）和分析，探究大学知识网络能力、知识网络嵌入性关系与 ICBU 绩效之间的内在关系机制，以及区域制度环境与知识网络嵌入性关系之间的关系机制，并提出初始研究命题。

第 4 章　大学主导的创新共同体发展机制概念模型构建。基于探索性案例研究与初始研究命题，通过文献分析与理论推导，提出大学知识网络能力、区域制度环境、知识网络嵌入性关系与 ICBU 绩效之间关系的概念模型与研究假设。

第 5 章　大学主导的创新共同体发展机制实证研究。首先基于问卷调查数据，通过探索性因子分析和验证性因子分析等方法检验量表的信度与效度，然后通过层级回归分析检验制度环境在知识网络能力与知识网络嵌入性关系之间关系机制中的调节效应，最后通过结构方程建模方法检验知识网络能力、知识网络嵌入性关系和 ICBU 绩效的概念模型与研究假设，并对结果进行分析和讨论。

第 6 章　大学主导的创新共同体发展路径选择与政策建议。根据修正后的区域制度环境对知识网络嵌入性关系的作用机制概念模型，从区域政府层面提出促进大学主导的创新共同体发展的政策建议。根据修正后的大学知识网络能力、知识网络嵌入性关系和 ICBU 绩效之间关系的概念模型，从大学层面提出促进大学主导的创新共同体发展的实践启示。

第 7 章　研究结论与展望。归纳研究结论；提出本研究的理论贡献与实践贡献；回顾研究中存在的局限与不足之处，展望未来研究方向。

1.5　本章小结

本章首先基于现实背景和理论背景提出了具体的研究问题：知识网络嵌入性关系如何影响 ICBU 绩效，大学知识网络能力如何影响知识网络嵌入性关系，区域制度环境如何影响知识网络嵌入性关系的构建,如何通过政策促进 ICBU 发展;之后对本研究中的核心概念进行了界定与说明;然后根据以上对现实背景、理论背景和主要研究文献的分析与论述,从"技术路线""研究方法"和"章节安排"等方面提出本书的研究设计。

第二章　大学主导的创新共同体
相关文献回顾

某一研究领域的文献回顾能够构建该领域目前的知识状态,并有助于细化与深化相关研究问题(Tranfield et al.,2003)。根据研究问题与研究设计,本研究参考一些学者(Tranfield et al.,2003;Sampaio,Mancini,2007)提出的文献回顾流程,以及尤金·加菲尔德(2004)的引文索引分析方法,结合"Histcite"和"CiteSpace"科学知识图谱(knowledge mapping)分析软件(刘则渊等,2008),分别基于区域创新共同体理论、知识创新理论、大学功能观、社会网络理论和新组织制度理论,对涉及大学主导的创新共同体的文献进行了系统的回顾,并将其归纳为三大方面:区域创新理论,主要包括区域创新系统、区域创新生态系统和区域创新共同体理论的研究进展;知识创新理论与大学功能观,主要包括知识创新模式、产学知识生产模式异质性与融合性、大学对区域发展作用及产学合作问题的研究进展;社会网络理论与新组织制度理论,主要包括社会网络理论研究进展、网络能力对嵌入性关系影响的研究、知识网络研究和制度环境对社会网络与嵌入性关系影响的研究进展。

2.1　创新系统与区域创新共同体理论

2.1.1　创新研究的发展

有关创新的研究可划分为线性模式和非线性模式,前者以新古典主义经济学为基础,强调知识溢出、专利和技术商业化;后者以演化经济学为基础,关注制度、交互、网络和非正式关系。

(1)创新的概念

"创新"的概念最先由美籍奥地利经济学家熊彼特(Schumpeter)于1912年在其著作《经济发展理论》中提出,他把创新描述为"具有历史意义和不可逆行为方式",以及"创造性破坏"(Schumpeter,1943)。之后,创新的概念、内涵日益丰富,体现在技术创新、产品创新、流程创新、服务创新、制度创新和组织创新等诸多有关创新的概念中(Hage,Jerald,2006)。在技术经济研究领域,创新一般指技术创新,是知识实现商业化和经济价值的过程(Fagerberg et al.,2005)。根据目前已有研究的分析和归纳,创新的概念主要涉及四大方面:"产品或工艺的创新"、"商业应用"、"组织的创造力"和"从开发到市场的整个过程"。

（2）创新研究的历程

有关创新的研究大致可分为三个阶段：萌芽时期、成熟时期和繁荣时期。萌芽时期最早可追溯到亚当·斯密（Adam Smith），当时创新对经济发展作用的思想已体现在古典经济学著作中。亚当·斯密在其经典著作《国富论》中已经确定和区分了两种不同的创新模式——基于经验的模式和基于科学研究的模式。[①] 马克思在《资本论》中进一步发展了创新思想，他提出了自然科学在技术进步中的作用。此外，在论及"为获取市场和减少成本"，企业需要参与创新时，马克思最早强调了"科学是生产力"和"技术竞争"的重要性，他的很多有关科学与技术对经济发展作用的思想在其所处时代非常超前（Rosenberg，1982）。继马克思之后是现代新古典经济学的创立者马歇尔，他对国家创新系统的思想和"渐进式创新"[②]的思想都有所贡献。

创新研究成熟时期的代表被公认为是创新理论的鼻祖——熊彼特。在他的《经济发展理论》中，创新被认为是经济发展动力的关键机制（Schumpeter，1934）。他在《资本主义、社会主义与民主》（Schumpeter，1943）中区分了两种不同的创新机制，提出创新的主要来源不仅包括勇敢的个体创业者，还包括拥有研发团队的大公司，这被后来的学者分别称为"熊彼特Ⅰ"（Schumpeter's Mark Ⅰ）和"熊彼特Ⅱ"（Schumpeter's Mark Ⅱ）（Cooke et al.，2011）。另一位很具代表性的人物是弗里曼（Freeman），他被认为是现代创新理论之父，最早洞察到创新应该是一个"交互"（interaction）过程，而不是一个自动地从研发活动中产生的线性过程。此外，弗里曼还是"国家创新系统"概念最早的提出者。

20世纪80年代是创新研究的繁荣时期。例如：Dosi（1984）提出了有关技术变革范式的假设；Freeman和Soete（1987）分析了与技术相关的就业问题；Dosi等人（1990）对创新在国外贸易中的作用进行了探索，为此做出很大贡献；Nelson和Winter（1982）的演化经济学（evolutionary economics）方法为创新研究开辟了更广阔的前景；Rosenberg和Kline（1986）提出了"创新链模式"（chain-lingked model）。Lundvall（1992）、Nelson（1993）和Edquist（1997）等人进一步发展了有关"创新是一种交互过程"和创新系统的理念。

事实上，创新的本质具有共同性，但中国的具体创新模式与西方则大不相同。陈劲等人（2017）指出，西方式创新主要采用熊彼特主义范式，提倡技术创新至上，创新的主体是企业；而中国式创新不仅突破了熊彼特范式，也超越了单纯强调学习模仿的东亚创新模式，以及注重发自草根的南亚朴素式创新模式。中国式创新的主要特点包括：一是走群众路线，利用大众创新的机制，拓展创新边界；二是发挥国有企业的引领作用。也就是说，中国式创新是系统驱动的集成创新，实现了熊彼特Ⅰ和Ⅱ的有机整合。

---

① 这两种创新模式被当今研究创新的学者（Jensen et al.，2007；Asheim，2012；González-Pernía，2014）分别称为DUI（基于"做"、"用"和"交互"学习的创新，learning-by-doing，by-using and by-interacting-based）模式和STI（基于科学与技术的创新，science and technology-based）模式。

② 这一思想被认为是现代创新研究的一个重要灵感来源，因为要使创新更好地促进经济增长与发展必须把握好"渐进式创新"（incremental innovation）和"激进式创新"（radical innovation）以及"模仿"与"学习"的关系。

2.1.2　国家创新系统的研究

（1）国家创新系统研究的背景

随着个人、组织和国家的经济绩效越来越依赖于知识生产水平,知识已经成为经济增长、社会发展与工作创造的驱动力和世界市场竞争力的主要来源(OECD,1999)。因此,"知识经济"(直接建立在知识生产、扩散和使用之上的经济)一词首先由德鲁克(Drucker)于1969年提出后,很快得到学术界和政策制定者的重视,这正反映了人们认识到知识与技术在现代经济发展中的重要作用(OECD,1996)。知识经济的驱动力及其与传统经济的关系皆反映在"新增长理论"中(Romer,1986,1990;Lucas,1988;Aghion,Howitt,1998)。在宏观经济学中,新增长理论的发展引起大批学者开始研究知识在经济增长中的作用,并彻底改变了对经济发展动力源的看法。这些趋势导致对传统经济理论和模型的修正,经济学家不断寻求经济增长函数。传统的"生产函数"主要关注劳动力、资本、物质材料和能源,知识与技术只产生外部影响。现在的经济增长分析方法则得以改进,以便能够将知识更直接地包含在生产函数中。对知识的投入能够增加其他生产要素的生产力,也可以将它们转化成新产品和新流程。由于这些知识投入具有增加收益的特征,它们成为经济长期增长的关键要素。

然而,知识对经济的增长并不是一个简单的线性过程,对知识生产的投入不会自动转化为创新产品,这正如著名的"知识悖论"——很多欧洲国家对科学研究的大量投资并没有成功地促进经济增长。例如,瑞士是世界上研发投入占GDP比例最高的国家,但与其他工业化国家相比其产业仍然集中在中、低技术产品上(Jacobsson et al.,2013)。因此,知识生产与创新的关系并不是布什(Bush,1945)所声称的一个"由基础研究到应用研究再到技术开发与市场化"的"线性模型",而是一个交互学习和网络化的关系(Lundvall,1992;Saxenian,1994)。此外,由于创新过程中不仅存在不确定性和风险性,还存在市场失灵与系统失灵(刘立,2011;曾国屏、林菲,2013;Bleda,Del Río,2013),公共研究部门生产的知识作为公共产品对经济增长起到重要的促进作用(Nelson,1959;Arrow,1962),解决影响创新的问题需要系统化和网络化的方法(Edquist,1997)。

基于以上理论与实践的思考,在经济全球化不断发展和经济结构持续调整的情况下,很多国家非常注重研发投入,并鼓励大学与企业更加积极地交互合作以增强大学在创新系统中的作用,将科技创新能力作为国家或地区参与国际竞争的核心能力,科技创新战略逐渐被列为国家发展战略,作为政府推动创新和经济灵活适应性的创新政策也受到更大关注(OECD,2014)。在众多学者和政策制定者的推动下,从国家政策层面推动创新的国家创新系统方法逐渐受到重视。例如,OECD(经济合作与发展组织)于1995年至2001年实施了为期6年的国家创新系统研究项目,包括对"创新型企业与网络"、"创新集群"、"人力资源流动"和"追赶型经济"等方面的特征与影响进行的调查和相关因素分析,该研究项目取得丰富成果(OECD,2005),大量实证研究成果引起众多创新政策研究者的关注。

（2）国家创新系统的概念、理论基础与构成要素

创新系统的概念最初应用于国家层面(Freeman,1987;Lundvall,1992;Nelson,1993),也即对国家创新系统(national innovation system,NIS)的研究。NIS本质上是一

个由创造、储存和转移知识、技能和具有新技术特质产品的相互连接机构组成的系统(Metcalfe,1995)。该理论为处于该系统中的政府治理模式和实施影响创新过程的政策提供了分析框架。基于此视角来看,经济体的创新绩效不仅依赖于单个机构(如企业、研究机构和大学等)的表现,也依赖于这些机构如何与知识创造、利用系统中的其他成员进行交互,以及他们与社会制度的交互影响(如价值观、规范标准和法律科技等)。基于此,我国《国家中长期科学和技术发展规划纲要(2006—2020 年)》主要从制度与交互学习的视角对 NIS 进行了定义:"国家创新系统是以政府为主导、充分发挥市场配置资源的基础性作用、各类科技创新主体紧密联系和有效互动的社会系统。"[①]

　　NIS 主要以新增长理论(Romer,1990;Aghion,Howitt,1998)、演化与产业经济学(Nelson,Winter,1982;Metcalfe,1995)和制度经济学(North,1990)为基础,为创新和经济绩效带来新的分析与研究视角。与传统的主要关注科技投入(如研究经费)和产出(如专利)的线性分析模式不同,NIS 方法认为参与技术开发的各个成员(如企业、大学、中介机构、金融机构和政府等)间的交互作用与研发的投入一样重要,而且它们是把投入转换成产出的关键要素。NIS 方法的基本假设是,创新系统的平稳运行依赖于知识在企业、大学和研究机构的顺利流动,创新与技术进步是生产、扩散和应用各类知识的各个创新主体(包括市场与非市场机构)间创造性地交互联系的结果。因此,它特别关注创新系统的主要构成要素(图 2.1),如私营企业和公共组织,并研究它们彼此如何更好地进行交互合作,以及与该系统所嵌入的社会和制度框架的关系(Lundvall,2007)。

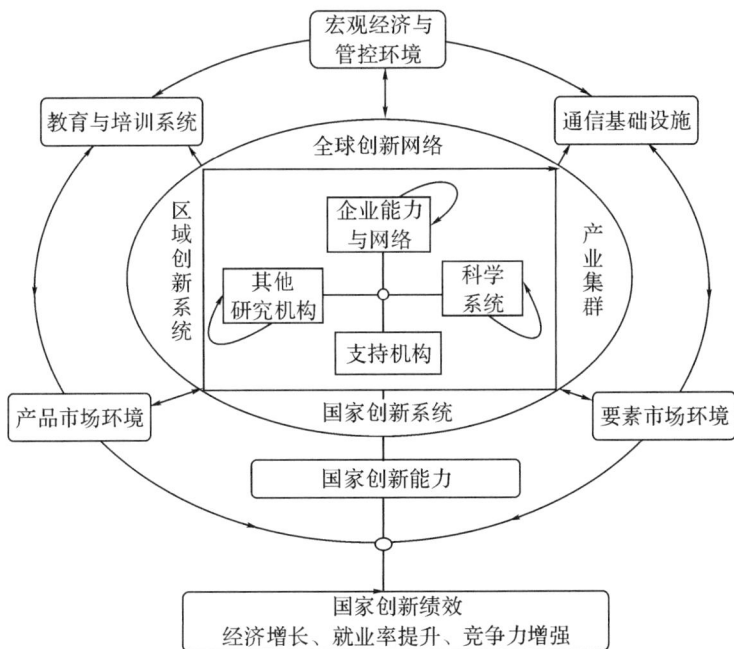

图 2.1　国家创新系统分析模型

资料来源:根据已有研究(OECD,1999)编制。

---

① 中华人民共和国国务院印发的《国家中长期科学和技术发展规划纲要(2006—2020 年)》。

2.1.3 区域创新系统的研究

(1)区域创新系统研究的背景

尽管国家创新系统是经济增长和竞争力的关键驱动力，其理论与实践不断取得丰富成果(OECD,2005)，但同时也受到很多学者的质疑和批评(Liu,White,2001)，认为这一在国家整体层面进行分析的创新系统方法并不完善，技术进步过程中的大部分交互行为发生在区域层面(Cooke et al.,1997)，一个国家(特别是传统和发展中经济体)的区域和产业存在多样性，创新绩效的差异不仅存在于各个国家之间，也同样存在于区域之间，如美国加利福尼亚州的"硅谷"和马萨诸塞州的"128号公路"(Saxenian,1994)，中国的北京和深圳(Chen,Kenney,2007)。这正如Edquist(2005)所强调的那样，国家创新系统的方法更适用于较小的国家，很多大国在运用此方法时会存在不适应之处，例如，德国创新系统的适当分析单位应该是"州"(lander)。此种情况下，由于传统的区域发展模式和政策存在明显缺陷，以及世界上很多区域出现了成功的企业和产业集群(Doloreux,Parto,2005)，主要关注区域层面创新绩效比较和分析的区域创新系统(regional innovation system，RIS)方法(approach)开始受到重视。①

(2)RIS的概念与理论基础

Cooke于1992年最早提出了RIS的概念，认为RIS是一个嵌入制度环境中的企业与其他组织和机构交互学习(interactive learning)的系统(Cooke et al.,1997)。RIS的思想主要源于国家创新系统和产业集群，理论基础包括演化经济学(Nelson,Winter,1982)、新经济地理理论(Krugman,1991;Porter,1998)和学习经济理论(Lundvall,1992)等。RIS强调邻近(proximity)、集聚(agglomeration)、集群(clusters)、惯例、标准、网络、节点、交互学习与创新，以及知识生产与传播的本地嵌入等方面的重要性，认为创新是一个演化、非线性和交互的过程，不同创新主体(如企业、大学、金融机构和政府部门等)间的频繁交流与合作对提升区域创新能力至关重要。

(3)RIS构成要素及其与NIS的关系

已有研究认为RIS由嵌入区域社会、经济和文化环境中的两个子系统构成(图2.2)："知识生产与扩散子系统"和"知识应用与利用子系统"。前者涉及研究共同体，后者涉及产业。知识应用与利用子系统主要由区域的企业及其客户、供应商、竞争者与合作者构成。该子系统的理想模式是，这些企业由纵横网络连接起来，进行交互学习。作为区域创新系统的第二个主要构成模块，知识生产与扩散子系统由融入知识与技能生产和扩散过程中的各类组织构成，主要包括公共研究组织、技术中介组织(技术授权办公室和创新中心等)，以及教育组织(大学、技术学院和职业培训机构等)和人才中介组织。

虽然区域创新系统重视区域内各创新主体的构成和交互学习，但学者们并不认为它是一个封闭的系统，并不完全独立于国家创新系统和其他系统之外，这些子系统与全球、

---

① 此类代表性研究包括：Cooke,1992;Cooke,2002,2004;Doloreux,2002;Asheim,Gertler,2005;Todtling,Trippl,2011;胡志坚、苏靖,1999;王缉慈,1999;黄鲁成,2000;柳卸林、胡志坚,2002;柳卸林,2003;魏江、夏雪玲,2005;魏江,2010等。

区域创新系统

区域社会经济与文化环境

外部影响

知识应用与利用子系统

客户

垂直网络

供应商

生产企业

合作者

纵向网络

竞争者

知识、资源和人力资本的流动与交互

政策

知识生产与扩散子系统

技术中介组织

人才中介组织

公共研究组织

教育组织

国家创新系统组织

国家创新系统政策工具

其他区域创新系统

国际组织

国际联盟政策工具

交互影响　　　正向影响　　　反向影响

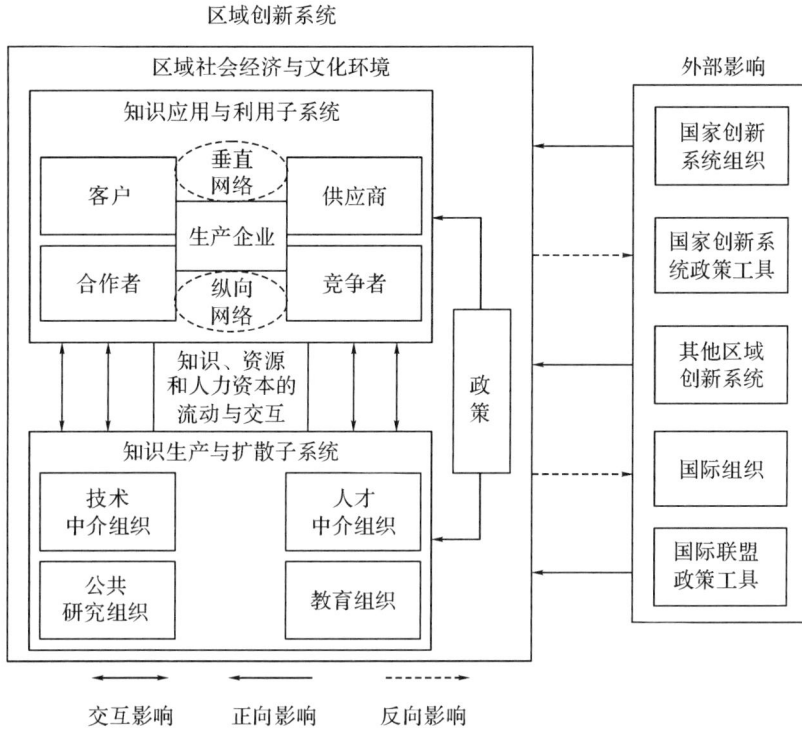

图 2.2　区域创新系统的主要结构框架

资料来源：笔者基于已有研究（Cooke，2002；Todtling，Trippl，2005）整理。

国家和其他区域创新系统相连接（Cooke et al.，2011）。也就是说，RIS 并不否认国家（包括国际）、技术和行业要素的必要性，延续了国家创新系统理论在区域层面的发展，承担起创新系统论中宏观层面与微观层面理论衔接的作用，丰富了区域经济理论在创新领域的发展（王松等，2013）。与区域创新系统相关的其他概念，如"创新环境"（innovative milieu）、"产业区"和"学习型区域"（learning regions）等也都强调了区域对提升国家整体创新能力起到的重要作用。因此，区域创新系统理论实质是对国家创新系统理论的有益补充。

总之，区域创新系统尽管不否认国家（包括国际）、技术和行业要素的必要性，但区域维度的至关重要性得到很多观点支持（Cooke et al.，2011），如各个区域在产业专业化方式和创新绩效方面存在不同，很多创新政策和制度最终要落实到区域层面。因此，有学者提出，创新发生在具体的制度、政治和社会环境中，区域创新系统概念的流行反映了社会发展与经济增长过程中"交互学习"和"社会环境"作用的重要性（Doloreux，Parto，2005）。其他研究也表明，区域作为创新的关键驱动力已越来越受到重视，如美国的"硅谷"、"128 号公路"（Saxenian，1994）、"研究三角园"（Rohe，2011）和德国的"巴登-符腾堡"（Baden-Württemberg）等在科技创新和产业集聚方面的成功成为很多国家争相效仿的典范（Asheim，Coenen，2005）。最近的一些案例研究证明了发展中国家或地区也可以发展具有自己特色的区域创新系统，Saxenian（2006）将这些区域称为"新硅谷"，如印度的班加罗尔和中国的北京等正在成长为重要的创新中心(Malecki,2010)。

(4)RIS 的动力机制

根据诸多学者(Cooke,2002;Doloreux,2002;Casper,2013)的研究成果,可以把 RIS 的发展动力机制归纳为以下五个方面。

第一,交互学习。交互学习与创新紧密相关,是指参与到创新过程的行动者之间进行学习的过程,还涉及由制度路径和社会习惯驱动的创新主体(企业和大学等)共享知识的交互过程(Morgan,1997)。已有很多研究表明,企业的成功创新基本来自交互学习过程,该过程是 RIS 的中心活动。交互学习发生的主要路径有两个:生产者—用户之间的交易网络和知识在创新主体之间流动的知识网络。

第二,知识生产(knowledge production)。尽管"学习"一般是组织化的过程,但知识生产和共享则是发生在非结构化环境中。知识通常被分为四类:关于事实的知识(know-what)、关于自然原理和规律方面的知识(know-why)、知道谁掌握相关知识的知识(know-who)、关于技能和能力的知识(know-how)(Lundvall,Johnson,1994)。前两种属于显性知识,可以通过阅读、视听和检索等可编码的知识获得;后两种知识属于隐性知识,主要通过在实践和人际交流中边干边学(leaning-by-doing)获得。也就是说,这些知识类型中有的可以通过经济交易的方式获取,而有的则需要一种新的方式进行整合后才能获取。共享知识是区域创新系统发展的重要方面,因为它能够帮助创新主体提升交互学习的能力,从而提升创新能力。也就是说,交互学习、知识生产与创新之间的关系紧密。

第三,社会网络(social network)。由于社会资本、规范和价值是由具有"空间黏滞性"的个体带到社会网络中,它们对区域创新主体间的交互学习有很大影响(Nieves,Osorio,2012),社会资本非常有益于提高区域创新效率,可以克服市场失灵,减少知识交易或网络化的市场成本(Wolfe,Putler,2002),学习型区域和网络化的学习区域比集群更利于提高区域创新能力和经济绩效(Cooke,2005)。例如,Saxenian(1994)对美国"硅谷"和"128 号公路"区域半导体产业的著名研究中,最早证明了社会网络对区域技术集群和创新的作用。她通过研究发现,硅谷的成功与很多鼓励连接区域科学家、工程师和管理人员的非正式网络有很大关系。基于 Granovetter(1973)有关劳动力市场咨询网络的研究,萨克森宁认为通过扩散技术与市场资本社会网络增强了区域企业的创新能力。在她看来,20 世纪 80 年代"128 号公路"计算机与半导体产业衰退的原因在于,本地企业比较封闭的研发战略和占主导地位的长期雇佣关系阻碍了企业间通过社会网络或劳动力市场流动共享信息。其他很多实证研究(魏江,2003;Owen-Smith,Powell,2004;Fleming et al.,2012;Casper,2007,2013)通过对生物技术、软件或半导体等新技术产业集群的研究也证明了萨克森宁的观点,区域内的交互学习和创新网络是企业和区域创新关键优势,而且很难被模仿。

第四,地理邻近(geographic proximity)。知识所具有的特性是区位要素影响创新的重要条件,也是创新过程中最重要的投入资源。由于大部分知识都不能通过可编码的显性符号有效传递,仍嵌入相对固定的人力资本中(Kogut,Zander,1992;Gertler,2003),隐性知识只能在实践中获取,很难长距离传递。另外,创新过程实质上是一个系统现象,它是一个社会组织不断交互学习的过程,该过程越来越基于特定环境和具体区域中知识在经济实体之间的流动。

当知识更具隐性特征时，面对面互动和交流非常有利于知识扩散，地理邻近可以有效促进知识商业化活动的展开。也就是说，越不易被编码和表达的知识，相关生产者和使用者在地理空间的集中度越高（Clark et al.，2000）。由于隐性知识是创新的重要价值基础，被认为是区域创新行为的主要决定因素（Gertler，2009），在创新过程中起到关键作用的"知识溢出"通常会受到空间的限制。

第五，创新治理（innovation governance）。由于 RIS 主要关注公共和私立机构网络内的交互，是"一个区域生产结构内支持创新的制度基础"（Asheim，Coenen，2005），该系统中的公共活动仍主要由行政部门进行治理，科学的制度设计对 RIS 的建设以及区域中的产学合作创新可以起到积极的促进作用（Lenger，2008）。因此，如果区域拥有足够的自治权来设计和实施创新政策，区域层面的政策行动者就可以在创新过程中发挥较大作用（Cooke et al.，2011），在理想模式下能够通过创新政策激发区域创新系统内知识、资源和人力资本等持续流动和交互。

区域创新治理结构主要由控制和调控体系构成，体现在正式与非正式层面，由此将政府和社会成员集聚在一起为区域创新而努力，各成员间具有等级、竞争与合作关系的特征，对区域创新能力提升起着重要作用（Heidenreich，Koschatzky，2011）。Cooke（2004）根据治理的集权或分权程度，把区域创新治理模式分为三类：草根型（grassroots system）、网络型（network system）和统治型（dirigiste system）（表 2.1）。Asheim 和 Gertler（2005）提出了与其比较相似的分类：地域嵌入型、区域网络型和区域化的国家创新系统。

表 2.1　区域创新系统治理模式分类

治理模式	制度的主要来源	创新投入的主要来源	代表区域
草根型	本地	家庭、当地社区和信用机构	意大利的托斯卡纳
网络型	局域、区域和国家	国家计划和大型企业	德国的巴登-符腾堡
统治型	中央政府	政府的科技计划	法国的图卢兹

资料来源：笔者根据已有研究（Cooke，2004）整理。

2.1.4　区域创新生态系统的研究

（1）创新生态系统研究的进展

"生态系统"（ecosystem）的概念最早由英国生态学家 Tansley 于 1935 年提出：自然界的任何生物群落都与它们生存环境相互作用、相互依存从而共同形成统一整体，这样的整体就是生态系统。生态系统是生态学上一个主要结构和概念单位，属于生态学研究的最高层次。"物质循环"、"能量流动"和"信息传递"是生态系统的三大功能，"能量流动"是单向进行的，"物质循环"是循环进行的，"信息传递"包括营养信息、化学信息、物理信息和行为信息，它们共同构成了信息网。

Moore 是第一位对企业生态系统展开研究的学者，于 1993 年提出企业生态系统是基于组织互动的联合团体，是由一系列生产商、供应商、客户和投资商等利益相关者群体构成的动态结构系统(Moore,1996)。此外，他还进一步指出，企业生态系统组织模式应该成为"市场与等级制"之外的第三种经济组织模式(Moore,2006)。由此，基于生态系统理论的创新生态系统概念近些年逐渐引起较多学者关注(梅亮、陈劲,2014)。Adner(2006)通过对企业创新生态系统的不断研究发现，企业的创新战略必须与创新生态系统匹配，有效的创新生态系统使企业群体创造出的价值远大于各个独立企业所创造价值之和，企业的成功创新依赖其所处环境中其他创新者的努力(Adner,Kapoor,2010)，以及非技术性的社会和经济因素，如协同成本、权力分配、制度、管制和社会关注点等(Adner,Kapoor,2016)。Wright(2014)通过对大学学术创业的研究发现，为构建创新生态系统大学不能只关注直接的技术转移，更应该关注对社会发展更有意义的间接性学术创业，如创业教育等。基于对创新"3.0"范式演变的理论基础与实践现状的梳理和分析，李万和常静等(2014)几位学者提出，创新范式经历过线性范式、创新系统之后开始进入创新生态系统时代，该系统的主要特征包括：多样共生性、自组织演化和开放式协同。最近，柳卸林等(2015)基于对相关研究的梳理和案例分析提出，我国的科技管理模式过于强调技术的重要性，技术项目的立项和评价往往孤立于产业之外，成为我国科技与经济两张皮或"孤岛现象"的一个重要原因，建议应该从创新生态系统的角度来解决这一问题，使各种创新要素在各创新主体之间开放循环流动。Jacobides 等(2018)认为，模块化(modularity)可以使一组不同但相互依赖的组织在没有严格等级命令的情况下进行协调，从而促进了创新生态系统的出现；创新生态系统的核心在于非共性的互补，以及面对相似规则的一系列角色的创造。

总之，基于联系、互动和动态的视角，通过借鉴自然界生态系统多样性、共生和演化的规律，强调相互依赖和共生共赢(吴金希,2014)，创新系统研究从以往关注要素构成和资源配置问题的静态结构性分析，演变到更加强调各创新行为主体之间的交互作用的动态演化分析(曾国屏等,2013)，以及更加重视"知识生产模式 3"中各类知识与创新范式的共生与协同演化，关注由刚起步的新兴企业、成立已久的大中型企业、非政府组织和政府组织等各类行动者组成的网络(Carayannis,Campbell,2009)。

创新生态系统在受到学术界关注的同时，也引起一些国家政府的重视，例如，2004 年美国的"总统科学与技术顾问委员会"(PCAST)根据科技发展趋势和美国面临的挑战提出，国家技术和创新的领导地位取决于创新生态系统的活力和动力。之后，随着创新生态系统理念的吸引力不断提升，美、日、德等国都相继将该理念纳入国家战略规划范畴(柳卸林等,2015)。目前，通过借鉴与整合演化经济学、新制度经济学、社会网络理论、动态能力理论、资源基础观和开放创新思想等研究成果，创新生态系统的研究已经延展至多个领域，如"商业生态系统"(Iansiti,2004；Moore,2006)、"知识生态系统"(Clarysse et al.,2014)、"区域创新生态系统"(黄鲁成,2006；王仁文,2014)、"创业生态系统"(Carayannis et al.,2016；Audretsch,Belitski,2016)等。

(2)区域创新生态系统研究的进展

21 世纪以来，受复杂系统理论的影响，演化理论由"单一演化"发展到"协同演化"，学术界更加关注创新生态系统的重要意义，一些学者开始将此概念整合到区域创新系统研究中,利用生态学和生态系统理论理解和分析区域创新系统,重视创新组织群落协同演化,以及与其创新环境协同演化的重要性。

第一,有关区域创新生态系统运行机制的研究。Gobble(2014)提出,区域创新生态系统概念超越了传统区域网络与集群的内涵,强调非线性、复杂、动态和自适应性,在这样的系统中同样的投入通常不会产生同样的结果,系统的行为不是其个体部分的总和。杜静(2007)从生态学视角分析了区域创新系统生态化问题,认为区域创新生态系统的构建与发展应注重生态平衡、生态关系、稳定机制等方面。此外,还有学者基于硅谷的案例研究,对区域创新生态系统进行了探讨。Hwang 和 Horowitt(2012)通过对硅谷的创新系统研究发现,硅谷就像不断产生与进化新技术和新商业模式的"雨林"(rainforest),该区域的成功正是得益于其独特的创新生态系统:社会网络、团队、身份、信任和环境状况等是构建创新生态系统的重要因素。而朱迪·埃斯特琳(2010)则基于对硅谷兴盛与衰退过程的分析提出,研究、开发和应用是创新生态系统的三大群落,如果没有繁荣的研究群落构建基础,该创新生态系统就难以实现可持续的长期发展。

第二,有关大学与区域创新生态系统建设关系的研究。近些年学者们也开始关注大学对建设区域创新生态系统的重要性,并分析了存在的相关问题。陈昀等三位学者(2013)提出,研究型大学通过知识转移机制,如项目合作、企业创立和人员支持等,正日益成为区域创新生态系统的主导力量。他们还通过剖析加拿大滑铁卢大学推动区域创新生态系统发展的经验,构建了研究型大学主导的区域创新生态系统框架模型。孔寒冰等三位学者(2012)基于对俄罗斯斯科尔科沃理工学院(Skolkovo Institute of Science and Technology,Skoltech)的案例分析发现,Skoltech 通过"研究、教育和创业创新"三重螺旋协同创新模式,将在斯科尔科沃(该校所在区域)创新生态系统中发挥重要作用。Brodhag(2013)基于"制度分析发展框架"(IAD),论述了研究型大学如何与区域创新生态系统中的创新主体进行交互与合作,并提出大学可以开展的十项有利于促进创新生态系统建设的活动(如情境化的知识和研发网络等),还分析了大学在科研、教育、培训和可持续发展方面对区域创新生态系统建设所起的作用。Butler 等几位学者(2013)通过对美国得克萨斯大学奥斯汀分校(University of Texas at Austin)与该区域互动发展的案例研究发现,奥斯汀由一个大学城能够成功转型为一个快速增长、具有全球竞争优势的高科技集聚区主要在于拥有远见卓识的影响者,而不是科学、产业或治理方面表现卓著的机构;正是大学与产业、政府一起形成了促进区域创新生态系统发展的独特创业环境,大学不仅对区域创新生态系统产生直接影响,也能够受到来自该生态系统反馈环节的影响。Markkula(2012)以欧盟"地平线 2020"(Horizon 2020)计划为背景,分析了大学在构建区域创新生态系统中的作用机制,提出需要采取新的动态方式理解区域创新生态系统,在该系统中企业、城市和大学以及其他公共和私营部门要学习以一种新的、创造性的方式一起工作,以此全面实现对他们创新潜能的挖掘。吕一博等几位学者(2017)提出分布式的创新网络平台是大学驱动型开放式创新生态系统成功构建的核心要素。

在有关大学对区域创新生态系统作用的研究中特别值得注意的是,Clarysse 等人(2014)通过实证研究发现,知识生态系统并不一定产生商业生态系统,两个生态系统中的价值创造过程存在根本性差异,一个缺乏商业生态系统或支柱企业的区域很难从大学集中的知识生态系统中获益，这说明支持每一类型生态系统的政策也必须具有针对性。这也正如柳卸林等（2011）几位学者对我国区域创新系统研究后发现的那样，只单独强调企业的作用或只强调大学、科研院所的作用，都忽视了区域创新生命力的核心动力是网络化；过于强调政府的调控作用或过于强调市场的能动性，同样忽视了创新发展的基本规律。

2.1.5　区域创新共同体的研究

（1）区域创新共同体发展的背景

新科技革命推动了创新模式的进化和创新理论框架变革的需求，创新共同体理论正是对这些需求的最好回应（王峥、龚轶，2018a）。具体而言，创新共同体出现的因素主要包括：知识的创造、流动和扩散要求创新主体之间具有更紧密的联系；创新主体集聚与创新交互需要高效的平台来引导、支撑和服务；区域协同发展需要适合的引擎和载体（王峥、龚轶，2018b）。

如果把创新系统理论称为"区域创新理论1.0"，那么创新生态系统理论则是"区域创新理论2.0"，创新共同体是"区域创新理论3.0"。相应地，区域协同创新网络也经历了三个发展阶段：第一个阶段强调创新主体等要素的互动、联系等特质，第二个阶段强调创新网络的对外开放性、动态平衡性、创新主体间的依赖性、产业发展的集群性等特质，第三个阶段强调创新网络的融合性、综合性、完整性和有效性等特质（李春成，2018）。因此，区域创新共同体不仅具有创新系统、创新生态系统的基本特征，而且更加重视创新系统、创新生态系统的因素如何深化和发挥作用。

（2）区域创新共同体的概念和要素

Lynn等人（1996）通过对技术创新与扩散的文献分析发现，包括非市场、市场组织与关系在内的制度环境对创新商业化过程产生重要影响，但还没有一个适用于把相关组织与关系作为结构化体系进行研究的分析框架。由此，他们基于组织生态学开发出能够促进技术商业化制度理论研究的框架——"创新共同体"：根植于社会经济关系网络、直接和间接深度参与新技术商业化的组织，由包括为组织成员提供集体利益的上层结构与产生创新或起到技术互补作用的下层结构组成；其成员不固定，围绕技术创新和解决相关实际问题而动态演化。

Sawhney和Prandelli（2000）指出，在网络经济时代，随着市场集聚和产业融合，需要赢得技术市场竞争的知识变得越来越多样化；企业为了更加专业化不断减少知识基础的宽度。因而，企业不能再独立地生产知识，而是需要与他们的贸易伙伴及客户合作创造知识。尽管分布式创新为企业利用其合作者与客户的创造力提供了可能性，但对分布式创新的管理要求他们重新审视现有的创新治理机制。基于此，这两位学者针对分布式创新的管理提出了一种新的治理机制——"创造共同体"，其特征包括：没有固定边界、可渗透的系统，介于封闭的等级制创新模式与开放市场模式之间，知识产权被所有成员拥有，由共同体的发起者对其进行治理并制定参与规则。

在Coakes（2007）看来，创新共同体是一种通过资源集聚促进创新概念转化为市场产品的组织模式；"创新领袖"主要基于自身的影响力、可信性在创新合作过程中发挥纽带和领导作用，他们是创新共同体顺利发展的关键因素。

美国大学科技园协会发布的报告《空间力量:构建美国创新共同体的国家战略》,从区域多元合作的视角指出,作为区域性组织的创新共同体由科技园、高校、联邦实验室和私营研发企业等构成,它们协同利用区域内的知识产权、基础设施、人力资源和金融资本等创新要素,从而提升区域科技创新能力和经济发展竞争能力。

Lippitz 等人(2012)提出,创新共同体是一个为了学习和共享应对创新创业管理挑战的思想而定期会面的群体,由此实现相关技能的协同提升。创新共同体的参与者通过这种相互学习与支持的方式不仅可以提升管理能力和构建职业网络,而且还能够挖掘他们自己组织、产业甚至国家之外群体的知识和经验。该创新共同体并不着力开拓实际业务或合作解决具体的创新创业问题,这与企业供应商或用户网络、孵化器、研发联盟和创业投资组织等具有明显不同的特征。基于此,他们把创新共同体分为五类:政府发起的机构——促进企业间合作以及政、产、学的联系,大学引领的团体——高管们共享有关创新创业管理与实施的案例研究和调查研究,企业主管团体——共享创新管理的最佳实践,非营利组织——推进企业间共享创业技能,非营利团体——共享创新最佳实践。

Shaikh 和 Levina(2019)基于组织间战略联盟与数字经济的分析提出了开放创新共同体的概念。他们指出,企业构建战略联盟的目的是利用合作伙伴的资源,并从这些关系中获取长期价值,往往通过契约与股权配置进行治理。然而,作为数字赋能的新型组织模式,开放创新共同体不可能以契约治理方式运行。

近些年,国内学者基于京津冀一体化、长三角一体化和雄安新区建设等案例也对创新共同体进行了研究。例如,赵新峰等人(2020)认为,创新共同体是以提高自身以及共同体创新发展水平为共同目标,通过具备一定执行效力的跨域机构、合作协议、协同机制,依托不同层级、部门及多元主体之间的集体行动与伙伴关系,对分散的创新要素资源加以集聚整合、统一配置,形成具有凝聚力和向心力的协同性、开放性、创新性的共同体。王峥和龚轶(2018a)指出,创新共同体是以共同的创新愿景和目标为导向,以快速流动和充分共享的创新资源以及高效顺畅的运行机制为基础,多个行为主体通过相互学习和开放共享积极开展创新交互与协同合作,彼此间形成紧密的创新联系和网络化结构,推动个体成员创新能力增强以及区域创新绩效与竞争力、影响力整体提升的特定创新组织模式。

(3)区域创新共同体的结构本质与功能

基于锁利铭(2020)的分析可知,与既有的创新系统与创新网络理论强调特定行动主体的单功能网络不同,区域创新共同体的行动者间的连接并非由特定具体目标驱动的,如"人类命运共同体"所寻求的人类整体利益包罗万象,这就需要每个行动者运用既有的某种特定功能的网络来实现某个子目标,区域创新共同体由此实现了对单一功能网络的超越,在共生共赢的目标体系下将多个功能网络互相嵌套,走向一种通过多网络交互实现功能融合的超网络结构①。由于区域创新共同体是一种具备超网络结构的网络,在主体上呈现出多元化和异质性特征,在结构上实现了多个网络及其功能的耦合,在功能上能够有

---

① 直观来看,超网络就是网络的网络(network of network),包含了不同性质的节点和不同性质的关系,具有多层性、多重性和嵌套性。锁利铭.城市生命体中的超网络结构及治理[J].人民论坛,2020(20):38-41.

效克服权力和责任的碎片化，缓解集体行动的困境，降低集体行动的交易成本与协作风险（图 2.3）。

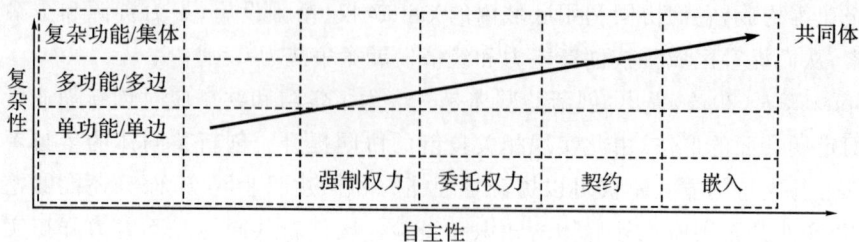

图 2.3　缓解集体行动困境的共同体机制的特征

资料来源：笔者根据已有研究（锁利铭，2020）编制。

当然，已有研究也表明（王峥、龚轶，2018b），区域创新共同体的形成和发展是多方面力量和因素交互作用的结果，这就要强化"向心力"与克服"离心力"，使政策目标与政策措施相匹配等。其中区域创新共同体的向心力要素包括共同的价值观与目标、知识溢出、资源分享、人才匹配、顺畅的协调和运行机制；离心力要素则包括对共同体价值观和目标缺乏认同、知识溢出效果递减、创新资源的非流动性、缺乏系统的运行机制。

2.2　知识创新理论

2.2.1　知识创新的相关概念辨析

由第 1 章中有关"知识创新"的概念分析可知，大学的知识创新包括"问题界定"、"概念证明"、"可行性证明"和"应用于实践（进入市场）"，其价值体现在两大方面：知识商业化（实现知识的经济价值）和知识公共服务（实现知识的社会价值）。

通过系统的文献分析发现，与大学知识转化相关的概念包括四个：美国经常使用的是"知识商业化"（knowledge commercialization）和"知识资本化"（knowledge capitalization）；欧洲最近通常使用的是"知识增值"（knowledge valorization）；我国学者一般使用"知识转化"或"科技（技术）成果转化"，两者内涵比较相似，是指"提高生产力水平而对科技成果所进行的后续试验、开发、应用、推广直至形成新技术、新工艺、新材料、新产品，发展新产业等活动"[①]。

（1）知识商业化

"知识增值"与"知识商业化"通常指同一现象——把一般性知识转化为对经济有用的知识，但这二者的实质内涵不尽相同。"知识商业化"是指"经过或不经过知识转移，以知识进入市场的方式获取资金的过程"。此外，学者们在研究中也会经常用到与之相关的另

[①]　2015 年颁发的《中华人民共和国促进科技成果转化法》（修正）。

外一个词——"知识利用"(knowledge exploitation),是指"从知识中创造价值,但不一定是金钱价值",这与"知识价值转化"(knowledge value extraction)的概念比较相似。"价值转化"主要是指,从知识中创造的价值转化为某种对组织有用的形式,通常涉及创新成果转化为资金或某些战略定位等(Baycan,2013)。

(2)知识资本化

由知识图谱分析可知,很多国内外学者也使用"知识资本化"这一概念。埃兹科维茨(Etzkowitz)对知识资本化的定义基于古尔德纳(Gouldner)对"资本"概念的解释。古尔德纳(1979)认为,生产可供市场销售物品的目标就是获取"资本",其公共目的是增加经济生产力,潜在功能是增加拥有资本者的社会控制能力。由此,埃兹科维茨(1990)提出,"知识资本化是包括科学在内的文化所产生一系列收入的过程",在开办企业过程中能够把知识转化为资产的科学家就是学术创业者。曾国屏和王程韡等几位学者(2013)综合分析有关知识资本的研究后提出,知识资本只有与生产要素和生产关系结合,借助于物质资本和经济资本才能在人类的经济与社会发展中取得主导地位。

(3)知识增值

"valorization"为法语词,意指"升值"或"规定价格"。"知识增值"在学术界是个相对比较新的词,主要含义是"知识转化为知识经济的价值"。由于"价值"的标准是依据整个社会而不只是商业或私营部门的利益,与知识商业化相比,"知识增值"的内涵比较广泛,其概念可以追溯到欧盟有关《里斯本议程》(Lisbon Agenda)和促进欧洲知识经济快速发展的政策措施中。在当时"知识悖论"背景下,这一概念通常是指比较狭义的"增值"——经济利益。后来,Goorden等人(2008)把"知识增值"定义为"以获取经济利益为主要目的,大学、研究机构和企业把科研成果转移到其他商业部门",其实也就是知识商业化。最近一些欧洲大学提出,"知识增值"包括经济价值和社会价值,是指把知识转化为对经济社会发展有实际价值的产品或思想。因此,知识增值代表了一个更受欢迎、内涵更丰富的概念(Calzonetti,2014)。

总之,以上三个概念所指现象有很多相似之处,但也存在很多不同特征与构成要素,例如,知识转移是知识增值的必要条件,"知识商业化"和"知识资本化"则表示获取金钱价值(如获取资金或产生收入)时不必转移知识(Baycan,2013),而"知识增值"包括了所有这些要素。

2.2.2　知识创新模式的研究

在全球知识创造和技术创新的带动下,新科技革命和产业变革不断深入发展,这种变化要求改变公共和私有研发机构之间的传统分工,作为"知识中枢"的大学和作为技术创新主体的企业都在寻求新的知识交互模式与知识转化模式,相关的科研体制与组织模式也不断随之演进。在此背景下,有关大学知识转化模式研究的重点由最初的"线性转移"发展到"协同创新"。

(1)"模式1"(线性模式)

知识转化的"线性模式"("布什模式"或"模式1")主要强调基础研究的重要性,认为基础研究的大量投入会促进应用技术的快速发展,技术创新是一个由基础研究到应用研究再到开发与生产销售的线性过程。尽管线性模式也可产生应用性知识，但这些知识通常在空间和时间上与实践性知识生产分离。这种基础与应用知识之间的缺口需要大学与企业进行跨边界知识转移才能填补。针对线性知识生产模式的不足，吉本斯等人（Gibbons et al.，1994）提出了著名的"新知识生产模式"（new knowledge production，NPK）概念[①]，认为"模式2"知识是在应用情境下通过跨学科合作产生的。与"模式1"相比，"模式2"更强调知识生产的应用情境、跨学科解决问题和以社会责任为研究导向等（表2.2）。

表2.2 知识生产"模式1"与"模式2"的区别

区分维度	模式1	模式2
知识产生情境	学术情境	应用情境
解决问题方式	单一学科	跨学科
组织群体属性	同质性	异质性
研究问题导向	自主性	自反性/社会责任
质量控制方式	传统的同行评价控制	同行评价以及经济、政治、社会或文化标准

资料来源：笔者根据相关研究（Gibbons et al.，1994；Nowotny et al.，2001）整理。

（2）"巴斯德象限"模式

针对布什的创新"线性模式"思想，司托克斯（Stokes，1997）提出了"巴斯德象限"（Pasteur's Quadrant）知识生产模式，认为把纯科学研究与应用研究截然分开的制度安排与设计忽视了知识创造与应用研究之间相互作用的复杂性。司托克斯突破传统的基础研究和应用研究二分法，利用象限模型从"追求基础知识"和"考虑应用"两个维度重新对研究类型进行了划分（图2.4），并以法国微生物学家巴斯德从事"应用激发的基础研究"为例，提出科学研究与应用研究互动发展对技术进步和社会发展具有重要的促进作用。

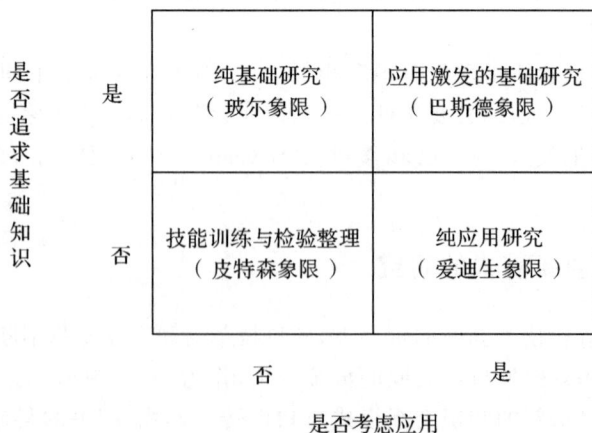

是否追求基础知识

是	纯基础研究（玻尔象限）	应用激发的基础研究（巴斯德象限）
否	技能训练与检验整理（皮特森象限）	纯应用研究（爱迪生象限）
	否	是

是否考虑应用

图2.4 科学研究的二维象限模型

资料来源：笔者根据已有研究（Stokes，1997）整理。

---

① "新知识生产模式"（new knowledge production，NPK）通常也被简称为"模式2"（Mode 2）。

基于司托克斯的研究,刘则渊和陈悦(2007)进一步提出了"新巴斯德象限"理念——具有应用导向的基础研究与具有基础理论背景的应用研究二者结合的"技术科学象限"(图2.5),也被称为"钱学森的技术科学象限"。

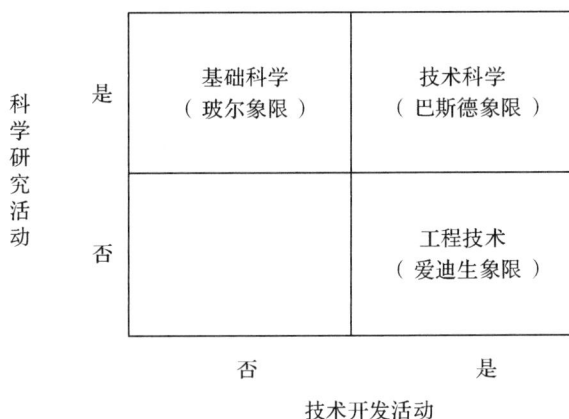

图 2.5 科技象限模型的新巴斯德象限

资料来源:笔者根据已有研究(刘则渊、陈悦,2007)整理。

基于巴斯德象限模式的研究,近些年学术界提出:作为公共学术组织,大学的知识转化活动应被赋予更多的社会责任(王凯,2018;van de Burgwal et al.,2019;Rauch,Ansari,2022),要把握好"基础研究、应用基础研究和技术开发动态演化规律"(见图2.6),更加重视基于新巴斯德象限——应用和社会需求引导以及用户参与的知识交互过程(Tijssen,2018;张慧琴等,2021),如合作研究(张艺等,2018;Fini et al.,2021;Rossi et al.,2020;蒋舒阳等,2021)、咨询与顾问(科技特派员)(袁茂等,2017)和农业技术推广(王燕等,2018)。

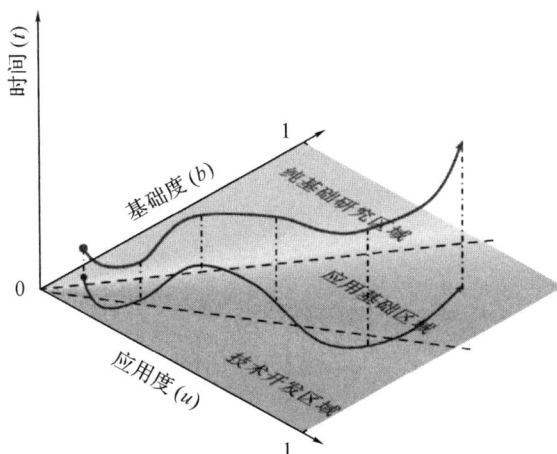

图 2.6 基于需求牵引的科学研究发展动态演化曲线

资料来源:张慧琴,王鑫,王旭,孙昌璞.超越巴斯德象限的基础研究动态演化模型及其实践内涵[J].中国工程科学,2021,23(04):145-152.

（3）"创新系统"模式

创新研究中的系统思想——"创新系统"（innovation system）模式强调包括大学研究人员、产业产品开发人员、中介组织和终端用户在内的所有创新参与者交互与反馈机制的重要性，与"模式2"同样重视知识创新的非线性和异质性。从系统视角对创新进行的研究包括多个层面，如国家创新系统、区域创新系统、部门创新系统（sectorial innovation systems）（Breschi，Malerba，1997）和技术创新系统（technological innovation systems）（Carlsson，Stankiewicz，1991；Malerba，2004）等。在诸多创新系统的类型中，国家创新系统和区域创新系统最受学者和政策制定者关注。

（4）"学术资本主义"模式

"学术资本主义"（academic capitalism）概念由斯劳特和莱斯利（Slaughter，Leslie，1997）在《学术资本主义》一书中提出，并基于很多实证案例研究对大学逐渐增多的市场和准市场活动现象进行了较为系统的分析。学术中的市场活动以营利为目，主要包括专利转让、开办衍生企业、为企业提供有偿咨询和顾问服务等等。准市场活动是指竞争外部资金的活动，主要包括企业项目资助与合同研究、衍生企业投资和相关的产学关系等。斯劳特和莱斯利认为这些现象产生的主要原因来自两个方面：全球化竞争促使企业不断进行创新并寻求大学帮助；大学能够获取的公共资金日益减少。正是在这两种因素的影响下，大学开始投入"学术资本化"的浪潮中。

事实上，斯劳特和莱斯利并不完全鼓励学术资本主义的发展，并对此提出警示：除斯坦福和麻省理工学院等少数几所大学以外，没有数据证明大学的市场活动通常是成功的；与之相反则是这些市场活动往往导致商业失败，不仅给大学科研人员和管理者带来大量风险，而且也不能满足社会有关经济增长和就业增加等方面的期望。因此，两位作者建议政府采取相关措施，激励大学以"社会所期望"的方式获取资金，从而避免教育质量下跌。这也正如其他学者对"学术资本主义"发展的担忧：大学创业是否就是利用国家资源的最好方式，斯坦福和麻省理工学院是否对所有大学都是最好的榜样（Bercovitz，Feldman，2006）；大学的主要作用应是培养人才以及帮助其他人或组织进行技术创新（van Rooij，2014）；影响美国研究型大学发展的最大因素是它对私有化和企业精神的强调（罗兹、常永才，2011）。

（5）"三螺旋"模式

"三螺旋"模式（triple helix）是指大学、产业和政府三方在知识创新过程中密切合作、相互作用，在保持各自独立身份的同时都表现出另外两方的一些能力（Etzkowitz，Leydesdorff，2000）。

该模式强调"三边交互网络和混成组织"的重要性，认为知识经济时代的创新活动特别需要政、产、学、共同参与、交互合作（如图2.7所示），"三螺旋"协同发展应成为创新系统运行的核心。组织边界相互渗透是政、产、学协同创新与区域发展的重要路径（苏竣、何晋秋，2009；Etzkowitz，2012），但这三类组织具有较强的异质性，推动它们协同创新的关键问题在于如何填补"三螺旋"中的缺口，开发出适合创新发展的组织模式与运行机制。

关于"三螺旋"模式的基本理论，两位创始者——埃兹科维茨（Etzkowitz）和雷德斯多夫（Leydesdorff）在研究过程中逐渐出现分歧：前者强调新制度理论的重要性，认为应该

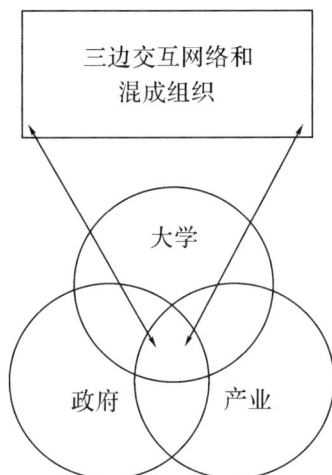

图 2.7　"大学—产业—政府"关系的三螺旋模型

资料来源:笔者根据已有研究(Etzkowitz,Leydesdorff,2000)整理。

关注政、产、学之间的网络关系;后者则强调新演化理论的重要性,认为应该关注类似财富创造、知识生产和规范控制等功能之间的协同(Leydesdorff,2012)。

(6)"模式 3 创新生态系统"与"四螺旋"

基于对经济全球化(globalising)与地方化(localising)并行发展趋势,以及知识创造、扩散与应用的复杂性、非线性和动态性已成为创新聚合系统的关键驱动力等现象的洞察,Carayannis 和 Campbell(2006)提出"模式 3 创新生态系统"(mode 3 innovation ecosystem)(图 2.8)——由知识创造、扩散与应用的"创新网络"和"知识集群"构成的系统。他们指出,"模式 3"是一种多层次、多模式、多节点和多边交互的知识创新模式,强调不同类型的知识和创新范式相互依存与协同演化;知识生产与应用系统的竞争力主要由其"整合、集成不同知识与创新模式"的适应能力决定;此种适应能力建立在"分形创新"(fractal innovation)、"协同演化"(co-evolution)、"协同专业化"(co-specialisation)与"合作竞争"(co-opetition)知识的存量与流动动力基础之上。由此,Carayannis 和 Campbell(2009)拓展了知识生产的"三螺旋"模型(Etzkowitz,Leydesdorff,2000)——在大学/学术界、产业和政府三个维度的基础上加入了"基于媒体和文化的公众"维度,提出了"四螺旋"(quadruple helix)模型(图 2.9)。该模型中的第四"螺旋"主要与"媒体"、"创意产业"、"文化"、"价值"、"生活方式"和"艺术"等要素相关,认为文化与价值是这一螺旋的核心力量,"公共现实"通过媒体建构和沟通并受国家创新系统的影响;适当的"创新文化"是促进知识经济发展的关键驱动力之一,通过媒体传播和阐释的公共讨论是社会安排知识生产与创新(教育、研究和技术)最优先级的关键依据。

总之,"集群"、"网络"和"生态系统"是知识生产"模式 3"与"四螺旋"概念的核心要素,主要强调创新生态系统的重要性,认为政府、学术界、产业界和社会组织是促进民主式创新的关键主体,通过"民主创新方式"(Prainsack,2012)和"多焦点透镜"(Carayannis,Rakhmatullin,2014)可使战略开发和决策制定等从主要利益相关者那里得到反馈,从而

线性创新模式的模型

大学
（高等教育）

基础研究

与大学相关的
机构

应用研究

企业
（商业企业）

实验开发

非线性创新模式的模型

企业

学术企业/
学术企业单位

商业企业/
商业企业单位

基础研究/
应用研究

应用研究/
实验开发

知识创造/
生产

知识扩散/
使用

大学：
模式1大学
模式2大学
（创业型大学）
模式3大学

与大学相关
的机构

模式3 创新生态系统

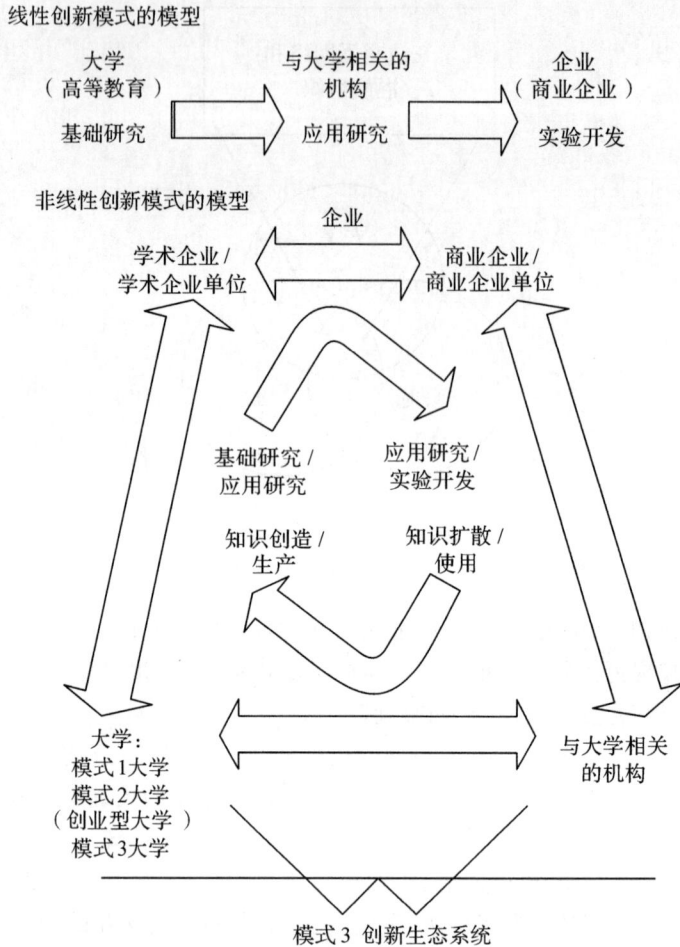

图 2.8　联结大学与企业的线性与非线性创新模式

资料来源：笔者根据已有研究（Carayannis，Campbell，2012）整理。

有利于产生具有社会责任的政策和实践，应该积极鼓励不同类型知识与创新模式的协同演化，以及在多层创新系统中平衡非线性创新模式，通过混成创新网络与知识集群把大学、商业型企业与学术型企业联结在一起（Carayannis，Campbell，2009，2012）。"模式3"知识生产观全面、深入揭示了人力资本、知识资本、社会资本和文化资本等作为知识创新关键优势资源的"协同效应"的重要性，为"知识集群"、"创新网络"、"分形创新生态系统"的多层次、多节点、多主体和多形态的协同创新模式构建提供了全新的理论研究视角。

（7）"协同创新"模式

首先是有关协同学研究的进展。"协同学"（synergetics）一词最先由赫尔曼·哈肯（Hermann Haken）于 1970 年在德国斯图加特大学冬季学期的演讲中引入。协同学的主要概念和思想最早正式出现在哈肯及其学生格拉哈姆发表于 1971 年 *Umschau* 杂志上的文章《协同学：一门协作的学说》中。

哈肯的协同学思想主要来源于他对激光理论的长期研究。例如，哈肯提出，自然科学

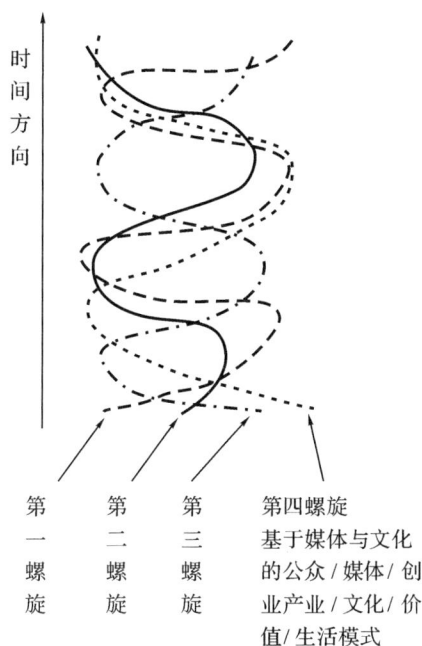

图 2.9　知识创新的"四螺旋"概念模型

资料来源:笔者根据已有研究(Carayannis,Campbell,2012)整理。

家在研究物质结构时必须回答两个问题:一是自然界的各种物质结构产生的基本规律是什么;二是各种物质结构的形成是仅仅依靠自己的规律,还是在诸多纷繁复杂与千变万化的结构中存在着某些共同规律。正是基于对这些问题的思考和探索,哈肯最后发展出了协同学。在他看来,协同学就是为了寻求那些差异极大的系统的结构形成的普遍性规律。由此,他提出了自组织系统的基本特征:一是系统内的单个子系统自我组织,但有"无形的手"——序参量在决定着这些子系统,序参量与子系统相辅相成;二是新结构的产生或出现通常只是由少数几个序参量来决定;三是结构出现临界点时,涨落起着触发的关键作用(哈肯,2010)。

从方法论来看,协同学是用"综合"方法研究问题,这与西方学术界偏重"分析"的方法正好相反。也就是说,协同学与中国的传统思想——如"道必归于和"与"天人合一"等注重综合与整体的方法比较一致,着重研究系统的各个部分之间如何通过统一协调行动产生整体的结构。因此,协同学无论是在自然科学领域还是在社会科学研究领域都有很强的适用性和生命力,可以更深入地应用到生物系统、经济领域和社会发展等方面的理论与实践研究中(曾健、张一方,2000)。

其次是有关协同创新模式研究的进展。"协同创新"模式的研究最早出现于企业技术创新研究领域(张钢等,1997),主要关注技术创新与组织、文化创新如何实现协调。之后的研究逐渐关注不同创新主体之间协同的重要性,特别是以中国政府于 2012 年颁发的《关于实施高等学校创新能力提升计划的意见》(简称"2011 计划")为标志,我国学术界对政、产、学协同创新的研究开始呈爆发式增长。现在有关"协同创新"模式的研究在综合上述几种知识创新模式的基础上,以赫尔曼·哈肯(2001)的"协同学"和"创新系统理论"(Lundvall,1992;Cooke,2002)等为重要理论基础,特别强调社会自组织系统中的"交互学习"和"创新能力同构",参与协同创新的各方(大学和企业等)主要是以提高创新能力为目的。

以创新能力建设与提升为导向的"协同创新"模式突破了以生产、转移知识等外在性目标为导向的大学研究成果产业化的线性模式,强调基于知识协同的并行模式和网络化模式,从而使协同创新的各个主体在创新过程中与创新能力上实现"融合"(何郁冰,2012;丁建洋,2011)。创新主体在创新能力同构过程中,主要通过组织模式创新"形成动态的能力互补结构",以实现知识增值(宗晓华、洪银兴,2013;原长弘、孙会娟,2013;陈劲、阳银娟,2012;Mindruta,2013)。

2.2.3　大学和产业知识生产模式的异质性与融合性研究

在大学以技术转移等方式与产业进行合作以服务社会的过程中,一直存在两种相互冲突、不同价值导向的高等教育哲学影响着产学合作的深入发展:一种是以认识论为基础的学术价值,另一种是以政治论为基础的商业价值。在布鲁贝克(2002)看来,把这两种高等教育哲学结合到一起的最好途径是重新探讨当前关于知识本身的理论。此外,"知识生产模式2"已从模式1的学科矩阵中演化出来,成为跨越学科边界和异质组织边界的知识生产新动力模式(Gibbons et al.,1994),产学间知识生产的交互关系始终是产学合作过程中的核心问题,而知识生产模式的异质性(如组织制度的异质性以及学术价值和商业价值的冲突等)与融合性(如知识创造目的的融合性和创新能力的互补性等)又是这一核心问题的关键所在(刘力,2002;Wu,2010;Gulbrandsen et al.,2011)。

近些年来,在"知识生产模式2"的条件下,科学和社会都已成为彼此边界渗透的竞技场,相互融合并服从于同样的协同演化趋势(Nowotny et al.,2001),虽然大学与产业之间以前清晰的组织边界已开始模糊,但两者在知识生产方面表现出融合性的同时也表现出了异质性。无论是产学合作起步较早的西方发达国家(如美国)还是起步相对较晚的中国都不同程度地受到这些异质性和融合性的影响,如随着产学合作关系的发展即使在中国的一流大学中也已展开对"高等教育是否应该与市场保持一定距离或怎样保持距离"的争论(Wu,2010)。为便于对这些问题的探究,有些学者采取一种与上述类似的方法从制度逻辑①(Thornton et al.,2012)的视角把产学关系中的知识生产模式区分为"学术逻辑"和"商业逻辑"(Fini,2010;Murray,2010;Powers,Campbell,2011)。大学知识生产模式的制度逻辑是指"学术逻辑",强调探索基础知识,研究自由,以同行认可的方式进行奖励

---

　　①　制度逻辑(institutional logics)起源于制度理论,是社会学理论和组织研究中的核心概念之一,最先由阿尔弗德(Alford)和弗里德兰(Friedland)于1985年提出。一般来说,制度逻辑是指通过社会建构而形成的物质实践、假设、价值、信仰和规则的历史方式,个体通过这些方式生产和再生产他们的物质生活。其核心假设是:必须在社会和制度环境中才能理解个人和组织的行为,而且制度环境不仅调节个体、组织行为还为他们提供变革的机会。制度逻辑虽然通常以抽象的制度模式呈现出来,但提供了宏观层次上制度安排与微观层次上人们可观察行为之间的联系,诱发了具体的可观察的微观行为(Thornton et al.,2012)。基于制度逻辑视角对组织进行分析便于识别其核心特征,有利于进行比较分析和分类,从而有助于认清事物的本质。

以及研究成果公开(莫顿,2010)。产业知识生产模式的制度逻辑是指"商业逻辑":强调应用研究,科层控制下工作,通过限制研究成果公开获得经济回报。

学者们分别依据上述两种制度逻辑对产学关系展开了争论。批评者认为,大学和产业之间的知识生产模式存在相互冲突的制度逻辑,双方的知识生产模式根本不能兼容(Slaughter et al.,2004),"企业对大学有着源于贪婪的病态吸引力,在奠定当代大学商业基础的过程中大学的关键资源——最优秀学者的头脑已经成为出价最高者所租用的武器"(罗伯特·罗兹、常永才,2011),对利润的追逐可能会侵蚀大学学者对科学探索的独立性和自由性(王英杰,2012),相关制度(如专利许可法案)的构建限制了知识的流动(Mowery,Sampat,2005;Walsh,洪伟,2011)。而赞成者则认为,上述观点都是对新出现的知识生产模式的误解,过于强调了大学与产业知识生产模式的异质性,而忽略了它们之间的兼容性(Vallas,Kleinman,2008),知识生产和价值创造是大学与产业协同演化的结果,通过协同创新产学双方可以实现能力互补从而提高整个国家的自主创新能力(刘力,2002;张力,2011;Mindruta,2013)。

以上争论产生的原因可从三个方面进行解释:(1)由于不同学者关注制度逻辑的不同方面,没有从各个维度构建大学与产业知识生产模式中较为广泛的、可进行比较的分析框架;(2)缺乏对产学关系中各种制度特征的了解,相应地也就无法知道在某一维度上产学关系的不同点如何解释其他维度的不同点;(3)学者们一般只关注大学或产业知识生产模式一方面的制度逻辑(或双方的某些具体方面),很少通过多维度对产学双方的知识生产模式进行较大范围比较研究。

事实上,大学与企业两种不同知识生产格局的形成是基于对知识线性发展模式的认识(张国昌、胡赤弟,2013),大学与产业之间的劳动分工并不十分明显,知识的增长是科学研究与技术研究高度交织在一起的非线性发展过程,把基础研究与应用研究明显区分开来不利于国家创新系统的长远发展(Nelson,2004)。此外,一些大学在接受资助时就有明确的责任——通过应用研究来帮助它们所在区域的经济发展,大学为获得新的资助已对应用研究产生越来越大的兴趣。另外,由于各种原因企业则可能会开展基础研究活动,如基础研究能够增强企业吸收外部知识的能力,为"下游"的研发提供"路线图",或者产生意想不到的商业应用。因此,大学和产业分别依据自己的使命和价值体系在知识生产模式中产生异质性而形成彼此独立的知识生产主体的同时,两者又在融合性的基础上进行"边界相互渗透"(Etzkowitz,2012)。

2.3　大学促进区域发展的机制

2.3.1　大学功能演化背景

从有可辨识的形式、类似的功能和不间断的历史来看,西方世界在1520年建立的机构中大约有85所仍存在着,其中有70所是大学(Kerr,1963)。虽然教学、学术、服务是大学的永恒主题,它们仍以各种组合方式继续演进着,但从其发展历程来看,确实经过了"一元到多元"的过程。从中世纪到现代社会,经过文艺复兴、三次产业革命和知识经济的洗礼,大学理念和功能在不断演变:由托马斯·阿奎那(Aquinas)和约翰·亨利·纽曼(Newman,1852)的"传授博雅知识",到威廉·冯·洪堡(Humboldt,1809)与弗莱克斯纳(Flexner,1930)的"教学与科学研究相结合"以及克拉克·科尔的"巨型大学观"(Kerr,1963),再到埃兹科维茨(Etzkowitz,1983)和伯顿·克拉克(Clark,1998)的"创业型大学",充分体现了大学使命的发展轨迹——由单一教学到教学与科研结合再到教学、科研与社会服务"三位一体"(邹晓东、陈汉聪,2011;Sánchez-Barrioluengo,2014)。

此外,在科学范式的演化过程中,出现了从追求真理的"默顿范式",进一步发展到追求产业的"齐曼范式"和追求民生的"生活科学"范式(曾国屏、林菲,2013),大学变革的重要方向也随之将知识生产和知识转化结合起来。其实,大学的发展规律也正如阿什比(1983)在大学遗传环境论中所提出的那样,"大学是继承西方文化的机构,它保存、传播和丰富了人类的文化,像动物和植物一样地向前进化,任何类型的大学都是遗传与环境的产物"。也就是说,大学只有遵循环境适应性规律,使自己的"遗传基因"——传统功能——与所处的现实环境协同演化,才能不断地完善自己并向前发展。大学的发展过程也就是其所处的社会环境不断交互发展的过程:大学在受到社会经济发展规律制约的同时,又必须适应、满足和促进社会经济发展的需要(眭依凡,2008)。

因此,尽管人才培养仍然是现代大学的核心使命,但从大学与经济环境互动发展的历史角度来分析,大学不断努力通过科学研究与"第三使命"(Etzkowitz,Leydesdorff,2000)协同发展来提高知识创新能力,正在成为社会经济发展的"知识中枢"[①](Youtie,Shapira,2008)(见图2.10),推动内生发展和创新能力提升,特别是大学所在的区域(邹晓东、陈劲,2008;何建坤等,2008)。

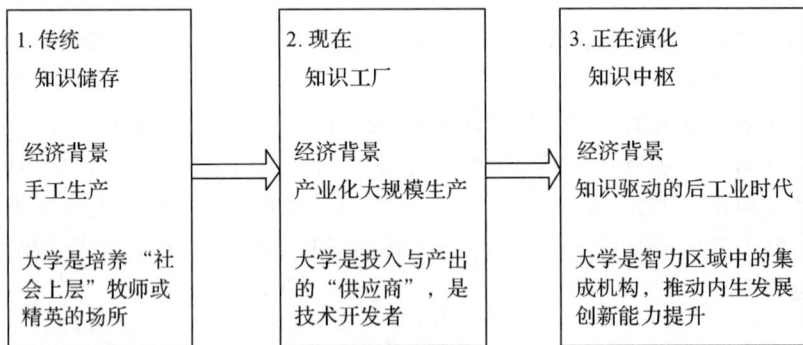

图 2.10 大学使命的演化及其背景

资料来源:笔者根据已有研究(Youtie,Shapira,2008)编制。

---

① 在这种模式下,大学要更加融入区域创新系统,积极地寻求互动和知识溢出以使科研与应用、商业化更紧密地联系在一起,充分实现知识的经济与社会价值,承担催化、激发经济与社会发展的角色。创造、获取、扩散和利用知识的过程是这些功能的核心,因此可称之为"知识中枢"(Youtie,Shapira,2008)。

2.3.2　大学促进区域创新驱动发展的动因

根据已有相关研究可知(Clark et al.,2000；Gertler,2009)，知识的特性是区位要素影响创新的重要条件，是创新过程中最重要的投入资源。根据可表达与可传播的程度可将知识分为显性和隐性两类(Nonaka,1994)。Polanyi 在其经典著作《隐含的维度》(1966)中用一句话巧妙地描述了隐性知识与显性知识的区别："我们所知道的比我们所能表述的更多。"[①]一般来说，显性知识容易通过期刊文章、项目报告和其他有形媒介进行标准化、编码和传播；隐性知识则相反，它具有高度的不确定性和黏滞性，精确含义比较难以表述，很难通过标准的媒介进行转达。隐性知识还具有基于特定社会关系的属性，导致它不易被传播，因为两个团体只有在共享同一社会背景时才能有效交换知识和信息，而且此社会背景的重要元素往往限于当地。而且，被人们生产出的大部分知识都很难通过可编码的显性符号有效传递，仍嵌入相对固定的人力资本中(Gertler,2003)，隐性知识只能在实践中获取，很难长距离传递。这就要求各创新主体彼此间高度信任，以及共享文化、制度和创业活动等(Cooke et al.,2011)。

此外，创新活动是一个社会组织不断交互学习的过程。由于技术转移被认为是极具情景化的学习与开发过程，学习过程越来越基于特定环境和具体区域中知识在经济实体之间的流动，如企业、大学和研究机构等(Asheim,Gertler,2005)，公共研究机构的"本地化知识"(localized knowledge)对新兴创新型企业的发展能够起到非常积极的促进作用(Fritsch,Aamoucke,2013)。当知识更具隐性特征时，面对面互动、交流是知识扩散的关键途径，地理邻近可以有效促进创新共同体发展。因此，隐性知识对区域成功实现创新一直很重要(Gertler,2003)，而隐性知识的交互则需要密集的、以信任为基础的人际交往才能实现，地理邻近为其提供了便利条件(Morgan,2004)。

总之，大学不仅是人力资本的生产者，也是创新过程中隐性知识的主要来源(Jaffe,1989；Jaffe et al.,1993)，是能够进行对区域企业产生溢出效应的科学研究(Arrow,1962)的主要机构，那些受到"溢出"影响的企业进而用所获取的知识创造新产品和促进区域竞争力的提升(Fritsch,Slavtchev,2007,2011；何建坤等,2008；胡彩梅,2013)。大学有利于增强区域竞争力、促进创业活动和区域增长这一观念也是经济学对区域知识生产为何能够成为区域竞争优势的普遍解释(Griliches,1979)。因此，如何在大学与区域企业网络和其他组织间共享知识是促进大学与区域创新系统协同发展的关键所在。

2.3.3　大学促进区域发展的概念模式

(1)大学对区域发展的作用机制研究

随着理论与实践的发展，大学作为创新发展的潜在引擎已得到普遍认可，学者们已经

---

① 转引自：哥特勒 S.生产系统中的隐含知识：地理的重要性[M]//普可仁.创新经济地理.北京：高等教育出版社,2009.

从不同方面检验了大学对创新所起到的具体作用[①]，如知识提供与应用方面（Etzkowitz，2012；吴玉鸣，2010），不同类型知识的交互和转移途径（Fritsch et al.，2007；Jensen et al.，2007）以及合作创新对区域经济的影响等（Uyarra，2010；Kauffeld-Monz，Fritsch，2013）。

"大学能够成为区域发展引擎"这一假设还促成了大量新的有关加强政、产、学联系的制度和政策。此外，学者们认为，大学在履行好传统使命——教学和研究的同时，通过"第三使命"把学术研究转化为商品（Etzkowitz，Leydesdorff，2000），不仅能够为区域创新系统和经济发展做出贡献（Benneworth et al.，2009），还能够为国家和世界创新做出贡献（Bramwell，Wolfe，2008；Goldstein，2010）。而且，随着调节经济活动的制度更具区域化，通过人力、技术和知识资源基础，大学在区域网络和制度能力构建中发挥越来越大的作用。

因此，有关大学在区域发展中作用的研究近些年已呈大量增长态势，研究内容范围广泛，如合同与合作研究对区域发展的影响（Fritsch，Slavtchev，2011）、创新型大学对企业选址的影响（Audretsch et al.，2005；Baptista，Mendonça，2010）、新增大学对区域创新的影响、大学作为知识网络"节点"（Perkmann，Walsh，2007；van Rooij，2014）的"催化"与吸引创新效应（Fritsch，Aamoucke，2013），以及大学对区域创新系统的支持力评价。通过理论探索和实证分析，人们逐渐认识到大学是区域发展的关键竞争优势，如有利于改善区域创新环境（Baptista，Mendonça，2010），是区域创新系统的构建主体之一（陈昀等，2013），对区域经济与社会的发展起到重要的促进作用（戴勇等，2103；Jaeger，Kopper，2014），产、学、研合作创新网络的知识溢出是产生区域产业集聚效应的主要动力（傅利平等，2013）。特别是大学作为知识网络"节点"作用和区域创新的"催化"作用的研究是最近有关大学与区域发展研究的新热点。

（2）大学促进区域发展的概念模式

近些年学者们基于大学对区域创新作用的研究，提出了大学实现此"第三使命"的概念模式（Goldstein，2010；Uyarra，2010；Trippl et al.，2014）。这些概念模式主要有："知识工厂模式"、"创业型大学模式"、"区域创新系统模式"（RIS）、"新知识生产模式"、"知识中枢模式"和"融入型大学模式"等（见表2.3）。

以上大学促进区域发展的六种模式在很多方面都存在差异（如图2.11所示）。"知识工厂模式"把大学作为科学知识的生产者，大学主要通过知识溢出的方式影响本地经济发展。"创业型大学模式"强调大学主要通过专利申请、授权许可和衍生公司等活动促进所在区域的发展，大学研究成果的商业化利用成为创新政策的迫切要求，鼓励大学通过组织调整实现更具"创业性"的目标，如设置技术转移办公室（TTO）和创办科技园等，并改革相关制度与激励机制，如美国1980年《拜杜法案》（Bayh-Dole Act）、《史蒂文森-怀德勒技术创新法案》（Stevenson-Wydler Technology Innovation Act）和1984年《合作研究法案》

[①] 严格来讲，大学对创新的贡献体现在教学、科研和社会服务的各个方面。特别是大学所生产的人力资本对创新起到至关重要的作用，这一点已是毋庸置疑。由于本研究所关注的是大学知识创新能力与区域创新能力的协同发展机制，所以文中所讨论的有关大学对区域发展的作用主要与科研和"第三使命"相关。

表 2.3　大学在区域发展中的作用模式研究汇总

模式分类	主要作用	分析单位	主要合作者/受益者	知识流动方式	主要研究方法	影响效用的关键因素	研究举例
知识工厂模式	生产知识	科研成果	邻近大学的高科技企业	单向（隐性）	产业调查	科研强度/投入	Bush,1945;Jaffe et al.,1993
创业型大学模式	知识商业化	中介组织（如技术转移办公室）	大型制造企业衍生公司	单向（显性）	大学技术转移组织和管理者调查	组织结构/模式	Etzkowitz,1983;Clark,1998;Rothaermel et al.,;Grimaldi et al.,2011;邹晓东,陈汉聪,2011;邹晓东等,2014
区域创新系统模式	系统化知识转移/跨界	系统/网络	区域集群中小企业	双向（隐性与显性）	案例研究	区域创新系统结构	Asheim,Gertler,2005;Tödtling,Trippl,2005;邹晓东,陈劲,2008;何建坤等,2008
新知识生产模式	解决经济与社会发展中的重大挑战及民生问题	科技政策与战略	创新机构社会发展	根据社会需求	案例研究	跨学科研究应用情境创新生态系统	Gibbons et al.,1994;Nowotny et al.,2001;Carayannis,Campbell,2006,2009,2012
知识中枢模式	知识网络"节点"和创新"催化"	大学	各创新主体	网络化	案例研究	知识创新能力和知识网络	Owen-Smith,Powell,2004;Youtie,Shapira,2008;Benneworth et al.,2009;Caniels,van den Bosch,2011;Huggins et al.,2012;周光礼,朱小舟,2016
融入型大学模式	社会、经济、政治和公民等方面发展	治理空间	利益相关者	根据社会需求	案例研究	大学与利益相关者协同	Boyer,1990,1996;OECD,2007;Uyarra,2010;Breznitz,Feldman,2012;Trippl et al.,2014;Trencher et al.,2014;戴勇等,2013;范建波,2013;Sánchez-Barrioluengo,Benneworth,2018;Thomas,Pugh,2020;蒋喜锋等,2022

资料来源：笔者根据已有研究（Uyarra,2010）和其他相关文献编改编与整理。

（Cooperative Research Act），以及中国 1999 年《关于加强技术创新、发展高科技、实现产业化的决定》和 2002 年《关于国家科研计划项目研究成果知识产权管理的若干规定》等。"区域创新系统模式"提出大学应该为创业模式所强调的直接商业化活动增加更广泛的"软性"技术转移模式，如合作研究以及与企业的非正式网络等。该模式中大学被认为是具有"节点"作用的跨边界组织，它对区域的贡献能力受到它所嵌入的区域创新系统的影响，承担构建"关系"或合作的角色以便与企业形成各种"双边"联系来共享知识。

因此，前三种模式只关注大学为促进区域经济发展所做的贡献（通常称为"服务"），它们反映了大学在技术和经济发展方面的作用。这种相对狭隘的视野忽视了除教学和研究之外大学对社会中非经济活动的潜在贡献。"新知识生产模式"和"融入型大学模式"虽然也强调大学对区域经济发展的贡献，但却拓宽了前三种模式的视野，开始直接关注大学在社会联系方面、文化方面和社会问题方面所进行的活动。"新知识生产模式"主要关注迎接重大社会挑战的新研究活动模式，如环境污染防治和空气质量监控等。"知识中枢模式"则更强调大学是智力区域中的综合机构，主要推动区域内生发展和获取新的创新能力，认为大学的知识创新能力是其履行好各项职能的关键性基础。尽管"融入型大学模式"也包括教学和其他功能，但同时也强调大学要为解决区域发展过程中的社会、政治等相关问题做出贡献，以及大学知识创新或"创业"的公共价值（Bozeman，et al.，2014）。

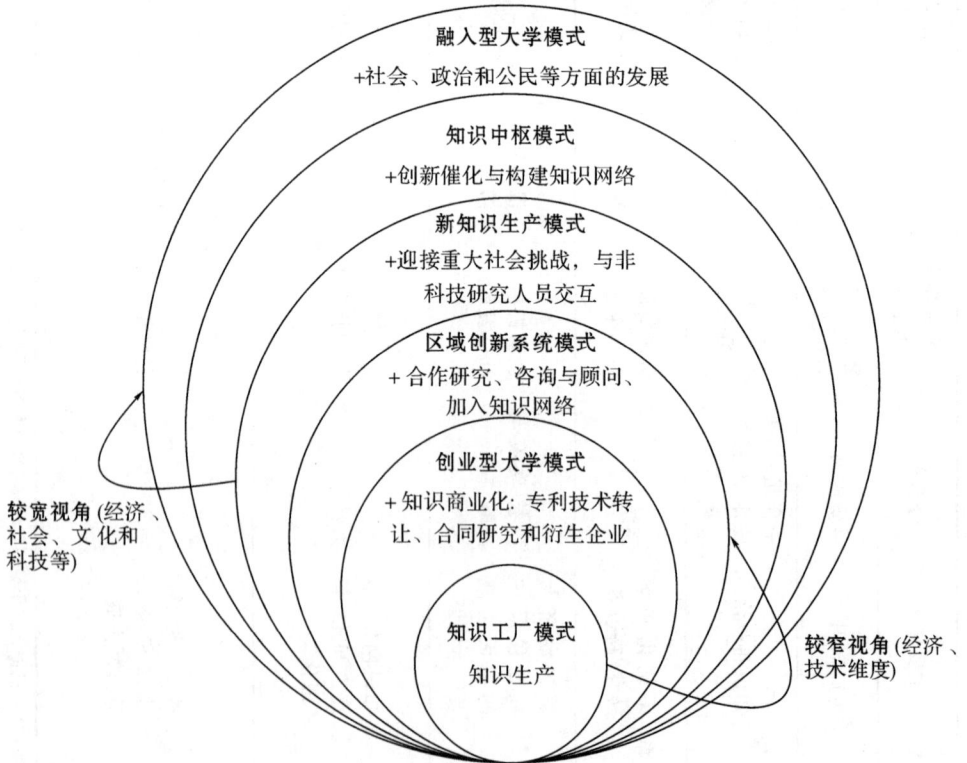

图 2.11　大学发展模式与区域的主要活动

资料来源：笔者根据已有研究（Trippl et al.，2014）和相关文献整理与改编。

"融入型大学模式"也在很大程度上契合了"四螺旋"创新生态系统中"模式3"的大学发展理念(Carayannis，Campbell，2006，2012，2014)。

2.3.4　大学促进区域创新驱动发展所存在的问题研究——知识协同视角

目前,我国区域商业化效率明显低于研发效率,绝大多数区域在促进科技成果转移转化方面还表现欠佳(张凡,2019)。另外,由于中国的大学原始创新能力还不够强,缺乏科技前沿的创新,很多产学合作项目中大学主要帮助本地企业改进外国技术以便适应国内市场(Wu,Zhou,2012)。在新的创新范式下,大学必须加强自主创新能力,提高创新共同体发展绩效,但这在之前往往是被忽视的(Liu et al. ,2015)。同时,区域层面的产学合作过程中,仍然存在互动机制不畅、互动制度与政策不健全(白庆华等,2007;王瑞敏等,2013)、技术转移政策相互冲突(刘华、周莹,2012)、技术中介系统薄弱(汪良兵等,2014)、产学之间存在制度距离和组织距离等问题(Hong，Su,2013),以及定位不准、沟通不畅、信息不对称(吴玉鸣,2006;江诗松等,2014)、缺乏信任(李世超,2012;刁丽琳、朱桂龙,2014)和风险与利益分配机制(杜鹃等,2005;袁胜军等,2006)等问题,项目合作特别是短期项目合作居多,合作规模仍较小(吴友群等,2014),缺乏战略层次的合作(唐小旭,2009),政府参与程度不高(庄涛、吴洪,2013)。

基于大学知识创新对区域发展作用的认识,学者们开始研究如何通过促进产学知识协同来提升区域创新能力,并对相关问题进行了深入分析。例如,最近一项研究(Bikard,Marx,2020)表明,作为跨越产学组织边界的桥梁,区域创新中枢(innovation hub)有利于促进大学科研人员与企业互动交流和长期合作,学术论文和专利不仅得到企业更广泛引用,其技术转移效率也明显较高。另外还有很多研究发现,大学并没有很好地融入区域创新共同体之中,在与区域其他创新主体协同演化过程中没有达到最优水平。Morgan(2007)将此现象称为"沙漠中的教堂"(cathedrals in the desert)。也就是说,学术知识与能够直接促进企业创新的知识之间并不匹配,这就引起了"知识悖论"——政府对大学研发的投入在促进区域或国家经济发展中起到的作用非常有限。从已有研究来看,产生这种"知识悖论"的关键要素包括大学、企业、中介组织、组织间关系、知识特性、途径与机制和具体环境等(图2.12),概括起来主要包括两大方面:大学和区域环境。[①]

(1)大学方面的问题

大学方面对知识协同的影响因素主要体现在科研能力、合作模式、战略定位与合作能力等方面。

第一,科研能力的问题主要包括两个方面,一是大学自身科研水平的问题,二是研究内容与区域发展不匹配的问题。已有研究成果表明,大学的科学研究质量对产学合作的成效起着决定性的作用(Abramo et al. ,2011),高质量的科学研究对区域的高科技初创企业有积极的影响。但是,其他学者也指出,学术研究只有与区域创新、发展相匹配时才能够有效地进行知识协同,例如,只有学术成果与区域可持续的创业活动相关时,它们对

[①]　当然,中央政府(甚至全球环境)对大学与区域合作也有非常重要的影响,但这些方面由于不是本研究的重点,在此予以讨论。

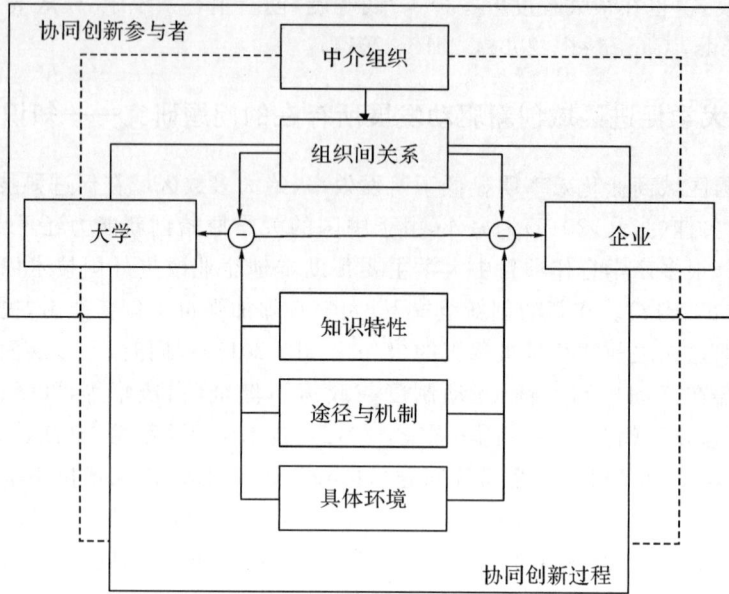

图 2.12　影响大学与企业知识协同的要素

资料来源：笔者根据已有研究（Battistella et al.，2015）改编。

区域经济增长的影响才能显现出来（Carree et al.，2014），不同学科和区域对产学合作会产生不同的影响（Bonaccorsi et al.，2014），科学专业与区域特征相匹配对促进区域创新共同的发展非常重要（Fritsch，Krabel，2012；Acosta et al.，2013；Jaeger，Kopper，2014；朱凌等，2014）。另外一些学者还研究发现，这种匹配不是指大学学科与区域现有的知识基础较为一致，而是应该具有互补性（Barge-Gil et al.，2011），而不是替代（Tether，Tajar，2008），大学与区域之间应保持一定的技术距离（Petruzzelli，2011）。

　　第二，在合作模式方面，有些学者研究发现，长期合作效果比短期合作效果明显，这也能够为产、学、研合作经济绩效低的观点提供解释（吴友群等，2014）。其中的主要原因之一在于，大学最初的发明创造往往还不成熟，这些技术转让给企业后还需大学科研人员后续跟进，不断地与企业进行交互，最终才能使该技术得以成熟以致可以产业化（Wu，2010；王凯、邹晓东，2014）。其他学者还研究发现，大学与企业的合作模式还要依据创新模式或类型（STI 或 DUI）（Toedtling et al.，2009；Isaksen，Nilsson，2013）以及知识基础（knowledge base）（分析与综合以及广度与深度）（Asheim，Coenen，2005；Zhou，Li，2012）进行选择。

　　第三，战略定位方面主要体现在大学对产学合作或与区域合作创新的对象与模式选择上。例如，已有研究指出，大学往往不关注一般性研究项目（如资金较少或学术价值低等），特别是研究型大学对"小微"企业所需求的技术通常不感兴趣（Inzelt，2004）。因此，有学者认为，大学与产业的不同的兴趣与战略方向很难调和（Fogelberg，Thorpenberg，2012），大学"服务社会"的核心办学理念与战略定位、以"他方为中心"的治理结构，以及与学术研究、创新活动、公民义务活动相结合的多样化合作方式，是协同创新成功的关键（戴勇等,2013)。

第四,合作动机方面。很多研究表明,学术科学家主要关注学术研究成果的公开发表,缺少解决企业所提出问题的动机,特别是那些几乎没有学术价值(可以发表论文)的一般性技术问题(王凯、邹晓东,2013;海本禄,2013),以及类似"开放性数据"研究的产学合作活动(Perkmann,Schildt,2015)。

第五,合作能力方面。合作经历、交互的广度与深度、信任(Bruneel et al.,2010)对合作的整个过程都很重要。例如:信任对隐性知识转移的正向影响大于对显性知识转移的正向影响(刁丽琳、朱桂龙,2014),产学间较高的信任程度能够积极地促进合作创新绩效(Bstieler et al.,2015);产学合作的关系嵌入性(信任、信息共享、控制)通过企业获取外部知识的两种主要机制(显性知识转移、共同解决问题)会间接地影响到企业创新绩效(李世超,2012);大学科学家嵌入区域经济的程度能够影响大学有效进行知识商业化的能力(Casper,S.,2013);交流、理解和信任是各种类型和各个层面产学合作的开始(Inzelt,2004),并决定着整个合作过程(Plewa et al.,2013)。

(2)区域创新环境方面的问题

知识溢出被认为是经济增长的重要资源(Romer,1986,1990),大学科学研究如何对区域产生技术溢出效应一直是经济地理和科学技术研究领域最关注的方面之一,学者们长期以来认为大学基础研究作为公共物品能够溢出到社会中(Arrow,1962;Rosenberg,Nelson,1994)。大部分研究认为,大学知识能否应用于社会和商业化关键在于"推动"变量——大学内部因素,如科研水平、大学声誉和对技术转移的资助等。然而,已有研究也发现,区域创新环境对大学知识创新能力具有显著的影响(吴玉鸣,2010),区域环境的"拉动"变量也同样重要,大学对区域经济的影响取决于其资源、政策、组织,同时还受制于企业对知识及创新的回应(Breznitz,2011)及其吸收能力(Cohen,Levinthal,1990)。概括起来,区域创新环境的影响因素主要包括政府、企业和中介组织方面。

第一,政府方面的影响主要体现在政府对大学融入区域发展的资助和政策支持。产学合作关系的特征和绩效受到中央和地方政府政策的影响(Hong,Su,2013;Kafouros et al.,2015)。外在环境因素中,政府资助对产学合作关系维持及效率提升具有长效的正向影响(肖丁丁、朱桂龙,2013;徐侠、姬敏,2013;余冬筠、金祥荣,2014),有利于减少企业融资难题,有利于解决大学科技成果转化为商品的中间试验资金投入问题(陈明等,2011)。最重要的是,政府的资助对企业创新行为产生影响,因为它能够促进科学与技术的合作和转化,以及鼓励企业从事风险项目,而不是纯粹增加专利数量,特别是在一些关系国计民生的创新性研究项目中迫切需要发挥政府在其中的主导作用(庄涛、吴洪,2013)。此外,研发资源投入并不是决定区域创新绩效的唯一因素,制度和政策的不同都会导致创新绩效的差异(Moodysson,Zukauskaite,2014),政府支持、区域具体的产业创新环境和研发机构决定了区域创新绩效(Li,2009),区域制度和创新政策对产学合作、大学知识转移与知识创新水平、企业创新绩效都有深刻的影响(Huggins,Kitagawa,2012;Kafouros et al.,2015)。

第二,企业方面的影响因素主要体现在企业的动机、研发投入、吸收能力、企业的产业特性、创业文化与开放创新网络等。例如,已有研究对企业参与产学合作的原因、影响合作成功的因素以及合作绩效进行了分析和测量（Perkmann et al.，2011），发现企业参与产学合作的动机具有多样性，合作成功的关键要素之一是企业不能太"急功近利"。此外，有关研发投入对产学协同创新影响的研究发现，企业内部的研发方向和研发重点对产学合作研发的关系有重要影响（Soh，Subramanian，2013）；企业研发投入是影响产、学、研合作创新的关键因素，企业研发投入不仅对产、学、研合作和企业内部研发的模式选择产生影响，而且还会对产学互动关系产生门槛效应（樊霞等，2013）。学者们在有关企业吸收能力对产学合作成效影响的研究中发现，企业的吸收能力是产学合作开展的关键条件（Bishop et al.，2011），企业吸收能力越低的区域，产学合作越可能发生在区域之外（Azagra-Caro et al.，2013）。另外，与产业特性相关的研究表明，企业所处产业阶段对产学合作也有重要影响（Azagra-Caro，2007；Bodas Freitas et al.，2013），不同产业区中大学的贡献也不同（Benneworth，Hospers，2007）。近些年有关企业创业文化和开放创新网络对产学协同创新影响的机制，在区域创新和科技创新等研究领域已得到越来越多的学者重视（Casper，2013；Berbegal-Mirabent et al.，2013），他们通过社会网络分析或案例研究等方法进行探索和分析之后发现，区域内企业的创业文化、开放创新网络与产学合作的开展及其成效有显著的正相关关系。因此，从目前的相关研究来看，研发活动与协同创新过程中普遍存在的不确定性、外部性与互补结构都会导致创新市场的多重失灵（Aghion et al.，2009），激励产学协同创新，不仅需要市场机制，也需要政府的积极干预，更需要支撑创新共同体发展的制度环境。

第三，中介组织的影响因素主要体现在中介组织类型是否健全及其相关功能与作用的发挥情况。涉及组织间协同创新的中介组织研究主要包括两个方面："作为组织的中介"（intermediaries as organizations）和"作为过程的中介"（intermediation as a process）（Howells，2006）。首先，"作为组织的中介"主要研究不同类型的中介——提供专业服务的个人，以及为创新提供中介服务与支持的组织的特点与适用性。例如，已有研究表明，促进组织间交互学习与协同创新的中介组织包括顾问、技术经纪人、创新代理机构和创新中心等（Battistella et al.，2015）；由于缺乏鼓励与引导科技中介机构规范运营的政策和措施，中国的科技中介机构发展普遍比较滞后，很不利于解决大学与产业合作过程中信息不对称问题（苏竣、何晋秋，2009），以及融资不畅等问题（陈德敏、李华，2011）。其次，"作为过程的中介"主要研究中介的两个主要功能与作用：扫描与搜集信息以及交流与沟通，也即如何充分发挥中介组织的作用，使其成为技术转移双方构建支持创新的桥梁，促进不同组织间的关系的发展，协调组织间的合作，使新知识与新技术得以整合（Howells，2006）。例如，已有研究表明，起到"桥接"作用的科学家拥有高度异质性的知识结构、人力资本和关系结构，可以作为跨越基础科学与技术创新之间鸿沟的"桥梁"，促使企业从学术界获取并应用隐性的前沿科学信息以实现技术创新；从企业视角来看，小型企业和偏僻区域的企业很难找到大学进行合作研发，为减少信息不对称，一些值得信任的第三方机构就应该担当起这方面的责任。

2.4　社会网络与知识网络理论

2.4.1　社会网络理论研究的进展

随着社会网络理论研究的不断丰富,近些年来,有关社会网络对组织发展的影响与意义的研究呈现快速发展态势,已引起众多组织与管理学者的关注。组织的社会网络研究在管理学领域已居于明显突出的位置,其核心思想包括:社会关系(social relations)、嵌入(embeddedness)、结构模式(structural patterning)和网络连接功用(utility of network connections)(Kilduff,Brass,2010)。

表 2.4　社会网络研究分类

研究层面	人际层面	组织间层面
研究主体	组织成员	组织或组织代表
社会资本研究	类别一: 检验网络对组织个体成员的影响 研究举例:Burt,1997	类别二: 检验网络对企业和其他组织的影响 研究举例:Peng,Luo,2000
网络发展研究	类别三: 检验组织中个体成员对网络形成和演化的影响方式与决定因素 研究举例:Burkhardt,Brass,1990	类别四: 检验组织对网络形成和演化的影响方式与决定因素 研究举例:Rosenkopf,Padula,2008

资料来源:笔者根据已有研究(Carpenter et al.,2012)整理。

根据目前的研究现状,组织情境中有关社会网络的研究可分为"社会资本研究"(social capital)和"网络发展研究"(network development)(如表 2.4 和图 2.13 所示)。组织间和个体间层面社会资本研究主要包括两种不同但又相连的概念:"社会资本"与"嵌入"。社会资本主要是指网络对参与者所产生的影响结果,而嵌入则是指这种影响结果得以实现的机制,社会资本是嵌入的本质功能(Dacin et al.,1999),它们构成了社会资本研究的基本理论。因此,在社会资本研究中,研究者通常把网络作为社会活动的原因和预测因子进行研究,并检验相关结果;在网络发展研究中,研究者通常把网络作为社会活动的结果和利益现象进行研究,并检验它们形成和变化的起因。

(1)社会资本

布尔迪厄(Pierre Bourdieu)于 1980 年最早对社会资本进行了系统分析,科尔曼(James Coleman)于 1988 年首次在美国社会学界使用了社会资本的概念。自布尔迪厄和科尔曼以来,比较有代表性的社会资本概念是指,"个体通过社会联系获取稀缺资源并由此获益的能力"(边燕杰、丘海雄,2000)。

Nahapiet(1998)最早提出了社会资本的三个维度:结构(structural dimension)、认知

(cognitive dimension)和关系(relational dimension)，后来 Zukin 和 DiMaggio(1990)在这三个维度的基础上又加入了"政治"维度(political dimension)，也即社会资本的四个嵌入维度：认知、文化、结构和政治。Zukin 和 DiMaggio 通过研究发现：认知嵌入涉及"限制经济理性实践的心理过程中结构化调整方式"；文化嵌入涉及"共享的集体共识对形成经济战略和目标的作用"；结构嵌入涉及"以现行人际关系方式经济交互的情景化"；政治嵌入涉及"由相关经济主体和非市场机构(特别是政府和社会团体)争夺权力所形成的经济制度和决策方式"。

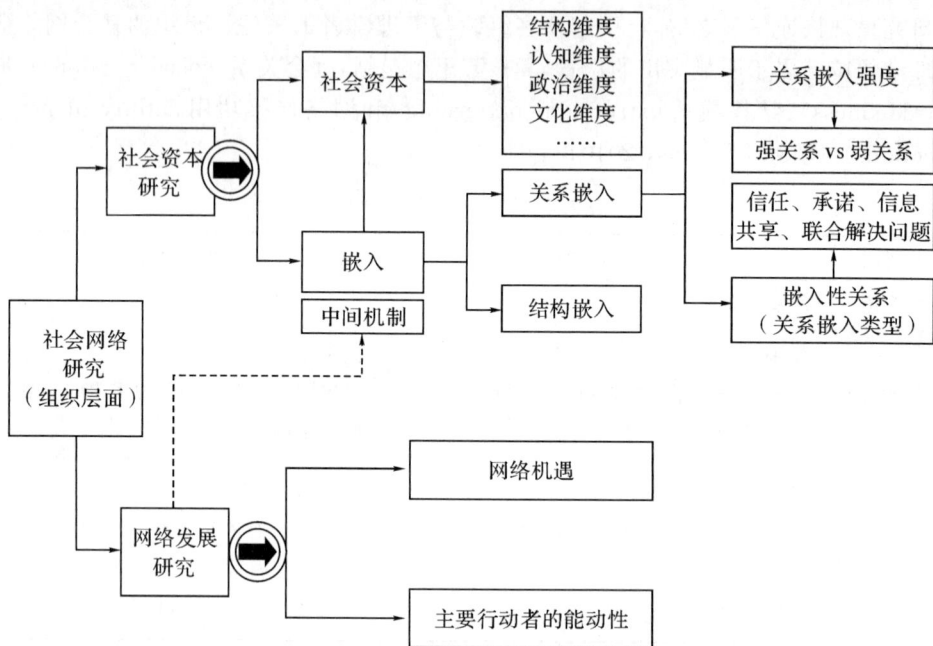

图 2.13 组织情景中的社会网络研究框架

资料来源：笔者根据已有研究(Gulati, Sytch, 2007；Kilduff, Brass, 2010；Carpenter et al., 2012；Kwon, Adler,2014)编制。

社会资本主要反映的是工具性效用和社会网络对相关参与者所产生的影响(Burt, 1997；Lin, 2001)。社会资本对组织的影响主要包括增加绩效(Peng, Luo, 2000)、创新能力提升(Ahuja,2000；陈劲、李飞宇,2001；唐丽艳等, 2014)、易于资源获取(Uzzi,1996)和减少合作中的交易成本等(Gulati,1995；吴晓波等,2004)。有学者研究发现，社会资本对个体或组织能够产生这些益处的主要原因在于组织或个体所处的社会网络和网络成员之间的连接方式(Adler, Kwon, 2002)。

(2)网络嵌入

为区分传统制度化的嵌入性社会与现代脱嵌(disembedded)的市场社会，Polanyi 于 1944 年在其著作《伟大的转型》中首先引入了"嵌入"这一概念，他通常被认为是最早提出嵌入概念的学者(Granovetter,1985；Zukin,DiMaggio,1990)。Polanyi 把 19 世纪相对自治经济领域(如市场经济)出现的社会条件总结为：不是经济嵌入社会关系中，而是社会关系嵌入经济系统中(Polanyi,1944)。Polanyi的宏观社会或结构嵌入观点已成为经济社会学批判新古典经济学有关个人主义和利己主义假设的关键理论基础（Krippner,Alvarez,2007）。

与Polanyi观点相比,Granovetter(1985)对嵌入的理解则不太重视结构层面,而是侧重关系层面,有关嵌入讨论的起点是对"低度社会化"和"过度社会化"两种理论倾向的评判,强调经济活动的社会维度,认为经济行为紧密地嵌入人际关系网络中。此外,由于当时学术界对制度学派的讨论普遍感到有些厌倦和乏味,Granovetter"恰逢其时"地提出了有关嵌入的理论,引起学者们对社会网络研究逻辑的兴趣,由此促进了社会网络学派的再次兴起(周雪光,2003)。

Uzzi(1997)指出,嵌入是一种交互逻辑,嵌入有积极影响也有消极影响。有学者进而指出,嵌入(如具体情境下社会联结和网络对参与者的影响)为网络参与者获取资源、结构利益和产生社会资本(Moran,2005)提供了一种中间机制。由于组织成员紧密地嵌入人际关系网络中(Granovetter,1985),他们的行动必然受到网络嵌入效果的影响。嵌入主要产生于人际的联结关系和整个网络的结构特征。Granovetter(1973)最早将网络嵌入性划分为关系嵌入与结构嵌入,后来虽然经过学者们的发展,但仍以这两种形式为主:具体个体联结中的关系嵌入和整个网络中的结构嵌入(Granovetter,1992;Moran,2005)。

第一,关系嵌入。Granovetter于1973年在其发表于《美国社会学期刊》的论文《弱关系的力量》中首先引入了关系嵌入这一概念,他从互动频率、亲密度、互惠交往和感情强度等四个维度对个人间联结关系进行了分类,也即"强关系"和"弱关系"这两类。后来很多学者对关系嵌入的研究又进行了拓展和深化,现在有关关系嵌入方面的研究主要关注以直接联结为纽带的二元(dyadic)交互网络关系紧密程度所产生的影响(Coleman,1990;Burt,2000),涉及交互双方相互理解、信任和承诺的程度等(Granovetter,1992;Uzzi,1996,1997;Gulati,1998,1999;Lavie et al.,2012)。关系嵌入性有利于合作伙伴通过共享和发展专门知识(Dhanaraj et al.,2004;Dyer,Hatch,2006),以及促进参与合作项目人员的交流(McEvily,Marcus,2005),来获取价值创造的机遇。当然,并不是所有的关系嵌入都有利于组织或个体的发展,例如,杨震宁和李东红等人(2013)通过调查研究发现,适度地进行社会网络关系嵌入有利于组织获取创业资源和相关知识,但关系嵌入过度会导致组织产生创业认知偏差。

目前涉及关系嵌入的研究主要从两大方面进行:一是关系嵌入的强度对组织创新绩效的影响(魏江,郑小勇,2010;谢洪明、张颖,2014);二是关系嵌入的不同类型对组织创新绩效的影响,这关系嵌入也被称为"嵌入性关系",一般包括信任(trust)、信息共享(fine-grained information)、联合解决问题(joint problem-solving arrangements)和承诺这四个维度(Uzzi,1997;MeEvily,Marcus,2005;Lavie et al.,2012)。

此外,还有学者认为,强关系与紧密连接的网络有利于形成规范的信任和互惠环境,从而促进社会成员间的合作与相互支持(Uzzi,1997),同时也会通过规范和共享期望限制他们的自由(Portes,1998)。这里要注意的是,魏江和郑小勇(2010)提出,"关系强度"与"关系嵌入强度"这两个概念的内涵似乎是一样的,但实际上两者不尽相同,前者是基于社会资本视角的概念,而后者则是基于嵌入性视角研究网络关系时用到的概念。

总之,自 Granovetter(1973)将关系嵌入划分为强关系和弱关系两类之后,Uzzi (1996,1997)在此基础上提出了关系嵌入应该包括的三个维度:信任、信息共享和共同解决问题,后来虽然又有很多学者基于他们的研究不断进行了拓展,目前关系嵌入性维度已包括很多方面(如表 2.5),但基本上都继承了 Granovetter 和 Uzzi 的思想(魏江、徐蕾, 2014)。而且很多学者研究发现,关系嵌入性是连续和动态的,而不是非强即弱的二分变量(Dacin et al.,1999;Gulati,Sytch,2008)。

表 2.5　关系嵌入性的维度汇总

关系嵌入性维度	研究举例
强连接和弱连接	Granovetter,1973
信任、信息共享、共同解决问题	Uzzi,1997
互动频率、资源交互程度	Rowley et al.,2000
信任、信息共享、共同解决问题	McEvily,Marcus,2005
互动频率与时长、信任与开放、共享范围、契约控制	Gilsing,Nooteboom,2005
共同行为、信任、信息交互的质量和范围	Gulati,Sytch,2008
关系强度、关系持久度和关系质量	陈学光,2007
信任维、资源维和联结维	朱学彦,2009
强关系和弱关系	魏江、郑小勇,2010
认知嵌入性、文化嵌入性、政策嵌入性和环境嵌入性	许斌等,2010
信任、信息共享和控制	李世超,2012

资料来源:笔者根据相关研究整理。

(2)结构嵌入。结构嵌入主要强调网络结构特征,如结构洞(structural holes)(Burt, 1992),也会对网络参与者产生益处和相关的成本。结构是网络的主要特征,不同节点在同样结构中会表现出不同功能,相同节点在不同结构中也会产生不同绩效(范群林等, 2010)。Uzzi(1996)指出,结构嵌入关注具有交互关系行为者的关系质量和网络体系的结构,Gulati 和 Gargiulo(1999)由此提出三个不同的构念,如关系、位置和结构嵌入。

有关结构嵌入对创新影响的研究,主要关注组织所处的整体网络结构特征和组织在网络中位置(如中心性)对创新绩效的影响。例如,谢洪明和张颖等(2014)通过运用结构方程模型对广东省高新技术与民营科技型企业为样本的问卷调查数据进行实证分析研究发现,网络结构嵌入对技术创新绩效没有直接的显著影响,也无法通过学习能力的中介对其产生间接的影响作用;张利斌和张鹏程等人(2012)指出,中心性较高的个体因为与很多其他成员拥有关系而更加有影响力,他们更有可能与其他有权力的成员建立联系,从而获得更多高质量的信息。

(3)网络发展

有关网络发展的研究主要关注网络作为社会现象如何发展和演化,并分析网络形成和变化的方式与原因。Ahuja(2000)提出,企业间关系形成的推动力主要有:现行网络结构为网络开发所提供的机遇和形成企业网络关系的战略目标。也就是说,现行网络中的机遇和主要行动者的目标构成了网络开发的基本机制。此外,还有学者研究发现,社会网络演化是一个路径依赖的过程,网络的发展趋势依赖目前的网络结构(Shipilov,Li,2008)。

2.4.2　组织合作网络治理模式与机制的研究

(1)理论基础

基于交易成本经济学(Williamson,1975)和社会网络理论(Granovetter,1985),Powell(1990)最早提出组织间交互机制的三分法:层级、市场和网络。层级制由雇佣关系定义,主要依靠层级结构和命令系统运行;市场由合同和产权治理,主要依靠自由竞争运作;网络既不是基于交易也不是基于规则运行,而是基于现有关系、义务、声誉和信任运行,能够提高交易专用性资源的利用效率,为组织提供了获取知识、资源和技术有关的信息途径,是竞争优势的主要来源(Inkpen,Tsang,2005)。组织的社会网络研究包括"社会关系、嵌入、结构模式和网络连接功能"(Kilduff,Brass,2010),通常基于明显不同但又互为补充的两个视角:单个组织层面和整个网络层面,分别称为"个体中心网"(egocentric network)和"整体网"(whole network)(Kilduff,Tsai,2003)。组织间的网络分析与网络治理模式研究都集中于"整体网"层面(Provan et al.,2007)。Jones 等人(1997)提出,治理的网络模式是为应对交互条件中的资产特质、需求不确定性、工作复杂度和交易频次,当这些条件都具备时,网络治理模式在同时适应、协调和保护交易方面均优于层级制和市场方式。

(2)概念与内涵

治理在商业企业、非营利组织和公共管理研究领域长期以来一直深受关注(Mizruchi,Mark,1983;Westphal,Zajac,1995;Provan,1980;Hill,Lynn,2005)。如委托代理理论所言,治理在这些行业部门中的关键作用是监督和控制组织经营的管理者(Eisenhardt,1989;Fama,Jensen,1983)。但是,组织间网络是由合作意愿的"自治"组织构成,该网络并不是法律实体,传统的治理理论与方法对其具有不适应性。目前,网络治理研究的对象是"目标导向"的网络(Kilduff,Tsai,2003),而不是"偶然发生"的网络。尽管目标导向网络产生的概率较低,但作为一种正式机制,它们对实现组织的集体目标极其重要——特别是在公共部门和非营利组织中很多问题通常需要集体行动才能解决(Agranoff,McGuire,2003;Imperial,2005)。由此,网络治理的内涵可概括为:在三个以上个体组织组成的网络中,对关键资源拥有者(网络结点)的结构优化、制度设计,并通过自组织和他组织实现个体与集体目标的动态过程,这不仅包括资源优化配置、个体组织及市场运作效率的提升,还包括协同创新和创造共享价值(Jones et al.,1997;Provan,Kenis,2008;林润辉等,2013;李维安等,2014),其核心理念与"开放创新"(Chesbrough et al.,2018)、"创新生态系统"(Jacobides et al.,2018)较为一致。

(3)治理模式

网络治理模式的研究并不关注"网络作为一种治理的手段或工具",而是把网络作为一个独立变量,关注网络本身的治理和管理,分析不同的网络治理结构以及各种治理模式发挥作用的条件(Provan,Kenis,2008;Kenis,Provan,2009;李维安等,2014;Maccio,Cristofoli,2017;Bodin,2017)。基于两种不同的维度——网络治理是否有代理人,Provan和Kenis(2008)把网络治理模式划分为两大类:共享治理和代理组织治理。共享治理模式是指所有的网络成员参与网络治理,没有单独的治理实体。基于网络成员身份,代理组织治理模式又分为领导组织治理和网络行政组织治理:前者是指网络内部的一个成员承担起网络治理的领导角色,后者是指网络外部一个独立的行政组织对网络实施治理(见图2.14)。

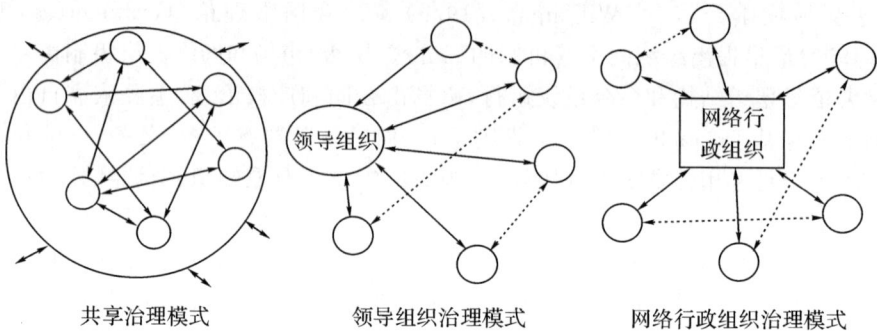

| 共享治理模式 | 领导组织治理模式 | 网络行政组织治理模式 |

图 2.14 网络治理模式分类

资料来源:笔者根据已有研究(Provan,Kenis,2008)编制。

成功实施这三种网络治理模式要基于4个关键的结构与关系权变因素:信任、规模(网络成员数量)、目标一致性和工作性质(该工作对网络能力的要求)。值得注意的是,有关组织间创新网络的研究发现,在网络发展的不同阶段,需要采用不同的网络治理模式(Blazevic et al.,2019)。

(4)治理机制

已有研究指出,网络中主要节点的特征能够通过整个网络结构改变信息流动、资源配置和创新绩效(Carpenter,2012)。基于此,网络治理机制是指,协调网络结点之间的关系,对结点行为进行制约与调节的资源配置、激励约束等规则的综合,其作用是通过结点间互动与共享提高整体网络的运行绩效(李维安等,2014)。组织间网络形成的原因包括动机、学习、信任、规范、监督、公平和情景等。相应地,网络治理机制包括信任、学习、利益分配、协调、声誉、文化和激励机制等(Powell,1990;Jones et al.,1997),又可概括为网络形成和维护机制(如信任、决策平衡、利益分配、声誉和联合制裁等)、互动机制(如沟通和学习等)和共享机制(如资源配置与共享等)。此外,还有很多学者把组织网络的治理机制分为正式契约和关系治理进行研究(Poppo,Zenger,2002;余维新等,2016;王兆群等,2018),他们提出这两种治理机制作用的发挥会受到多重权变因素的影响,如合作经历、合作风险、信任程度、管理者能力、治理模式和外部环境等。其中有两个研究热点:一是治理者能力的作用机制(Maccio,Cristofoli,2017),二是治理过程中合作平台的作用机制(Ansell,Gash,2018)。但目前来看,对网络治理机制的研究大多数局限于理论和规范的分析和描述,既有的一些实证分析也只是对网络治理机制的探讨和归纳,如何使网络治理机制与治理情境契合以及网络治理模式、治理机制和治理绩效之间的关系等都还有待深入分析。

2.4.3　网络能力对嵌入性关系影响的研究

（1）网络能力研究背景

网络发展研究的学者们认识到组织外部社会网络是从其他组织获取知识等稀缺资源的重要途径，尽管良好的网络结构有助于提高组织的创新绩效，但只有当组织拥有能够识别和利用它们网络中知识资源的能力时，这种网络结构才会更有效（Zaheer，Bell，2005），跨越组织边界既要有技术能力，也要有"识别、构建、嵌入和管理"这种网络关系的能力（Hakansson，1987；Comacchio et al.，2012）。网络能力在组织构建组织间网络、利用外部稀缺资源和实现创新能力提升等方面能够起到积极的促进作用（Hagedoorn et al.，2006；Walter et al.，2006；范钧等，2014）。网络能力的引入，是对创新网络治理问题的新探索（刘兰剑，2011）。

然而，由于以前有关社会网络的研究主要关注网络嵌入性和社会资本对组织和个体收益的影响，基本上还处于为这个相对较为年轻的研究领域取得合法性的阶段（Borgatti，Foster，2003），学术界当前对网络理论的研究仍主要关注结构和产出，而没有探索组织构建高效且有效的网络来提高它们优势所需要的能力（Mu，Di Benedetto，2012）。Hakansson（1987）虽然较早地提出了网络能力的概念，但是有关网络能力讨论的文献仍比较分散，以前的研究缺乏对组织间交互关系进行全面分析与整合（Mitrega et al.，2012）。

（2）网络能力的理论基础与维度

网络能力概念的提出正是基于"网络是可以管理的"这一基本前提，网络能力实质上是组织有效管理网络关系的独特能力（Hakansson，1987；Ritter，Gemünden，2003；朱秀梅等，2010；Comacchio et al.，2012）。目前，学术界主要基于"资源基础观"（resource-based view）（Barney，1991）、"动态能力观"（dynamic capabilibies view）（Teece et al.，1997；Zollo，Winter，2002；Teece，2007）和"关系观"（relational view）（Dyer，Singh，1998；Capaldo，2007；Lavie，2007）等理论对组织的网络能力展开研究。

表 2.6　网络能力的维度汇总

网络能力的划分维度	作者
识别、构建、嵌入和管理网络的能力	Hakansson，1987
网络构想能力、网络关系组合能力和网络角色能力	徐金发等，2001
协调能力、关系技能、市场知识和内部交流	Kale et al.，2002
获取资源、人力资源管理的网络导向、内部交流机制和组织文化开放度	Ritter，Gemünden，2003
构建、维持和利用各种外部合作关系的能力	Walter et al.，2006
网络愿景、网络管理、组合管理和关系管理能力	邢小强，全允桓，2006
网络柔性决策能力、网络协控能力和网络运营能力	邓英，2009

续表

网络能力的划分维度	作者
网络导向、网络构建和网络管理	朱秀梅、陈琛，2010
网络愿景与构建能力、关系管理能力和关系组合能力	任胜钢，2010
网络配置能力、网络运作能力和网络占位能力	方刚，2011
关系构建能力、关系发展能力和关系结束能力	Mitrega et al.，2012
网络规划、网络配置、网络运作和网络占位能力	范钧等，2014
网络愿景构建、网络关系管理和网络占位能力	曾庆辉、王国顺，2014

资料来源：笔者根据相关研究整理。

目前，学者们已经从多个不同维度对组织的网络能力进行了分析（表2.6），提出网络能力通常包括网络愿景、网络关系管理、网络角色和网络占位等构建、维持和利用各种外部合作关系的能力（徐金发等，2001；Walter et al.，2006；曾庆辉、王国顺，2014）。由于研究视角与研究情景不同等原因，学术界对网络能力维度的划分存在一些差异，这些维度大致可概括为两大类：关系管理能力和网络战略管理能力，并由此产生对"网络能力"这一概念的不同称谓，例如"关系能力"、"交互能力"、"合作能力"、"网络管理能力"和"联盟能力"等（刘婷、薛佳奇，2012）。尽管已有研究中这些概念的名称不尽相同，但它们与网络能力的内涵基本一致。

（3）网络能力对嵌入性关系影响的研究

社会网络研究领域的学者们认识到嵌入性关系对组织创新绩效的重要影响，开始逐渐关注组织的网络能力或内部能力与创新网络、嵌入性关系以及创新绩效之间的关系。Lorenzoni和Lipparini（1999）通过对包装机器企业间网络关系的实证研究发现，企业的网络能力（关系能力）对伙伴间合作关系（如相互信任与承诺）有显著的正向影响，从而促进企业获取和转移有利于企业发展与创新的知识。陈学光（2007）通过对网络能力、创新网络及创新绩效关系的研究发现，网络能力对组织间的关系强度、关系久度、关系质量、网络规模和网络范围有显著的积极影响，进而对创新绩效产生显著积极影响。基于企业如何发展网络能力（联盟管理能力）这一关键问题，Schreiner和Kale等（2009）通过对软件企业的实证研究发现，企业的联盟管理能力非常有助于联盟成员间共享信息与联合行动，从而确保联盟企业创新绩效的提升。Lavie等人（2012）把关系机制（相互信任、关系嵌入和关系承诺）作为完全中介变量，探究了组织间的不同特性、关系机制与联盟绩效的关系。李贞和张体勤（2010，2014）通过深入分析企业知识网络能力与开放式创新网络建构关系，揭示了组织知识网络能力不同构成维度对组织间嵌入性关系的差异化影响机制。

总之，已有研究表明，网络能力作为组织的一种独特能力，特别有利于组织跨边界构建组织间的嵌入性关系，从而通过获取与整合组织内外创新资源来提升组织的创新绩效。

2.4.4 知识网络——社会网络与嵌入性关系对创新绩效影响的研究

自20世纪90年代瑞典经济学家为研究本国知识密集型（knowledge intensive）产业的发展机制，发明和使用"知识网络"概念（Beckmann，1995）之后，管理学和经济地理学等研究领域的学者也开始对此概念产生兴趣,展开了一系列的研究。

(1)理论背景

知识创造来自对现有知识进行新颖性整合(Nelson,Winter,1982;Fleming,2001),人们有效和高效地搜寻、获取、转移、吸收和应用知识的能力决定了知识创造的整体能力(Nahapiet,Ghoshal,1998;Galunic,Rodan,1998)。在知识转化过程中[①],社会化(从隐性知识到隐性知识)是新的隐性知识通过经验共享在个人间的传递。经验共享是这个转化过程的关键,而它又通过共同的工作和活动等途径来实现(Nonaka,Reinmoeller,2004),正是由于"知识创造本质上是社会嵌入的过程",才促进了组织间的关系和相关创新过程中的社会网络的产生(Perkmann,Walsh,2007)。大量实证研究表明(表2.7),人们利用外部知识进行创新的绩效依赖于其所处的外部社会结构,社会关系的特征和由社会关系构成的网络通过影响个体和组织获取、转移、吸收和应用知识的能力,对他们的知识创造效率产生重要影响。因此,目前有关社会网络对知识创新影响机制的研究——知识网络的研究主要基于社会网络理论(主要包括嵌入理论和社会资本理论等)展开。

然而,值得注意的是,虽然知识网络研究是基于社会网络理论展开的,但最近有些学者(Wang et al.,2014)提出,"知识网络"并不等同于"社会网络",知识网络是联结科学与技术知识内核之间的网络(Yayavaram,Ahuja,2008;Carnabuci,Bruggeman,2009),通过知识网络这些要素在研究与实验的关键过程得到整合与再整合之后就可以产生创新成果。例如,Wang和Rodan(2014)等学者在研究知识网络、合作网络与探索性创新的关系机制中证明了上述观点,他们发现科研人员不仅嵌入合作网络中,而且也嵌入由知识要素构成的网络中,他们在一个网络中有位置并不一定在另一个网络中有同样的位置;组织的创新活动双重嵌入"由研究者之间合作构成的社会网络"中以及"由知识要素联结构成的知识网络"中,但这两个网络并不一定完全耦合,以前的研究夸大了从社会网络中获取的知识对组织创新的益处。

表2.7　有关社会网络对知识创新影响的实证研究文献汇总

创新维度	社会网络分析维度	社会网络对知识创新的影响	研究结论	文献举例
知识创造	直接联系数量间接联系强度	二次关系(quadratic)	交互伙伴最终发展了减少他们创造知识能力的同质性知识	McFadyen,Cannella,2004
管理创新	网络结构嵌入	既定条件下有积极影响	网络结构和获取异质性知识的路径对创新绩效更重要	Rodan,Galunic,2004

---

① 知识转化包括四个过程(或称四种形式):社会化、外化、结合和内化(SECI)(Nonaka,1994)。

续表

创新维度	社会网络 分析维度	社会网络对知 识创新的影响	研究结论	文献举例
产品创新	直接联系 社会网络密度	积极 积极	在社会网络中提升人们的连接密度有益于创新	Obstfeld,2005
技术创新	与本地伙伴开展合作	积极	相比于与地理上分散的团队合作，与本地团队合作更有利于专利被引用	Gittelman,2007
创新水平	跨边界联系 信任	积极 不显著	与不同部门相联系的个体获得的冗余信息较少，边界跨越者是否值得信任不重要，因为合同的目的是解决问题	Hsu et al.,2007
创新观点	中心性	积极	个体可获取的知识和信息资源越多，越能够产生高质量的观点	Bjork,Magnusson,2009
创新水平	网络中的位置 关系质量 网络资源	间接积极影响 间接积极影响 积极	个体获取和运用有价值资源的能力不仅直接影响本人的创新水平，还可作为从组织内网络优势位置中获取利益和与网络中的其他成员构建关系的催化剂	Casanueva,Gallego,2010
专利绩效	中介位置	积极	行动者的异质性在中介人和绩效之间起到重要调节效应	Lee,2010
创造新知识	低密度和同质性环境 高密度和异质性环境	积极 积极	处于同质性环境中的合作伙伴面临的主要挑战是获取各种不同的信息，从低密度网络中获益。跨越企业和地理边界时只有行动者识别和意识到潜在的价值，松散网络架构的信息和控制优势才能体现出来	Mors,2010

创新维度	社会网络 分析维度	社会网络对知 识创新的影响	研究结论	文献举例
创新方法	连接强度和网络架构	二次关系	具有强连接关系和嵌入松散网络结构中的行动者能够产生最多的创新方法,他们能够识别和意识到有价值的知识	Rost,2011
科研成果	连接、强关系、密度、结构洞、中心性	双重关系	学者关系维度对研究质量有经济影响,对成果数量没有影响,而认知维度则相反。只有科学家网络的结构维度对质量和数量都产生影响	Gonzalez et al.,2013
创新能力	内部社会网络 外部社会网络	不显著 积极	创业团队成员内较高信任水平可减少跨越边界的外部社会网络,因此可能产生"不是此地发明"的症状,从而降低新企业家的创新能力	Chen,Wuang,2008
产品创新	网络连接	积极	丰富的社会资本有益于产生更多的创新成果	Lau,2011
产品创新	直接连接 间接连接	积极 积极	直接和间接连接都对创新有积极影响,但间接连接效应受到企业直接连接数量的调节	Ahuja,2000
创新	中心性	积极	主要节点的特征能够通过整个网络结构改变信息的流动,如果创新网络中的主要节点致力于信息开放,那么整个网络结构也会变得开放	Owen-Smith,2004
管理创新	社会资本(结构嵌入与关系嵌入)	积极	结构嵌入在管理销售绩效方面发挥更大的作用,关系嵌入在产品创新和流程创新方面发挥更大作用	Moran,2005

续表

创新维度	社会网络 分析维度	社会网络对知 识创新的影响	研究结论	文献举例
专利和授权	间接网络中的中心性	积极	一个核心企业在间接网络中的中心性与该企业从直接联盟中获取互补性资源的可能性呈正相关关系	Salman，Saives，2005
创新	社会资本	间接积极影响	更高水平的社会资本有益于充分发挥智力资本在促进创新中的作用	Wu et al.，2008
创新绩效	关系嵌入性	间接积极影响	关系嵌入性（信任、信息共享和共同解决问题）对技术创新绩效的影响是间接作用，这种作用通过探索型学习的传递而产生	许冠男，2008
创新绩效	关系嵌入与结构嵌入	间接积极影响	结构嵌入中的非冗余性和多样性以及关系嵌入中的信任、共同解决问题和承诺推动基于知识的动态能力中介作用对创新绩效产生积极影响	章威，2009
创新改进	信任	通过学习有间接积极影响	信任不仅有利于促进国际战略联盟中的知识分享，还有益于获取促进创新的隐性知识	Nielsen，Nielsen，2009
创新绩效	社会结构密度 信任	不重要 二次关系	社会资本与信任对企业创新的影响呈现倒 U 形关系	Molina-Morales，2009
创新绩效	中心性 中心度	积极 积极	企业要在产业集群中获得成功，必须专注于增强它们的网络能力，并努力争取网络中更具中心性的位置	Chiu，2009

续表

创新维度	社会网络 分析维度	社会网络对知识创新的影响	研究结论	文献举例
合作创新绩效	嵌入性关系	间接积极影响	嵌入性关系对企业创新绩效和大学创新绩效的影响是通过"组织间学习"间接产生作用的	朱学彦,2009
产品与流程创新	社会交互 信任 愿景共享	积极 积极 积极	在某种关系条件下创新所要求的知识交互是有益的。然而,这些要素对企业会产生不同的影响	Molina-Morales, Marti'nez- Ferna'ndez,2010
产品创新	社会资本	积极	由社会资本所产生的全部合作努力能够改进创新绩效,特别是当人们共享复杂和模糊的信息时	Carmona-Lavado et al. ,2010
知识生产率	社会资本	积极	社会资本是理解知识创造的关键要素。此外,社会资本能够增强人力资本和组织资本的能力,从而提升知识生产率	Huang,Wu,2010
合作创新绩效	关系嵌入(信任与信息共享)	间接积极影响	信任与信息共享对产学间显性和隐性知识转移都有正向促进作用,从而促进合作创新绩效	李世超等,2011
技术创新绩效	网络关系强度	二次关系	网络关系强度通过探索式学习对突破性创新产生负面影响,但通过利用式学习对渐进性创新产生正面影响	潘松挺、郑亚莉, 2011
创新能力	知识网络双重嵌入	间接积极影响	本地与超本地两类网络的功能整合和知识整合是促进集群企业创新能力跃迁的必要条件	魏江、徐蕾,2014

续表

创新维度	社会网络分析维度	社会网络对知识创新的影响	研究结论	文献举例
创新绩效	社会资本(结构维、关系维和认知维)	二次关系	关系维、认知维的社会资本不仅直接影响创新孵化绩效,还通过在孵企业吸收能力间接影响创新孵化绩效	唐丽艳等,2014
知识整合	网络结构	积极	不同的网络结构展现了不同的知识整合过程与形式,从而导致了创新结果的差异性	Balachandran, Hernandez, 2018
知识流动	关系资本关系人情	积极	关系资本化和关系人情化促进网络成员之间的知识流动	余维新等,2020

资料来源:笔者根据相关研究整理。

(2)研究层次

有关知识网络的研究已跨越多个学科领域和多个分析层次。例如,在社会学领域,研究社会网络结构对扩散信息和采用创新的影响已成为一个传统的研究方向(Bothner,2003);经济学家已开始探索社会网络如何影响知识生产与扩散(Azoulay et al.,2010)。在组织层面,学者们研究了组织内各个部门间的关系强度和关系类型如何影响知识转移(Hansen,2002),以及各个部门在组织内部网络中所处的位置如何影响它的创新绩效(Tsai,2001)。在组织间层面,基于交易成本经济学、资源基础观、动态能力观和关系理论等理论,战略研究者探究了网络资源对组织研发能力提升的影响(Spithoven,Teirlinck,2014);战略联盟网络的特征如何影响企业间知识转移(Inkpen,2005);联盟网络的结构和关系机制如何影响企业创新绩效(Ahuja,2000;Schilling,Phelps,2007)与联盟绩效(Lavie,2012);嵌入关系特征对组织间知识转移(Nielsen,2005;许冠男,2011;李世超,2012)、创新战略选择(Bergenholtz,2014)、创新能力与创新模式(Tsai,1998;章威,2009;向永胜,2012)、组织的智力资本获取(Nahapiet,1998)和竞争能力获取(McEvily,2005)的影响机制;知识网络"双重嵌入"(本地嵌入和超本地嵌入)、知识整合与集群企业创新能力的关系机制(魏江、徐蕾,2014)。

此外,还有很多学者从经济地理学视角对区域创新网络进行了研究,主要从知识、网络、学习、创新等四个方面展开,集中于网络特征、空间属性和动态演化等问题的探讨(吕国庆等,2014)。大学初创企业的研究也表明,知识网络对企业的经济绩效和创新绩效都有积极影响,例如,大学与创新网络中的其他创新机构合作关系的建立和发展是促进大学初创企业成立的主要路径(Simoes et al.,2012)。

（3）研究局限

尽管知识网络研究已涉及多个学科领域,过去 10 多年相关研究文献增长很快,但并没有成为上述研究领域或学科的主要研究方向与主题,目前对其进行的分析与探索还不够全面、系统和深入。例如,社会嵌入性只是嵌入资源或嵌入形式之一（Dacin et al.,1999）,其他嵌入资源还包括非正式文化系统和正式的政治法律制度等（Dacin et al.,1999;Zukin,DiMaggio,1990）,而目前有关知识网络的研究主要关注组织或个体的社会嵌入性对他们的创造、转移和利用知识的影响,几乎所有的研究都缺少具体的分析情景,从而忽视了更广泛的正式与非正式制度环境对知识网络形成、发展和成效影响的研究。

2.5　制度环境对社会网络与嵌入性关系影响

制度学派是经济社会学中具有最大影响力的学派之一,该学派又被分为组织制度学派和历史制度学派。"新组织制度理论"就是由组织制度学派演化而来,是"组织分析的新制度主义"[①]（new institutionalism in organizational analysis）的简称,其主要理论基础是"新制度理论"（迪马吉奥、鲍威尔,2008;Scott,2014）。该理论的概念基础（conceptual foundations）起源于迈耶（Meyer）、罗恩（Rowan）、斯科特（Scott）和朱克尔（Zucker）等几位学者于 20 世纪 70 年代开始的有关"组织社会学的新制度主义"讨论和相关研究工作[②]（Greenwood et al.,2008）。

新制度主义学派认为,组织通常需要面临两种不同的环境:技术环境（technical environment）和制度环境（institutional environment）。这两种环境对组织有不一样的要求:技术环境对组织的要求是"效率"——依据效率最大化原则组织生产;制度环境对组织的要求是服从"合法性"（legitimacy）[③]机制——采用"理所应当"的组织形式（organizational forms）和行为。过去的研究（如"权变理论"和经济学理论等）只注意到技术环境对组织的影响,而对制度环境没有予以关注（周雪光,2003）。由此,鲍威尔和迪马吉奥（2008）提出,新组织制度理论的核心思想是,组织紧密地嵌入社会与政治环境之中,正式的组织结构不仅受到技术要求和资源依赖的影响,还受到组织所处的更大范围制度环境（规则、信念和惯例等）的影响。这一理论重视"理性的社会建构"和"非市场治理机制",主要关注组织所生存的制度环境对组织的影响机制,以及组织形式与制度模式的协同演化机制。因此,新组织制度理论为研究组织与制度环境之间的关系机制提供了很有价值的理论工具。

---

① 不过,也有些学者（Greenwood et al.,2008）指出,无须拘泥于学派对"组织制度主义"（organizational institutionalism）进行区分,而是要关注"在理解和分析组织时,制度视角能够为我们提供什么帮助"。

② 这些代表性研究包括:Meyer,Rowan,1977;Zucker,1977;Meyer,Rowan,1983;DiMaggio,Powell,1983;Tolbert,Zucker,1983;Meyer,Scott,1983。

③ 这里的"合法性"不仅仅是指法律制度,还包括文化制度、观念制度、社会期待等要素构成的制度环境对组织行为的影响（周雪光,2003）。

2.5.1　新组织制度理论的演化历程

制度理论可谓是"博大精深"，如经济学、政治学和社会学等对其都有全面和深入的研究。从研究的历史发展角度，学者们通常把制度理论划分为"早期的制度理论"（也称之为"旧制度理论"）和"新制度理论"（表2.8）。经济学的新制度理论主要包括交易成本经济学（transformation cost economics）、博弈理论方法（game-theory approach）、演化经济学（evolutionary economics）和资源依赖理论（resource-based theory）。政治学的新制度理论主要包括历史制度主义（historical institutionalism）和理性选择理论（rational choice theory）。社会学的新制度理论主要来源于认知理论（cognitive theory）和文化理论（cultural theory），主要包括现象学（phenomenology）和常人方法学（ethnomethodology）。

表 2.8　早期的制度理论（旧制度理论）与新制度理论学科分类汇总

学科分类	主要代表学者	
	早期的制度理论	新制度理论
经济学	凡勃伦（Vablen，1898） 康芒斯（Commons，1924）	科斯（Coase，1937） 诺斯（North，1990） 威廉姆森（Williamson，1991） 纳尔逊和温特（Nelson，Winter，1982）
政治学	伯吉斯（Buergess，1902） 威尔逊（Wilson，1889） 威洛比（Willoughby，1896）	马奇和奥尔森（March，Olsen，1984，1989） 卡曾思坦（katzenstein，1978） 莫伊（Moe，1984） 卡拉斯纳（Krasner，1983）
社会学	斯宾塞（Spencer，1876） 马克思（Marx，1844） 涂尔干（Durkheim，1912） 韦伯（Weber，1924） 帕森斯（Parsons，1937） 布迪厄（Bourdieu，1971）	斯维尔曼（Silverman，1971） 迈耶、罗恩、朱克尔（Meyer，Rowan，Zucker，1977） 迪马吉奥和鲍威尔（Dimaggio，Powell，1983）

资料来源：笔者根据已有研究（Scott，2014）整理。

制度理论最有影响的应用是对组织运行的中观层面进行分析，主要关注社会规则、准则和信念等对组织的影响（Scott，2006）。把制度与组织最早联系起来进行的研究开始于20世纪50年代，主要代表学者包括"哥伦比亚学派"的莫顿（Merton，1936）与塞尔兹尼克（Selznick，1948），"卡内基学派"的西蒙（Simon，1945），社会学家帕森斯（Parsons，1960）。莫顿（1936）提出，"作为规则的组织"比"作为工具的组织"更为重要；塞尔兹尼克（Selznick，1948）主要强调了"制度化"（institutionalization）对组织的重要性。西蒙（1945）根据"经济行为人的有限理性（bounded rationality）"这一假设，把人的有限理性与组织结构特征联系起来进行研究,强调"组织规则、程序、习惯和惯例"的重要性。帕森斯(1960)则主要通过研究组织与其所处环境的关系,用他的"文化—制度"思想来分析组织,提出组织的价值观系统是通过组织与"不同功能背景"中的"各种主要制度模式"相连实现合法化。

新制度理论与组织理论相结合主要经历了三个阶段。第一个阶段:斯维尔曼(Silverman,1971)较早把新制度理论引入组织研究中,提出了"组织行动理论",认为组织环境不仅是资源供应基地,还是"组织成员生活意义的来源"。第二个阶段:布迪厄(Bourdieu,1977)通过提出"社会场域"(social field)这一概念来强调习惯对组织发展的重要影响。第三个阶段:迈耶和罗恩以及朱克尔通过两篇同时发表于1977年的具有开创性的文章[1],把新制度理论更加成功地引入到组织研究中。迈耶和罗恩(1977)提出,制度是文化规则的集成,文化规则逐渐理性化成为组织建构的独立基础,强调更广泛的制度环境中组织模式变化所产生的影响。尽管迈耶和罗恩主要从宏观层面对新制度理论展开研究,但作为迈耶的学生,朱克尔主要研究制度的"微观基础",强调认识性信念力量对行为的锚定作用:"社会知识被制度化之后作为一种事实存在,就会成为客观现实的一部分,并基于此基础能够直接传播。"(Zucker,1977)

继迈耶等人研究成果发表不久,迪马吉奥和鲍威尔(Dimaggio,Powell,1983)、迈耶和斯科特(Meyer,Scott,1983)[2]又为组织分析的新制度理论做出重大贡献。他们从宏观环境视角展开的研究已经成为社会学领域的主流。迪马吉奥和鲍威尔区分了制度影响组织发展的三种重要机制:"强制"(coercive)、"模仿"(mimetic)和"规范"(normative)。通过这些机制,制度的影响扩散到"组织域"(organization field),组织结构同形(structural isomorphism)或相似是组织竞争和制度化的重要结果。迈耶和斯科特提出,所有组织都是由技术与制度要素形成的。以上四位学者认为组织域或部门(sector)是最适合研究制度过程的新的分析层次(Scott,2014)。

通过以上理论发展的历程梳理和分析可知,"组织分析的新制度理论"主要来源于社会学的新制度理论,具有明显的社会学色彩。该视角强调,通过共同的规则系统和秩序,限制行动者得到支配性奖惩体系特权的倾向与能力,从而实现对行动的建构,使秩序得以维持。在迪马吉奥和鲍威尔(2008)看来,组织分析的新制度理论并非用贴上标签的瓶子装上社会学的旧酒,与较早的社会学关于组织和制度的研究路径存在系统性的差异(见表2.9)。

---

① 这两篇文章分别为:Meyer J W,Rowan B. Institutionalized organizations:Formal structure as myth and ceremony[J]. American Journal of Sociology,1977,83(2):340-363;Zucker L G. The role of institutionalization in cultural persistence [J]. American Sociological Review,1977,42(10):726-743.

② 鲍威尔,迪马吉奥. 组织分析的新制度主义[M].上海:上海人民出版社,2008.

表2.9　组织分析的旧制度理论与新制度理论区分

区分维度	旧制度理论	新制度理论
利益冲突	中心论题	边缘论题
制度惰性的根源	既得利益	合法性边缘
结构化的重点	非正式结构	正式结构的符号性作用
组织嵌入	地方社区	场域、部门和社会
嵌入性的性质	合作—选择性	建构性
制度化的焦点	组织	场域或社会
组织动力学	变革	持续
功利主义批判的基础	利益聚合理论	行动理论
功利主义批判的证据	意外后果	非反思性活动
认知的主要形式	价值观、规范、态度	分类、惯例、脚本、图式
社会心理学	社会化理论	归因理论
秩序的认知基础	承诺、义务或依附	惯习、实践行动
组织目标	替代性	并存性（模糊性）
研究议程	政策导向	学术导向

资料来源：笔者根据已有研究（鲍威尔、迪马吉奥，2008）整理。

2.5.2　制度环境对社会网络影响的研究

（1）制度环境的构成要素

基于鲍威尔、迪马吉奥（1983，1991）两位学者的研究，诺斯（North，1990）与斯科特（Scott，1995）把影响组织和组织成员的正式制度与非正式制度分为管制、规范和认知三类。随后，斯科特于2002年在组织分析的制度理论中特别增加了社会和文化要素（表2.10），以便为制度环境中的网络如何影响风险资本的功能提供更具社会化的解释（Scott，2014）。

表2.10　制度的三大支柱

区分维度	管制性要素	规范性要素	文化—认知要素
遵从的基础	权宜（expedience）	社会责任	理所应当 共同理解
秩序的基础	管制规则	约束性期待	建构性图式（schema）
制度扩散机制	强制	规范	模仿
制度逻辑	工具性	正当性	正统性
制度指标	规则 法律 奖惩	证明 认可	共同信念 共享的行动逻辑 同形（isomorphism）

续表

区分维度	管制性要素	规范性要素	文化—认知要素
制度产生的影响	害怕 内疚/清白	羞耻/荣耀	确定/困惑
合法性基础	法律制裁	道德支配	理解 认可 文化支持

资料来源:笔者根据已有研究(Scott,2014)整理。

（2）制度环境与组织创新关系的研究

在涉及区域创新和知识创新的研究中,很多学者已认识到,不能只关注隐性知识的地理要素,更要关注隐性知识的社会环境,如支撑经济活动的文化与制度环境等(Gertler,2003)。此外,从新制度经济学来看,制度本身已是经济发展的重要动力,具有自我循环累积机制,制度的差异会造成区域经济增长的差异(雷新途、熊德平,2013)。目前,区域制度环境对组织创新影响的研究主要从"交易规则"和"市场失灵"等方面进行。首先,学者们已认识到不同区域的制度环境存在很大差别,对组织创新同样也会产生不同的影响。特别是针对我国的具体情况,一些学者已经展开了相关研究。例如:陈凌和王昊(2013)指出,我国不同区域之间制度环境的效率和市场化程度也存在着很大的差别;Kafouros等人(2015)研究发现,中国各个区域的制度有不同的演化方式和水平,会影响到知识产权保护的实施,从而影响学术合作与企业创新绩效;有些学者(Wang et al. ,2012;Chang,Wu,2014)也研究发现,中国不同省份的制度环境存在较大差异,这会对产业发展产生很大的不利影响;李善民和张媛春(2009)提出,制度环境的改善可以降低交易成本,提高交易效率。此外,其他学者通过一般性制度环境对组织创新影响的研究发现,研发活动中普遍存在的不确定性、外部性与互补结构导致创新市场的多重失灵,激励企业投资研发,不仅需要市场机制,更需要政府的积极干预(Aghion et al. ,2009),良好的制度环境和社会文化环境对组织间学习(Keeble et al. ,1999)、"学习型区域"与区域创新系统构建(Morgan,1997;Uyarra,2010)、企业合作创新行为(Moodysson,Zukauskaite,2014)以及产学合作的稳定性与持续性等方面(Boardman,2009;Robin,Schubert,2013;Cai,Liu,2014)都有重要影响。

在学者们注意到组织所处的制度环境对组织会产生重要影响的同时,他们也认识到组织能够对这种影响从战略上做出创造性的反应(Scott,2014)。Greenwood和Oliver等学者(2008)指出,制度压力影响所有组织,特别是对那些没有清晰的技术和(或)难以评价其成果的组织尤为突出,对制度环境特别敏感的组织就是制度化组织,为获取提供生存利益的社会认可(合法性),组织会变得与它们的制度环境同形(isomorphic)。此外,由于遵从制度压力可能会违背效率原则,遵从就有可能是象征性的,象征性结构从组织的技术核心脱离(decoupled)出来。

（3）制度环境与组织间社会网络的研究

组织间的网络嵌入性关系通常与彼此文化相似性和提供反馈信息的意愿紧密相关,正是这些要素为交换和生产非常复杂的知识提供了机遇(Granovetter,1973;Hansen,1999)。组织间的网络关系类型及产生的相关结果在很大程度上会受到它们所嵌入的既定制度环境影响(Vasudeva et al.,2013)。因此，Owen-Smith 和 Powell(2008)特别指出，认知范畴、惯例、规则、期望值和逻辑不仅是制度发挥作用的基本力量，也是组织间关系和相应的网络结构形成的基本条件；受参与者所处的制度环境特征影响，同样的社会活动与网络结构在不同的制度环境中可能会产生不同的结果，应该把制度环境变量纳入社会资本研究过程之中，制度和网络共同决定了"何人何时投入各类资本以及期望收益"。

虽然制度环境对社会网络关系和结构有重要影响，但与之相关的研究却比较少，这也正如一些著名的创新网络研究专家(Owen-Smith，Powell，2008；Sorenson，Stuart，2008)所指，大量的研究关注了网络结构和关系如何影响行动者获取资源和信息，但只有相对少量的研究关注了社会网络的形成和重要性的发挥如何受到制度环境的影响。Staber(2007)也提出，以前的研究认识到社会资本有益于集群创新，但却忽视了社会资本演化所处的具体情境。最近，Vasudeva 等人(2013)同样研究发现，以前的研究主要关注企业所在网络联盟中的位置对企业创新的影响，而忽略了联盟网络本身也处于特定的制度环境中，制度对整个网络会产生极大的影响。

因此，直到近些年，一些学者才逐渐开展制度环境对社会网络影响的机制研究。一项稍早期的有关企业产品项目开发网络的研究发现，该类型的项目网络依靠周围组织域中的支持性制度，这些制度提供了管制和规范资源，从而赋予相关实践一定的意义(Sydow，Staber，2002)。Bergenholtz 和 Bjerregaard(2014)最近基于制度环境对组织间合作网络影响的视角，重新聚焦于产学搜寻与合作过程，利用情景化(如制度实践与逻辑)而不只是网络结构作为解释社会关系及其重要性的来源。他们最后研究发现，网络关系的强弱对企业搜寻过程、产学交互网络形成和搜寻战略都会产生重要影响。Zhang 和 Tan 等学者(2015)基于变化的制度环境如何影响网络结构演化的过程和机制视角，以中国 1992 年之后的制度变迁为背景，对创业者如何构建和适应网络结构来适应正在变化的制度环境进行了研究。他们最后研究发现，网络关系受到制度的影响，制度环境对创业者的活动产生根本性影响，例如，他们如何创造、利用和开发关系等。

2.6　既有研究现状评述

中国的国家经济发展模式已从"要素驱动"发展到"效率驱动"，但总体来看，要实现"创新驱动"发展，还面临科技创新中的"孤岛现象"和诸多"知识悖论"。此外，由于近些年中央政府权力不断下放和经济改革持续进行，地理距离对知识流动的限制开始变得重要，从区域层面研究大学如何更好地服务经济发展成为可能与必需，产学协同创新已充分彰显"区域性"特征。基于区域创新共同体理论、大学功能观、嵌入性关系理论与知识网络理论可知，"大学知识网络能力与区域制度环境"和"产学知识网络嵌入性关系"是"创新共同体发展"的重要影响因素。然而，在"第三代创新范式"[①]下，大学科技成果转化与产学合

---

① 第一代创新范式为"线性范式"，第二代创新范式为"创新体系"，第三代创新范式为"创新生态系统"(李万等，2014)。

作仍以显性经济指标为导向,主要关注专利授权与合同研究等"知识单向流动"的技术转移模式,忽视通过创新共同体建设(如合作研究与技术咨询等)激发和促进区域创新生态系统中"物质"、"能量"与"信息"的流动,从而协同提升大学与企业的创新能力、实现区域创新驱动发展。

2.6.1　知识网络能力与知识网络嵌入性关系

通过上述有关区域创新共同体理论、知识创新理论(知识生产模式的演化及产学知识生产模式异质性与融合性)、大学促进区域发展的概念模式以及包括嵌入性和社会资本在内的社会网络理论与知识网络理论等方面研究现状的梳理和分析可知,大学主导的创新共同体是提升大学和企业创新能力、促进区域创新驱动发展的重要路径,而区域创新共同体发展的关键在于构建、发展知识网络嵌入性关系。然而,虽然知识网络研究的成果已较为丰富,但由于以往有关社会网络与社会资本的研究主要关注其价值与影响力,往往忽视了个人或组织特征以及相关能力对嵌入性关系的影响(Kwon,Adler,2014),相应地,有关知识网络的研究主要关注网络特征和嵌入性关系对创新绩效的价值与影响,通常忽视了组织应当如何构建相应的知识网络能力,从而开发合适的知识网络嵌入性关系来提升知识创新绩效。这也正如张钢和李腾等人(2014)在分析"管理实践中流行的十大迷思"中所批评的那样,"当人们强调信任的重要性时,却并没有认真审视信任得以建立的基础,而只是一味地突出信任的作用或'功效'"。尽管近些年有学者开始关注组织网络能力的构成要素及其对嵌入性关系与创新绩效的影响机制,但基本上还处于初步探索阶段,对组织(特别是学术组织)的网络能力构成要素还没有形成较为统一的认识。

2.6.2　制度环境与知识网络嵌入性关系

社会网络与知识网络理论及相关研究虽然强调知识网络嵌入性关系对知识转化的重要性,但忽视了知识网络又嵌入在制度环境中。例如,以前关注企业所在网络联盟中的位置对企业创新影响的研究,忽略了联盟网络本身也处于特定的制度环境中,制度对整个网络会产生极大的影响(Vasudeva et al.,2013)。此外,基于大学创业的研究也同样发现,Clark(1998)以前的研究只注意到了大学内部因素对大学创业的影响,但忽视了其所在的区域环境(Smith,Bagchi-Sen,2012)。即使有些研究强调制度或政策对知识转化的重要性,但由于忽视具体的组织情境中知识网络嵌入性关系作为中间机制的重要性,这就造成研究结果的不完善。

2.6.3　大学主导的创新共同体模式与绩效测度

受传统"知识生产函数"观念的影响,目前有关大学技术转移与产学合作绩效的研究通常关注显性的"经济绩效指数",如专利数量和科技成果商业化产值等(肖丁丁、朱桂龙,2013;胡曙虹等,2014)。这些观点是对创新过程的线性思考,此范式下的创新系统没有知识"反馈环",在不同创新阶段之间有清晰的劳动分工。事实上,知识创新的每个阶段都是充满试错和逐步改进的迭代、演化和非线性过程,特别是那些通常被忽视但至关重要和需要高度嵌入知识网络的"概念证明"阶段(王凯、邹晓东，2014)，正是知识生产者、使用者和产品用户的积极互动与持续反馈促进了知识创新不断发展。此外，由于知识交互是通过多种渠道进行的，知识商业化方式只是其中一小部分，而合作研究、联合研发和人员交流等知识双向流动、网络化合作模式特别有利于企业创新能力的持续提升和区域长期发展(Cohen et al.，2002；Kitagawa，Lightowler，2013；王凯、邹晓东，2013)，大学与企业应该形成相互作用和相互促进机制，实现协同创新。最近的一些研究在很大程度上支持了此观点：大学研发对区域的直接知识溢出效应并不明显，而产学合作研发的贡献则非常明显(吴玉鸣，2015)；如果只关注于科学知识商业应用的短期政策将会严重影响国家从科学进步中获益(Eun et al.，2006)。

但是，以前很多有关大学技术转移或产学合作对区域发展影响的政策讨论和相关研究并没有完全把握住创新过程的复杂性和大学功能的多样性，主要关注了大学知识创新与产学合作过程中个别比较"显性"和容易计量、体现技术创新与经济效益的知识转化模式，如合同研究和专利授权等，通常忽视了很多比较"隐性"和难以计量的具有很高社会价值的知识转化模式，如"合作研究"和"政策顾问"等。同时也忽视了如何通过发展知识网络嵌入性关系促进区域创新共同体的发展。然而，很多这些被忽视的大学知识转化模式正是促进区域创新驱动发展的关键路径。这也正如有些学者所批评的那样，"创业型大学"这一概念主要是基于大学自身发展而言，当今社会中大学作为创新生态系统的一部分，已不能只局限于自身的发展，更要考虑如何融入区域创新共同体中，促进区域创新能力提升(Sam，Sijde，2014)。

2.6.4　已有理论及相关研究的适用性

学术活动所具有的特性使大学与企业组织、政府部门以及很多其他非营利性组织在运行管理和权力分配等方面存在本质上的差异，大学作为公共非营利性学术组织，与其他社会组织——特别是营利性私营企业相比有其独特性。然而，现有关于制度、网络与创新系统的研究大多集中于企业的问题，虽然有些研究涉及大学这样的组织，但往往只停留在问题或现象的描述层面，几乎没有根据此类组织的独特性进行实证检验和相关理论开发。这一研究现状与大学作为推动社会、经济发展和企业创新的重要组织形成极大反差，这也是制度理论、组织理论、社会网络理论和创新理论等理论面对公共学术组织问题时最大的窘境之一。正如著名组织与制度理论学者Scott(2015)所言，现代组织理论建立在对高校研究的基础上，包括布劳(Blau)、科尔(Cole)、帕森斯(Parsons)和马奇(March)等在内的一批杰出的社会学家和管理学者曾一度将他们的注意力转向高等教育，但他们都没有在这一领域持续多久。因此，从知识网络嵌入性关系视角研究如何提升 ICBU 绩效进而在促进创新共同体建设的过程中，必须注意相关理论和分析方法的适用性，从而基于大学的组织特性在中国的具体情境下展开研究。

总之，综合上述学术史梳理及研究动态分析可知：寻求产学合作模式的变革与创新已成为促进高校技术转移和区域创新共同体建设面临的共同问题；大学知识网络能力是多元主体合作网络与创新共同体得以发展的重要动力机制，嵌入性关系是其现实路径，区域制度环境是创新共同体发展的关键情境因素。

尽管很多学者已对嵌入性关系如何影响组织或个体间的知识交互流动与合作创新进行了大量研究,充分认识到嵌入性关系对组织间协同创新绩效提升的重要性,但有关如何通过组织能力提升和制度环境建设来发展组织间嵌入性关系的研究却比较匮乏,而这两个方面正是促进产学构建与发展知识网络嵌入性关系,促进区域创新共同体发展的基本保障。

2.5　本章小结

本章围绕第一章提出的研究问题与研究设计,首先通过梳理区域创新系统和区域创新共同体的研究路径、核心观点和思想发现,区域创新共同体理论在中国经济新常态下具有很强的适应性和生命力,"交互学习"、"创新治理"、"开放创新"、"创新网络"和"知识协同"等是建设区域创新共同体、实现区域创新驱动发展的关键动力;然后通过对知识创新模式("线性"、"三螺旋"、"模式 3"和"协同创新"等)和产学知识生产模式的异质性与融合性研究以及大学对区域发展作用研究(包括大学功能演化和大学促进区域发展的概念模式等)的分析发现,发展大学主导的创新共同体既有必要性(区域创新驱动发展的关键动力),又有可能性(产学知识模式的融合性);最后通过对社会网络与知识网络研究以及制度环境与社会网络关系研究的进展与现状分析发现,大学主导的创新共同体发展的关键机制是构建知识网络嵌入性关系。然而,现有研究尽管已从企业角度初步分析和探究了组织网络能力的构成要素及其对企业间嵌入性关系的影响机制,但还没有涉及大学应该具备哪些促进知识网络嵌入性关系构建与发展的核心能力,同时相关研究也忽视了制度环境对知识网络嵌入性关系的影响机制。

总之,本章通过对区域创新共同体理论、知识创新理论与大学功能观、社会网络理论与嵌入性关系理论以及新组织制度理论等相关研究文献进行系统的综述,厘清了这些理论的发展脉络和研究现状,并指出了相关研究的不足之处,明确了本研究的切入点,为开展后续研究奠定了较为丰富与坚实的理论基础。

第三章　大学主导的创新共同体
探索性案例研究

本文第二章中对大学功能观与区域层面的产学合作研究，以及创新共同体、知识创新、社会网络和组织制度理论等研究现状进行了系统的文献综述，对知识网络能力、制度环境、知识网络嵌入性关系和大学主导的创新共同体（innovation community based on university，ICBU）绩效之间的关系机制从理论上有了初步认识，但各变量之间的具体关系机制还不够清晰，特别是区域创新共同体中的产学知识协同影响因素还有待基于大学的组织特性在现实情景中进行深入、系统的探究和分析。因此，本章将在相关理论研究梳理和分析的基础上，针对如何从区域制度环境和大学知识网络能力角度发展知识网络嵌入性关系、提升 ICBU 绩效的关键问题，通过对四所大学主导的创新共同体的探索性案例研究，构建区域制度环境、大学知识网络能力、知识网络嵌入性关系与 ICBU 绩效的初始研究命题和概念模型。

3.1　案例研究方法概述

越来越多的学者认识到案例研究在解释本土管理现象、解决重大社会问题中的重要性，对案例研究的重视也逐渐成为国内外学术界的共识。这点在当前中国社会环境下尤其重要，由于制度和文化环境的差异性，很多组织与管理问题并不是现有理论能够解释的，而这正是案例研究最适合的场景（井润田、孙璇，2021）。

3.1.1　案例研究的概念与类型

（1）案例研究的概念

案例研究是指有利于在现实情境中，特别是在被观察现象与其所处情境之间的边界难以区分时，调查现象当前发展状况的一种实证方法（Yin，2003）。这也正如 Flyvberg（2006）所言，"案例研究能够产生基于情境的知识"。因此，案例研究的主要优点就是"把研究对象放置于其现实生活情境中进行研究"（Yin，2003）。由于案例研究可以使研究人员对现实生活中发生的但无法对相关行为进行控制的事件进行全面分析（Yin，2008），掌握事件的丰富性，并对其进行系统与深入的描述，阐明多种相关因果链的动态演化过程（Eisenhardt，Graebner，2007），比较适用于对复杂社会现象的调查，从而成为当代社会科学研究的重要方法之一。

不同研究方法有不同的适用环境，案例研究方法最适合运用于以下三种情形：①研究目的是在回答事件"是如何改变的"、"为什么变成这样"和"结果如何"等这样的问题时;②研究对象是当前现实生活中正在发生的问题时;③研究者几乎不能对研究对象进行控制时(Yin,2008;郑伯埙、黄敏萍,2008)。

(2)案例研究的类型

研究者通过案例研究不仅可以对现象进行描述和对现有理论进行验证,也可以构建新理论(Eisenhardt,1989)。根据不同的研究目的,案例研究可分为三种类型:①解释性或因果性案例研究;②描述性案例研究;③探索性案例研究(Yin,2008)。解释性案例研究的主要目的是提供研究对象的因果关系信息,解释相关事件是如何发生的,以了解不同现象之间存在的具体函数关系;描述性案例研究的主要目的是对研究对象及其所处的情景进行完整描述和详细说明,以提升对研究问题的认知和理解程度;探索性案例研究的主要目的是定义即将研究的问题或假设,或评判现有研究方案的可行性,从而为正式研究提供基础,主要应用于研究者对研究个案的特性、问题性质、研究假设与研究工具没有完全把握时所进行的初步研究(Yin,2008;郑伯埙、黄敏萍,2008)。

根据研究中的案例数量不同,案例研究又可分为单案例研究和多案例研究。单案例研究主要适用于如下研究情境:①对现有理论进行批判性检验;②较为罕见或唯一的环境;③具有代表性或典型性的情况;④具有启示性的事件;⑤目的是纵向比较(Yin,2008)。在需要严格地构建理论框架时,由于多案例研究可遵从复制法则对每个案例进行比较分析和相互检验,其研究效度通常比较高,研究结论往往更具说服力和较高的普适性(Eisenhardt,1989;Yin,2008)。

由于本研究的主要目的是探究区域制度环境、大学知识网络能力、知识网络嵌入性关系和ICBU绩效等变量之间的作用机制,也即在现实情境下研究"怎么样"的问题——某一变量如何影响其他变量,而且这些变量之间尚未形成确切的理论假设,因而运用探索性案例研究进行分析是比较适合的。此外,本研究期望构建上述变量间作用关系的系统理论框架,因而需要通过多案例研究来提出各种关系假设,为后续的问卷调查和实证分析、检验打下坚实的基础。

3.1.2　案例研究的步骤

Yin(2003)较早提出的案例研究主要步骤包括:①研究设计;②为收集资料做好准备;③收集论据;④分析论据;⑤撰写案例研究报告。后来他又对该研究步骤进行了修正,在"研究设计"前面加上了"计划"这个步骤,并强调所有这些步骤是一个线性和往复的过程(Yin,2008)。其中"计划"的内容包括:确定研究问题或采用该方法的其他依据;与其他研究方法进行比较,从而决定是否采用该方法;理解该方法的优缺点。"研究设计"的内容包括:定义分析单位和可能被研究的案例;开发计划研究的问题、理论和假设;确定使用何种类型的案例研究(如单案例或多案例);界定研究程序。具体到旨在构建理论的探索性案例研究,Eisenhardt(1989)提出了包括八个步骤的更为详尽的研究架构和过程:启动、选择案例、确定研究工具和方法、搜集数据、分析数据、形成假设、对话文献和结束。这些研究过程和步骤虽然可以区分出先后顺序,但在实际的案例研究中它们之间可能具有回路循环关系,并不一定总是直线前行,例如,数据搜集与分析这两个步骤就应该循环往复进行（郑伯埙、黄敏萍，2008）。

3.2 案例研究设计

3.2.1 案例选择

Eisenhardt(1989)指出，在构建理论的探索性案例研究中对案例进行选择时要依据理论而不是随机方式选择特定群体，并建议选择案例数量4到10个。此外，Yin(2008)也特别强调，在多案例研究中一定要遵从复制法则，而不是抽样法则，每个案例都要精挑细选，对选出的案例进行分析后要么产生相同的结果（逐项复制），要么由可预知的原因产生不同结果（差异复制）。

本研究根据Eisenhardt(1989)和Yin(2008)有关案例选择的建议，并综合考虑构建理论的基本要求和案例数量的边际成本、效用，选取了国内外4所高校作为探索性案例研究对象，主要的选择标准如下：(1)选取范围限定在都拥有全日制本科生与研究生（包括博士生）培养计划和相关专业的普通大学，尽可能保证案例研究的代表性；(2)所选取的大学都拥有理工学科，而且这些高校所处区域有坚实的工业基础，从而降低由于大学和区域类型不同而带来的额外变异（extraneous variation）(Eisenhardt，1989)；(3)所选取的大学都有较长发展历史和较强科研实力，而且这些大学所处区域也具有较强经济实力和创新能力，从而能够系统地分析每个案例中区域制度环境、大学知识网络能力、知识网络嵌入性关系和ICBU绩效等变量之间的关系，从而实现多重检验的效果；(4)所选取的高校及其所处区域的相关数据都能够较为方便、准确和全面地获取。

综合以上原则，本研究选取中国的两所高校——浙江大学和苏州大学，以及国外的两所大学——西班牙的巴斯克大学和美国的麻省理工学院作为研究对象。

3.2.2 数据收集

案例研究中的证据来源通常包括六种：文件、档案记录、访谈、直接观察、参与观察和实物，而这些证据来源都有优缺点，在案例研究中应根据实际需要选择不同的证据来源（Yin，2008）。根据案例研究对象的特性，本研究中国内两个案例主要通过文件、档案记录、访谈和参与观察来收集相关数据；考虑到研究成本与可能性，国外两个案例的数据则主要通过文件和档案记录获取。

在国内两所大学的案例研究中，笔者依托相关研究课题，对两所大学主管科研、技术转移、地方合作与产学合作等相关高层管理人员及其区域的政府和企业高层管理人员进行了半结构化访谈。访谈的主要步骤为：(1)通过高校、政府和企业的网站和相关年报、统计资料等文件档案对研究对象进行较为全面的了解，同时也为后期案例分析做好充分的资料准备；(2)在已有资料分析和掌握的基础上，针对不同对象制订不同的访谈提纲，研究团队的师生讨论通过后将其以调研邀请函附件的形式发送给受访对象；(3)实地进行访谈,时间一般为 1～2 个小时,参与人员至少包括三人,分别负责访谈过程中的"主问"、"辅问"和"记录";(4)访谈结束后由记录人员根据访谈录音和笔记及时整理访谈记录,再由所有参与访谈的团队成员对其进行修正、补充和完善。这两个案例中的文档来源还包括通过访谈获取的相关政策文本、宣传手册、工作总结和汇报材料等。

两个国外案例的文档数据来源主要包括:各大学网站中公开的信息资料、政府或非营利性组织的统计资料和报告、学术论文和书籍等。这两个案例中的数据虽然主要是二手数据,但在收集过程中也尽可能使相关文档资料构成"证据三角",以确保研究资料的信度和效度(Yin,2008)。

3.2.3　数据分析

证据分析一般包括检查、归类、列表、检验与合并证据,以此根据实证依据得出研究结论(Yin,2008)。根据 Yin(2008)提出的案例数据分析方法,并结合 Eisenhardt(1989)的相关建议,本研究主要通过单案例分析和跨案例分析两大步骤完成整个案例数据的分析。首先,本研究参照迈尔斯和休伯曼(2008)提出的质性资料分析方法对每个案例进行分析,围绕区域制度环境、大学知识网络能力、知识网络嵌入性关系和 ICBU 绩效等变量进行编码,并归纳出各个案例中不同变量的特征;然后,在单案例分析的基础上,本研究将对四个案例进行比较和分析,归纳出区域制度环境、大学知识网络能力、知识网络嵌入性关系和ICBU 绩效等变量之间的关系,从而提出假设命题。

此外,在探究影响知识网络嵌入性关系构建与发展的区域制度环境因素时,本研究还将借鉴"内容分析"和"IAD"(制度分析与发展)分析方法进行分析。内容分析法是对被记载下来的人类传播媒介(如书籍、网站和法律等)的研究(艾尔·巴比,2009),特别适合分析由传播媒介所记载的区域制度环境要素构成与发展情况。制度分析与发展(institutional analysis and development,IAD)分析方法基于一个多重概念框架(见图 3.1),分析问题的关键步骤是确认概念单位——行动舞台,以此分析、预测和解释制度

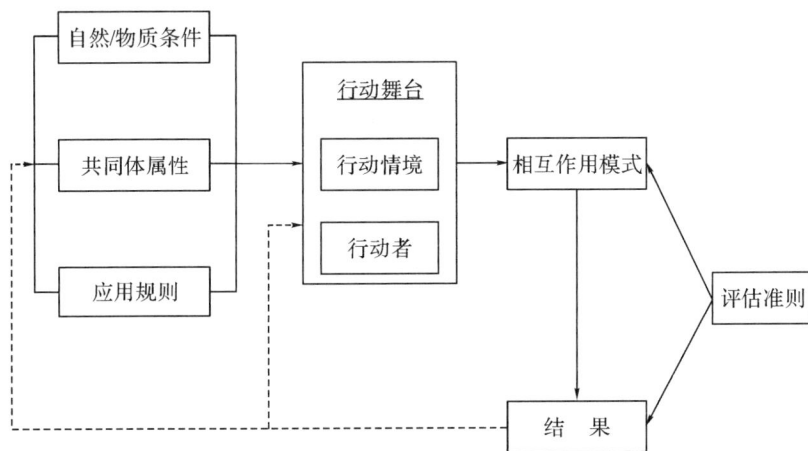

图 3.1　制度分析与发展框架

资料来源:笔者根据已有研究(埃里诺·奥斯特罗姆,2004)编制。

安排下的行动；行动舞台是指个体间相互作用、交换商品和服务以及解决问题或斗争等活动的社会空间，包括"行动情境"和"行动者"（埃里诺·奥斯特罗姆，2004）。基于"IAD"分析方法，可以更深入、系统地分析区域制度环境对大学与企业构建知识网络嵌入性关系的影响机制。

3.3　巴斯克大学主导的创新共同体案例

巴斯克大学（UPV/EHU）[①]成立于 1980 年，是西班牙巴斯克郡内唯一一所公立大学和规模最大的大学，也是西班牙 8 所主要大学之一。该校学科齐全，涵盖包括本科生和研究生在内的各阶段学位教育，71 个博士培养计划中有 32 个荣获西班牙教育部卓越奖，是本国获此殊荣数量最多的高校。2010—2011 年，UPV/EHU 在读本科生、硕士生和博士生分别为 41728、2219 和 2720 人，本科生和博士生数量占据本区域总数的 80%，教学人员达到 5298 人。2010 年，UPV/EHU 研发收入为 7290 万欧元（占学校全部运行经费的12%），其中来自私立机构的资金占 17.2%（OECD，2013）。巴斯克地区只有 UPV/EHU出现在全球大学排行榜中，其科学成果占据了该区域 ISI 检索类出版物的 90%，2002—2010 年共计有 9000 多项，位列西班牙大学的第 8 名。2012 年，UPV/EHU 第一次出现在上海交大世界大学排行榜上，位列 301～400 名，在此排行榜中位居西班牙大学的第 7位。但是，该校并没有出现于 Times Higher 或 QS 排行榜中，其中的主要原因在于UPV/EHU 缺乏国际视野。

3.3.1　巴斯克大学所处区域的制度环境

（1）区域概况

因其经济总量、产业优势和技能人才，巴斯克地区（Basque Country）在西班牙具有突出位置，依据参与欧盟"框架计划"（Framework Programme）的重要性在本国排列第三。截至 2010 年的统计数据，巴斯克地区拥有 210 万名居民，国内生产总值（GDP）达到 640亿欧元，总人口虽然占西班牙的 4.7%，但 GDP 却占西班牙的 6%（OECD，2013）。

巴斯克地区对区域创新系统的投资在欧洲久负盛名。自 1979 年成立自治区域政府以来，该地区一直不断地通过支持创新和集群发展来增强传统产业，已创立了先进、复杂的创新系统。围绕"技术中心网络"，当地企业和集群紧密合作，已成为欧洲区域创新模式的典范。与西班牙的其他地区相比，巴斯克的创新系统很有特色，使得该地区的经济从20 世纪 90 年代到 2008 年一直保持稳定的较高增长水平。巴斯克区域经济主要依靠生产中端技术产品的制造业。中小企业（SMEs）在巴斯克产业中占比很大，2010 年统计数据显示，93.2% 的企业是微型企业（10 名雇员以下），5.6% 是小型企业（10～49 人），1% 是中型企业（50～249 人），0.2% 是大型企业（149 人以上）。尽管本区域也在不断关注中、高

---

① 巴斯克大学英文：University of the Basque Country，西班牙语和巴斯克语分别为：Universidad del País Vasvo/Euskal Herriko Unibertsitatea，UPV/EHU。

级技术产业,但整个创新系统的特征仍是"渐进式创新"(incremental innovation),重视"做—用—交互"(doing-using-interacting,DUI)创新模式,而不是基于科学与技术发展的创新模式(science and technology-based innovation,STI)(OECD,2012)。

(2)区域创新治理

西班牙的政府权力下放促成了该国复杂的研究与创新治理体制:中央政府对研究政策进行监督,并为竞争性项目提供资金,以及负责国家研究中心体系的管理;自治区负责大学拨款和研究项目的资助;区域内的省和市也会干预创新政策,兼顾资助大学的核心项目。在此背景下,巴斯克地区形成了比较缜密的、包括三个管理层级的制度框架:首先,区域政府在制定产业政策方面拥有很大自治权,特别是在研究与创新政策方面;其次,省议会在各种政策领域都能够产生非常重要的影响,并负责税收工作;最后,市政当局(特别是比较大的城市)和当地发展机构在创新政策方面发挥重要作用(Karlsen et al.,2012)。

对研发和创新的支持力量虽然在巴斯克政府内分布较广(图 3.2),但主要归属于两个部门:一是支持大学研究的"教育、大学与研究署"(DEUI),二是支持产业创新的"产业、创新、商务与旅游署"(DIICT)。DEUI 是负责大学的主要机构,为该区域内唯一公立大学——巴斯克大学提供大部分资金,也为另外两所私立大学——蒙德拉贡大学(Mondragon University)和德乌斯托大学(University of Deusto)提供少量资金。DEUI与中央政府共同负责管理大学,中央政府的管理主要涉及大学教学和治理方面,而巴斯克政府主要负责本地高等教育系统的发展。例如,为提升大学科研和国际化水平、促进知识向区域产业和社会转移等,巴斯克政府近些年实施了"大学发展计划(2011—2014)"。与DEUI 相比,DIICT 在支持研发方面拥有更大的资金预算权力,但它主要关注技术中心和直接资助企业创新,只用少部分资金支持产学合作。近些年,DIICT 在促进大学与产业协同创新方面所做的主要努力体现在"合作研究中心"(CICs)的创立上。除 DEUI 和DIICT 之外,与大学直接相关的第三个机构是"卫生与消费者事务署"(DSC),主要资助大学开展医疗卫生研究。

(3)区域创新网络的发展与主要支持平台

巴斯克的区域创新系统在 OECD 国家极具独特性,因为它非常支持应用研究和公私部门之间合作。创新系统的主体也是巴斯克科学、技术和创新网络的主要组成部分。该网络的三个子系统包括:知识生产子系统(包括大学和卓越研究中心),技术开发与创新子系统(包括技术中心、企业研发部门和医疗研发部门等),支持创新的子系统(包括技术园和中介组织等)。

巴斯克特别重视科学、技术与生产系统之间的交流与合作。例如,作为巴斯克地区"科学与技术规划(1997—2000)"的重要组成部分,于 1997 年成立了"巴斯克技术网络",主要用来促进和改进科学、技术与生产部门之间的合作关系。2005 年,"巴斯克技术网络"扩建为由科学系统、技术系统和创新支持系统构成的"巴斯克科学、技术和创新网络"(RVCTI)(图 3.3)。RVCTI 已经重组了 100 多个非营利性组织,主要包括 14 个技术中心(TCs)、35 个从事知识与技术扩散的中介机构、7 个合作研究中心(CICs)、4 个卓越研究中心(BERCs)、3 个公共研究中心、2 个医疗研发单位、9 个高等教育机构、40 多个企业研究部门、6 个检验与测试实验室和 8 个技术园。

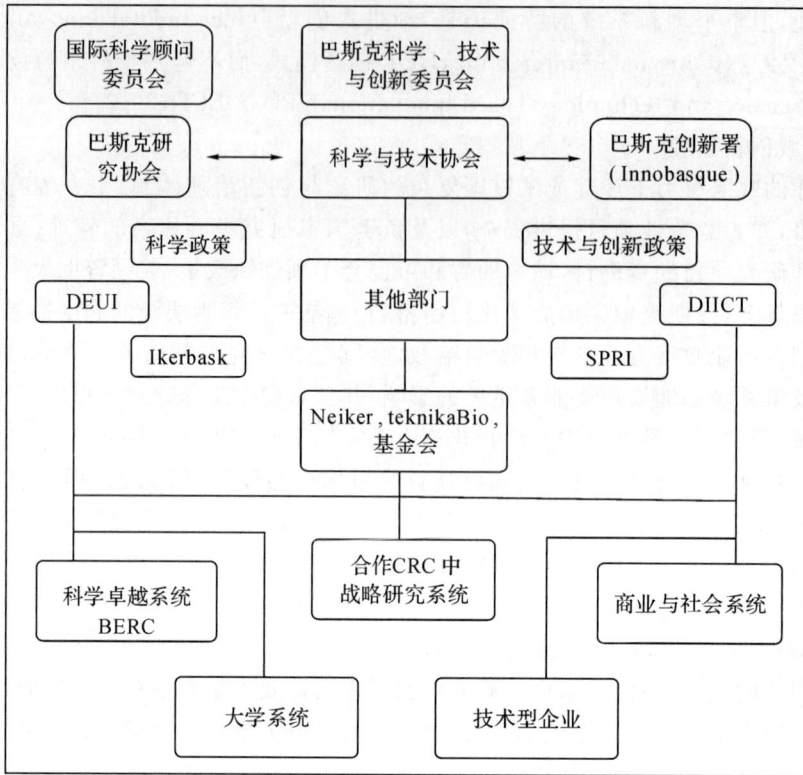

图 3.2　巴斯克创新系统的主要公共机构

资料来源：笔者根据已有研究(OECD,2013)整理。

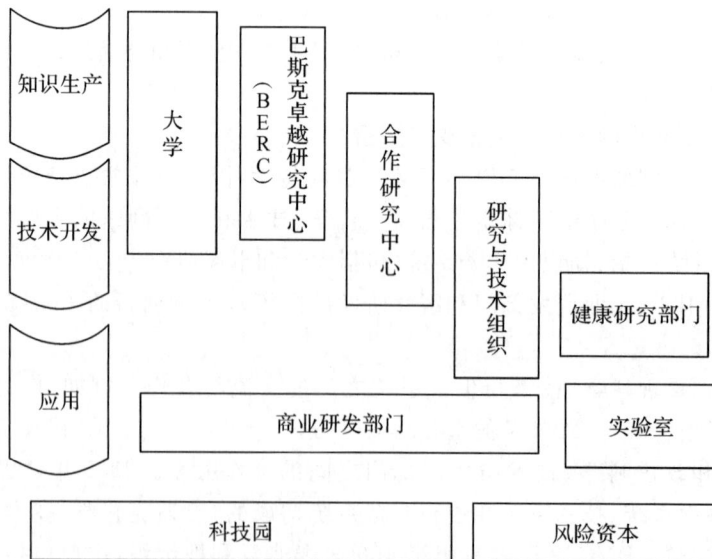

图 3.3　巴斯克科学、技术与创新网络

资料来源：笔者根据已有研究(Martínez-Granado et al.,2012)整理。

第一,卓越研究中心。目前,巴斯克郡已创立了两类卓越研究中心,一类是基础卓越研究中心(Basic Excellence Research Centres,BERCs),另一类是合作研究中心(Centros de Investigación Cooperativa,CICs)。基础卓越研究中心(BERCs)由巴斯克教育署主管,主要关注本区域发展所需的核心科学知识。现已成立 6 个这样的研究中心,分别从事 6 个不同领域的研究:气候变化、应用数学、脑认识与语言、物理学、生物物理和材料学。2011 年,6 个研究中心共计有 188 位全职研究人员,年度运行预算为 1300 万欧元,其中 50% 的资金来自巴斯克教育署的研究项目(Martínez-Granado et al.,2012)。这些研究中心都很注重与该区域内的大学合作(以 UPV/ EHU 为主),并吸引国际杰出研究人员的加盟。

合作研究中心(CICs)由巴斯克工业署主管,主要目标是通过创造富有成效的合作框架,来加强与本区域优先发展产业或技术相关的世界一流跨学科(基础和应用)研究,从而促进技术转移与新兴技术研发,提升巴斯克产业在相关战略领域的竞争力(Borowik,2014)。巴斯克郡已成立的 7 个 CICs 主要从事的研究领域包括生物材料、生物技术、制造业、微电子、纳米科学、旅游和能源技术。2011 年,7 个 CICs 共计有 287 位全职研究人员,年度预算为 3870 万欧元,其中 56% 的经费来自巴斯克工业署。这些合作研究中心也重视与本区域内大学的合作,把大学作为它们的重要联盟成员(Martínez-Granado et al.,2012)。

第二,科技中介和基础设施。首先,技术园网络。巴斯克郡技术园网络由四个技术园组成:比斯开技术园(Bizkaia Technology Park)、阿拉瓦技术园(Alava Technology Park)、圣塞瓦斯蒂安技术园(San Sebastian Technology Park)和加西亚创新极(Garaia Innovation Pole)。它们致力于转移知识和促进大学、研发中心、其他创新支持部门与企业之间的合作。巴斯克郡技术园已发展成为西班牙一流的技术园,特别是与其他注重发展商业而不是科学的技术园相比具有明显优势。

其次,集群联盟。巴斯克郡的集群联盟产生于 20 世纪 90 年代初该地区实施的产业集群政策,现已创立 14 个集群联盟,大多由巴斯克工业署资助。集群联盟的使命是通过合作改进巴斯克企业的竞争力,主要关注单个企业无法解决的竞争性战略问题。联盟成员除巴斯克私营企业外,还包括该区域的技术中心、公共研发机构和大学(Borowik,2014)。这些创新主体围绕提升产业竞争力、促进技术创新和可持续发展等重要议题展开合作,增进了区域内政府、产业、研究机构和大学之间的联系。例如,环境技术集群 ACLIMA 的项目主要从事新技术的开发,每个项目的经费需要 100 万～200 万欧元,主要由来自欧盟框架计划、巴斯克政府和地方基金内的各类课题资助,集群内的各个创新主体都有具体任务,如技术创造、开发、实施、项目协调与推进,以及研究成果的扩散(Carayannis,Borowik,2011)。因此,集群联盟促使区域内企业的合作文化得到长足发展,在科技创新的战略领域为政、产、学等各方提供了诸多合作机会,已成为促进巴斯克郡内各个创新主体共同构建知识网络的重要机构之一。

最后,其他支持组织。巴斯克地区事务部门扶持许多独立机构在实施区域创新战略中发挥中介与创新网络链接作用。这些机构包括 Innobasque、Ikerbasque 和 SPRI 等。Innobasque 成立于 2007 年,是一个私立的非营利性协会,董事会由 57 位来自公共和私立机构的领导组成,如巴斯克三所大学的校长和政府机构的领导等。该协会的使命是为区域创新系统内各创新主体提供合作平台,通过创新组织模式把公共和私营组织代表聚合起来促进区域创新,主要关注改进区域创新文化。SPRI 是一个经济发展机构,主要致力于提升巴斯克地区的国际竞争力。Ikerbasque 则更加关注为区域吸引人才,并负责卓越研究中心(Excellence Research Centres,BERCs)计划的运行。

自 2005 年,巴斯克政府的研发预算增长很快,到 2011 年已增加了 107%,但绝大部分预算仍由 DIICT 拨付,主要由技术中心用来支持产业发展。尽管 DEUI 的研发预算增速快于 DIICT,达到 209%,但总量仍相对较少。2008 年,其他资源开始通过"创新基金"(innovation fund)提供给 BERCs 和 CICs,但这些基金并没有直接流入大学。然而,正是在这种情况下,巴斯克地区构建了丰富的合作创新网络,极大地促进了创新共同体建设。例如,20 世纪 90 年代由合作项目所产生的专利仅占三分之一,而现在合作专利占到一半以上,巴斯克大学(UPV/EHU)和很多技术中心已成为这些合作网络的创新中枢(OECD,2011)。

3.3.2 巴斯克大学主导的创新共同体治理机制

西班牙公立大学的治理体制根据国家"大学组织法"制定,每所公立大学通常要设立四个管理部门:社会委员会、治理委员会、大学代表大会和院系委员会。社会委员会是 UPV/EHU 促进大学融入区域经济与社会发展、与区域协同创新的主管部门。该委员会由区域政府设计和组织,大约由 30 人组成,80% 的委员来自社会,20% 的委员来自大学(包括校长、秘书、管理人员和教师),代表了巴斯克郡和大学委员会的各种利益。它的主要功能包括:发展大学与社会的关系;批准大学年度预算;批准治理委员会提出的年度项目。在一定程度上,社会委员会就像大学与社会的联盟组织,在大学与社会之间传递彼此的关切和需求。UPV/EHU 社会委员会的"战略规划(2011—2014)"主要目标之一就是通过开办论坛和会议促进学校与社会之间进行对话,传播学校的创新活动和项目,提升大学在社会中的声誉和形象。为加强大学与区域的对话和交流,UPV/EHU 已经创办了 ehuGUNE 会议,主要探讨和解决区域社会经济发展过程中存在的重要问题。

UPV/EHU 不仅是巴斯克郡唯一的公立大学,而且从治理结构来看,它在整个西班牙公立大学系统中也具有明显的独特性。UPV/EHU 由三个校区组成,各个校区都分别与巴斯克的每个省阿拉瓦省(Araba),比斯开省(Bizkaia),吉普斯夸省(Gipuzkoa)进行合作,这使该大学的组织权力得以下放到各个校区。由于每个校区在诸多方面(如预算和管理等)拥有很大的自治权力,此分权的组织和治理模式可使它们根据当地企业具体需求建立相应的紧密合作关系。此外,每个校区都配备一个来自 UPV/EHU 管理委员会的大学副校长(Vice rector)、秘书和管理人员。他们的职责是促进大学内部的研究中心和院系等部门之间建立协作关系,并与整个大学的一般治理机制相协调,加强 UPV/EHU 各校区间协同创新网络的构建。

3.3.3 巴斯克大学主导的创新共同体发展模式

(1)科研成果转移办公室

科研成果转移办公室(Oficina de Transferencia de Resultados de Investigación,

OTRI)是西班牙支持知识转化的一项长期政策,主要关注合同、专利和产学关系的管理,特别注重促进创新观点的产生和产业项目的管理与开发。巴斯克地区的大学都有一个支持与产业建立联系的OTRI。该组织也支持基于大学科研成果的衍生企业创立,如为新企业提供发展空间、经济资源、专业顾问和创业培训等。此外,还有促进创业的活动,如工作坊、学术会议、研讨会和竞赛等。2006—2010年,UPV/EHU通过OTRI申请了218项专利(Martínez-Granado et al. ,2012)。

(2)Euskoiker基金会

由于OTRI模式主要关注大学的知识产权、技术转让和衍生企业,在促进大学与区域企业协同创新的过程中发挥的作用有限,在UPV/EHU积极推动下,与该地区的三个省(Bizkaia,Gipuzkoa,Araba)政府和三个商会(Bilbao,Gipuzkoa,Araba)联合成立了Euskoiker基金会。Euskoiker基金会是个非营利性组织,其目的是促进UPV/EHU与社会之间建立良好的协作关系。Euskoiker基金会从事的主要活动包括:每年为得到认可的合作研究活动颁发相关奖项;积极发挥大学与社会之间的中介作用,帮助企业和UPV/EHU的教师建立联系,促进他们通过研究项目展开合作,如大学教师为企业提供研发和管理方面的建议,以及培训课程、交流会议和其他活动。

(3)大学与产业合作教室

大学与产业合作教室(The University-Industry Classrooms,UIC)是企业为提升创新能力在大学内部设立的实验室,由企业进行资助,主要从事与研究、技术开发和创新有关的活动,以及企业员工培训项目。相关实践活动表明,UIC已成为促进UPV/EHU与企业合作的有效工具。UIC的主要活动包括大学与企业合作研究、技术开发与创新、学生培训和企业员工培训等。UPV/EHU目前有六个这样的产学合作教室(OECD,2011):(1)"Iberdrola"教室设立在Bilbao工程学院,是该院与Iberdrola在共同感兴趣的知识领域进行合作的结果;(2)Bilbao工程学院的"Robotiker教室",主要培训机械和通信领域的学生;(3)"航空教室",由Bilbao工程学院与巴斯克赫根(Hegan)航空航天协会共同成立,主要实施飞行器设计和计算机领域的研究和技术开发;(4)"Ormazabal教室",是Bilbao工程学院和Ormazabal集团合作的成果,目的是培训工程与管理领域的学生;(5)"生态设计研究教室",由"公共环境管理局"(IHOBE)、"DZ产业设计中心"(现名为"BAI创新局")和Bilbao工程学院合作成立;(6)"Befesa教室",通过Bilbao工程学院与Befesa商业集团签订的协议成立,主要研究化学工程、仿真与控制工程、采矿与冶金工程以及流体力学。

(4)Sinnergiak社会创新中心

大学不仅可以通过产学合作促进产业创新,也可以通过社会创新促进社会与社区部门的创新。巴斯克地区的三所大学开展了此项活动,与社区合作把创新引入社会生活中。巴斯克大学成立的"Sinnergiak社会创新中心"正是基于此目的。该中心不仅通过行动计划和当地居民的技能开发活动进行社会创新研究(如志愿者服务质量改进),还为大学与社会互动、共享创意提供空间。

(5)国际卓越校园计划

国际卓越校园计划(Euskampus)是UPV/EHU应社会经济环境要求,为改变学校组织文化，提升国际影响力和促进区域发展而实施的新项目。该项目作为巴斯克社会转型的蓝图和科技进步的驱动力，不仅得到学校的坚定支持，也得到巴斯克政府和其他重要公立和私立机构的大力支持。Euskampus 由 UPV/EHU 联合 Donostia 国际物理中心基金会(DIPC)和 TECNALIA 技术公司于 2010 年成立，并于当年 10 月得到西班牙教育部的认证，其项目成员包括技术中心、大学医院、技术集群、科技基础设施和技术园等。因此，Euskampus 是由知识生产、转移和应用各个主体构成的战略联盟，相当于一个知识中枢社区(Community of Knowledge Hubs)。除推动主要战略联盟的发展之外，Euskampus 也与公共行政机构以及巴斯克科学、技术与创新网络中的大量组织开展合作。

基于战略合作框架、社会与本地发展需求，Euskampus 主要从事国际和区域战略领域中高质量的知识探索、转移和扩散活动，主要包括可持续生态系统与环境技术、新材料等方面的合作研究与开发。同时，它还进行研究生院的教学工作和引进高端人才。Euskampus 被认为是基于知识、创新、创意和社会责任于一体的社会经济发展新模式，它加强了 UPV/EHU 与企业、社会机构、巴斯克各个城市的联系，使价值链中的知识和创新过程得以整合与集成，知识生产与应用得到最高限度的协同，在区域发展和社会经济转型过程中起到重要作用(OECD，2011)。

巴斯克的大学都特别关注当地的社会需求，与社会建立了良好的互动关系。作为根植于社会的公立大学 UPV/EHU，其一直致力于经济可持续发展与社会生活改善，在社会智力资源开发、社会道德文化发展、社会包容性与凝聚力提升等方面起到引领作用。例如，为社会提供交流与对话的公共空间；积极参与解决社会和文化问题的活动，传播消除社会与文化中不平等现象的思想；在为本地培养下一代优秀公民时，注意灌输伦理道德和社会承诺理念；对巴斯克的政治行为和公共观点进行长期调查和研究；通过"校区社会责任和大学规划"项目，促进本地大学融入经济与社会环境发展的活动中(Martínez-Granado et al. ，2012)。

UPV/EHU 的科研能力近些年在不断提升，例如，在欧洲第六框架计划中获得的研究项目数量居于西班牙大学的前 5 位。同时，UPV/EHU 也积极地与企业开展合作项目，最近 5 年本地区域大学与企业的 6400 项合作项目中，该校占据绝大部分(OECD，2013)。2006—2010 年，UPV/EHU 与企业的合作项目由 942 项增加至 1083 项，研发收入由 4880 万欧元提升到 7290 万欧元，在本区域一直处于遥遥领先地位，其间虽然也创立一些衍生企业，但规模普遍较小(OECD，2013)。此外，与西班牙其他大型公立大学相比，UPV/EHU 越来越重视技术转移，2000—2008 年该校在国家专利数量的排名中位居第 18 位(Martínez-Granado et al. ，2012)。特别值得注意的是，近些年 UPV/EHU 与其他创新主体联合申请专利的数量不断提升，已成为巴斯克郡协同创新网络中的重要节点(OECD，2013)。

巴斯克大学主导的创新共同体建设方面已取得丰富成效，复杂、先进的技术创新网络为巴斯克大学与企业协同创新提供了大量机遇，它进而能够通过互动、交流和联合解决问题的方式与区域内企业协同开展一系列创新活动。

3.4　麻省理工学院主导的创新共同体案例

麻省理工学院(Massachusetts Institute of Technology,MIT)位于美国马萨诸塞州的剑桥市,成立于1861年10月。截至2019年10月,MIT拥有建筑规划学院、工程学院、人文艺术和社会科学学院、斯隆管理学院和科学学院等5个学院,60多个跨学科研究中心,专职教师人数为1067人,其中教授人数为678人,在读学生人数共计为11520人,其中本科生为4530人,研究生为6990人。该校发展过程中共计有95人获得诺贝尔奖,59人获得国家科学奖,29人获得技术创新奖,在2019年度QS世界大学排名中位列全球第1位[①]。

3.4.1　麻省理工学院所处区域的制度环境

2014年马萨诸塞州的人口数量达到675万人,GDP为4599亿美元,是6个新英格兰州人口最多的州,GDP位列美国各州的第6位[②]。马萨诸塞州曾是美国工业革命的前沿阵地,第二次世界大战结束后的20世纪50—60年代在政府资助下出现了以精密仪器制造和电子器械等为主的新兴产业,沿着"128号公路"(20世纪40年代围绕波士顿修建的一条圆形公路)开设了很多新企业,而到20世纪70年代越战后期受美国军费开支紧张的影响该地区经济走入低谷。该州于2000年开始进入经济全面复苏阶段,以医药和生物技术为代表的新产业得到迅速发展,被广泛认为是国家"新经济"最成功的地区之一(Baxter,Tyler,2009)。

(1)区域创新治理

为应对长期经济衰退,新英格兰[③]6个州州长于1925年把该区域内的商业、学术和政治领导人组建成新英格兰理事会(New England Council)。以MIT教授成立的企业为例,MIT校长康普顿(Compton)和理事会委员共同筹划和推测了基于大学的区域经济发展前景。当传统的区域发展战略(如通过减税改进商业环境和吸引企业落户本地)不再有效时,该理事会提出,新英格兰的研究型大学能够弥补自然资源缺失,特别是具有咨询、产学交互和创办企业传统的MIT将是其中独特的经济发展资源(Saxenian,1994)。通过分析此区域的优势和劣势,理事会认为,虽然丰富的学术研究资源可以转化为经济活动,但仅有极少数教师具有这种潜能。此外,传统产业要转型为高新技术产业也需要系统的方法和支持机制。为有效利用资本和学术资源,他们把来自政府、企业和高校的要素整合为混成组织,为新技术型企业提供种子资金和商业技能。为此,政府开始大力支持科技中介组织的发展,并改革了相关规则和政策,允许大型金融机构为风险投资提供一小部分资金

---

① 资料来源:麻省理工学院网站,http://web.mit.edu/facts/。

② 资料来源:马萨诸塞州政府网站,http://www.mass.gov/。

③ 新英格兰地区包括美国的6个州,由北至南分别为:缅因州、佛蒙特州、新罕布什尔州、马萨诸塞州(麻省)、罗得岛州、康涅狄格州。

作为种子资金。此项行动证明了政府在促进产学合作与区域创新发展过程中的重要性。这正如 Saxenian(1994)所言，区域政策与宏观经济政策或部门政策一样重要，它确保了20 世纪 90 年代"128 号公路"地区的工业竞争力。

事实上，"128 号公路"的兴起时期正是政府、大学和企业之间合作模式的更新阶段，因为这些合作的出发点就是要寻求一种解决产业下滑问题的方法。随着该地区微型计算机产业的衰弱，风险资本产业与该州的各类政府资助项目一起，利用大学的生物技术研究潜力，促进了该区域的生物技术产业的发展。例如，马萨诸塞州在公共卫生保健研究中投资 10 亿美元用于"曲线之前"的基因研究(Cooke，Leydesdorff，2006)；创始于 20 世纪 80年代中期用来支持生物医药产业发展的"马萨诸塞州生物医药发展计划"对孵化企业的研究跨越商业化鸿沟有很大帮助(Baxter，Tyler，2009)。

(2)区域创新网络的发展

微型计算机企业以前通常沿着"128 号公路"坐落于市郊区，但生物技术产业与此明显不同，它们一般倾向于紧挨着自己的发源地——学术院系和研究所。因此，现在的MIT 已被大量研究所和企业环绕，这些机构吸引了很多美国和欧洲大型制药企业的研发单位到此处落脚。其实，当年本地区微型计算机产业衰落的原因之一就是企业与学术界相对比较隔离，如果当时产学互动紧密，有新观点鼓励微型计算机产业向个人电脑产业转型，该地区可能会发展得更好(Casper，2007)。Saxenian(1994)通过对比分析"硅谷"和"128 号公路"地区兴衰历程也得出了类似的结论：老工业区的孤立和闭塞揭示了一个更为深刻的问题——企业之间严重缺乏交流与讨论的机会，正是组织与文化的重大差异使"硅谷"与"128 号公路"地区面临不同的机遇。当然，Saxenian(1994)也同时指出，制度和文化并非一成不变，它们会像常规和惯例那样在冲突和斗争中不断得到创造和再创造。近些年来，"128 号公路"地区通过政府政策支持、企业组织文化的改变以及产学互动的强化得以繁荣的生物技术产业正在见证这位学者的论断。

MIT 当前所处的区域已成为支持创业活动和新技术衍生企业发展的"虚拟孵化器"。基于研发项目、投资活动和劳动质量等因素的分析，圣莫妮卡梅肯研究院(Santa Monica-based Milken Institute)把马萨诸塞州称为最有可能在"技术信息时代"获得成功的州。与加利福尼亚州相比，马萨诸塞州有较高比例的高科技工作人员。Hiestand 和 Zellman(2004)在提及波士顿为什么能够比其他地区产生更多的创新成果时指出，"其中的原因就像'山慈姑'为什么不能在俄罗斯生长一样简单——此种植物所需要的'土壤'不在那里……你可以希望其他地区也能像波士顿那样产生大量的创新成果，但如果没有那种'土壤'、历史、教育系统和开拓进取的精神，所有的希望只能是希望"。

这也正如 Shane(2004)所指出的那样，MIT 的学生毕业后如果想创办一家企业，波士顿的风险资本家会提供资金和指导，并把这些年轻的科学家介绍给有经验的企业高管们，他们能够帮助创业者管理和培育其有前景的初创公司。此外，波士顿有一个医院集群，研究人员可以在那里对新药品、医疗设备和治疗方法等进行试验。因此，MIT 的技术转移办公室(TLO)主任提出："尽管地理位置不能解释 MIT 与哈佛大学之间的差异，但它确实能够解释 MIT 与其他大学的不同之处，人们问我 MIT 是否有孵化器，我回答说'是的，整个剑桥城市就是它的孵化器'，本地的大量风险资本、会计师和房地产等都会积极扶持

初创企业的发展。"(O'Shea et al.,2007)

Saxenian(1994)对早期"128 号公路"和 MIT 的描述与以上案例大相径庭:MIT 忽视与本地新兴科技企业建立联系,企业只有每年支付 5 万美元才能了解大学的研究进展和使用相关资源,这就使很多中小企业被拒之门外;而斯坦福大学与此相反,企业只要每年支付 1 万美元即可同该校任何实验室建立固定联系,该计划促进了大学与各种规模企业的交互。此外,她还通过一个企业管理人员的访谈对此进行了更细致的展现,"MIT 的计算机科学系非常傲慢……只想从我们企业获取资金,但从来不与我们开展合作项目"(Saxenian,1994)。由此,通过对比当年"128 号公路"地区的衰落和现在的复兴可知,下面将要论及的 MIT"概念证明中心"发展经验在很大程度上充分证明了正是大学文化和网络能力的改进提升了产学互动的程度和促进了区域创新共同体的发展。

3.4.2 麻省理工学院主导的创新共同体治理机制

(1)治理结构

MIT 的校内治理结构具有集权特征,其董事会为学校行政核心提供积极支持和引导,这与美国的很多大学不同(Hatakenaka,2004)。MIT 这种治理结构的重要意义是:董事会的很多成员与产业有关联,他们能够将产业的发展理念和思想带进本校最高层运行系统中。另一个与治理相关的机制是访问委员会(Visiting Committeess)制度,每个委员会由 20~30 人组成,其中很多委员也是来自产业,有权利检查院系的所有活动并上报董事会。产业的理念和思想通过这种机制又可以渗透到院系层面的发展之中。MIT 的财务预算和认识管理也具有集权特征,院系在提议这些方面的事务时发挥着重要作用,但最终决定权仍在学校的行政核心。

(2)产学关系治理

MIT 支持教师参与产学合作和进行技术转移的关键政策有两项:咨询制度和外部资助薪水制度。通过借鉴欧洲多科性技术学院模式,William Rogers 于 1861 年在波士顿建立了 MIT,其目的是支持产业发展所需的工程实践技术。然而,由于资源有限,MIT 成立之初并没有实现这一目标,而是作为教学型工程学院运行了几十年,直到 1891 年得到基于 1862 年《莫雷尔法案》(Morrill Act)划拨给马萨诸塞州的三分之一联邦基金,这一情况才开始转变。例如,19 世纪晚期,该校通过聘用"咨询工程师"(为企业做研究的独立专业人员)作为教师开始展开科研活动。该项目当初并没有进行特别设计与计划,但却创造性地应和了 MIT 成立之初的目的——支持产业创新,并将该校由多科性技术学院转型为创业型大学(埃兹科维茨,2007)。咨询工程师虽然已成为 MIT 的教授,但仍继续他们的专业实践,由此受到其同事的质疑,建议把全部的时间投入对学生的教育中。但这些新来的教授并不同意此看法,认为通过咨询可以把现实的案例带到教学中,从而提升人才培养质量。这场持续数十年的争论最后进入学术委员会层面,最后 MIT 的领导主动提出了一个折中的方案"五分之一规则"——允许教授一周之内有一天的时间参与外部活动,尽其所能赚取额外收入(Hatakenaka,2004)。自此,咨询被看作教授的职业工作之一,而且开始在做咨询的过程中,利用企业没有把握到的机遇成立自己的企业。

此外,MIT 从成立之初就一直鼓励其科研人员跨越院系部门和学科联合解决问题,把跨学科研究中心作为大力推动科研发展的组织工具，促成了数千项成果丰富的产学合作项目和世界一流的跨学科研究中心（如林肯实验室）（伯顿·克拉克，2008）。目前，大约有800家世界一流企业正与该校师生在机构层面进行项目合作，如产业联盟项目和MIT能源项目等，2014财年直接从企业获得研究资助1280万美元，占学校所有研究经费的19％。[①] 根据美国国家自然科学基金会（NSF）的统计，在美国所有没有医学院的大学中，MIT是从企业获得研发经费最多的高校。

3.4.3 麻省理工学院主导的创新共同体发展模式

从组织视角来看，MIT很多组织结构和实践在产学合作和知识转化过程中起到特别重要的作用，主要包括：技术授权办公室（Technology Licensing Office，TLO）、斯隆学院创业中心、企业关系办公室（Office of Corporate Relations）、产业联盟项目、创业发展项目、德什潘德技术创新中心和跨学科研究中心等。

以上这些组织和项目已为MIT进行技术转移和发展产学合作关系做出了巨大贡献。例如：成立于1945年的TLO（在1985年之前被称为"专利、版权和授权办公室"），主要负责学校的专利授权和技术许可工作，其核心使命是通过技术授权推动MIT的科研成果应用于社会，2014财年申请专利743项，技术授权收入为7860万美元；作为企业关系办公室的一部分，产业联盟项目是企业与MIT之间建立和发展合作关系的最重要途径，现在已经有200多家企业通过此项目改进了与MIT的关系，并加快了它们的研究进程。[②]

3.4.4 麻省理工学院主导的创新共同体主要依托平台

此部分重点以MIT的"德什潘德技术创新中心"为例，剖析该校支持区域创新共同体发展的平台情况。

（1）德什潘德技术创新中心产生背景

技术商业化的关键阶段是发明成果和产品开发之间的"概念证明"（proof of concept，PoC）阶段，这一阶段又被称为科技创新的"死亡之谷"（见图3.4）。当商业概念得以证明之后，寻求合适的市场和实施相关的知识产权保护都是"水到渠成"的事情。然而，由于信息、动机的不对称以及科学、技术和商业企业之间存在制度距离，PoC阶段有一个"资金缺口"（Auerswald，Branscomb，2003）。而且随着"天使投资"和"风险资本"的重心转向更大的或较为成熟的投资项目，处在"种子"阶段的创新项目的"资金缺口"将会更大。

由于大学与企业有着本质属性的不同，大学的技术商业化遇到的问题更多，如获得专利的研究成果在技术应用方面往往较为基础或不够成熟，加上受固有信息不对称的影响，这通常需要专利发明者参与到专利转化过程中，为专利接受方提出进一步开发的建议，从而导致专利转让中存在由小额前期费用和特许权运行费用构成的"资金缺口"（Thursby，Thursby，2001）；大学在发挥为初创企业服务的功能时与新生的高科技企业之间有较大

---

① 资料来源：麻省理工学院网站，http://web.mit.edu/facts/。

② 资料来源：麻省理工学院TLO网站，http://tlo.mit.edu/。

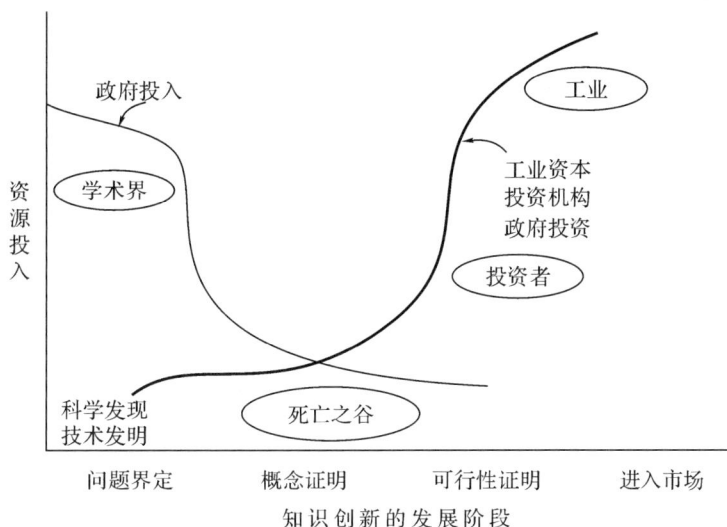

图 3.4　科技成果转化的"死亡之谷"

资料来源:笔者根据已有研究(曾国屏、林菲,2014;Ibert,Müller,2014)编制。

的信息差距,大学的学术创业和投资者之间有很多潜在的冲突(Lerner,2004)。因此,为解决大学技术商业化所面临的诸多挑战,填补技术商业化过程中的资金缺口,加速大学创新的商业化进程,美国大学内出现一种新型的组织模式——概念证明中心(PoCCs)(王凯、邹晓东,2014)。

PoCCs 的工作处于技术转移办公室(TTO)的下游,通过加速已申请专利的技术进入市场,对 TTO 的工作起到补充作用。它不同于传统的孵化器,没有共享的实验室,每个受资助的科研人员继续在各自的实验室进行研究。尽管 PoCCs 主要关注大学内部相对早期的技术开发,但可能影响到大学技术转移过程的绝大部分,例如,为处于早期阶段的且具有创新性的科研项目(这些项目的绝大多数不能得到其他常规资金的资助)提供种子基金;为支持科研人员对产品进一步开发,一方面帮助他们评估技术的商业潜力、提供相关概念以便获得外部投资(如"天使投资"和风险资本等),另一方面提供孵化空间以便对早期的产品进行开发和对样本进行测试。此外,为支持创业活动和发展创业文化,PoCCs也参与创业教育,如联系具有企业经历和管理技能的导师对技术商业化全程指导等。PoCCs 的主要期望是"成为具有前景的技术从实验室走向市场的中转站"。有些项目可能不一定立刻实现商业化,针对这些项目该组织会鼓励和帮助科研人员重新进行研究,直至使它们"重获新生"。总之,PoCCs 主要解决美国大学技术商业化过程中所遇到的四个重要问题:资金与资源、技能、信息不对称和激励政策(见表 3.1)。

从建立的时间和增长趋势来看,PoCCs 是在 2000 年以后发展起来的,自 2007 年开始其数量出现逐年上升趋势。据粗略统计,美国已有 32 所大学成立了类似的 PoCCs,排名前 100 的大学中已有 20 所建立 PoCCs。这些中心均匀地分布于美国各州,2009 年各中心的平均科研经费有五千多万美元,已经非常有效地促进了大学知识创新和商业化成效。它们的名称虽然各异,很多没有冠以 PoCCs 这个称谓[如 MIT 的 Deshpande Center 和

UCSD(加利福尼亚大学戈分校)的 Von Liebig Center 等]①,但都具有上述基本特征,都把促进大学技术商业化作为组织运行的重要目标,经过多年的发展已取得显著成效,得到广泛认可,例如,2011 年 3 月奥巴马总统宣称 PoCCs 是国家科技基础结构中极具潜力的要素之一(Bradley et al.,2013;王凯,邹晓东,2014)。

表 3.1　大学技术商业化过程中 PoCCs 所要解决的问题

资金、资源方面	技能方面	信息不对称方面	激励政策方面
颠覆性技术通常面向还不存在的市场,不确定性较强,大学创业企业通常很难获得外部资金的支持。	大学创业者一般年龄较大,大部分缺少相关商业技能。	科研人员与商人在教育背景、信息资源、表达方式和期望值等方面存在较大差异,在某些需要彼此信任的关键问题上存在知识代沟。	大学的政策(如晋升与聘用、财政和知识产权等)一般不能足够激励教师参与技术转移。
在基础研究阶段和产品开发阶段都可以得到政府和企业的资助,但在PoC 阶段却没有相应的资助。	大学教师通常缺乏成功转移技术所必需的社会网络。		大学科研人员缺少动机参与发明成果后期的跟踪研究。
难以获得技术商业化所需的基础设施和相关资源。			科研成果丰富的教师往往不愿将研究方向调整为可商业化的技术。

资料来源:笔者根据相关研究成果(Catarina,2013;Bradley et al.,2013)整理。

因此,随着西方大学 PoCCs 的成功运行,有关大学科技成果"概念证明"的问题已成为学术界近些年新的研究热点。然而,尽管从"概念证明"视角研究如何促进大学技术商业化的文献已经较多,但这一新兴领域的研究仍然有限,还有一些关键问题没有涉及。例如,虽然人们普遍认为 PoCCs 设立的目的是减少技术研究项目的不确定性,从而支持和促进技术商业化,但是很多研究仍停留在问题或现象的描述层面,并没有从理论角度分析PoCCs 有效解决"资金缺口"和"技术验证"的动力机制(Battaglia et al.,2021)。

(2)德什潘德技术创新中心概况

德什潘德技术创新中心(The Deshpande Center for Technological Innovation,简称"德什潘德中心")于 2002 年在麻省理工学院(MIT)工程学院成立,启动资金 1750 万美元,由慈善家德什潘德(Deshpande)与其夫人杰希瑞(Jaishree)捐赠。该中心的目的是"助

---

①　此外,各 PoCC 实现这一目标的组织方式也不尽相同,有些是基于一所大学成立,如隶属于科罗拉多大学的概念证明项目(University of Colorado Proof of Concept Program);其他的则与多所大学联合成立,如位于费城大学城的概念证明项目(QED Proof of Concept Program)由 15 所大学联合成立。

推 MIT 内一些最有才干的科研人员通过实验室开发创新性技术,并把它们以突破性产品和新公司的形式投放到市场,从而改变这个世界"。因此,这些创新成果可以帮助解决健康、信息技术、能源和其他领域中的重大问题。如果用一个词概括德什潘德中心的使命,那就是"影响"——增强 MIT 技术的市场影响力。德什潘德中心主要通过"资助计划"(grant program)、催化项目、创新团队与相关活动以及本校的其他资源来实现这一使命。

(3)实施项目

首先,资助计划方面。德什潘德中心的重要任务是帮助 MIT 的教师和学生把在 MIT 产生的具有前景的观点转化为创新产品和高科技衍生公司,以使突破性技术和发明成果实现商业化。为实现这一目的,中心对 MIT 一些最有才能的科学家和工程师的研究进行适度但非常关键的投资。这些资助可使科研人员跨越政府对基础科学资助和私营部门对新发明资助之间的资金缺口(正是这一缺口使很多有价值的科研项目沉没于市场之外)。中心的资助基金为两类:启动资金(ignition grants)和创新资金(innovation grants)。

启动资金的资助对象为进行具有前景和巨大潜在影响力但还没有得以证明的创新发明工作的 MIT 研究人员。一个项目的资助金额为 5 万美元,周期是 1 年。通过对"首席研究员"的研究生和博士后研究员的资助,可使该研究团队实施探索性实验、收集数据来证明一个概念,推动科技发明蓝图的开发。接受启动资金资助的科研人员如果已充分证明他们的科技发明很有商业价值,德什潘德中心会鼓励他们申请"创新资金"以补充后期的研发经费。

创新资金资助那些把创新投入全面开发的项目,对已经证明概念和确定研发路径及知识产权战略的项目只资助一次。MIT 科研人员的科技发明如果已得到充分开发可以绕过"启动资金"直接申请"创新资金"。一个项目的资助周期为 1 年,不超过 2.5 万美元。创新资金的目的是帮助科研人员优化和提升一项创新成果的质量、系统探索潜在的市场和评估成果具体应用的商业价值,最终能够吸引到风险资本或企业的充分投资使产品得以商业化,以及成立衍生公司和(或)把技术转让给现有的公司。

自 2002 年成立至 2013 年 10 月,德什潘德中心已累计为 MIT 的 100 个初期技术项目商业化提供 1300 万美元资助,正在为 12 个项目提供共计 94.9764 万美元的资助。该中心每年一般资助 16 个项目,大约 18% 的申请者可以获得资助。它最初只关注工程学院的研究项目,2005 年春季开始接受 MIT 全体教师的申请。资助对象只是 MIT 的教师和学生,且申请人的资格仅限于该校的"首席研究员"(王凯、邹晓东,2014)。一个由来自 MIT 内部和"催化项目"专家组成的多学科委员会负责评估所有的申请。某一申请项目获批后,"催化项目"的导师会被安排到该项目中为其提供全面的建议。受资助者需参与"催化项目",并参加中心的活动,适时实施知识产权保护,通过各种方式沟通项目进展以及避免利益冲突。

其次,催化项目方面。"催化项目"主要帮助受资助者加速实验室中的创新进程,探索潜在市场和成立衍生公司,并最终对市场产生影响。该项目的"催化剂"——导师由志愿者担任。这些导师都具有很高的成就,包括老练的风险投资者、"连环创业家"和具有新创公司工作经历的总经理,他们会慷慨地与德什潘德中心的受资助者分享他们的时间、经验和技能。这些导师不仅具有丰富的技术背景，还有很渊博的商业知识，能够敏锐地把握市场需求和机遇。作为学界和商界之间的桥梁，他们参与资助项目的遴选，为受资助的项目做顾问，并且帮助科研团队与目标市场以及投资和创业团体建立合适的联系。

导师和受资助者之间绝不是一种单向关系。很多导师发现他们把技能分享给 MIT 充满活力的研究团体时能够在才智、专业和个人层面得到非常大的满足。此外，为保证受资助科研项目、相关商业化活动和新公司的健康发展，导师同意遵守中心的"利益冲突和保密原则"，并在任职前签署相关正式的协议。

最后，创新团队和相关活动方面。"创新团队"和"活动"是德什潘德中心培养受资助者创新创业意识和能力的主要方式。该中心参与的"创新团队"是与 MIT 工程学院和 MIT 创业中心的三种合作方式之一。此项目是 MIT 一门独特的课程，对全校各学科研究生开放，名额经常报满。"创新团队"的目的是向学生传授科学和技术商业化的过程性知识，主要关注如何判断一项处于早期阶段技术的商业潜能。每个团队都可接触到整个项目的所有教师、从业者、商业导师和同学。每年有 6 个资助者被选作"创新团队"项目的一部分，有机会与学生团队一起工作来发现和确定他们的商业计划。

德什潘德中心为受资助者举办多种类型的活动帮助他们进行创新创业思想的交流。这些活动主要包括"思想流"（idea stream）、"开放屋"（open huose）和"催化剂聚会"（catalyst party）等。"思想流"是一个在创新和创业方面具有卓越成就的人才集聚的论坛。该论坛每年春季举行一次，只有受邀者才可以参加。通过论坛不仅可以促进受资助者与卓越人才进行思想交流，还可以向风险资本家、创业者和其他研究人员展示 MIT 的技术。"开放屋"和"催化剂聚会"是一种非正式的活动，用来推动思想交流和新合作项目的形成（王凯、邹晓东，2014）。通过参与这些活动，投资家和企业家们也可以把握技术创新前沿动态，有利于他们成功地进行投资、创业和产品研发。

（4）取得成效

通过以上项目和活动以及在 MIT 其他资源（如"技术授权办公室"和"风险指导服务"等）的帮助下，德什潘德中心已经非常有效地提升了 MIT 创新和发明的商业化能力，极大地提高了 MIT 技术的市场影响力。自 2002 年成立到现在已经对 300 多名教师、研究生和博士后研究人员进行支持，100 多位"催化剂"导师和其他来自企业与创业团体的志愿者参与其中，促进产生 28 家衍生公司，资产达到 4 亿美元，将近 30% 的受资助项目都能产生一家新企业。这些企业正在开发和生产突破性产品和服务，不仅改变了人们的生活，也对能源和照明、卫生保健和信息技术等主要市场的转型有着长期的潜在影响。

（5）成功要素分析

MIT 的概念证明中心——德什潘德技术创新中心经过 10 年发展，在产学协同创新与技术商业化方面已经取得非常卓越的成效，这些成就的取得受很多关键因素的影响（王凯、邹晓东，2014）：（1）MIT 的创新创业能力和周边环境，如 MIT 不仅有雄厚的科研能力还有"友好的创业文化"，能够产生大量的以市场为导向的创新型技术，而且周边有实力很强的"天使投资人"和风险资本家网络；（2）MIT 的内部组织结构运行良好，"技术授权办公室"和"风险指导服务"等相关部门积极配合该中心的工作，为技术商业化过程提供各种帮助；（3）该中心构建了有效的开放创新网络，不仅为受资助者提供种子基金，还为他们提供顾问服务和教育活动,同时把他们投入校外的资金和合作网络中,与外部网络和团体积极地合作;(4)该中心拥有科学的运行机制和优秀的管理团队,如中心运行受来自创业家、投资家、企业家和科学家等方面专家组成的"指导委员会"(steering committee)的监督和指导,管理团队中的执行主任具有优秀的学术、商业和创业背景,其他成员也都具有丰富的相关工作经验,(5)通过相关激励政策,激发了大学科研人员进行技术商业化的积极性。

3.5　苏州大学主导的创新共同体案例

苏州大学(Soochow University,SU)位于江苏省苏州市,创始于1900年的东吴大学,是教育部与江苏省人民政府共建高校,国家"双一流"建设高校。苏州大学设有36个学院(部),拥有全日制本科生27897人,硕士生15943人,博士生5061人。该校现有哲学、经济学、法学、理学、工学、农学和医学等十二大学科门类,其中1个国家一流学科,4个国家重点学科,20个江苏高校优势学科,9个"十三五"江苏省重点学科;还拥有4个江苏高校协同创新中心,23个省部级哲学社会科学重点研究基地,30个省部级重点实验室,10个省部级公共服务平台,5个省部级工程中心。[1]

3.5.1　苏州大学所处区域的制度环境

江苏省与上海市、浙江省、安徽省、山东省接壤,与上海、浙江共同构成"长三角"城市群。2019年,该省全年生产总值(GDP)99631.5亿元,人均GDP为123607元;全社会研发投入占地区生产总值的2.72%;全省普通高校142所,高等教育毛入学率达60.2%,在校研究生21.5万人。[2] 近些年江苏省科技创新成效显著,以2013年为例,全省的企业科技税收减免总额为215亿元(约占全国的1/6);知识产权综合发展指数年均增长率位居全国第一,知识产权总体水平位居全国第二;获国家科技奖励数均居全国省份第一;区域创新能力连续5年位居全国各省级行政区第一位。[3] 江苏省高新技术产业主要分布在苏南及沿江地区,2018年苏南五市高新技术产业产值同比增长10.80%,占全省的64.09%。[4]

(1)区域创新治理

近些年,江苏省非常重视政府在科技创新过程中的引导和支持作用,印发和实施了很多有关促进企业技术创新的政策和文件,如财政引导政策、税收优惠政策、金融扶持政策、人才激励政策和知识产权保护政策等。

首先,知识产权保护与发展。为促进知识产权发展与科技创新,根据《江苏省应对加

---

① 资料来源:苏州大学网站,http://www.suda.edu.cn/general_situation/xxjj.jsp。
② 资料来源:2019年江苏省国民经济和社会发展统计公报,http://tj.jiangsu.gov.cn/。
③ 资料来源:江苏省科技厅网站,http://www.jstd.gov.cn/zwgk/jhzj/20140505/112923906.html。
④ 资料来源:2018年江苏省高新技术产业主要数据统计公报,http://std.jiangsu.gov.cn/art/2019/3/12/art_48971_8298122.html。

入世贸组织工作要点》，江苏省于2002年发布了《江苏省加强知识产权保护和管理工作实施意见》，主要从宏观管理与统筹协调、政策引导、保护与运作能力、执法力度和服务水平等五大方面，提出了实施知识产权保护的政策和措施等，如建立省政府与省辖市"知识产权联席会议"制度以及提高知识产权法律、法规实施的监督和检查工作力度。同时，为深入贯彻实施《国家知识产权战略纲要》，江苏省2009年印发了《江苏省知识产权战略纲要》，主要从知识产权创造、运用、保护、管理、服务体系和区域知识产权发展等六个方面提出该省知识产权战略工作重点，并提出了相关保障措施，如加大政策支持力度、建立奖惩机制和培育知识产权文化等。近些年加快《江苏省知识产权促进和保护条例》立法进程（已于2022年4月26日正式实施），推动将知识产权"十四五"规划纳入江苏省专项规划，将知识产权保护纳入江苏省优化营商环境考核指标体系，不断加强知识产权保护顶层设计。2020年，16所高校获评首批国家知识产权试点示范高校，数量居各省（区、市）第一。

其次，科技与金融结合。在促进科技与金融结合方面，江苏省近些年比较系统地实施了一系列相关政策，例如，根据2006年下发的《江苏省政府关于鼓励和促进科技创新创业若干政策的通知》精神，于2007年印发了《江苏省科技贷款风险补贴专项资金管理办法（试行）》，为鼓励和引导各类金融机构大力支持企业自主创新与科技项目产业化奠定了基础。此外，为响应2011年10月科技部等部委联合下发的《关于确定首批开展促进科技和金融结合试点地区的通知》①精神，江苏省于2012年印发了《江苏省政府关于加快促进科技和金融结合的意见》，比较系统地提出促进科技与金融结合的办法和措施。随后，江苏省又于2012年印发了《关于鼓励和引导天使投资支持科技型中小企业发展的意见》，提出促进"天使投资"发展的引导政策与措施，如设立政策性引导资金、强化税收扶持和完善科技金融服务体系等。江苏省不断探索开展知识产权金融数字化研究，在全国率先实施地理标志被侵权损失险、知识产权混合保险、知识产权资产评估职业责任险。2020年，苏州成功发行首单知识产权质押创新创业疫情防控债券，其知识产权运营服务体系相关做法入选商务部深化服务贸易试点最佳实践案例。

最后，大力促进产学研合作与产学协同创新。无论从调研访谈还是从相关政策文本来看，江苏省特别重视通过产学研合作促进区域创新能力提升。该省有关促进产学研合作与协同创新的政策与措施非常丰富和系统，例如，从加强科技创新载体建设到鼓励和促进科技创新创业，再到创新型省份的建设，都在不同层面和角度强调了产学研合作的重要性，并同时给予相应的政策支持和引导。自2007年江苏省已经至少出台了4项专门促进产学研合作与协同创新的政策和方案，如《关于成立推进产学研结合工作协调指导小组的意见》（2007年）、《江苏省产学研联合创新资金管理办法（试行）》（2008年）、《江苏省科技服务社会"校企联盟"行动实施方案》（2009年）和《关于加快企业为主体市场为导向产学研相结合技术创新体系建设的意见》（2012年）等，现已形成了包括宏观组织管理与协调、资金扶持与引导和具体实施方案等比较系统化的促进产学研协同创新的政策体系（见表3.2）。此外，他们还通过实施"科技镇长团"、"科技特派员"和"院士工作站"等措施，极大地推动了高校科技人才与企业协同创新的成效，已有大量科技管理干部与科技专家常年

---

① 江苏省被确定为首批试点区域之一。

活跃在基层和企业中(韩义雷等,2013)。

表 3.2　江苏省(省级层面)出台的有关促进产学协同创新的主要政策汇总

年份	政策名称	有关促进产学协同创新的主要内容
2005	关于加强科技创新载体建设的若干意见	鼓励企业与专业对口的高校、科研机构和社会力量以多种形式共建研发机构或开展技术交流与合作
2006	江苏省政府关于鼓励和促进科技创新创业若干政策的通知	支持高校同企业、科研机构建立多渠道、多形式的紧密型合作关系,联合开展创新活动;具有产业前景的共性技术研究项目要由企业与科研机构、高校联合申报;省科技成果转化专项资金优先支持产学研合作项目,省科技基础设施建设优先支持产学研合作组建的技术平台。
2007	关于成立推进产学研结合工作协调指导小组的意见	省科技厅、财政厅任组长单位,省教育厅、经贸委和工商联等任副组长单位,协调各部门推进产学研合作,指导探索合作的新机制新模式,共同推进以企业为主体、市场为导向、产学研结合的技术创新体系建设。
2008	江苏省产学研联合创新资金管理办法(试行)	主要支持项目包括面向战略性新兴产业的产学研重大创新载体建设,企业联合省内外高校院所在引领未来产业发展的战略性领域开展的产学研前瞻性联合研究项目,以及高校科技成果转化服务中心建设等。
2008	江苏省企业研究生工作站管理办法(试行)	以面向企业技术研发为主由企业申请设立、出资建设,引进高校导师指导下的研究生团队开展技术研发。此项目既是规模企业与高校开展产学研合作的重要平台,也是培养研究生的重要创新实践基地。
2009	江苏省科技服务社会"校企联盟"行动实施方案	组织动员省内高校和科研机构与本省企业结对合作,引导科技人员深入企业,逐步建立高校、院所与企业、地方双向流动、长效合作的工作体系,推进全省科技服务社会由"个人行为向组织行为"、"单个行为向网络行为"、"短期的项目合作向长效稳定合作"的"三个转变"。
2011	关于实施创新驱动战略推进科技创新工程加快建设创新型省份的意见	鼓励企业设立由高层次人才领衔的各类新型产学研合作平台;重点发展一批产业技术创新战略联盟,提高科技服务"专业化"、"社会化"和"网络化"水平;引导企业介入高校院所早期研发,形成长效合作机制;围绕战略性新兴产业与特色产业发展需求,建立 20 个以上产学研合作创新密集区。

续表

年份	政策名称	有关促进产学协同创新的主要内容
2012	关于加快企业为主体市场为导向产学研相结合技术创新体系建设的意见	鼓励企业联合高校院所共建研发机构；继续选聘优秀科技企业家到高校担任"产业教授"；扩大产学研联合创新资金规模，推动企业介入高校院所的"早期研发"活动；鼓励高校院所进入科技园区共建新型研发机构；鼓励高校院所建立定期为企业开展科技咨询服务的机制；探索科教协同培育战略性新兴产业的途径。
2019	江苏省大学科技园管理办法	大学科技园要发挥创新资源集成功能，通过搭建高水平创新网络与平台，促进高校创新资源开放共享

资料来源：笔者根据江苏省相关政府文件整理。

（2）区域创新网络的发展与主要支持平台

江苏省科技创新公共服务平台包括科技条件服务平台、技术创新服务平台和网络化服务平台等。科技条件服务平台通过整合科学仪器设备和科学数据等基础资源，开展资源共享服务，已建有"江苏省大型科学仪器设备共享服务平台"等。技术创新服务平台主要开展研发与设计、成果转移与转化、科技金融和科技咨询等共性技术服务或中介服务，目前已建有 265 个平台，如"江苏省家纺设计及新材料公共技术服务中心"等。网络化服务平台主要通过整合省内各地资源，在生命健康、生态环保和公共安全等领域开展民生科技服务，已建有"企业知识服务平台网络"和"科技咨询服务平台网络"等。

以上三类平台中，"江苏省生产力促进中心"是该省科技创新服务平台的重要运作机构，服务科技与支持区域创新网络发展的平台主要包括"江苏省大型科学仪器设备共享服务平台"和"中国江苏产学研合作成果展示洽谈会"等。本书接下来将以这两个平台和"江苏省公共研发平台"为例具体说明区域科技创新公共服务平台在促进产学合作与创新网络发展中的作用。

第一，江苏省大型科学仪器设备共享服务平台（简称"仪器平台"）。该平台 2005 年成立"大型科学仪器设备共享服务平台理事会"（简称"理事会"）（图 3.5），主要以分析测试服务和大型科学仪器设备等为对象，利用信息网络等现代技术，通过对相关资源进行整合集成、开放共享，为科技创新提供支撑，主要依据创新网络模式分三个层面进行建设："主体层"、"信息层"和"保障层"。主体层的基础是大型科学仪器"协同利用网"，以若干个专业分析测试服务中心为"节点"，形成"网络＋节点"的运行模式。信息层的基础是"专业人才"和"仪器设备"等信息资源，构建"信息共享服务网络"，实现"信息资源共享"，促进"实体资源共享"。保障层主要开展"仪器设备运行保障服务网络"的建设。

第二，"中国江苏产学研合作成果展示洽谈会"（简称"洽谈会"）。该洽谈会每两年举行一次，例如，2013 年洽谈会以"集聚资源促合作，协同创新谋发展"为主题，系统利用"网上"与"网下"多种途径开展产学研合作对接活动。此次有 50 多家高校院所、1000 多家企

```
┌──────┐ ┌──────┐ ┌──────┐ ┌──────┐ ┌──────┐
│江苏省 │ │江苏省 │ │江苏省 │ │江苏省 │ │中科院 │
│科技厅 │ │财政厅 │ │教育厅 │ │质监局 │ │南京分院│
└──────┘ └──────┘ └──────┘ └──────┘ └──────┘
```

┌──┐
│　　大型科学仪器设备共享服务平台理事会　　　│
└──┘

┌──────────┐
│专家委员会│
└──────────┘

┌──┐
│　　　　　　　　理事会办公室　　　　　　　　│
└──┘

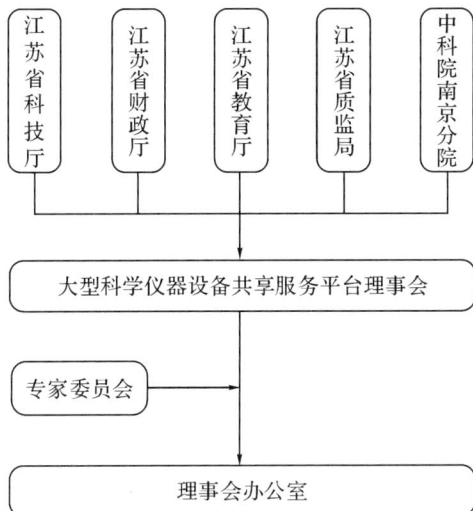

图 3.5　江苏省大型科学仪器设备共享服务平台组织架构

资料来源:笔者根据江苏省大型科学仪器设备共享服务平台网站(http://www.yqgx.org/)资料整理。

业参加洽谈会,共展示高校院所科技人才和成果信息 500 多项。[①] 该洽谈会已成为江苏省聚集科教资源、服务企业创新的标志性活动,为产学研搭建了一个高度开放与互动交流的平台。同时,此平台还通过江苏省的"产学研联合创新专项资金"和"科技成果转化专项资金"等扶持与引导,大力促进了战略性新兴产业的发展。

第三,江苏省公共研发平台。江苏省公共研发平台包括两大部分:重点实验室和产业技术研究院。前者是依托江苏省内科研机构和大学建设的科研实体,是该省科技创新体系的重要组成部分。例如,截至 2013 年该省已建成 97 家重点实验室,其中国家级重点实验室总数居全国省份第一位。所有这些实验室总投资额为 37.66 亿元,其中政府投资 17.09 亿元、引导社会投资 20.81 亿元。[②] 江苏省从 2010 年开始实施产业技术研究院建设计划,促进产业共性技术研发、产业孵化与成果转化,引领集聚区的产业发展。2013 年江苏省已经启动建设 13 家产业技术研究院,共投资 25.278 亿元,其中政府投资 1.24 亿元、引导社会投资 24.038 亿元。[③] 近些年引起各界广泛关注的江苏省产业技术研究院不同于传统的研发机构,率先定位于引领产业发展,服务企业创新,专注于产业技术研发,不与高校争学术之名,不与企业争产品之利的"不完全像大学、不完全像科研院所、不完全像企业,还不完全像事业单位"的"四不像"单位,通过实行一所两制、合同科研、项目经理、股权激励和有限公司等改革措施促进了产学研深度融合(章芬等,2021)。

[①]　资料来源:中国江苏产学研合作成果展示洽谈会网站,http://www.jscxy.cn/jspview/website/qth/index.jsp。

[②]　资料来源:江苏省科技创新平台网站,http://www.kjpt.net/。

[③]　资料来源:江苏省科技创新平台网站,http://kjpt.zacent.com/。

3.5.2　苏州大学主导的创新共同体治理机制

(1)科技创新的主要策略

第一,苏州大学的科技发展指导思想可以概括为"顶天立地"与"科学前沿＋社会需求"。这一指导思想表现为两个方面:一是强调理论研究创新,重视专利、获奖、论文发表数量等,除了原始创新外同时也应注重"引进、消化、吸收、再创新";二是结合国家、省、市政府需求以及苏州大学的优势学科和优势专业等因素,综合确定科技重点发展领域。

第二,通过出台相关政策和制度来引导重点领域发展,如《苏州大学科技成果转化管理条例》、《苏州大学知识产权保护和管理实施细则》、《苏州大学科技成果孵化及创业基金管理办法》和《苏州大学地方合作共建科研平台管理暂行条例》等,通过社会评价、论文发表后的评价、能否申请发明专利、专利是否可转化等方式来评估相关标准、相关制度的合理性。

第三,苏州大学的科技成果转化政策可概括为"胡萝卜＋大棒"[①]。"胡萝卜"即利好政策,例如 2008 年开始实施的《苏州大学关于促进科技创新、科技成果转化和产业化的若干规定》提出,转岗专职从事学校科技成果转化的教职员工向所在部(院)提出申请得到批准后,创业期间可参加学校职称聘任和学校岗位竞聘,享受学校相应的福利待遇;一项知识产权转让出去之后,转让所得收益的 80％归发明人;科技成果转化的学校所得收益的 80％归团队或者个人所有,剩下 20％归院系所有,各方得利。"大棒"即责任状,每个学院每年需要签订关于专利、成果转让与高端文章发布数量的责任状。例如,2015 年 3 月 12日,苏州大学校长与 12 个自然科学类学院(部)的负责人签订了 2015 年科技目标责任书。[②]

第四,科技创新的组织与管理。首先是学校层面,对科技创新与产业化实施"大部制"组织管理模式。苏州大学科学技术与产业部是分管全校科技(自然科学)、军工生产和军工保密、科技产业和国家大学科技园的一个综合部门,下设三个处和一个综合办公室:科学技术处、军工处(军工保密办公室)、科技产业处(国家大学科技园管理中心)、综合办公室,部长由学校副校长兼任。此外,苏州大学还以"懂科研,善管理"为目标,不断改进科研管理理念,注重科研管理中"指导、协调、组织、服务"的工作,培养"职业科研管理"队伍,不分职务统一面向所有教师做好科研信息的沟通与服务工作(席建、刘海燕,2013)。其次是创新团队层面,主要通过"学术大师＋创新团队"的形式发展科研重点产业领域,例如,苏州大学"功能纳米与软物质研究院"正是在李述汤院士及其带领的学术团队不断努力下发展起来的。

第五,积极开展校内协同创新。苏州大学得益于区域经济发展带来的鲜活动力,形成了"内和外协"的办学理念:对接区域经济发展,主动拆除学科藩篱,激活"创新基因"(孙宁华,2011)。例如,由生物医药、机械和材料学科交叉组建的苏州大学"生物制造中心"的主

---

① 资料来源:笔者进行的调研访谈[SUDA20130712]。

② 资料来源:苏州大学科技产业部网站.我校举行 2015 年科技目标责任书签字仪式. http://sdttc. suda. edu. cn/detail. aspx? id＝1612＆list_id＝110＆fatherid＝110. 2015. 04.

要专家(包括作为带头人的卢秉恒院士)来自机械、物理、化学、生物医学和药学等不同专业。

3.5.3　苏州大学主导的创新共同体发展模式

苏州大学的协同创新模式可以归纳为"以市场为导向,以企业为主体,以高校为躯体,以政府为尾翼"[①]。

(1)校地合作

苏州大学与地方政府的主要合作模式可概括为"一市一院一平台"。苏州大学按照"有所侧重、错位发展"的原则,根据每个学院的优势学科和优秀科研团队,寻找具有相关产业基础和产业需求的地方政府实现对接,并在这些地方设立研究院,通过人才培养、学术研究、科研成果转化和决策咨询等多种渠道融入区域创新系统,从而促进本地经济与社会发展。这些研究院包括"苏州大学张家港工业技术研究院"和"苏州大学常熟低碳应用技术研究院"等。研究院的筹建主要由当地市政府投入资金和场地,学校提供管理团队、研究团队和部分设备。苏州大学的"校—地"研究院建设既是促进横向科研、提升学校服务地方能力的重要抓手,更是贯彻"名城名校"发展战略的具体体现。

(2)校企合作

苏州大学的校企合作模式主要是"一团队一企业一中心",大学与企业合作成立研发中心,由高校的一个团队与龙头企业成立研究中心,企业提供500万元以上经费并一次性注入高校的成立联合研究院,100万元以上经费并一次性注入高校的成立联合实验室,首次合作期三年。截至目前,苏州大学共与30多家企业建立30多所校企研究院,有些企业甚至在学校建立了"嵌入式实验室"或"嵌入式研发中心"——企业把研发中心直接建到相关学院。

3.5.4　苏州大学主导的创新共同体主要依托平台

苏州大学主要依托国家大学科技园(孵化器功能)、协同创新中心、工业技术研究院和"科技镇长团"与科技开放日活动等平台与项目开展科技成果转化与协同创新活动。

(1)国家大学科技园

苏州大学国家大学科技园(以下简称"苏州大学科技园")是苏州市政府与苏州大学在科技成果转化和科技产业发展方面的合作成果,主要依托苏州大学的科技力量,按照"一园多区"的模式进行建设。基于企业家认为高校产出的成果不符合企业需求,而高校认为企业的技术力量薄弱、人才不够这一背景,苏州大学国家大学科技园把大学的资源与市场需求切入点相结合,鼓励科技创新与产业化。

苏州大学科技园对入园的企业和项目提供投融资咨询服务和政策支持,并为孵化和培育高新技术企业提供技术支撑,入园企业可以充分利用学校的科研设施实现资源共享、协同发展,例如,2007年颁发的《关于苏州大学校内有关资源面向苏州大学科技园开放的

---

① 资料来源:笔者进行的调研访谈[SUDA20130712]。

通知》和《苏州大学各级实验室、研究所、工程中心对苏州大学科技园开放共享的实施意见》明确指出，苏州大学大型科学仪器设备资源对苏州大学科技园开放共享，以及对苏州大学科技园内企业开放苏州大学图书馆电子资源等。

（2）苏州纳米科技协同创新中心

首先，基本概况。苏州纳米科技协同创新中心由苏州大学牵头，协同苏州工业园区、中科院苏州纳米技术与纳米仿生研究所、中国科技大学、东南大学、西安交通大学、江苏省纳米产业技术创新战略联盟等核心单位共同组建（这里的协同高校部分是指设在苏州独墅湖高教区的高校研究院）（图3.6），为非法人类独立运行机构。

由于苏州市政府早些年计划将苏州打造为一个全球纳米人才集聚的产业创新基地，因此配套完备了各项吸引人才的土地、财税、社保方面的保障政策。苏州大学贴近苏州政府的发展方向，围绕纳米新材料、纳米制造、纳米光电子、纳米节能环保、纳米生物医药五大产业方向，协同中心重点发展纳米微纳柔性制造、纳米光电器件与材料、纳米机电制造、纳米环保材料、纳米药物与医用材料、纳米能源材料六大工程化研究中心。该中心已经承担国家与区域重大项目100多项，获资助经费共计10亿多元，授权专利300余项；SCI论文300余篇，省部级奖60余项（其中国家级奖5项），孵化成立纳米企业200余家。[①]

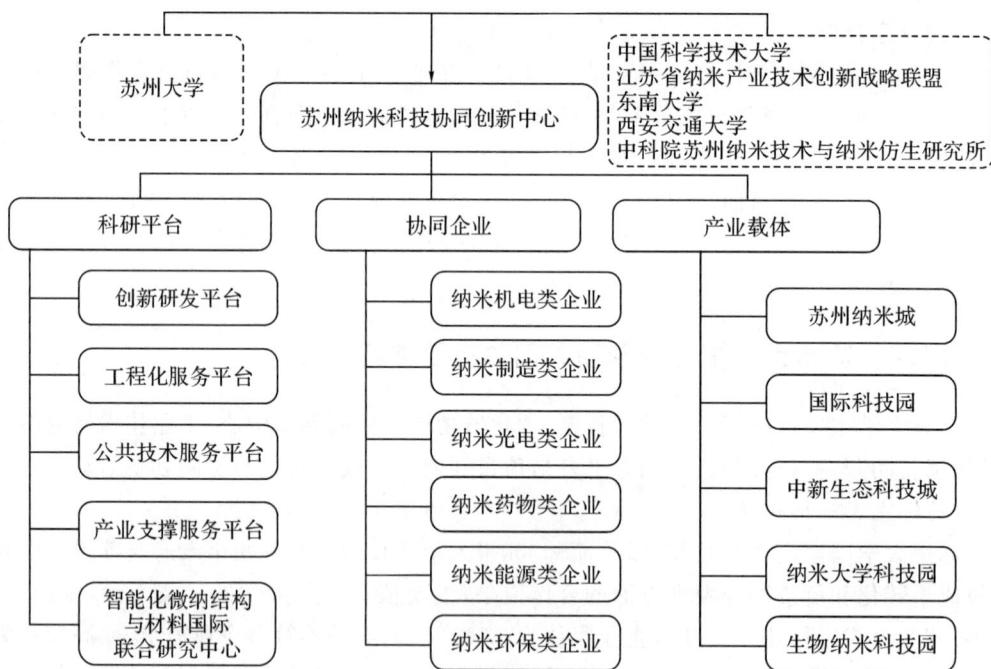

图3.6　苏州纳米科技协同创新中心组织架构

资料来源：笔者根据调研访谈资料整理。

其次，建设历程。苏州纳米科技协同创新中心建设成功可谓是顺应"天时、地利、人

---

① 资料来源：笔者进行的调研访谈［SUDA20130712］。

和"的结果。"天时"是指国家目前急需纳米技术,区域政府也把苏州工业园区定位为重点发展纳米产业,并将其作为一号项目进行支持;"地利"是指苏州大学的学科与地方产业发展紧密结合;"人和"是指吸引和集聚人才,苏州大学大力引进高端人才作为特聘教授,组建团队,也是苏州大学"人才强校、文化强校"战略的成果体现。江苏省政府早些年就已经把苏州规划为纳米新兴产业基地,由于苏州大学具有得天独厚的地利优势,该规划初期即建立了纳米方面的基础学科,并随之得到快速发展。同时,随着政府相关扶持和引导政策的出台,协同创新中心与80多家企业成立"纳米产业联盟",形成了良好的纳米产业方面的产学研合作,逐步建立了一条从纳米创新到纳米产业的"政、产、学、研、用"一体化的"协同创新链"。

最后,运行模式与机制。苏州纳米科技协同创新中心按照"政府搭台、高校唱戏、需求导向、多元协作、企业牵引"的协同模式运作,以"中科院苏州纳米技术与纳米仿生研究所"和"苏州纳米科技联合学院"为平台,以"学术大师+创新团队"模式运行。中心老师来自各个学院,流动不调动,实行奖励绩效的双向认定,既可以由原属学院也可以由协同创新中心进行评价。各个研发产业化单位都设在苏州工业区独墅湖高等教育区西南部,形成地理区位上的集中,更加方便人才培养共享和科研成果共享。

为解决协同创新中心建设过程中普遍存在的"协同程度不高、各自为政"的重要问题,该中心首先将各单位相近的资源整合起来统一调配使用,例如,中科院苏州纳米技术与纳米仿生研究所的"微纳加工和测试"平台由该所负责协调相关事宜,将此平台开放给各相关单位使用。其次,中心在制定绩效评价制度时提高"协同"系数,以经费拨付方式奖励项目中"协同程度高"的成员。此外,中心还借助政府资源,通过工业园的帮助和协调设立"校企协同工作站",建立"校企导师互聘"机制,与园区内企业在研发课题和人才需求等方面能够直接交流和对话(陈宇豪等,2015)。

目前,除被认定为国家级"2011计划"协同创新中心的"苏州纳米科技协同创新中心"之外,苏州大学还建成了"纳米科技协同创新中心"和"血液学协同创新中心"等四个江苏省高校协同创新中心。为支持协同创新中心的发展,苏州大学于2014年制定和实施了《苏州大学江苏高校协同创新计划项目及资金管理暂行办法》,从学校政策层面规范了协同创新中心发展的长效机制。

(3)苏州大学张家港工业技术研究院

苏州大学张家港工业技术研究院(简称"工研院")成立于2011年8月,2012年5月正式投入运行,是由苏州大学和张家港市政府联合建立的综合性新兴产业技术研发平台。工研院是苏州大学设在校外的唯一一家综合性研究院,注册并建设在张家港市,项目负责人大部分来自苏州大学,且与该校教职工一同接受考核。工研院结合张家港的产业基础和苏州大学的学科优势主要发展新能源、新材料和现代装备制造等行业,已申报发明专利31项,孵化5家科技型企业,吸引5家企业共建联合实验室。工研院于2012年被江苏省授予"产学研联合重大创新载体"的荣誉称号。[①]

① 资料来源:苏州大学科技产业部网站,http://scit.suda.edu.cn/MainSite/shownews.asp? ID=1191.2015. 03。

工研院的成立和顺利发展首先得益于苏州大学校领导和苏州市政府领导的重视和彼此间的紧密联系与沟通协调,例如,正是由于市、校双方领导最初的联络与接触才激发了共同筹建工研院的想法,而且在工研院的发展过程中市、校双方领导也经常会晤,来解决存在的相关问题和困难。① 其次是苏州大学与张家港市在科技创新与产业发展方面互有需求,创新能力方面具有"动态互补性"。

(4)科技镇长团活动

科技镇长团被认为是江苏省为打破"科教资源与县域经济隔膜",融通"政、产、学、研"以及构建基层科技创新体系的一项创举。② 2008—2014 年,江苏省已经先后选派 6 批共 1872 人到基层从事科技服务。③ 由于"科技镇长团"成员——大学教师肩负地方政府和所在学校的双重期望,能够起到联结"校、地"、"校、企"的"纽带"作用,在促进企业技术升级与创新能力提升的同时也使大学的社会声誉和创新能力得到提高。

苏州大学通过积极参与江苏省"科技镇长团"活动,非常有力地促进了知识网络嵌入性关系的构建和发展,在服务地方、促进校企合作与区域协同创新方面发挥了重要作用,协同创新成效得到大幅度提升。例如:2012 年,苏州大学与江苏华盛精化工股份有限公司联合成立了"苏州大学—华盛能源材料研究院",该合作项目就是之前苏州大学一位干部在张家港市挂职该市人民政府副市长时进行多方了解、沟通和协调的结果④;2010 年,苏州大学刘老师挂职江苏省常熟市辛庄镇副镇长时某光伏企业由于没接受他有关"暂缓设备采购"的建议而造成多花费 2000 万元后果,随后刘老师则成为该光伏企业非常信赖的"科技顾问"。

(5)科技开放日活动

苏州大学科技开放日活动目的是促进大学发挥科研技术和高端人才优势,为企业和高校搭建起沟通交流平台,通过"企业家与专家教授面对面交流"、苏州大学与企业"零距离"深入对接等途径,引导高校与企业建立长期、稳定、全面的科技合作关系,探索产、学合作新模式,促进校企合作由"个人行为转向组织行为"、"短期项目合作转向长效稳定合作"、"少数领域合作转向全面领域合作",从而更好地推动产业转型升级和企业创新能力提升。例如,企业家通过参观考察院系、研究中心和实验室等可以较为全面和直观地了解到苏州大学的最新科研成果,并能与相关领域专家进行面对面的交流与洽谈,在交流中寻求科研、人才培养等领域的合作与协同创新机会。

苏州大学首届"科技开放日活动"于 2013 年 7 月举办,共收集到企业研发需求项目 287 个,达成合作意向 173 个。通过后期校方与企业的不断沟通、交流与协调,到该年年

---

① 资料来源:笔者进行的调研访谈[ZJG20130325]。

② 资料来源:人民网. 江苏常熟"科技镇长团"给力经济转型升级. http://unn. people. cn/n/2014/0504/c14748-24969027. html。

③ 资料来源:江苏省科技厅网站. 江苏第七批科技镇长团下派工作会议召开 徐南平出席. http://www. zjkjt. gov. cn/news/node01/detail0105/2014/0105_56541. htm。

④ 资料来源:笔者进行的调研访谈[ZJG20130421]。

底校企签订 109 项"四技合同"[①],科研经费总额超过 3000 万元。[②] 在 2015 年 5 月 21 日苏州大学第二届"科技开放日活动"中,苏州大学面向企业开放了涉及计算机和物理能源等领域的六个院系和研究中心,活动当日共收集企业有效需求 288 项,达成合作意向 212 个,后续的相关对接活动仍在进行中。[③]

苏州大学通过实施"顶天立地"、"科学前沿＋社会需求"与"内和外协"等创新共同体发展战略,近些年不断取得较为突出的成果。例如,以苏州大学为主导的"苏州纳米科技协同创新中心"被认定为首批国家"2011 计划"协同创新中心。苏州大学的化学、物理和材料科学等 7 个学科进入全球 ESI(基本科学指标)前 1‰;作为第一完成单位荣获 1 项国家科技发明二等奖,实现该校此类奖项零的突破;获批国家自然科学基金项目 324 项,全国排名由 2014 年度的第 18 位提升至本年度的第 16 位;"表现不俗论文"占比 46.36‰,名列全国高校首位;科研到账经费总额首次超过 4 亿元——达到 4.28 亿元;共申报专利955 件,授权专利 665 件,首次获得"江苏省十大杰出发明人"称号。[④]

3.6　浙江大学主导的创新共同体案例

浙江大学(Zhejiang University,ZJU)位于浙江省杭州市,创始于 1897 年的求是书院。在国家公布的"双一流"建设名单中,该校入选一流大学建设高校(A 类),18 个学科入选一流建设学科,居全国高校第三。1998 年"四校合并"(原浙江大学、杭州大学、浙江农业大学和浙江医科大学)之后,新浙江大学在人才培养、科学研究、服务社会、文化传承与创新等方面发展特别迅速。学校现设有 7 个学部,39 个专业学院(系),学科涵盖哲学、经济学、法学、教育学、文学、历史学、艺术学、理学、工学、农学、医学、管理学、交叉学科等13 个门类。全日制学生共计 60739 人;教职工 9674 人,其中有中国科学院院士、中国工程院院士(含双聘)61 人,文科资深教授 15 人,教育部"长江学者奖励计划"特聘教授 101人,国家杰出青年科学基金获得者 154 人。[⑤]

3.6.1　浙江大学所处区域的制度环境

(1)区域概况

浙江省位于中国东南沿海长江三角洲南侧,东临东海,南连福建,西达江西、安徽,北接上海、江苏。2019 年统计数据显示[⑥],该省全年生产总值(GDP)62352 亿元,人均 GDP

① 技术开发合同、技术转让合同、技术咨询合同和技术服务合同。
② 资料来源:苏州市吴中区经济和信息化局网站,http://www. wuzhongzx. com/zxzx/show. php? itemid＝790588。
③ 资料来源:苏州大学国家技术转移中心,http://sdttc. suda. edu. cn/。
④ 资料来源:苏州大学国家技术转移中心.苏州大学 2014 年科研工作总结大会召开. http://sdttc. suda. edu. cn/detail. aspx? id＝1561&list_id＝110&fatherid＝110。
⑤ 资料来源:浙江大学.浙江大学概况. http://www. zju. edu. cn/512/list. htm。
⑥ 资料来源:2017 年浙江省国民经济和社会发展统计公报. http://tjj. zj. gov. cn/col/col1555563/index. html。

为 107624 元；包括独立学院和正在筹建院校在内共有普通高等学校 109 所，全年研究生（含非全日制）招生 31771 人，其中，博士生 4032 人，硕士生 27739 人；全年全社会研究和试验发展（R&D）经费支出占生产总值的 2.6%，财政一般公共预算支出中科技支出 516.1 亿元。浙江自然资源比较匮乏，工业发展主要以加工制造型民营经济为主。民营经济是浙江省工业经济的主体，也是浙江省工业企业的主体。

（2）区域创新治理

近些年，为促进科技创新、建设创新型省份，浙江省相继制定和实施了一系列科技政策，例如，2004 年的《浙江省促进科技成果转化条例》与《浙江省技术市场条例》、2005 年的《浙江省专利保护条例》和 2008 年的《浙江省国内合作成果转化项目计划管理办法》等。

第一，知识产权保护与发展。浙江省连续两年将知识产权列为经济体制改革重点，将知识产权作为人才强省、创新强省"首位战略"的重要法制保障写入省委文件，将知识产权"十四五"规划列入省级重点专项规划。推进知识产权全生命周期"一件事"改革，将 27 个事项列入省委"最多跑一次"改革试点，打造知识产权申请代理、运用转化、保护维权、政策兑现为一体的全生命周期综合服务线上平台。出台全国首个民营企业发展促进条例，将知识产权行政保护作为重要内容纳入"营商环境评价"和"市级领导班子和领导干部推动高质量发展综合绩效考核评价指标"。建成知识产权保护中心 3 家、快速维权中心 4 家、海外知识产权纠纷应对指导分中心 2 家。出台全国首部专利代理行业信用管理办法《浙江省专利代理行业信用管理办法（试行）》，以信用分级分类和信用风险预警为基本手段，梯次推进专利代理行业信用、知识产权服务业信用、市场主体知识产权信用建设，积极探索电子商务、商品市场、产业集群等重点领域知识产权信用建设试点，初步形成了覆盖全环节的知识产权信用监管体系[①]。

第二，科技特派员政策。浙江省政府于 2003 年印发的《关于向欠发达乡镇派遣科技特派员的通知》指出，"科技特派员"以项目为抓手，通过技术入股、技术承包或租赁经营等方式，与当地结成利益共同体等各项扶持政策。2005 年浙江省委、省政府在《关于全面推行科技特派员制度的通知》中提出，科技特派员下派期间其行政关系、职务和待遇等保持不变，且工资、奖金、福利从优，专业技术职务评聘在同等条件下具有优先权。之后的《浙江省财政专项资金管理办法》又进一步优化了路程补贴标准，并对资金使用、支持对象、监督检查等方面做出了相应的规定。此外，为加强管理和评估工作，提高科技特派员工作成效，浙江省"科技特派员工作办公室"还出台了《浙江省科技特派员目标责任制考核办法》。

第三，支持企业技术创新的政策。为贯彻落实国务院《关于进一步支持企业技术创新的通知》精神，深化国家技术创新工程浙江省试点工作和加快科技成果转化进程，浙江省政府于 2012 年印发了《关于进一步支持企业技术创新 加快科技成果产业化的若干意见》。该意见基于"以企业为技术创新主体"的理念，主要包括"加大创新型企业培育和发展力度"、"加强企业技术创新能力建设"、"引导科技创新人才向企业集聚"、"营造有利于企业技术创新的环境"等 4 大方面，强调"加快企业研发中心建设"是提高企业技术创新能力和加快科技成果产业化的首要任务，并从加快推进科技创新大平台建设、中小企业技术

---

① 资料来源：2020 年国家知识产权年报. https://www.cnipa.gov.cn/col/col2616/index.html。

创新服务体系建设、建立科技资源开放共享流动机制、推进科技与金融深度结合、建立和完善知识产权保护和加强对企业技术创新工作的组织领导等方面提出了具体要求。

第四,全面实施创新驱动发展战略。2013 年 5 月浙江省委通过了《全面实施创新驱动发展战略加快建设创新型省份的决定》,其中的重要一点就是"坚持以企业为主体,着力推进产学研协同创新",强调要系统和深入地落实国家激励企业进行创新的各类优惠政策,特别是"企业研发费用形成无形资产的按其成本 150％摊销"、"未形成无形资产的按研发费用 50％加计扣除的税收优惠"[①],同时把这些政策广泛应用到中小企业购买专利与技术,以及企业与大学、科研机构联合建立的实验室和研究中心等费用的支出;并全面鼓励和推动高校、科研院所与企业形成创新利益共同体。

第五,促进产学研合作的政策。浙江省也比较重视产学研合作在科技创新中的重要作用,如《浙江省科学技术"十二五"发展规划》中明确提出,要培育一批基于"产学研结合"的产业技术创新战略联盟,促进高校、科研院所与企业的人才交流,鼓励产学研合作开展技术创新,充分发挥浙江大学和省属高校在浙江省自主创新中的基础性、引导性作用。总体来看,浙江省的产学研合作很活跃,例如,2014 年浙江省科学技术奖励大会颁发的 291 项获奖成果中,企业与高校、科研院所通力协作的项目成果达到 138 项,占总数的47.4％[②]。2021 年浙江省印发《关于加强高校院所科技成果转化的实施意见》,进一步鼓励高校院所科技人员面向社会和各类市场主体开展技术开发、技术咨询、技术服务、技术培训等横向合作活动,引导科技人员、高校院所承接企业等的项目委托和难题招标。同时强调高校院所技术转移联盟应当以需求为导向,围绕科技成果转化全链条,与知识产权运营、中试熟化、企业孵化、投融资等机构加强合作,集聚一批服务科技成果转化的配套资源,提升联盟及其会员服务能力和专业化水平,构建产学研协同创新共同体。

(3)区域创新网络的发展与主要支持平台

第一,科技创新服务平台。截至 2012 年年底,浙江省已创建 71 个科技创新平台,包括 7 个公共科技基础条件平台、28 个行业创新平台和 36 个区域创新平台。这些平台投入资金共计 42.4 亿元,其中省财政拨款 6.4 亿元,占 15.1％;地方政府相应配套 1 亿元,占 23.6％;共建单位自筹 26 亿元,占 61.3％。参与平台建设的人才济济:中级职称以上科技人员 10200 人,其中 3130 人为高级职称,58 人为院士。据浙江省科技厅统计数据,截至 2012 年年底,加入平台会员的企业已达到 39000 多家,累计提供检测服务 193 万多次;通过平台服务,如改进工艺、开发产品、推广成果等产生的经济效益共计为 563 亿元;平台举办或参与组织的各种科技咨询和学术交流等活动达到 9300 多场次,接受咨询达到148 万人次[③]。

第二,产业技术创新战略联盟。浙江省综合产业带动性、联盟成熟度、牵头企业影响力、研发项目合理性等因素,自 2010 年开始建设"产业技术创新战略联盟"。截至 2012 年,已建成 30 个联盟,参与联盟的成员单位达到 472 家,其中企业为 390 家,研发经费共

①　资料来源:《浙江省企业自主创新政策汇编》(2014). http://www.zjkjt.gov.cn/。

②　资料来源:浙江省科学技术厅.浙江年度科技奖中青年占半壁江山. http://www.zjkjt.gov.cn/。

③　资料来源:浙江省科学技术厅网站,http://www.zjkjt.gov.cn/。

计 12.6 亿元，共组织实施科技项目 126 个。由浙江大学牵头的"冷链食品物流产业技术创新战略联盟"和浙江海正药业股份有限公司牵头的"抗体药物技术创新产学研联盟"入选国家产业技术创新战略联盟试点，浙江企事业单位牵头成立了 4 个"国家产业技术创新战略联盟"。①

第三，科技中介服务机构。浙江省的科技中介服务机构主要包括"科技企业孵化器"和"区域科技创新服务中心"等。科技企业孵化器坚持"政府主导、市场引领、分类管理、产业集聚"原则，以培育科技型企业、激发科技创新创业活力为目的。截至 2012 年年底，浙江共有市级以上科技企业孵化器 144 家，其中省级科技企业孵化器 65 家，国家级科技企业孵化器数量仅在江苏省之后，居全国第二位。②

"区域科技创新服务中心"主要帮助企业进行技术推广、检测、咨询和培训等。截至 2012 年年底，浙江省已建成省级区域科技创新服务中心（生产力促进中心）119 家、其他生产力促进中心 17 家，其中国家级示范生产力促进中心 12 家。从中心服务收入来看，浙江省省级区域科技创新服务中心的服务功能以技术服务为主，其次是咨询服务、信息服务和培育科技型企业等。技术服务以技术推广和技术开发为主，分别占技术服务总收入的 49.4% 和 40.2%。③ 此外，浙江省的其他科技创新服务（中介）平台也比较发达，例如，自 2010 年开展认定工作到 2012 年，已确认重点科技中介服务机构 75 家，"网上技术市场"④ 共发布 60138 项技术难题，技术合同金额共计 228.40 亿元。⑤

总之，浙江省近些年按照习近平总书记对浙江提出的"干在实处永无止境，走在前列要谋新篇，勇立潮头方显担当"要求，深入贯彻创新驱动发展战略和创新型省份建设战略，提高区域创新治理水平，促进区域创新网络发展，创新共同体建设成效不断提升，现已形成了科技创新的"浙江现象"：遵循市场经济发展规律和科技体制改革、科技创新的发展规律，基于政府、市场与科技的"三个结合，三个发挥"，开展"政府、企业、院所"三者协同创新（宦建新，2015）。

3.6.2 浙江大学主导的创新共同体治理机制

（1）基本理念与战略

自 2006 年浙江大学全面推进社会服务与地方合作以来，浙江大学确立了"以服务为宗旨，在贡献中发展"的办学理念，以服务国家战略和区域经济社会发展为目标，坚持"顶天立地、天地互动"、"高水平、强辐射、可持续"与"立足浙江、服务西部、面向全国、走向世界"的指导思想与战略布局（邹晓东等，2009）。

在推进校地协同创新与服务社会的实践中，浙江大学密切关注区域发展需求，积极整合优势资源、创新合作机制与提升合作层次，通过"四个转变"形成了"全方位多层次"的地

---

① 资料来源：浙江省科学技术厅，http://www.zjkjt.gov.cn/。
② 资料来源：笔者进行的调研访谈[ZJS20141012]。
③ 资料来源：笔者进行的调研访谈[ZJS20141012]。
④ 浙江网上技术市场主要包括："网上技术市场运营"、"科技信箱"和"网上技术市场活动周"。
⑤ 资料来源：笔者进行的调研访谈[ZJS20141012]。

方合作与服务社会的"政、产、学、研"四位一体的"浙大模式"(赵婀娜,2011)。其中的"四个转变"包括①:从面向广泛的科技问题与社会需求为主,向攀登科学高峰和服务国家、区域重大战略目标凝聚转变;从小团队"松散型"科研组织为主,向依托"985 工程"多学科会聚平台基地、国家和省部科研机构、区域科技创新服务平台的"团粒状"科研组织体系转变;从科研发展以量扩张为主,向规模增长与质量提升联动转变;从个体性的单一技术开发、转让、咨询和服务为主,向团队式的共性关键技术开发与"政、产、学、研、资、介"联动转移转化并重转变。

此外,浙江大学在深化"四个转变"的基础上,还进一步通过加强"四个注重"来着力探索和确立中国特色现代大学服务社会以及与区域内企业协同创新的新标杆:一是注重声誉,对各类合作协议的签署予以严谨细致的评估和论证,认真履约,维护学校良好声誉;二是注重质量,在学校与地方合作过程中发挥学校学科源头创新的示范效应;三是注重效益,体现合作双方互利互惠,合作共赢;四是注重管理,进一步提升合作工作的规范化、制度化管理水平。②

(2)人事管理制度改革

浙江大学于 2008 年提出"改革创新破难题"的"八大行动计划"中的一个核心举措就是要实施教师岗位分类管理。2010 年 5 月,浙江大学印发了《关于教师岗位分类管理的实施意见》和《关于教师岗位分类管理与聘任工作实施办法》,根据教学科研人员的实际情况,将教学科研人员的岗位分为"教学科研并重类"、"研究为主类"、"教学为主类"、"应用推广类"和"其他类",各类岗位数量根据学校教学科研工作需要按一定比例设置。此项教师岗位分类管理办法是一套全新的、系统的教师管理体系、薪酬制度及激励体系,例如,针对不同特点和专长的教师提供不同职业发展平台与通道、实行不同考核与评价方式,从而充分发挥他们的才干,这实际上也是多通道职业发展轨道设计,可使教师的发展更加多元化和个性化,实现"各得其所,各尽所能"。③ 浙江大学于 2013 年印发的《关于全面服务创新驱动发展战略的实施意见》又提出了"关于支持和鼓励教师从事高水平科技成果转化与推广工作的若干政策"。例如:为鼓励高水平教师领衔从事高科技成果转化与推广工作,特别增设"求是特聘推广岗";支持已有可供转化科研成果的社会服务与技术推广岗教师,全职或兼职到学校工业技术研究院和国家大学科技园等成果转化和高水平产业化平台从事技术创新创业工作。

(3)组织与管理模式创新

2005 年 8 月,浙江大学在全国同类高校中率先设立了专门负责学校与地方联络交流与合作事项的职能部门——"地方合作处";2006 年 1 月,又专门成立了"地方合作委员会",由校党委常务副书记担任组长,组织学校多部门参与该委员会并形成工作组。"地方合作委员会"承担统筹协调学校地方合作和社会服务事业的职责,主要协调全校力量开展

---

① 吴朝晖. 创新发展方式推动我校科研工作又好又快发展. http://www.zdxb.zju.cn/article/show_article_one.php? article_id=6544[EB/OL]. 2013-12-03.

② 资料来源:笔者进行的调研访谈[ZJU20150415]。

③ 资料来源:笔者进行的调研访谈[ZJU20150325]。

社会服务工作。"地方合作处"主管学校与地方进行联络、交流与合作事项，为全校师生对接社会需求架起桥梁，成为学校服务社会的纽带；并根据学校总体发展目标和地方经济社会发展实际情况，对学校和地方合作的可行性进行研究分析，制订相关发展规划方案并对合作项目进行组织实施、跟踪协调、评估与考核。此外，浙江大学还要求各学院(系)明确分管地方合作工作的领导，根据地区、行业特点和需要，相应学院建立对口服务体系。通过"学校统筹、院系支撑、教师参与"的组织体系和运行机制，进一步调动了各部门和各学科积极参与地方合作的积极性。[①]

3.6.3　浙江大学支持创新共同体发展的主要组织模式

浙江大学基于"2体系＋2平台"——"知识创新体系"(如国家重点实验室和"985"科技创新平台等)、"技术创新体系"(如国家工程技术中心和省部工程技术中心等)和"国防军工科技平台"、"区域创新服务平台"(如工业技术研究院和农业技术推广中心等)的科技创新体系(图3.7)，通过协同创新服务和推动区域经济、社会发展的组织模式方面主要体现在"六大社会服务工作体系"中："工业技术推广服务体系"、"农业技术推广服务体系"、"公共政策决策咨询服务体系"、"继续教育服务体系"、"医疗卫生服务体系"和"国际引智引才服务体系"。

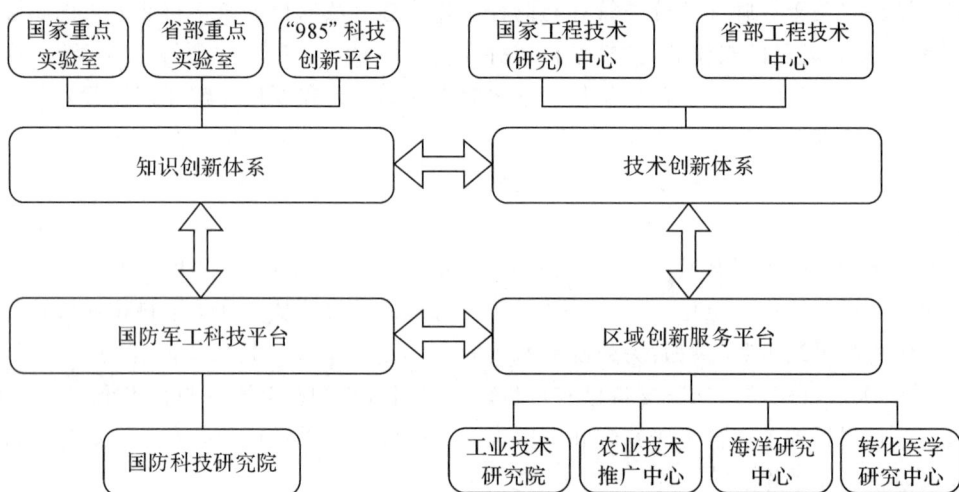

图 3.7　浙江大学科技创新体系("2体系＋2平台")

资料来源：笔者根据调研访谈内容整理[ZJU20150327]。

以上这些工作体系在多个领域同时展开，例如，在农业领域推动综合性现代农业技术推广体系和新农村建设；在工业领域建设工业技术研究院和创新技术研究院；在社会科学领域建设公共政策研究院、农村发展研究院、金融研究院、民政研究中心等一批高水平智库，为区域经济社会发展战略研究建立思想库。

---

① 资料来源：笔者进行的调研访谈内容[ZJU20150425]。

此外,浙江大学近些年来还通过规划科技合作总体布局、组建行业/领域研发团队、建立校企战略合作联盟、共建校企联合研发机构、建立"校企高层互访"机制和筹资建设"校企合作大楼"等方式与省内其他创新主体协同构建了发展良好的创新共同体网络。以浙江大学促进共性技术研发及推广为例,浙江大学通过上游开展"源头创新",中游建设"中试基地",下游进行"知识转化"或"技术转移",形成了从"知识生产"到"概念证明"再到"知识转化"的知识创新链条与网络(图 3.8)。

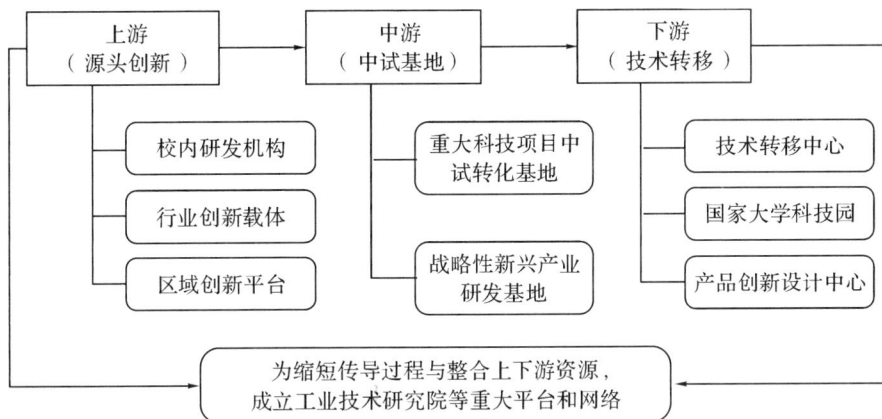

图 3.8　浙江大学促进共性技术研发及推广的主要路线

资料来源:笔者根据调研访谈整理[ZJU20150327]。

3.6.4　浙江大学主导的创新共同体主要依托平台

浙江大学与区域内企业开展协同创新所依托的主要平台包括:国家大学科技园、创业育成中心、工业技术研究院和新型农业技术推广体系等。

(1)国家大学科技园

浙江大学国家大学科技园(简称"浙大科技园")创建于 2000 年,是科技部、教育部认定的首批国家大学科技园之一。浙大科技园近些年围绕"具有产学研结合、科技成果转化、高新技术企业孵化、创新创业人才培养和高新技术产业辐射等功能的综合性创新创业服务平台"这一主要定位和要求,建设一流园区"双生态系统"——自然生态系统和企业成长生态系统,通过"四个创新"(管理、服务、机制、教育),构建"四个平台"(科技成果转化与企业孵化、科技创业创新服务、创业创新人才培养、高新技术产业辐射),实现园区"三个聚合"(资本、技术、人才),形成科技园建设的"443"模式,开创中国特色大学科技园发展道路,取得显著成绩。例如,2000 年以来,浙大科技园转化以浙大为主的高校、科研院所的科技成果 800 多项;建立企业需求项目库、科技成果项目库和行业技术专家库等数据库和信息服务网络平台,为成果转化提供支撑。[1]

---

[1]　资料来源:笔者进行的调研访谈[ZJU20150327]。

（2）创业育成中心

创业育成中心是为初创小企业提供所需基础设施和一系列支持性综合服务的企业孵化器。创业育成中心提供产学研合作场所，协助产业孕育计划，开发新技术与新产品，辅导企业有关人才培训、信息提供及营运管理的咨询服务；提供测试服务、加速产品开发，引导研发成果产业化；协助企业成长，降低创业企业的风险和成本。继浙江大学与浙江义乌市于2009年1月建立首个创业育成中心之后，2013年浙江大学又与杭州市余杭区建立了"良渚创业育成中心"，积极构建"创业苗圃、孵化、加速器"多层次的孵化体系，为本校师生创新创业提供平台。

（3）工业技术研究院

为了更好地发挥研究型大学学科交叉集成创新的优势，建设工业技术创新服务体系，服务创新型国家和创新型省份建设，浙江大学于2009年4月成立了工业技术研究院（简称"工研院"）①，2013年6月，工研院列入浙江大学直属单位序列。为协同校内各方力量，整合产学协同创新资源，促进科技成果转化，浙江大学工业技术研究院于2015年10月更名为"浙江大学工业技术转化研究院"，并与浙江大学国家大学科技园管理委员会合署办公，协同推进"浙江大学紫金众创小镇"的建设工作。

工研院主要根据国家战略部署和地方工业发展目标，推进工业技术开发与创业孵化紧密结合以及工业技术转移与风险投资紧密结合，是浙江大学科技成果转化组织实施单位，承担着"促进科技成果转化，打造创新创业生态"的重要职能，是学校大科研体系重要的组成部分，主要机构包括："内设管理机构"、"研究开发机构"和"推广服务机构"（图3.9）。

近些年来，工研院围绕国家和区域工业的重大共性关键技术需求，通过不断创新发展新型政、产、学、研合作机制与模式，加快知识网络节点布局，实施"一院多点"模式，促进产、学、研协同创新，科技服务国家和区域经济社会发展方面成效显著。工研院（科技园）已经在全国布局10个工研院地方平台、4个科技园区、100家技术转移分中心，积极创建学校科技成果转化基地。例如，宁波江北创新平台——浙江大学宁波工业技术研究院于2010年7月22日成立，总投入2.5亿元，其中政府投入1亿元；2015年6月工研院已引进21个研发中心，1个创新服务中心，依托各中心成立新公司22家，衍生企业销售收入2.9亿元。②

（4）新型农业技术推广体系

浙江大学于2006年初制定了《浙江大学参与社会主义新农村建设的行动计划》，确立"聚焦湖州、立足浙江、服务西部、面向全国、走向世界"的指导思想，把浙江省湖州市作为创新型农业技术服务体系示范区，同时还制订和实施了"举全校之力，全面参与社会主义新农村建设"的一系列有力措施，并在农业技术推广过程中坚持"四结合"，即学校科技创新资源与地方创业资源相结合，公益性推广与市场化服务相结合，示范基地建设与特色产业发展相结合，农业技术推广与实用人才培训、龙头企业培育相结合。基于体制机制改革，浙江大学通过多年的探索和实践，在构建以大学为依托的新型农业推广体系中建立了

---

① 资料来源：浙江大学新闻网，http://www.news.zju.edu.cn/news.php? id=42444。
② 资料来源：浙江大学宁波工业技术研究院召开2015年度科技座谈会. http://xxgk.nbjiangbei.gov.cn。

```
              ┌─────────────────────────┐
              │  浙江大学工业技术研究院  │
              └─────────────────────────┘
     ┌───────────────┬───────────────────┬───────────────┐
┌──────────┐   ┌──────────┐   ┌──────────┐
│内设管理机构│   │研究开发机构│   │推广服务机构│
└──────────┘   └──────────┘   └──────────┘
```

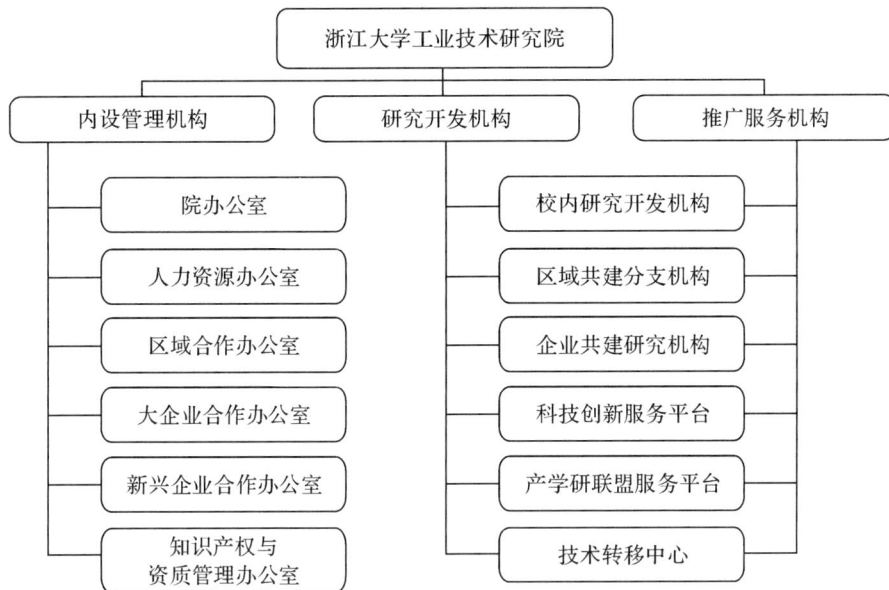

图 3.9 浙江大学工业技术研究院组织架构

内设管理机构：
- 院办公室
- 人力资源办公室
- 区域合作办公室
- 大企业合作办公室
- 新兴企业合作办公室
- 知识产权与资质管理办公室

研究开发机构：
- 校内研究开发机构
- 区域共建分支机构
- 企业共建研究机构
- 科技创新服务平台
- 产学研联盟服务平台
- 技术转移中心

资料来源:浙江大学工业技术研究院网站,http://www.itri.zju.edu.cn。

专职的推广队伍和层次多样、机制灵活的专业推广平台,已初步形成"校级农业推广中心"、"合作推广中心"、"农业专家创业园"、"农科教示范基地"等工作模式。例如,在农业技术推广体系出现"线断、网破、人散"的情况下,浙江大学与湖州市围绕现代农业产业发展计划,形成了"农技推广联盟＋首席专家＋教授基地＋示范园区＋专业合作社(龙头企业)＋农户"的新型农业技术推广模式,简称"1＋1＋n"产业联盟,即在 8 个主导产业(蔬菜、水产、水果、茶叶、粮油、家禽、桑蚕、花卉苗木)范围内,形成市级产业联盟,每个产业联盟由 1 个浙江大学专家团队、1 个湖州农业技术人员团队和联盟内 n 个农业生产组织所构成。市级产业联盟下设各区县分联盟,区县分联盟的组成结构类似市级产业联盟。这种以紧密型为特征的产学研联盟,不仅有利于将研究成果转入农业推广体系,而且直接帮助农民解决生产过程中的技术问题,真正发挥科技支农、科技兴农的重要作用(翁鸣,2016)。

浙江大学的科研水平近些年一直位居全国高校前列,例如:国际论文总量、五年国际论文被引用篇数及次数、专利授权数等重要指标居全国高校第一;进入国际公认的基本科学指标数据库(ESI)世界前 1% 的学科达到 15 个,其中 8 个学科进入世界前 100 位,居全国高校首位。与此同时,浙江大学在科学学科平台建设和协同创新中心建设方面也不断取得丰硕成果,新建了显微观测、转化医学、关联物质等一批跨学科平台,在能源、信息、农业和医学等领域大力培育前瞻性协同创新中心;由浙江大学牵头的"感染性疾病诊治协同创新中心"和"煤炭分级转化清洁发电协同创新中心"被认定为 2014 年度国家级"2011 协同创新中心"。

目前,浙江大学已与浙江省 9 个地级市、17 个经济强县(市)签订并实施了全面合作或科技合作协议，例如：2010 年浙江大学开始参与加快区域转型升级的高端产业发展平台——"三湖一带"[①]建设；与西湖区在经济发展、技术创新、平台建设、人才协作、民生保障等方面开展了深入有效的合作；在温州、绍兴、嘉兴、金华、衢州等地建立了技术转移中心或产品创新设计中心。仅 2010—2013 年浙江大学签订横向科技咨询与合作研究等项目合同达到 12643 个，共计金额 38.84 亿元，其中科技成果转化合同 436 个，金额 1.86 亿经费突破 30 亿元[②]。

3.7　结果讨论与研究命题提出

3.7.1　案例数据编码

（1）编码说明

第一，区域制度环境。在借鉴已有研究对这三大制度要素的阐释和制定的相关测量指标基础上（Busenitz et al.，2000；Manolova et al.，2008；林嵩、谢靖屿，2014），此处将"管制性要素"表征为区域政府为促进创新共同体发展所制定的制度和政策，如知识产权保护政策和促进产学合作的政策等；"规范性要素"表征为区域政府组织或非政府组织基于对大学主导的创新共同体重要性的认识而实施的相关活动，如积极建设合作服务平台和科技中介组织等；"文化—认知要素"表征为区域内企业对技术创新、创新合作网络和创新共同体的理解与重视程度，如研发投入的水平、交流互动程度以及对大学研发特性的认知程度等。

第二，大学知识网络能力。有关组织间网络的研究表明，组织的社会资本形成路径主要包括两个方面：一是组织高层管理人员的网络和网络资源（Peng，Luo，2000；Moran，2005）；二是组织间的关系和组织拥有的嵌入性资源（Tsai，Ghoshal，1998；Ahuja，2000）。据此，此处把大学的知识网络能力划分为：大学组织层面的网络能力和大学高层管理人员的网络能力。此外，本书进一步借鉴朱秀梅和陈琛等人（2010）的研究，从"意识"、"资质"和"行为"三方面解析网络能力，并参照学者们对网络能力维度的研究与分析（Kale et al.，2002；Walter et al.，2006；Mitrega et al.，2012；曾庆辉、王国顺，2014；范钧等，2014），推导出大学组织层面的知识网络能力主要包括三个方面："内部交流"、"知识基础"和"网络导向"；大学高层管理人员的网络能力主要包括两个方面："交流沟通能力"和"网络关系"。其中"内部交流"表征为大学内部的交流机制和平台，如鼓励跨学科研究和建设跨学科研究中心等；"知识基础"表征为大学的学科与科研满足或引领区域产业发展的程度；"网络导向"表征为大学支持和鼓励教师参与创新共同体建设的政策和措施等。大学高层管理人员"交流沟通能力"和"网络关系"分别表征为：大学领导与外界协商、交流与谈判的能力；大学领导拥有的网络关系资源，如与政府、企业构建的关系等。

---

① 　三湖一带：杭州西湖、嘉兴南湖、杭州青山湖高新科技产业发展带。
② 　资料来源：笔者进行的调研访谈［ZJU20150413］。

第三,知识网络嵌入性关系。知识网络嵌入性关系是指,大学与企业以实现知识协同和创新共同体发展为目的而构建的信任、联合解决问题、信息共享和承诺等嵌入性关系(Uzzi,1997;MeEvily,Marcus,2005;Lavie et al.,2012)。参照嵌入性关系维度的测量指标(许冠南,2008;章威,2009;李世超等 2011;Lavie et al.,2012),此处把"信任"表征为产学双方履行责任与义务的程度,以及解决冲突的机制;"承诺"表征为合作双方开展的持久与互惠的项目,如大学提供给企业的开放实验室和企业对大学开展前瞻性研究的长期资助等;"信息共享"表征为产学各方经常会面交流,彼此能够获取合作的相关信息;"联合解决问题"表征为解决科技创新问题,大学与区域内企业构建的以产学知识双向交互为主要形式的活动,如合作研发、顾问和共建研发实体等。

第四,ICBU 绩效。根据第一章有关 ICBU 概念的界定,此处把 ICBU 绩效分为两大类:大学以知识双向动态流动的方式与企业进行交互学习、知识创新过程中所产生的"任务型绩效"(如专利、论文和研发收入等)和"成长型绩效"(如发现新问题与新观点、原来的科研成果得以改进和更易于应用到实践或商业化等)。

(2)数据编码

本研究根据迈尔斯和休伯曼(2008)有关跨案例分析中"预测项—结果矩阵表"(predictor-outcome matrix)的编制建议,并基于以上概念内涵的解析与说明,对照各个案例中分析得出的相应变量情况,用"很高、较高、一般、较弱和很弱"五个等级进行评价和总结(表 3.3),以便更加清晰和全面地展现案例研究结果,从而归纳出各个变量之间的关系。该项评价工作分三轮进行,首先由笔者进行初步评价,然后请相关专家和受访谈人予以审核和修正,最后由笔者完善评价结果。

表 3.3　案例数据编码

研究对象	区域制度环境			大学知识网络能力				知识网络嵌入性关系				ICBU 绩效	
	管制性要素	规范性要素	文化认知要素	内部交流	知识基础	网络导向	组织领导	信任	承诺	信息共享	联合解决问题	任务型	成长型
巴斯克大学	较高	较高	NA	较高	很高	较高	很高	NA	较高	较高	较高	较高	NA
麻省理工学院	一般	一般	很高	很高	很高	很高	较高	NA	较高	较高	很高	很高	较高
苏州大学	很高	很高	较高	较高	较高	较高	很高	较高	较高	很高	较高	较高	较高
浙江大学	较高	很高	较高	很高	很高	很高	很高	较高	很高	较高	很高	很高	较高

注:"NA"表示缺少相关数据。

3.7.2 知识网络能力与知识网络嵌入性关系

从整个案例数据情况来看,大学的知识网络能力与知识网络嵌入性关系呈正相关关系(如图 3.10 所示),大学的知识网络能力越高越有利于大学与企业构建和发展知识网络嵌入性关系。

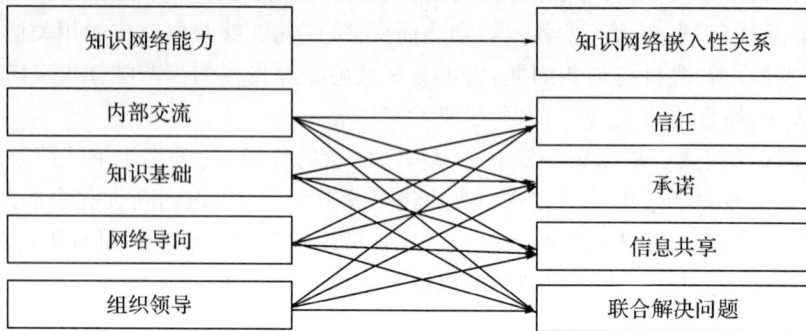

图 3.10　知识网络能力与知识网络嵌入性关系之间的关系

上述大学支持创新共同体发展的组织适应性变革采用了更具活力、以知识为基础的资源互补模式,使其自身与企业、政府和其他组织之间形成多节点创新网络。大学如果能够在科学研究、产学互动与区域优先发展领域之间保持一致,就可以吸引区域创新资源并提高利益相关者的创新能力。基于大学所演化出的支持创新共同体发展的组织结构不同于传统产业集群——既不是由企业主导,也不是以产业为核心。尽管它们与传统技术平台遵循类似的目标,即开展合作研究以应对共同面临的挑战,但与此并不相同,这些接口单元既不是政策工具,也不是政府指令。而事实上,这样的支持组织模式由大学领导,大学是协调实体或创新中枢,为跨学科研究和融入区域创新生态系统提供战略导向,并通过大学与其他参与者之间的网络建构激发区域创新资源的流动。在此情境下,大学支持创新共同发展的组织模式又可称之为“创新战略网络接口单元”。

在内部交流方面,从调研访谈和案例中可知,浙江大学和苏州大学成立的跨学科研究中心与协同创新中心等,都对不同学科与专业间的教师交流与协作起到了积极的推动作用,这样不仅便于校内教师获取产学合作信息,同时也增强潜在合作对象对该校科研能力的信任度,从而有利于建立长期的产学合作研发关系。

关于知识基础方面,案例表明具有较强学科基础与科研能力并适应或满足区域产业发展需求的大学,产学合作项目与成果都比较多。例如,浙江大学科研水平位居全国高校前列,与企业合作的成效也位居全国高校前列;苏州大学的“苏州纳米科技协同创新中心”能够在创新共同体发展方面取得显著成效,重要原因在于坚实的科研水平与能力,以及适应当地政府的区域发展规划和产业发展需求。

在网络导向方面,案例中的四所大学通过政策引导和平台支持,都对知识网络嵌入性关系的发展起到积极的促进作用。例如,巴斯克大学通过“大学与产业合作教室”和“Sinnergiak 社会创新中心”项目与区域内企业建立了很多与协同研究、技术开发、创新有关的活动;MIT"概念证明中心"——德什潘德技术创新中心构建了有效的开放创新网络,不仅为参与者提供顾问服务和教育活动,同时把他们投入校外的协同创新网络中,与外部网络和团体积极地合作;苏州大学根据"顶天立地"、"科学前沿＋社会需求"的科技发展指导思想,通过《苏州大学科技成果转化管理条例》和《苏州大学地方合作共建科研平台管理暂行条例》等科技创新激励政策,对该校的工业技术研究院、科技镇长团和科技开放日等活动起到积极的促进作用,这些项目和活动为产学双方彼此沟通、了解和建立长期合作项目奠定了丰富的基础;浙江大学基于"四个转变"与"四个注重"的地方合作与社会服务理念与机制,通过人事管理制度改革、创新组织与管理模式,极大地提升了该校创新共同体的网络建设与发展水平,例如,近些年已与浙江省的温州、绍兴和衢州等地建立了技术转移中心或产品创新设计中心,与杭州市高新区信息产业领域 80％ 左右的骨干企业建立了科技、创业合作关系。[①]

由案例分析可知,组织领导的网络能力对知识网络嵌入性关系的构建也起到重要作用。例如,苏州大学张家港工业技术研究院的成立和发展,很大程度上得益于该校相关领导与当地政府建立的网络关系;浙江大学很多得到政府支持和引导的科技成果转化与产学协同创新项目,在一定程度上也是由相关沟通、交流能力较强的校领导与当地政府反复协商的结果,如"浙江大学宁波工业技术研究院"和"浙江大学医学中心"等项目。此外,通过校领导与地方政府关系网络的构建,不仅增进了学校与地方政府、企业的了解与互信,也使校企双方获得更多的合作信息,从而有利于构建长期稳定的产学合作关系。

基于以上分析,本研究提出如下初始研究命题:

命题1:知识网络能力对知识网络嵌入性关系有显著的正向影响。

命题2:知识网络能力的各个维度(内部交流、知识基础、网络导向和组织领导)对知识网络嵌入性关系的各个维度(信任、承诺、信息共享和联合解决问题)都有显著的正向影响。

3.7.3 知识网络嵌入性关系与 ICBU 绩效

通过以上四个案例的分析数据可以发现,知识网络嵌入性关系与 ICBU 绩效之间有显著的正相关关系(如图 3.11 所示),大学与企业的知识网络嵌入性关系质量越高越有利于提升 ICBU 绩效。

首先以巴斯克大学为例,该校通过社会委员会和校区分权治理等模式与区域构建了良好的互动关系,并依托"大学与产业合作教室"等产学协同创新平台,产生了大量的知识协同成果,如研发项目和专利等。再以 MIT 为例,德什潘德技术创新中心通过创新网络,不仅使该校的科研人员跨越政府对基础科学资助和私营部门对新发明资助之间的资金缺口,还促使科研团队实施探索性实验,与区域内的创业导师和技术专家进行沟通交流,获得新的研究问题或观点,进一步证明已有研究成果的可行性。此外,苏州大学通过"科技镇长团"项目,不仅了解到区域内企业对科技创新的具体需求,还产生了很多合作研发项

---

① 资料来源:笔者进行的调研访谈[ZJU20150413]。

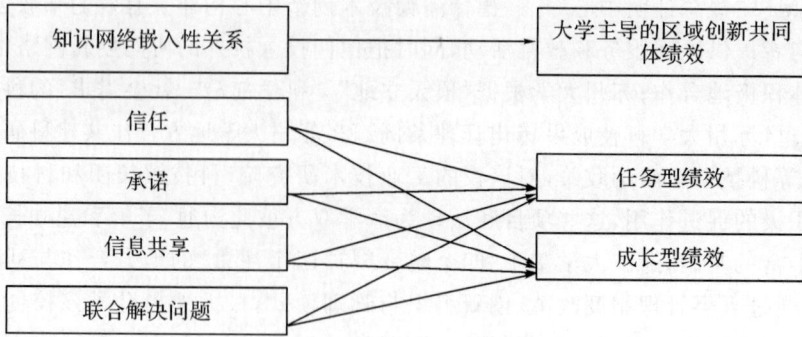

图 3.11 知识网络嵌入性关系与 ICBU 绩效的关系

目，如"苏州大学—华盛能源材料研究院"的建立使该校科研成果更易于应用于实践和商业化；通过 2013 年"科技开放日"活动正式签订了很多合作研发项目，当年到账科研经费金额超过 3000 万元。最后以浙江大学为例，该校的重大校地合作平台、创新育成中心、工业技术研究院和农业技术推广工作非常有力地促进了大学教师与区域企业的交流与合作，而且更有利于发现企业和区域发展所急需的科技创新方向，从而产生了大量的合作研发项目和科研成果，也赢得了地方政府和企业的赞赏，为进一步发展知识网络嵌入性关系和深化区域创新共同体发展打下了坚实基础。

基于以上分析，本研究提出如下初始研究命题：

命题 3：知识网络嵌入性关系对 ICBU 绩效有显著的正向影响。

命题 4：知识网络嵌入性关系的各个维度（信任、承诺、信息共享和联合解决问题）对 ICBU 绩效的各个维度（任务型绩效和成长型绩效）都有显著的正向影响。

3.7.4 区域制度环境与知识网络嵌入性关系

通过对以上四个案例数据的综合分析可以发现，四所大学所处的区域制度环境对大学知识网络能力与知识网络嵌入性关系的关系机制起到正向调节效应（如图 3.12 所示），大学所处区域制度环境质量越高越有利于充分发挥大学知识网络能力以及构建、发展产学知识网络嵌入性关系。

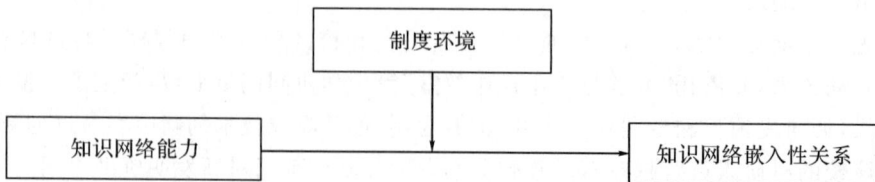

图 3.12 区域制度环境、知识网络能力与知识网络嵌入性关系的理论框架

以苏州大学为例，该校所在区域 2002 年发布了《江苏省加强知识产权保护和管理工作实施意见》，开始加大知识产权保护的力度，经过多年发展该省的知识产权综合发展指数年均增长率位居全国第一，总体水平位居全国第二。因此，产学合作中知识产权纠纷逐

渐减少,对产学合作双方彼此信任的程度起到明显提升的作用。此外,江苏省从加强科技创新载体建设到鼓励、促进创新创业,以及创新型省份建设等方面都在不同层面和角度强调了产学研合作的重要性,并基于相应政策进行支持与引导,这些措施对 ICBU 的发展都起到了重要作用,如苏州大学和企业的很多合作研发项目就是起始于"科技特派员"和"产学研合作成果展示洽谈会"等项目;一些重要的产学合作研发项目、技术创新中心的建立也是得益于政府的相关政策支持或资金补贴。同时,由于本地企业研发投入积极性比较高,重视合作与交流活动、技术创新网络的发展,认为苏州大学的相关研发能力比较强,很多企业与该校建立了长期的合作关系,如 2012 年才开始投入运行的苏州大学张家港工业技术研究院已经吸引了 5 家企业共建联合实验室;苏州纳米科技协同创新中心已与 80 多家企业成立纳米产业联盟,形成良好的长期产学合作关系。浙江大学主导的创新共同体案例也同样说明了区域制度环境对知识网络嵌入性关系的积极影响,虽然巴斯克大学和麻省理工学院在有些维度缺少相关资料进行分析,但整体来看,也能够说明区域制度环境对知识网络嵌入性关系的积极影响。

基于以上分析,本研究提出如下初始研究命题:

命题 5:制度环境对知识网络能力与知识网络嵌入性关系之间的关系起到正向调节效应。

命题 6:区域制度环境各个维度(管制性要素、规范性要素和文化—认知要素)的质量越高,越有利于知识网络嵌入性关系各个维度(信任、承诺、信息共享和联合解决问题)的质量发展与提升。

3.8　本章小结

本章对国内外四所大学——巴斯克大学、麻省理工学院、苏州大学和浙江大学主导的创新共同体进行了探索性案例研究:首先介绍了所采用的研究方法——案例研究方法,并对该方法进行了概述;然后对本研究的案例选择、数据收集和数据分析方法进行了阐述;最后进行全面的探索性案例分析。在案例分析的主体部分,分别对大学的概况,大学所处区域制度环境,大学支持区域创新共同体发展的内部治理机制、主要组织模式和主要依托平台,以及大学的协同创新绩效进行了系统的介绍和分析;然后基于"案例编码说明"对案例数据进行了编码,清晰地展现出各个变量的具体情况和它们之间的关系机制,在此基础上结合案例内容提出了本研究的初始理论框架(如图 3.13)和初始研究命题。

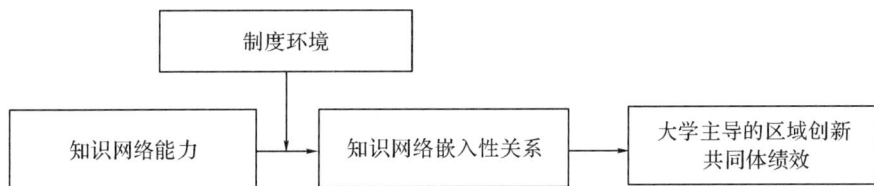

图 3.13　大学主导的区域创新共同体发展机制的理论框架

命题1：知识网络能力对知识网络嵌入性关系有显著的正向影响。

命题2：知识网络能力的各个维度（内部交流、知识基础、网络导向和组织领导）对知识网络嵌入性关系的各个维度（信任、承诺、信息共享和联合解决问题）都有显著的正向影响。

命题3：知识网络嵌入性关系对ICBU绩效有显著的正向影响。

命题4：知识网络嵌入性关系的各个维度（信任、承诺、信息共享和联合解决问题）对ICBU绩效的各个维度（任务型绩效和成长型绩效）都有显著的正向影响。

命题5：制度环境在知识网络能力与知识网络嵌入性关系之间的关系机制中起到正向调节效应。

命题6：区域制度环境各个维度（管制性要素、规范性要素和文化—认知要素）的质量越高，越有利于知识网络嵌入性关系各个维度（信任、承诺、信息共享和联合解决问题）的质量发展与提升。

以上初始研究命题是对已有制度环境、知识网络能力、知识网络嵌入性关系和创新绩效关系研究的深化与拓展，本研究将基于探索性案例研究成果，在接下来的章节中通过更进一步的文献梳理和理论分析、推导，对上述初始研究命题再进行细化，构建本研究的理论框架，为后续章节开展的模型实证分析与检验做好基础工作。

第四章 大学主导的创新共同体
发展机制概念模型构建

上一章节基于主要研究问题和第二章的文献综述,通过探索性多案例研究,归纳出了制度环境、知识网络能力、知识网络嵌入性关系和大学主导的创新共同体(ICBU)绩效之间的关系机制初始研究命题。本章将结合现有文献与理论,参考和借鉴相关研究成果,提出具体的研究假设以及 ICBU 发展机制的实证研究模型。

4.1 大学主导的创新共同体治理逻辑

创新网络中的知识跨组织流动需要相应的治理机制(余维新等,2020)。包括大学主导的创新共同体在内的各类创新共同体的运行都以合作、互动、交流为基础,组织合作关系便构成了其治理机制的逻辑起点。因此,为避免陷入"合作治理悖论"之中,我们首先要对组织合作治理的理论基础进行梳理,从而为创新共同体的发展提供分析框架。

4.1.1 组织合作的治理机制

(1)组织合作治理的目的

当某种产品或服务通过技术上可分离界面进行转移时,交易就发生了(威廉姆森,2010),但组织内或跨组织交易通常面临一系列重要挑战(Salvato et al.,2017)。由于人类固有的机会主义和有限理性是交易风险的根源,当事人会选择某些治理机制以减少交易风险(如与资产专用性、难以衡量的业绩或不确定性的交易),从而在社会交往中促进资源整合(Poppo,Zenger,2002)。基于经济学和管理学研究成果综合分析,可把组织交易的治理机制定义为协议实施的制度安排。具体而言,现有文献认为交易当事人选择治理的目的是实现协作(cooperation)与协调(coordination)(Gulati et al.,2012)。协作是指"对贡献和回报达成共识的基础上联合追求商定的目标"。协作的实现需要交易当事人之间进行利益调整,以使他们愿意为共同目标而努力。然而,潜在的机会主义会使交易伙伴有动机不按约定行事,而是尽可能攫取自己的利益。为减少合作问题并确保履行义务,传统交易治理机制的关键功能之一是通过强制规定限制不合作行为。协调是指"有意且有序地校正或调整合作伙伴的行为来实现共同确定的目标"(khuysen et al.,2009)。协作涉及利益的调整,而协调则是交易双方期望值的调整。责任、可预测性和共识是协调的三个必备条件。为应对协调方面的挑战,合作伙伴往往会寻求相应的治理机制,帮助他们进行互动交流和管理相互依赖关系。

(2)组织合作治理机制的区分

交易的属性不同，相应的治理结构即组织成本与权能也就不同，因此就形成了交易与治理结构的不同匹配。相应地，为确保组织合作顺利进行，选择恰当的治理机制极为重要。

很多学者对不同治理机制如何支持协作与协调的具体维度进行了深入分析，其中特别关注契约治理（contractual governance）与关系治理（relational governance）机制。作为交易的规制结构，契约是确保交易可预测性、稳定性和可靠性的制度基础，可被定义为合法地强制执行的协议，产生法律强制执行或认可的义务（韩洪云、李寒凝，2018）。契约包含关于劳动分工的商定信息，如工作分解以及各方角色和责任等，能够促进交流与构建合作环境，有助于增强责任感、可预测性和相互理解。而关系治理有赖于参与各方的社会关系或共同规范，以及对彼此合作行为的期望（余维新，2020）。不像契约治理那样依靠法院或其他有资质第三方的强制执行力，关系治理机制由合作各方自行实施，是一个"自组织"过程，由未来关系的价值来维持。典型的关系治理机制包括信任和关系规范。已有研究表明信任和社会嵌入性关系能够有效减少对机会主义的担忧，通过信息畅通和知识共享来促进协调，并为合作关系创造和谐氛围（Poppo et al.，2008）。契约治理与关系治理的主要区别见表4.1。

表 4.1　契约治理与关系治理的比较

	契约治理	关系治理
关键特征	规定了当事人权利和义务的可强制执行的承诺	各方应遵守的一套行为方式
管控原则	法律	社会规范与"未来前景"
执行模式	第三方（法院、仲裁员）/政府执行	当事人自己履行
形式	典型的法律文本	以非正式为主
协调方式	权威	信任/承诺
应用广度	封闭	开放
灵活性	低	高
适用范围	小、新兴经济体	大、发达经济体

资料来源：根据已有研究（Poppo，Zenger，2002）整理。

4.1.2　创新过程中的知识交互模式

演化经济学为创新研究开辟了更广阔的前景，"国家创新系统"与"区域创新系统"方法进一步发展了有关"创新是一种交互过程"和创新系统的理念。由于技术转移被认为是极具情景化的学习与开发过程，越来越基于特定环境和具体区域中知识在经济实体之间的流动，如企业、大学和研究机构等，公共研究机构的"本地化知识"对新兴创新型企业的发展能够起到非常积极的促进作用。当知识更具隐性特征时，面对面的互动与交流是知识扩散的关键途径。而隐性知识的交互则需要密集的、以信任为基础的人际交往才能实现。

(1)创新过程与互动关系类型

根据交易特征以及呈现状态,学术界把创新过程中知识交互类型分为四种(见表4.2)。

表 4.2 创新过程中知识交互类型

	静态(知识转移)	动态(集体学习)
正式/交易关系	(1)市场关系	(3)合作/正式网络
非正式/非交易关系	(2)知识外部性与溢出	(4)环境/非正式网络

资料来源:笔者根据已有研究(Toedtling et al.,2009)整理。

静态知识交互是指将"准备好的"信息或知识从一方转移到另一方,例如特定技术的许可或专利转让。动态知识交互是指双方通过合作或其他活动进行互动学习、联合解决问题。市场关系是指以各种形式购买"具体化"技术和知识,例如购买机械、信息和通信技术设备或软件,或购买许可证。由于这些技术或知识是以"现成"的形式进行交易的,因而被认为是一种静态关系或知识转移。已有研究认为贸易联系是组织间、区域间和国际技术转让的最重要机制之一(费尔德曼,2010)。然而,在知识的生产和交流方面,仅有市场机制是远远不够的。许多研究已经通过计量经济学方法证明,从大学、研究机构到企业存在相当大的地方知识外部性或溢出效应,这与市场关系明显不同,获得的知识没有合同或正式补偿。因此,当地知识溢出是由各种机制造成的,如通过流动劳动力或非正式接触进行的知识交互。

网络和环境基于演化理论或社会学方法,超越了交易成本逻辑。与市场关系相比,网络是创新过程中合作伙伴间更持久的互动关系。某项技术或知识不仅在双方间交换,而且他们还会进一步联合推动这些技术或知识发展,从而协同提升知识库存量。从创新系统视角来看,这是一个动态的集体学习过程(Lundvall,2010)。创新网络可以采取不同的形式,如基于正式的协议或合同(包括合作的任务、成本、收益和收入分享等正式声明)的研发合作、研发联盟、研究联盟。这些类型的网络通常存在于大型国际公司、专业技术公司、大学与研究机构等。创新网络还包括组织间的非正式联系,如产业集群、高科技创新区和科创大走廊等。此类关系建立在信任、对问题和目标的共同理解以及对共同规则和行为规范认可与接受的基础之上,这与社会资本或导致特定创新环境的共享文化紧密相关。思想和知识的快速交流是创新环境的关键,而在网络的情境中,通过持续的创新互动,本地知识库的增强是一个"集体学习"的动态过程。

(2)大学主导的创新共同体知识交互模式

在产学创新共同体中,大学主要以"学术融入"的方式与企业及其他创新主体开展互动、交流与合作。学术融入是指大学的学术研究人员与非学术组织开展的基于知识的互动,有别于教学和学术商业化(如合同研究、专利转让和开办衍生企业等)(Perkmann et al.,2021)。这些互动包括合作研究、合同研究和咨询以及提供特别建议、与从业者建立联系等非正式活动。首先,学术融入是一种组织间的合作模式,通常涉及"人与人之间的互动",将大学和其他组织(尤其是企业)联系起来。合作者之间达成的交换条件可能是纯粹的经济利益(学者可能收取一定的费用),也可能包括非经济利益,例如获取学术研究项目的材料与数据，或发现有价值的科技创新问题。其次，一般来说，合作伙伴追求的目标要比为了学术发表而进行研究的狭隘范围更广，并寻求为非学术合作伙伴产生某种效用。例如，该学者可以基于其专业知识，为面向应用的问题提供新的想法和解决方案。当然，与学术融入相比，大学主导的创新共同体不仅突破了以生产、转移知识等外在目标为导向的大学科研成果产业化的线性模式，更强调基于知识协同的并行模式和网络化模式，更加重视"创新生态系统"、"协同演进"与"开放创新"的重要性，体现了"人类命运共同体"的核心理念和价值引导。

4.1.3　大学主导的创新共同体治理机制

基于上述分析，并参考组织间交易和创新过程知识交互类型的研究可知，产学创新共同体的治理机制主要是网络与关系治理。通过构建网络促进组织间合作已成为学术和政策讨论中日益突出的话题（Scott，2014）。在创新网络、合作共同体创新生态系统和技术平台背景下，组织合作的网络化已得到积极论证。组织合作可以通过将资源、能力互补的参与者与知识联系起来促进创新，从而使交互学习和技术发明过程更富有成效。相应地，合作网络可以通过"信任、适应性、创新、知识创造和机会识别"（Kolbjørnsrud，2017），培养共同愿景和承诺，促进协同创新。

然而，网络形成和稳定发展方面仍存在一些挑战，如互动交流、领导和自治问题以及网络垄断等。因此，在发展组织网络时，考察治理、组织结构和利益相关者互动的要素非常重要。虽然情境和参与活动不同，但组织网络的成功通常依赖于"触发实体"和关键网络节点。作为区域主要的知识机构，大学通常承担或被期望发挥这种协调作用。例如，欧洲正在推行的"区域智慧专业化框架"就是如此，该框架强调多个创新主体的合作，并将大学视为区域创新动力的关键参与者（Höglund，Linton，2018）。

因此，大学主导的创新共同体治理机制是协调产学合作创新网络结点之间的关系，对结点行为进行激发与调节的资源配置、激励约束等规则的综合，其作用是促进创新网络成员之间通过频繁的互动实现知识的动态流动，从而实现产学协同创新和区域创新网络发展。治理机制设计的关键要素包括信任、承诺、利益分配、协调、声誉、文化和激励机制等，又可概括为网络形成与维护机制、互动机制和共享机制，例如，会议组织、议程设立、合作互动流程和决策程序制订等。其中，产学关系治理位于核心位置——通过关系资本化、关系人情化和关系社会化，构建关系情境、塑造规范性取向，影响知识互动过程，促进跨组织知识流动。这正如西安交通大学负责人所言："传统的'甲乙双方、一纸合同、一个项目、一笔经费'的校企合作模式下，企业因为无法监管经费使用情况出资不积极，学校的科研成果离产业化应用往往还有一定距离，所以成果常常被束之高阁，导致科技经济'两张皮'的现象比较普遍。……学校积极推进领军企业、科研院所进驻创新港，组建像'交大—隆基零碳能源研究院'这样的创新联合体，校企合作不再围绕单一项目，而是建立长期的合作关系。创新团队由'科学家＋工程师'组成，企业持续投资，工程师随时提出产品需求，科学家进行技术攻关，双方共同监管科研经费。"（张丹华，2022）

当然，基层改革是大学变化的关键形式（伯顿·克拉克，1994），依靠自主的、高技能的专业人士的独立活动才能实现其组织目标。产学互动交流与合作研究等协同创新活动主要发生于个人层面,还要考虑组织特征的差异性(如管理风格、工作惯例和响应能力等)以及科研人员知识生产模式的异质性(如价值导向、工作动机和知识扩散方式等)对关系治理的影响。其中的关键路径是通过结点间互动与共享提高创新共同体运行成效,例如,发挥基层学术组织或团队中的"能人"[①]在构建与发展协调管理、交流融合、知识共享过程中的示范与引领作用。

4.2　知识网络能力与知识网络嵌入性关系

基于已有理论与相关研究成果综合分析可知,大量涉及知识网络的研究主要关注网络特征和嵌入性关系对知识创新绩效的影响,通常忽视组织应当如何构建相应的知识网络能力,从而构建和发展相应的知识网络和嵌入性关系来提升知识创新绩效。尽管已有学者(Schreiner,2009;李贞、张体勤,2010,2014)从不同角度对组织的网络能力构成要素及其对嵌入性关系和创新绩效的影响进行了初步分析与探究,但对其构成要素与影响机制还没有形成较为统一的认识,缺乏对组织间交互关系进行全面分析与探究(Mitrega et al.,2012)。

4.2.1　知识网络能力与知识网络嵌入性关系的变量界定

(1)知识网络能力的变量界定

由于网络能力概念的提出正是基于"网络是可以管理的"这一基本前提,网络能力实质上是组织有效管理网络关系的能力,应该基于能力的基本定义对网络能力的内涵与构成进行探索和分析(朱秀梅等,2010)。此外,Ritter 和 Gemünden(2003)指出,组织网络能力的专业资质主要体现在技术能力的内容上。基于大学的特性,大学网络能力的专业资质则应该体现在知识基础上。本书在参考已有研究对网络能力概念和内涵分析的基础上,通过借鉴朱秀梅和陈琛等学者(2010)基于能力观从"意识、资质和行为"三方面对网络能力进行解析的研究思路,初步把大学的知识网络能力划分为:"网络导向"、"知识基础"和"内部交流"。

此外,有关组织间网络的研究表明,组织的社会资本主要来源于两个方面:一是组织高层管理人员的网络关系与网络资源(Peng,Luo,2000;Moran,2005);二是组织间的关系和组织拥有的嵌入性资源(Tsai,Ghoshal,1998;Ahuja,2000)。由于社会嵌入是一种交互逻辑(Uzzi,1997),是社会资本影响结果得以实现的机制,社会资本是嵌入的本质功能(Dacin et al.,1999),而且网络能力的概念是以网络资源观和社会网络理论为基础引入网络嵌入或社会资本等对组织创新绩效影响机制的研究中(方钢,2011),那么组织的网络能力也应该包括两个方面:组织的网络能力和组织高层管理者的网络能力,因此,大学的

---

① 自组织能否发生并产生协同效应的关键不仅在于组织自身是否拥有基本的社会资本存量,也在于是否存在一个或若干个能人——"民间领袖"或精英,中国能人往往是一个既定社会网络的中心人物。罗家德,孙瑜,谢朝霞.自组织运作过程中的能人现象[J].中国社会科学,2013(10):86-101.

知识网络能力还应包括组织领导的网络能力。基于上述分析，本书把组织的知识网络能力划分为四个维度："网络导向"、"知识基础"、"内部交流"和"组织领导"。

（2）知识网络嵌入性关系的变量界定

学术界当前针对关系嵌入的不同类型——嵌入性关系的研究主要分为两类：把信任、信息共享和承诺作为组织间联合解决问题的"前因和现实条件"（MeEvily，Marcus，2005；李世超，2012）；把信任、承诺、信息共享和联合解决问题这四个要素作为组织间合作创新过程中的"等同机制"（Uzzi，1996，1997；Gulati，Sytch，2007；Lavie et al.，2012）。另外，由于大学主导的创新共同体是指大学以知识双向、动态流动的方式与企业进行交互学习、知识创新的组织模式，主要包括大学与企业之间进行的与知识相关的、具有知识双向动态流动特性的合作，联合解决问题是创新共同体发展的核心活动，而且信任、承诺和信息共享又是影响组织间合作的关键要素，因此，本研究从"信任"、"承诺"、"信息共享"和"联合解决问题"这四个维度的"等同机制"视角分析知识网络嵌入性关系。

4.2.2　内部交流与知识网络嵌入性关系

交流（communication）通常是指信息通过某些渠道在发送者与接收者之间进行的传递活动，在组织情境中交流一般被定义为"组织实体之间的信息交互"，而且通常是"相互而不是单向进行"（Kumar，Nti，1998），因此，组织的内部交流可被定义为"在同一团体或组织内相互交流观点或信息"（Gupte，2007），应该被看作为应对外界团体或组织的期望，整个组织通过合作的方式依靠全体员工的能力所做出的努力。内部交流已成为公共关系和交流管理领域发展最快的研究方向之一，其在组织内的主要功能体现在：通过整合各类人力资源实现跨学科管理的作用（Tkalac Verčič et al.，2012），跨越信息障碍，为组织成员创造团体意识，使雇员更加融入组织活动中（Karanges et al.，2015）。

有关组织间合作创新的研究表明，组织的内部交流不仅是对外部需求快速做出反应和实施开放合作战略的必要条件（Kumar，Nti，1998），也是提升合作伙伴之间相互学习效率的必要条件（Doz，1996），是组织合作能力的重要组成部分。Cohen 和 Levinthal（1990）在对组织的动态能力进行研究时提出，通过组织内部交流有利于吸收和扩散有关合作伙伴的信息，可以帮助所有参与合作的部门避免冗余的信息处理过程和减少合作过程中的误解，从而提升合作伙伴之间的协同效应。Gupte（2007）基于组织内部交流对大学衍生企业成功影响的研究发现，企业的网络活动及其成效受到组织内部交流效应的影响，组织内部的交流水平越高，越有利于网络活动取得成功，如有益于在合作伙伴之间共享信息，获取相互信任和承诺，从而构建长期的合作关系。因此，在网络能力的研究中，内部交流已被认为是组织构建网络能力的关键要素之一，如组织的内部交流有利于个人与组织合作经验的积累、整合和扩散（Kale et al.，2002）；高效的正式与非正式内部交流机制可以使组织获取处理外部合作伙伴的重要信息（Ritter，Gemünden，2003）；良好的组织内部交流结构有利于协调合作伙伴之间的关系（Walter et al.，2006）。

此外，笔者在调研访谈中也同样发现，大学的内部交流机制和水平对知识网络嵌入性关系有很大影响。例如，一家企业请某高校的工业技术研究院开展一项技术研发项目，然而，由于该校的各个学科、专业和院系之间相互隔离，彼此缺少交流与合作的基础，最终以无法协同开展此项研发项目而宣告结束合作关系,这家企业从此也对该校的科研水平和研发组织能力产生了怀疑。

综合探索性案例研究和上述理论分析,本书提出以下假设:

假设1:内部交流对知识网络嵌入性关系有显著的正向影响。

假设1a:内部交流对知识网络嵌入性关系中的信任有显著的正向影响。

假设1b:内部交流对知识网络嵌入性关系中的承诺有显著的正向影响。

假设1c:内部交流对知识网络嵌入性关系中的信息共享有显著的正向影响。

假设1d:内部交流对知识网络嵌入性关系中的联合解决问题有显著的正向影响。

4.2.3　知识基础与知识网络嵌入性关系

知识基础观(knowledge-based view,KBV)认为,企业管理、维持和创造知识的能力是创造新产品的基本能力(Grant,1996)。随着有关知识基础观的研究不断发展,学者们对"知识基础"这一概念开始出现不同的理解。例如,在区域创新系统研究中,学者们基于不同研究情境先后对"知识基础"进行了不同的分类,例如,Asheim和Coenen(2005)把知识基础分为综合性和分析性两类;Asheim等(2011)按知识的性质将其分为分析性(以科学为基础)、综合性(以工程为基础)以及象征性(以艺术为基础)三类。

在企业组织层面,早期的知识基础观研究通常关注知识如何影响一般性创新(DeCarolis,Deeds,1999),最近则强调企业的知识基础是它们进行颠覆性创新的独特资源,例如,Zhou和Li(2012)基于对知识如何影响颠覆式创新的研究,分别从知识的横向维度和垂直维度将知识基础划分为知识的广度和深度。因此,企业的知识基础通常是指企业的研发强度,如由企业积累的技术成果和专利等(Nooteboom et al.,2007)。基于以上分析,本研究中把知识基础的内涵概括为组织的研发能力和研发成果。

另外,很多有关产学合作的研究发现,大学教师的科学生产力一般与其参与产学合作的程度呈正相关关系,在科研上最优秀和最成功的教师也是那些参与产学合作最多的教师(Gulbrandsen et al.,2005;Bekkers,Freitas,2008;Haeussler,Colyvas,2011),教师的学术声誉和科学生产力基本上成为私营公司寻求潜在合作伙伴的判断依据,同样也决定了他们参与产学合作的更多机遇(Mindruta,2013;Hemmert et al.,2014),此现象可被看作是学术界的"马太效应"(王凯、邹晓东,2013)。同时结合有关组织间信任关系形成的研究(McKnight et al.,1998)可知,企业通常相信学术声誉较高的大学能够成功完成预期的成果,从而选择这些大学作为潜在的研发合作伙伴,即使这些大学还没有企业当前所需的现成知识或科研成果,他们也会更快地与这些大学建立信任关系(Mora-Valentin et al.,2004)。因此,大学的研究实力与创新能力是成功开展知识转移活动(如合作研究和顾问等)和产学合作的关键要素(Perkmann et al.,2011;Hewitt-Dundas,2012)。此外,Bruneel和D'Este(2010)研究发现,大学教师以前良好的产学合作经验和研发成果有利于减少再次合作时信息不对称的障碍,更有利于取得合作对象的信任。也就是说,产学合作经验与研发成果越丰富的大学研究人员越可能取得企业的认可和信任,构建更大的关系网络,从而获取更多的社会资本,通过与产业合伙人的常规合作又加强了这种网络的影响力,使他们能够找到更多潜在的企业合作伙伴。

综合探索性案例研究和上述理论分析，本书提出以下假设：

假设 2：知识基础对知识网络嵌入性关系有显著的正向影响。

假设 2a：知识基础对知识网络嵌入性关系中的信任有显著的正向影响。

假设 2b：知识基础对知识网络嵌入性关系中的承诺有显著的正向影响。

假设 2c：知识基础对知识网络嵌入性关系中的信息共享有显著的正向影响。

假设 2d：知识基础对知识网络嵌入性关系中的联合解决问题有显著的正向影响。

4.2.4　网络导向与知识网络嵌入性关系

网络导向是组织积极构建和利用社会网络资源的战略意识和行为，包括网络的战略规划和人力资源管理的网络导向，如分析行业技术与市场发展前景，以及组织战略、内部资源与网络资源的匹配程度，选择或调整组织发展战略和人力资源管理战略，从而有利于组织提高网络嵌入意识，促进网络关系的构建和管理（Ritter，Gemünden，2003；朱秀梅等，2010）。

有关网络能力的研究中，学者们还提出了与网络导向内涵相似的概念，如网络构想能力、网络愿景能力（邢小强、仝允桓，2006；曾庆辉、王国顺，2014）、网络战略能力（赵爽、肖洪钧，2010）和网络规划能力（范钧等，2014）等。尽管这些关于网络能力的分析维度名称不同，但所指代的能力内容与网络导向基本一致。例如，徐金发和许强等学者（2001）提出，网络构想能力是指企业对外部网络关系的战略识别能力和发展网络关系的规划能力，可以帮助企业预见外部环境对自身战略的影响，发现加入新网络的机会，对潜在网络成员行为效果做出评价，从而从网络化的角度努力培养和发展未来合作伙伴。有些学者（邢小强、仝允桓，2006；曾庆辉、王国顺，2014）提出，网络愿景能力是网络能力在企业战略层面的体现，通过掌握外部环境变化趋势可以使组织识别未来发展过程中遇到的机遇与挑战，从网络演化与组织自身发展的视角进行战略规划，提高创新战略水平和避免网络锁定效应。总之，网络导向体现了组织从战略层面对所处网络环境的理解和认识，有利于组织制订科学合理的网络活动目标和措施，选择有利于组织长远发展的战略机遇与合作伙伴，从而提升组织的整体创新能力（范钧等，2014）。

目前，有关网络导向与组织创新绩效的研究还体现在创业导向对组织网络关系的影响方面。事实上，创业导向与网络导向的内涵有很多重合之处，因为创业导向也属于企业战略管理研究领域，被认为是一种战略选择（魏江等，2009），通常包括五个维度：自主性、创新性、风险承担性、认知与行动的前瞻性和积极竞争性（Lumpkin，Dess，1996）。因此，基于以上分析，本研究把创业导向的内涵也包括在网络导向之中。

已有研究发现，创业导向对组织间网络嵌入性关系构建和发展有积极的影响。例如，创业导向高的企业善于识别机会和超前行动，会主动与关系网络中的客户或合作伙伴进行沟通与交流，重视从他们那里获取信息，从而改进网络嵌入性关系质量（李志远等，2013）；高创业导向的企业会更创造性地利用外部网络资源，从而更有效地利用纵向的企业家网络资源（吴旭云等，2013）；企业的创业导向会影响到产学协同关系管理的整个过程，创业导向越强的企业越积极地寻求与大学开展协同创新的机会，从而提高产学合作中智力资本的贡献度（李飞，2014）。此外，O'Shea 和 Allen（2007）通过对 MIT 技术转移与产学合作成果因素的分析也发现,MIT 产学合作关系的构建、发展和丰富成效也都得益于其创业导向,如制定和实施激发教师参与产学合作与技术转移的政策;积极促进教师与企业的交流,提升互信程度;通过多种活动向企业展示大学的研究现状和发展方向,使企业充分掌握本校的科研信息,从而增加校企研发合作机会。

综合探索性案例研究和上述理论分析,本书提出以下假设:

假设 3:网络导向对知识网络嵌入性关系有显著的正向影响。

假设 3a:网络导向对知识网络嵌入性关系中的信任有显著的正向影响。

假设 3b:网络导向对知识网络嵌入性关系中的承诺有显著的正向影响。

假设 3c:网络导向对知识网络嵌入性关系中的信息共享有显著的正向影响。

假设 3d:网络导向对知识网络嵌入性关系中的联合解决问题有显著的正向影响。

4.2.5 组织领导与知识网络嵌入性关系

领导一直是组织研究中受到关注和重视的研究主题,从早期的特质、行为和情境理论到后来的归因、"领导—成员交互"、魅力和变革理论都在寻求解释组织领导者与组织绩效之间的关系(Northouse,2013)。而在社会网络研究领域,学者们近些年也开始关注组织领导个人层面的社会资本或网络能力对整个组织的社会网络嵌入性关系和社会资本发展的影响。[①]

组织与产业社会学理论家指出,组织的管理活动嵌入社会网络关系中(Granovetter,1985),基于此,学者们认为组织管理人员在发展社会网络过程中所形成的社会资本和外部社会关系会影响到整个组织的网络嵌入性关系的发展。Peng 和 Luo 两位学者(2000)从资源基础观的视角提出,嵌入组织管理人员之间关系中的社会资本是一种非常有价值而且难以复制的独特无形资源,是组织发展的重要优势。他们通过对处于经济转型期的中国企业调查研究发现,一家企业的高层管理者与其他企业的高层管理者以及政府官员之间的微观层面人际关系有利于改进整个组织的宏观绩效,例如:与供应商高管建立的良好社会关系可以帮助企业获取质量合格的材料、优质服务和准时运输,与竞争方高层管理者建立的良好社会关系有利于增加合作机会;企业高管与政府官员建立较好关系可以使其企业尽可能避免不确定性环境的影响。

Acquaah(2007)通过对非洲加纳的研究也得出了与以上研究类似的结论:企业管理者的社会网络以及与其他企业高层管理者、政府官员和社会领导的社会关系都有利于提升组织绩效。Moran(2005)基于美国制药企业的研究也发现,管理者的社会资本有利于提升组织绩效,例如,组织管理人员可以从社会网络中获取组织发展过程中所急需的多样化知识和信息,通过合适的交流沟通渠道可以促进组织更有效地吸引其他组织的积极关注和其他稀缺资源,同时利用自身的嵌入关系(紧密度和信任)促进组织网络嵌入关系的发展。Barden 和 Mitchell(2007)基于关系嵌入理论和组织间交互理论,通过实证研究发现,组织领导的社会嵌入关系和交互经验(如相互理解、信任和承诺)在一定程度上会对整

---

① 本书的组织领导特指包括组织首要领导人和高级管理人员在内的高层管理者。

个组织的网络交互行为产生积极影响。Davis 和 Eisenhardt(2011)通过对 10 个组织间的 8 项技术合作的多案例研究发现，合作伙伴的领导通过广泛的沟通和全面协调，在解决涉及跨组织边界的关键创新问题时发挥了重要作用。

在针对组织网络能力的研究中，刘婷和李纲(2012)认为企业管理人员与商业伙伴的商业联系，以及与政府官员的政治联系都有利于提升企业的网络能力，从而提高企业寻找、识别和利用有价值网络资源的效率。此外，通过分析 MIT 的发展历史也可以发现，大学校长(如卡尔·康普顿)的社会资本和网络嵌入性关系对推动该校与产业、政府构建合作关系起到了重要作用(埃兹科维茨，2007)。

综合探索性案例研究和上述理论分析，本书提出以下假设：

假设 4：组织领导对知识网络嵌入性关系有显著的正向影响。

假设 4a：组织领导对知识网络嵌入性关系中的信任有显著的正向影响。

假设 4b：组织领导对知识网络嵌入性关系中的承诺有显著的正向影响。

假设 4c：组织领导对知识网络嵌入性关系中的信息共享有显著的正向影响。

假设 4d：组织领导对知识网络嵌入性关系中的联合解决问题有显著的正向影响。

4.3 知识网络嵌入性关系与 ICBU 绩效

4.3.1 ICBU 绩效的变量界定

(1)技术创新绩效测量

一般的创新(主要指技术创新)绩效测量的方法通常包括两种：主体法(subject)和客体法(object)(Hall，Rosenberg，2010)。事实上，这两种创新绩效测量方法都基于熊彼特对创新概念的界定：创新是新产品或新流程的商业化。主体法聚焦于企业层面的创新活动，关注重点是创新的主体——企业，将其作为整体进行考察，调查某段时间内企业的创新投入(包括研发经费和非研发经费)与创新产出(产品创新)；客体法聚焦于创新过程对技术本身的客观产出，关注重点是具有重大意义的技术创新。由于主体法与客体法各有优缺点，都不能单独地反映出创新活动的全部要素，如创新想法的来源和外部投入等，把两者结合起来则是测量创新绩效的发展趋势(Hall，Rosenberg，2010；Smith，2005)。虽然有关技术创新绩效测量的方法经过长期研究和实践，现已经发展得比较成熟，但有关产学合作与协同创新绩效的研究还存在很多问题，例如，很难依据科学与技术产生的不同影响来区分不同类型的产学合作绩效(Núñez-Sánchez et al.，2012)。

(2)ICBU 绩效测量

本书中的"知识创新"是指从知识生产到知识商业化和价值实现的全过程，涉及创新过程中的"问题界定"、"概念证明"、"可行性证明"和"进入市场"四个阶段(McAdam et al.，2010；Ibert，Müller，2014)。大学通过知识创新会产生出"无形"的新科学知识和"有形"的研究论文、学术报告与专利产品等(王永杰等，2000)，显性的科研成果和隐性的知识创造是大学知识创新的核心(胡曙虹等，2014)。此外，知识创新的每个阶段都是充满试错和逐步改进的迭代、演化和非线性过程,特别是需要高度嵌入知识网络的"概念证明"阶段,而正是在这个阶段所产生的重要隐性知识创新成果通常会被忽视(王凯、邹晓东,2014)。

由于当前相关研究和创新政策主要关注如何促进大学产生优秀的科学研究成果(论文)和应用于生产中的技术科学(专利),相应地,有关大学技术转移与产学合作绩效的研究通常关注"主要的经济绩效指数",如专利数量和科技成果商业化产值等。这些观点反映了对创新过程的线性思考,认为创新开始于科学研究,然后进行开发,最后进行生产和商业化。但是,这样的创新系统缺少"反馈环",在不同的创新阶段之间有清晰的劳动分工,特别是在"知识搜寻"和"知识应用"阶段。事实上,正是知识的生产者、使用者与产品用户等相关主体的积极互动与持续反馈促进了知识创新的不断发展,例如,大学与企业通过协同创新不仅可以检验大学的科研成果,在为企业带来新知识和新技术的同时也可以为大学发现新的研究问题奠定基础(苏竣、何晋秋,2009)。由此可知,创新应该是不同知识创新主体的交互过程,知识线性流动思想很难理解创新的复杂动力系统(Power,Malmberg,2008),知识交互通过多种渠道进行,类似专利或衍生企业这样利用编码知识的方式只是产学知识交互过程中的较少部分(Ramos-Vielba et al.,2010),大学的科研成果(如专利和商业化产品等)仅是创新过程的要素之一。

此外,已有较多学者研究发现,大学与区域内企业进行交互的途径对区域长期发展有重要影响,类似合作研究、联合研发和人员交流等这样的知识双向流动、网络化合作模式特别有利于企业创新能力的持续提升(Arza,Vazquez,2010;Kitagawa,Lightowler,2013;王凯、邹晓东,2013)。但是,以前很多有关大学对区域发展影响的政策讨论和相关研究并没有完全把握住创新过程的复杂性和大学作用的多样性,只是主要关注了大学知识创新过程中个别比较"显性"、容易计量的促进技术创新短期经济效益的方式,如大学技术商业中的专利授权、衍生企业与合同研究等,通常忽视了大学知识创新过程中很多比较"隐性"和难以计量的、具有更高社会价值和长期经济效益的知识协同方式,如"合作研究"、"科技特派员"、"政策顾问"和其他正式或非正式的交流活动等。

目前,学术界已逐渐意识到有关产学协同创新绩效测量中存在的问题并提出了相关改进建议,例如,李成龙和刘智跃(2013)在有关"产学研耦合互动"对其合作创新绩效影响的实证研究中提出,由于产学研合作创新过程中的研发创新活动需要具有较高的连续性和稳定性,存在很多"软性"因素,在测量合作创新绩效时应特别重视"软性"指标,应把产学研合作创新绩效指标划分为两类:创新任务绩效和学习成长绩效。"创新任务绩效"是指产学研合作中所产出的最直接的、有形的、可计量的成果;"学习成长绩效"是指产学研各方获得的成长发展情况和对合作的满意度。

基于大学主导的创新共同体的概念和以上分析,并通过借鉴创新绩效"主体"与"客体"测量方法,以及产学研合作创新中"创新任务绩效"和"学习成长绩效"的二分法,本书从大学①的角度把"大学主导的创新共同体（ICBU）绩效"界定为：大学以知识双向动态流动的方式与所处区域创新系统中其他创新主体进行交互学习和知识创新过程中所产生的"任务型绩效"（如专利、论文和研发收入等）和"成长型绩效"（如发现新问题与新观点、原来的科研效果得以改进和更易于应用到实践或商业化等）。

4.3.2　信任与 ICBU 绩效的关系

信任是指参与合作各方都会按照合作之初的期望履行彼此的义务和责任（Ring，Van De Ven，1992），它之所以成为组织研究领域学者关注和感兴趣的重要议题，部分原因在于：一是现代经济社会中不断出现的竞争动力促使组织从战略高度进行合作，从而吸引竞争优势资源；二是技术变革要求组织跨越距离和时间进行交互合作（McEvily et al.，2003）。

很多研究已经证明，信任是合作过程中一种独特的治理机制，能够促进合作行为主体之间进行自愿和非强制性的资产与服务交换（如相互学习）（Uzzi，1996，1997），是缺乏正式保障措施的合作关系构建和发展的关键基础，被认为是组织间关系的核心特征之一（McEvily，Marcus，2005），作为一种自我强化和非正式的保障措施有利于减少讨价还价与协商谈判带来的交易成本（Dyer，Singh，1998）。信任具有可预期性、促进资源交互和互惠互利等优点，所以它能够缓和冲突、建立信誉和减少摩擦，从而有助于提升合作成效（Madhok，1998），是大多数组织间合作关系得以建立和发展的必要条件（Moran，2005）。

由于信任能够减少行动者决策认识成本，面对风险和不确定性时相信合作伙伴的动机与行为、促进伙伴间真诚交流、磋商和实事求是地反馈信息，它对组织间建立知识交互关系，促进知识相互流动，提高组织获取知识的效率和质量也起着至关重要的作用（许冠南，2008；章威，2009）。有关产学合作的研究也表明，由于大学与产业间存在障碍和潜在的利益冲突，信任是协调产学之间开展合作的重要机制（Schiller，2011；Bruneel et al.，2010），它作为产学合作的"黏合剂"有助于营造合作活动氛围，使参与者吸收更多科学知识和取得更好创新绩效（Bstieler et al.，2015），已成为每一类型和每一层面产学合作的开始和取得合作成果（如合作专利与论文等）的关键要素（Inzelt，2004；Plewa et al.，2013；Hemmert et al.，2014）。信任不仅有利于激发大学与企业更好地投入科研合作的热情，提高合作中的凝聚力（李成龙、刘智跃，2013），增强协同工作的责任感，充分调动双方的积极性和创造性来联合解决遇到的难题，促进建立长效的合作关系（朱永跃、顾国庆，2013），还有利于促进隐性知识在产学协同创新过程中的流动和交互（Bruneel et al.，2010；刁丽琳、朱桂龙，2014），从而取得全面的、良好的协同创新成效。

综合探索性案例研究和上述理论分析，本书提出以下假设：

假设 5：信任对 ICBU 绩效有显著的正向影响。

假设 5a：信任对 ICBU 绩效中的任务型绩效有显著的正向影响。

---

①　事实上，"创新共同体绩效"的测量应该包括大学与其他参与主体（企业）在内的所有组织的知识创新绩效，甚至整个区域的知识创新绩效，但出于整个研究设计与研究可行性等因素的考虑，本研究中只测量大学方面的相关绩效。

假设 5b:信任对 ICBU 绩效中的成长型绩效有显著的正向影响。

4.3.3　承诺与 ICBU 绩效的关系

承诺(commitment)是指合作各方都相信现存的关系对彼此都很重要,都愿意尽最大努力建立持久与互惠的合作关系,并在此过程中遵从彼此应该承担的责任(Morgan,Hunt,994;Madhok,1995)。

Hermes 和 Petter 等人(2014)通过规范的文献回顾流程,对大量文献进行分析后发现,承诺是合作网络中伙伴间忠诚的"转换器",也是组织间合作关系建立和持续发展的重要基础。此外,其他相关研究也发现,在很多非正式或非股权联盟的组织间合作关系中,往往没有明确规定合作伙伴的具体投入,他们如果愿意分享资源并对具体合作项目进行投资就能增强合作绩效(Dyer,Singh,1998;Sarkar et al.,2001)。随着合作伙伴们对合作关系的不断投入,他们就能够避免失去投资的潜在可能性,支持对彼此有益的活动,放弃短期合作的想法,从而提高合作绩效。因此,承诺已成为战略合作的基础,是对合作过程中隐性或显性关系的保障,彼此较高的承诺会使合作伙伴为了长期合作利益牺牲自己的短期利益,同时激发他们共享知识的意愿,从而扩大合作的广度和深度,增加伙伴间知识交互的数量与质量,提高知识创新绩效(章威,2009)。而且,有关产学合作的研究也表明,产学双方的承诺程度与合作创新绩效存在正相关关系(Núñez-Sánchez et al.,2012),不仅有利于建立长期合作关系,更有利于合作绩效的提升(吴友群等,2015)。

综合探索性案例研究和上述理论分析,本文提出以下假设:

假设 6:承诺对 ICBU 绩效有显著的正向影响。

假设 6a:承诺对 ICBU 绩效中的任务型绩效有显著的正向影响。

假设 6b:承诺对 ICBU 绩效中的成长型绩效有显著的正向影响。

4.3.4　信息共享与 ICBU 绩效的关系

信息共享是指各方披露便于其他主体参与合作信息的程度(Heide,Miner,1992),以及在合作中伙伴们超出合同或协议的规定,主动进行交互有益于彼此信息的程度(McEvily,Mareus,2005)。Gulati 和 Sytch(2007)提出,可从共享信息的广度、精细度、准确度、及时性和种类等方面来衡量信息共享对组织的益处。

已有研究(Hagedoorn,2006;Dyer,Singh,1998;Haeussler,2011)表明,由于信息不对称和信任等原因,企业倾向于与有过合作经历的组织开展下一步合作,信息共享对企业进行合作伙伴的选择有着非常重要的影响,组织间共享知识的惯例是它们的主要竞争优势之一,信息共享对企业技术创新的重要内容和过程都有积极的促进作用。因此,组织间进行信息共享不仅提高了彼此进行合作的可能性,而且为知识生产带来催化效应(Hermes Petter et al.,2014),又为参与者带来知识溢出效应,从而使他们获取对促进技术创新起到关键作用的隐性知识,通过新知识的获取与利用实现技术创新绩效的提升(许冠南,2008)。

具体到产学合作层面,已有研究也证明了信息共享对产学合作创新绩效有显著的正向影响。例如，Hatakenaka(2004)基于对 MIT、剑桥大学和东京大学产学合作的多案例研究提出，与其他两所大学相比，MIT 产学合作创新绩效较高的主要因素之一就是该校的内部管理机制提高了信息跨越产学边界的效率。李世超和蔺楠等(2011)基于知识转移的产学关系嵌入作用机制实证研究发现，由于信息共享不仅有利于组织间交互学习和共同解决问题机会的提升，也有利于组织间应对不确定性产生的冲突与意外，产学通过高效的信息沟通与交互机制能够使彼此把握好合作机遇，更好地促进显性知识与隐性知识在彼此间相互流动。

综合探索性案例研究和上述理论分析，本书提出以下假设：

假设 7：信息共享对 ICBU 绩效有显著的正向影响。

假设 7a：信息共享对 ICBU 绩效中的任务型绩效有显著的正向影响。

假设 7b：信息共享对 ICBU 绩效中的成长型绩效有显著的正向影响。

4.3.5　联合解决问题与 ICBU 绩效的关系

联合解决问题是指，合作各方经常以面对面交互的方式一起研究和处理合作过程中需要解决的问题(Uzzi,1996,1997)。联合解决问题有两个突出的特点：一是明确的目的和特定的情景，二是合作双方高度互动(章威,2009)。"明确的目的和特定的情景"是指，参与合作的伙伴通过共同解决问题能够形成具体的、有启发性的沟通语言，从而促进基于特定情景的、复杂的隐性知识在组织间转移和流动；"合作双方高度互动"是指组织间在解决共同面对的问题时能够及时获取相关活动与行为的直接反馈(MeEvily, Marcus, 2005)，组织由此可以及时纠正学习中的错误并及时补充遗漏，提高获取新知识的准确性与及时性(许冠男，2008)。

此外，隐性知识是创新的重要价值基础，被认为是区域创新行为的主要决定因素(Gertler,2009)，而隐性知识具有高度的不确定性和黏滞性，精确含义比较难以表述，很难通过标准的普通媒介进行转达；基于特定社会关系的属性导致它不易被传播(Fritsch, Aamoucke, 2013)，两个团体只有在共享同一社会背景时才能有效交换知识和信息(Gertler,2003)，组织间只有通过双向互动才能够较好地促进隐性知识的吸收(MeEvily, Marcus,2005)，这就要求各创新主体彼此间高度信任，以及共享文化、制度和创业活动等(Cooke et al.,2011)。因此，创新过程是一个社会组织不断交互学习的过程，隐性知识只能在实践中获取，共同解决问题则为组织间提供了"实践和反馈观察、体验和验证知识的平台"(章威，2009)，可以使合作伙伴更好地协同彼此的职能(Uzzi,1996)，特别有利于隐性知识在组织间的转移和流动。

有关产学合作的研究也表明，与合同研究相比，合作研究更能促进产学之间交互学习和知识创造(Lee et al.,2010)，合作研究、联合研发和人员交流等知识双向流动、共同解决问题的合作模式特别有利于产学双方创新能力的持续提升和区域创新能力的长期发展(Arza,Vazquez, 2010；王凯、邹晓东,2013；Kitagawa, Lightowler,2013)；大学研发对区域的直接知识溢出效应并不明显，而产学合作研发的贡献则非常明显(吴玉鸣,2015)；特别是知识创新过程中发明和产品开发之间的"概念证明"阶段更需要大学与区域其他创新主体以联合解决问题的方式实现资金和知识等"缺口"的跨越(王凯、邹晓东,2014)。总之,大学与区域创新主体联合解决问题、进行创新共同体建设,实质上形成了"科学与技术之间相互作用、相互结合、相互渗透、相互转化的新关系"(刘则渊、陈悦,2007),从而可以实现创新绩效的全面提升。

综合探索性案例研究和上述理论分析,本书提出以下假设:

假设 8:联合解决问题对 ICBU 绩效有显著的正向影响。

假设 8a:联合解决问题对 ICBU 绩效中的任务型绩效有显著的正向影响。

假设 8b:联合解决问题对 ICBU 绩效中的成长型绩效有显著的正向影响。

4.4　制度环境的调节效应

制度环境是指什么样的组织和行为方式能够得到更大范围社会的认可(Meyer,Rowan,1977),由合理、适当的行为构成(Greenwood et al.,2008),主要包括"管制性要素"、"规范性要素"和"文化—认知要素"(Scott,2002,2014),它们无处不在,对个人、团体和组织的目标和信仰都有极强的影响(North,1990;Scott,2002,2014)。

网络与制度相联系的基本思想来自"网络和制度都与社会价值和社会成员间的关系结构有关",制度实质是遵从价值或利益的结构(Vasudeva et al.,2013)。由于制度是社会价值(如合作与竞争)和产生合作与竞争的结构,在整个制度环境中运行的社会网络就会受到由制度所定义的期望行为的影响(Meyer,Rowan,1977),组织间的关系网络可以被看作嵌入更大范围的制度环境与社会环境中,并受此环境影响(Krippner,Alvarez,2007)。也就是说,认知类型、传统、规则、期望和逻辑等要素既是制度的基础力量,也是网络结构和关系形成的基本条件,网络是制度效应的载体并由制度进行塑造(Owen-Smith,Powell,2008)。

近些年,学者们已经开始关注制度环境在组织间关系构建过程中的作用机制,逐渐认识到管制性要素、规范性要素和文化—认知要素会影响到合作关系的发展,以及合作过程中知识共享的数量和质量。例如,已有研究发现,非正式制度层面的价值、规范和文化有利于促进组织间产生信任,促进彼此的交流,正式法律和规则(如有效保护知识产权的法律体制)能够减少组织间合作的不确定性和风险(Hong,Su,2013);对于一种合作过程(如产学关系的建立和发展过程)来说,各种形式的社会关系所能够发挥的作用主要由它们所嵌入的制度环境所决定,不同的制度环境意味着产学合作网络形成与发展所面对的限制与机遇也将会有很大不同(Bergenholtz,Bjerregaard,2013)。

4.4.1　管制性要素的调节效应

管制性要素是指强制和监督行为活动的法律或政策(Scott,2002,2014),是最正式的制度,代表了法律或其他强制性规则所赋予的标准。管制性要素的有效性通常依赖于三个方面:(1)正式法律规则和条款的详细程度;(2)这些制度实施的机制和程序;(3)实践中基于"法律文化"的思想和行为(Lubman,1999)。严格的管制制度可以减少交易的不确定性,如果管制制度是可信赖的,法律规则对守信行为进行了保护,对失信行为进行了惩罚(张钢等,2014),经济交易中的风险意识就会下降,增加对市场的信任,从而促进组织间交互活动的展开。例如,经济体制与制度(特别是知识产权保护)对参与开放创新合作的企业行为有很大的影响,良好的知识产权保护有利于促进企业积极参与开放创新,制度已成为组织间开放创新的重要保障和区域科技创新能力、经济绩效提升的关键驱动力(Salmi et al.,2010；Lenger,2008；Cooke et al.,2011；Crescenzi et al.,2013)。

另外,有关大学科技成果转化与产学合作创新的研究也表明,管制性要素对这些活动有显著的影响,例如:政府资助产学合作的政策对产学合作关系维持及效率提升具有长效的正向影响(肖丁丁、朱桂龙,2013；徐侠、姬敏,2013；余冬筠、金祥荣,2014),有利于缓解企业融资难题和解决大学科技成果转化为商品的过程中试验资金投入问题(陈明等,2011),从而激发产学协同创新的积极性。具体到区域层面的研究成果也同样证明了这一理论的适用性,例如,中国各区域的制度环境有很大差异,不同区域政府具有不同的动机、目标和偏好(Wang et al.,2012),这会对产学合作关系产生不同的制度压力,从而影响到产学协同创新效率的差异。

特别值得注意的是,由于中国区域发展不均衡和制度环境不同,不同区域实施的知识产权保护力度也会不同,较弱的知识产权保护实施力度会增加交易成本与合作协议或合同的执行难度,那么就会影响到各方构建合作关系的积极性,阻碍产学各方寻求新的合作机遇的潜力(Kafouros et al.,2015);反之亦然,知识产权保护实施力度较强的区域能够为研发合作协议提供强有力的法律保护框架,从而提高合作的稳定性,改进参与合作者承诺水平,防止机会主义行为的发生(Carson,John,2013；Jean et al.,2014)。因此,高强度的知识产权保护执行力度可以提升产学双方的合作意愿,当企业感到它们的知识产权受到保护时就会加大研发合作过程中的资源投入力度(Li,2012),相应地,如果企业知道它们能够阻止大学教师以不正当或不合法的方式传播合作研发信息时就会更积极地分享自己的知识,从而更好地提升合作创新绩效(Carson,John,2013；Jean et al.,2014)。

综合探索性案例研究和上述理论分析,本书提出以下假设:

假设9:知识网络能力对知识网络嵌入性关系的影响受到管制性要素的正向调节效应。

假设9a:知识网络能力对知识网络嵌入性关系中信任的影响受到管制性要素的正向调节效应。

假设9b:知识网络能力对知识网络嵌入性关系中承诺的影响受到管制性要素的正向调节效应。

假设9c:知识网络能力对知识网络嵌入性关系中信息共享的影响受到管制性要素的正向调节效应。

假设9d:知识网络能力对知识网络嵌入性关系中联合解决问题的影响受到管制性要素的正向调节效应。

4.4.2 规范性要素的调节效应

规范性要素是指对行为活动具有约束、期待和认可的规范(Scott,2002,2014),通常不太正式,往往通过公认的、可接受的权力体系(如会计和医学等专业学会)得以体现,有时是可以通过编码信息得以认识的,而有时则需要通过专业实践或工作的功能来理解(Ahlstrom,Bruton,2006)。

规范性要素定义了社会发展的目的和目标,以及实现它们的恰当方式(如公平交易、信息共享和构建关系等),能够通过"合理的逻辑"引导参与合作组织的行为,促进组织间建立友谊关系(Heide,Wathne,2006)。社会规范引领着不同层面团体的共同期望,社会组织间如果有较好的规范性要素做支撑就会更愿意融入彼此的社会化战略中(Dong et al.,2010),因此,规范性要素有利于促进组织间的合作和共享信息。

特别是当关系规范全被参与者接受时,各个组织将会为解决共同面临的问题而努力,积极主动地为彼此提供各种有用的信息,可以减少合作者对不确定市场环境中机会主义的担忧。此外,规范性要素作为一种非正式的制度,是对组织保护利益的正式合同的补充,有助于组织间分享合同中没有明确规定分享的信息,从而提升了彼此对合作关系发展的承诺水平(Jia et al.,2014)。

综合探索性案例研究和上述理论分析,本书提出以下假设:

假设10:知识网络能力对知识网络嵌入性关系的影响受到规范性要素的正向调节效应。

假设10a:知识网络能力对知识网络嵌入性关系中信任的影响受到规范性要素的正向调节效应。

假设10b:知识网络能力对知识网络嵌入性关系中承诺的影响受到规范性要素的正向调节效应。

假设10c:知识网络能力对知识网络嵌入性关系中信息共享的影响受到规范性要素的正向调节效应。

假设10d:知识网络能力对知识网络嵌入性关系中联合解决问题的影响受到规范性要素的正向调节效应。

4.4.3 文化—认知要素的调节效应

文化—认知要素是指行为人共享的行动逻辑,如信念、共同理解和正统性等,代表了一种通过各种社会交互的参与者所建立的非正式的、理所当然的规则和信念(Scott,2002,2014)。

已有很多研究发现,文化—认知要素对组织间的合作关系发挥着重要影响,例如,组织间的相互认识可以有效防止"搭便车"行为和促进知识共享(Dyer,Singh,1998);共同愿景可以提升组织间相互承诺水平,减少组织间机会主义行为的发生(Wong et al.,2005);价值观相似有利于增加组织间的资源交流和互动学习机会,增进相互理解与信任的程度,促进合作关系的构建和发展,实现协同合作与双赢(唐丽艳等,2104);相似的文化背景有利于组织间构建信任关系和沟通交流(Pachucki,Breiger,2010);企业间合作创新网络的形成、演化与特定区域的社会文化有着密切联系(魏江、郑小勇,2012)。

有关产学合作创新的研究也表明,大学与企业间的文化—认知距离会降低合作成效,例如,如果产学各方对一项发明的质量评价差异很大,企业通常不会把大学作为信息的来源(Howells et al.,2012),特别是双方没有形成共同的开放创新文化时,就会严重阻碍信任的形成、承诺的提升和信息共享，以及研发合作顺利开展（Perkmann，Walsh，2007；Muscio，Pozzali，2013；Kafouros et al.，2015）。有关企业创业文化及创新网络对产学协同创新影响研究也同样发现（Casper，2013；Berbegal-Mirabent et al.，2013），区域内企业的创业文化、开放创新网络与产学合作的开展、成效有显著的正相关关系，如果企业认为技术创新是产业成功的关键，重视研发投入、交流与合作，形成良好的开放创新文化氛围，那么这些企业也会积极主动地与大学构建产学合作关系。此外，较强的"文化—认知"异质性会阻止产学合作的顺利开展，例如，在企业重视专利申请和授权时，学术界从学术逻辑出发提出专利影响科学知识的广泛传播而对专利的接受度较低；如果大学把"商业"绩效（以专利授权数量和参与其他产业活动等进行测量）引入对其内部学者的评价体系中，会产生消极的后果（Walsh，洪伟，2011；罗兹、常永才，2011）。

综合探索性案例研究和上述理论分析，本书提出以下假设：

假设 11：知识网络能力对知识网络嵌入性关系的影响受到文化—认知要素的正向调节效应。

假设 11a：知识网络能力对知识网络嵌入性关系中信任的影响受到文化—认知要素的正向调节效应。

假设 11b：知识网络能力对知识网络嵌入性关系中承诺的影响受到文化—认知要素的正向调节效应。

假设 11c：知识网络能力对知识网络嵌入性关系中信息共享的影响受到文化—认知要素的正向调节效应。

假设 11d：知识网络能力对知识网络嵌入性关系中联合解决问题的影响受到文化—认知要素的正向调节效应。

4.5　本章小结

本章在第三章探索性案例研究的基础上，通过文献梳理与理论分析，分别对知识网络能力与知识网络嵌入性关系、知识网络嵌入性关系与 ICBU 绩效、制度环境与知识网络能力和知识网络嵌入性关系之间的关系机制进行了全面和深入的探究，同时也对本书的初始研究命题进行了具体分析，并由此提出了本研究的概念模型（图 4.1）和相关研究假设（表 4.2）。

表 4.2　研究假设汇总

研究假设	
假设 1	内部交流对知识网络嵌入性关系有显著的正向影响
·1a	内部交流对知识网络嵌入性关系中的信任有显著的正向影响
·1b	内部交流对知识网络嵌入性关系中的承诺有显著的正向影响
·1c	内部交流对知识网络嵌入性关系中的信息共享有显著的正向影响
·1d	内部交流对知识网络嵌入性关系中的联合解决问题有显著的正向影响

假设 2	知识基础对知识网络嵌入性关系有显著的正向影响
·2a	知识基础对知识网络嵌入性关系中的信任有显著的正向影响
·2b	知识基础对知识网络嵌入性关系中的承诺有显著的正向影响
·2c	知识基础对知识网络嵌入性关系中的信息共享有显著的正向影响
·2d	知识基础对知识网络嵌入性关系中的联合解决问题有显著的正向影响
假设 3	网络导向对知识网络嵌入性关系有显著的正向影响
·3a	网络导向对知识网络嵌入性关系中的信任有显著的正向影响
·3b	网络导向对知识网络嵌入性关系中的承诺有显著的正向影响
·3c	网络导向对知识网络嵌入性关系中的信息共享有显著的正向影响
·3d	网络导向对知识网络嵌入性关系中的联合解决问题有显著的正向影响
假设 4	组织领导对知识网络嵌入性关系有显著的正向影响
·4a	组织领导对知识网络嵌入性关系中的信任有显著的正向影响
·4b	组织领导对知识网络嵌入性关系中的承诺有显著的正向影响
·4c	组织领导对知识网络嵌入性关系中的信息共享有显著的正向影响
·4d	组织领导对知识网络嵌入性关系中的联合解决问题有显著的正向影响
假设 5	信任对 ICBU 绩效有显著的正向影响
·5a	信任对 ICBU 绩效中的任务型绩效有显著的正向影响
·5b	信任对 ICBU 绩效中的成长型绩效有显著的正向影响
假设 6	承诺对 ICBU 绩效有显著的正向影响
·6a	承诺对 ICBU 绩效中的任务型绩效有显著的正向影响
·6b	承诺对 ICBU 绩效中的成长型绩效有显著的正向影响
假设 7	信息共享对 ICBU 绩效有显著的正向影响
·7a	信息共享对 ICBU 绩效中的任务型绩效有显著的正向影响
·7b	信息共享对 ICBU 绩效中的成长型绩效有显著的正向影响
假设 8	联合解决问题对 ICBU 绩效有显著的正向影响
·8a	联合解决问题对 ICBU 绩效中的任务型绩效有显著的正向影响
·8b	联合解决问题对 ICBU 绩效中的成长型绩效有显著的正向影响
假设 9	知识网络能力对知识网络嵌入性关系的影响受到管制性要素的正向调节效应
·9a	知识网络能力对知识网络嵌入性关系中信任的影响受到管制性要素的正向调节效应
·9b	知识网络能力对知识网络嵌入性关系中承诺的影响受到管制性要素的正向调节效应
·9c	知识网络能力对知识网络嵌入性关系中信息共享的影响受到管制性要素的正向调节效应
·9d	知识网络能力对知识网络嵌入性关系中联合解决问题的影响受到管制性要素的正向调节效应

续表

假设 10	知识网络能力对知识网络嵌入性关系的影响受到规范性要素的正向调节效应
· 10a	知识网络能力对知识网络嵌入性关系中信任的影响受到规范性要素的正向调节效应
· 10b	知识网络能力对知识网络嵌入性关系中承诺的影响受到规范性要素的正向调节效应
· 10c	知识网络能力对知识网络嵌入性关系中信息共享的影响受到规范性要素的正向调节效应
· 10d	知识网络能力对知识网络嵌入性关系中联合解决问题的影响受到规范性要素的正向调节效应
假设 11	知识网络能力对知识网络嵌入性关系的影响受到文化—认知要素的正向调节效应
· 11a	知识网络能力对知识网络嵌入性关系中信任的影响受到文化—认知要素的正向调节效应
· 11b	知识网络能力对知识网络嵌入性关系中承诺的影响受到文化—认知要素的正向调节效应
· 11c	知识网络能力对知识网络嵌入性关系中信息共享的影响受到文化—认知要素的正向调节效应
· 11d	知识网络能力对知识网络嵌入性关系中联合解决问题的影响受到文化—认知要素的正向调节效应

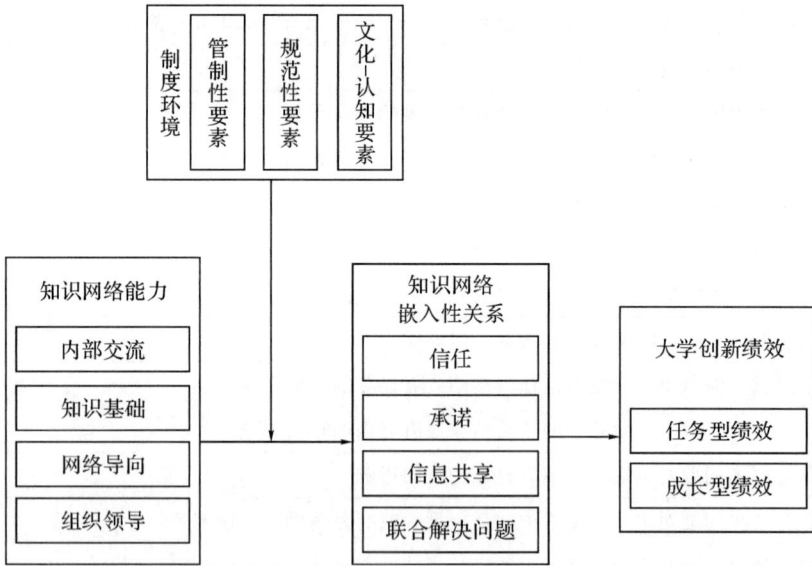

图 4.1　知识网络能力、区域制度环境与创新绩效的概念模型

第五章　大学主导的创新共同体
发展机制实证研究

本章将通过问卷调查方法获取样本数据,通过实证研究方法对第四章提出的大学主导的创新共同体(ICBU)发展机制的概念模型和相关研究假设进行检验,并对研究结果进行分析和讨论。

5.1　实证研究设计

问卷调查法(通常简称为"问卷法")是管理学定量研究中最常用、最普及的方法,研究人员通过科学、合理地运用该方法可以快速有效地搜集数据,并易于得到被调查者支持和降低研究成本(谢家林,2012)。此外,由于本书的研究对象为大学组织层面,其中所涉及的很多数据(如大学知识网络能力、区域制度环境、知识网络嵌入性关系和ICBU绩效等)无法从公开的客观资料中获取,因此采用问卷调查法搜集数据较为合适。本书接下来将分别介绍问卷设计、变量测量、数据收集和数据分析等实证研究过程中所采用的方法。

5.1.1　问卷设计

(1)设计过程

根据福勒(2010)和谢家林(2012)有关问卷设计的建议,本研究依照严格、规范的流程对问卷进行设计,具体步骤如下。

首先,基于文献综述、理论分析、调研访谈和探索性案例研究形成问卷题项。基于研究思路、概念模型和研究假设,本研究通过对知识网络能力、区域制度环境、网络嵌入性关系和协同创新绩效等相关文献的梳理和分析,借鉴得到学术界广泛认可的理论和问卷量表,结合调研访谈和探索性案例研究结论,对测量题项进行设计,并形成调查问卷初稿。

其次,基于专家建议修改问卷题项。笔者首先将问卷初稿分别发送给一位校内专家和两位曾经接受过访谈的校外专家,请他们提出具体的修改建议,如测量维度和问题措辞等,然后在对专家建议进行综合分析的基础上修改问卷。

最后,基于问卷预测对题项进行完善,形成问卷终稿。笔者首先通过电话或电子邮件的方式邀请22位大学中高层管理人员填写网络问卷,进行问卷预测,然后根据问卷填写情况和反馈的相关信息对问卷进行修改,并形成本研究的调查问卷终稿。

形成终稿的调查问卷内容包括五个方面:一是前测题项,主要调查被试者是否参与过创新共同体建设活动以及参与过哪些模式;二是基本信息,包括被试者的基本信息和所属高校与区域的信息等；三是区域制度环境情况；四是大学与区域的知识网络嵌入性关系情况；五是大学 ICBU 绩效情况。

（2）可靠性说明

由于本研究调查问卷中的很多题项使用李克特（Likert）七级量表进行测量，这些题项的回答以被调查者的主观评价为主，可能会影响到测量结果的准确性与客观性。为此，本研究参考 Fowler（2013）提出的有关被调查者可能做出不准确回答的四个主要原因，采取以下措施进行解决。

第一，为尽量减少因被调查者不太清楚所要回答问题所产生的不利影响，本研究把问卷被调查对象限定在比较熟悉大学整体运行情况并且很有可能参与过创新共同体建设的具有专业学术背景的大学中高层管理人员，如学院院长或系主任以及校领导等；同时在正式问题开始之前设置"前测题"，如果被调查者没有参与过本书界定的创新共同体概念范围内的任何一项活动，就请被试者放弃本问卷[1]，这样既更加保障了真正被试者对问题清楚的程度，也节省了非目标被调查者的时间。

第二，为尽量减少因被调查者对所要回答问题记忆模糊所产生的不利影响，同时考虑到大学知识网络能力与区域制度环境以及知识网络嵌入性关系所产生影响的时滞效应，将问卷被试者所要回答的问题限定在近五年之内。

第三，为尽量减少因被调查者出于某些考虑而不愿意回答问题所产生的不利影响，笔者在被调查者填写问卷之前详细告知本问卷仅用于学术研究，对所有相关信息进行保密处理。此外，根据 Sauermann 和 Roach（2013）有关如何提高网络调查问卷回复率的建议，为鼓励受邀请者积极参与问卷调查，问卷说明部分不仅对本研究的重要性做出解释，还特别提示他们"如果对本研究成果感兴趣可留下具体联系方式，笔者将以寄送最终研究报告的方式与其共享本研究成果"。

第四，为尽量减少因被调查者对所要回答问题难以理解所产生的不利影响，笔者在问卷设计过程中尽量全面、深入、系统地参考大量相关研究文献和成熟问卷，进行严谨的理论分析和推导，同时邀请专家学者对问卷提出修改意见，并通过预测试再进行修改（如在正式问题之前加注核心概念的解释），尽可能减少问卷题项不易被理解或产生误解的情况发生。

5.1.2　变量测量

本研究所涉及的变量包括知识网络能力（内部交流、知识基础、网络导向、组织领导）、制度环境（管制性要素、规范性要素、文化—认知要素）、知识网络嵌入性关系（信任、承诺、信息共享、联合解决问题）、ICBU 绩效（任务型绩效、成长型绩效），以及区域经济实力和大学整体实力等控制变量。由于以上变量基本上都难以用客观数据测量，本研究使用李克特七级量表打分法进行测量。在问卷题项中用"1—7"的分值分别表示从"很不符合"到"非常符合"逐渐递增，例如 1 表示"很不符合"；4 表示"一般"；7 表示"非常符合"。

---

[1]　特别是网络问卷中设计了问题的"逻辑设置"：如果被试者选择没有参与过任何一项创新共同体的活动，网页将自动跳转到"问卷结束"页面。

（1）自变量——知识网络能力

第一，内部交流。内部交流是指在同一团体或组织内相互交流观点或信息（Gupte，2007），是组织合作能力的重要组成部分，它不仅是组织对外部需求快速做出反应和实施开放合作战略的必要条件（Kumar，Nti，1998），也是提升合作伙伴间互动学习效率的必要条件（Doz，1996）。

Ritter 和 Gemünden（2003）把组织的内部交流分为正式交流结构和非正式交流结构2 个维度进行测量。基于 Ritter 和 Gemünden 的研究，Walter 和 Auer 等人（2006）分别从交流质量和信息传播程度的视角使用五个题项对组织的内部交流情况进行测量：定期为开展的每个项目开会，员工间建立非正式联系，子项目和主题领域经常交流，管理人员和员工彼此反馈信息密集，大家自发地交互信息。随后，Gupte（2007）在有关大学衍生企业网络发展机制的研究中也采用了 Walter 和 Auer 等人开发的组织内部交流量表。此外，有关学部制和跨学科体系的研究成果表明（邹晓东、吕旭峰，2011；邹晓东、陈艾华，2014），大学内部的交流协作以及学科间的交叉融合能为教师带来思维碰撞和启迪，这不仅可以全面提升校内协同创新水平与科技实力，也可促进大学与产业合作关系的构建和发展，提升产学协同创新绩效。同时，通过探索性案例研究发现，各个大学实力较强的跨学科研究中心或协同创新中心都极大地促进了大学教师跨越部门和学科进行沟通和交流，从而促进了他们知识网络嵌入性关系的发展。

综合上述研究成果，并结合相关理论分析、调研访谈、探索性案例研究和专家建议，本研究使用 3 个题项对大学的内部交流情况进行测量。具体测量题项和依据文献如表 5.1 所示。

表 5.1　变量测量——内部交流

测量题项	依据文献
大学教师容易从校内其他部门（如研究团队、研究所和院系等）获取企业技术需求信息	Ritter，Gemünden，2003；Walter et al.，2006；
大学开展了很多跨学科（跨部门）研究项目	Gupte，2007；
大学不同部门之间（如研究团队、研究所和院系等）的正式或非正式交流活动较多	邹晓东、吕旭峰，2011；邹晓东、陈艾华，2014

第二，知识基础。由于学科发展水平是一所大学整体实力的标志，是大学学术水平的具体体现，也决定了大学科学研究实力（邹晓东，2003；邹晓东、陈艾华，2014），本书综合第四章中有关知识基础的广度和深度以及研发强度内涵的论述，并结合大学特性，把大学的知识基础概括为学科发展水平和科研成果。

已有研究表明，大学的科学研究质量对产学合作关系的建立和发展以及合作成效起着决定性作用（Abramo et al.，2011），而且学术研究只有与区域创新发展相匹配、与区域可持续创业活动相关时，对区域经济增长的影响力才能显现出来（Carree et al.，2014）。此外，由于学科、专业与区域特征相匹配对促进大学主导的创新共同体发展非常重要（Fritsch，Krabel，2012；Acosta et al.，2013；Jaeger，Kopper，2014；朱凌等，2014），不同学科和区域特征对产学合作会产生不同的影响(Bonaccorsi et al.，2014)。同时,其他学者还特别指出,这种"匹配"并不是指大学学科与区域现有知识基础完全一致或替代,而是应该彼此互补(Tether,Tajar,2008；Barge-Gil, et al.，2011),大学与所在区域之间应保持一定的技术距离(Petruzzelli,2011)。

综合上述研究成果,并结合相关理论分析、调研访谈、探索性案例研究和专家建议,本研究使用 3 个题项对大学的知识基础情况进行测量。具体测量题项和依据文献如表 5.2 所示。

表 5.2　变量测量——知识基础

测量题项	依据文献
大学的学科与科研成果对本区域相关产业的发展能够起到引领作用	Tether,Tajar,2008；Abramo et al.，2011；
大学的学科与科研成果基本满足本区域相关产业发展需求	Barge-Gil,et al.，2011；Carree et al.，2014；
大学的学科发展方向与区域支柱产业发展方向较为一致	邹晓东、陈艾华,2014；Burt,Soda, 2021

第三,网络导向。网络导向通常是指组织积极构建和利用社会网络资源的战略意识和行为,包括网络的战略规划和人力资源管理的网络导向(Ritter，Gemünden，2003；朱秀梅等，2010)。此外,基于 Etzkowitz(1983,2012)和 Clark(1998)有关创业型大学的研究可知,创业导向在大学跨越组织边界和实现"外部联网"的过程中起着重要作用,不同的创业导向会产生不同的产学合作效果(Kalar,Antoncic,2015)。因此,结合本研究实际,大学的网络导向既包括上述一般的战略规划和人力资源管理导向,也包括创业导向。

Ritter 和 Gemünden(2003)从人员选择、发展和评价 3 个维度测量人力资源管理的网络导向。朱秀梅和陈琛等人(2010)从组织的构建和利用网络的意识、行为角度,采用 6 个题项对企业的网络导向进行测量。在企业创业研究领域有关创业导向维度测量的研究成果已经非常丰富(魏江等,2009),例如:杜传文(2013)从创新性、风险性和社会性(社会责任)3 个维度用 12 个题项对创业导向进行了测量；李飞(2014)在保持前两个维度不变的情况下,把第三个维度改为"先动性"后用 9 个题项测量创业导向。在创业型大学研究领域,Todorovic 等人(2011)通过调研访谈和问卷调查以及数据分析,从科研动员、产学合作、打破常规(如善于把握与企业合作的新机遇以及确保科研成果对企业有用等)和大学政策 4 个维度提出了大学创业导向的测度量表。Kalar 和 Antoncic(2015)基于 Todorovic 等人(2011)开发出的量表,对原有各个题项稍加修改后测量大学的创业导向。

综合上述研究成果,并结合相关理论分析、调研访谈、探索性案例研究和专家建议,本研究使用 4 个题项测量大学的网络导向情况。具体测量题项和依据文献如表 5.3 所示。

表 5.3　变量测量——网络导向

测量题项	依据文献
大学从政策上积极促进教师参与区域内公益性的科技创新服务活动	Ritter，Gemünden，2003；朱秀梅等，2010；Todorovic et al.，2011；杜传文，2013；李飞，2014；Kalar，Antoncic，2015；Zhao et al.，2020；He et al.，2021
大学较早成立了促进技术转移或产学合作的专门组织	
大学从政策上积极促进教师进行产学合作与技术成果转化活动	
大学开展了很多有关提升教师进行技术转化或产学合作的知识与技能的培训活动	

第四，组织领导。组织领导的网络能力是指组织高层管理人员所拥有的网络关系和网络资源等社会资本（Peng，Luo，2000；Moran，2005）。结合中国大学的实际情况，本研究中的组织领导主要指大学的校级领导，包括校长、副校长、书记和副书记等。

Peng 和 Luo（2000）分别从高层管理人员与其他企业管理人员之间的联系，以及与政府官员的联系来测量组织领导拥有的社会资本情况。Acquaah（2007）在 Peng 和 Luo（2000）的研究基础上又加上一个维度——与社区领导人（如当地的民众代表和宗教领袖等）的联系，对企业高层管理人员的社会资本情况进行测量。Barden 和 Mitchell（2007）也从 3 个方面测量组织领导的社会资本情况，但与 Acquaah（2007）的测量维度并不完全相同，具体包括：与其他组织领导的联系、与其他组织层面的联系、与其他参与合作者的共同交往经历。此外，埃兹科维茨（2007）在有关创业型大学的研究中发现，大学校长（如 MIT 的卡尔·康普顿）与企业、政府等机构建立的长期联系对推动大学与产业、政府构建合作关系起到重要的桥梁作用。闫广芬和王红雨（2013）从"规模"和"地位"2 个角度提出了大学校长社会资本的测量指标，其中"规模资本"是指校长与政府官员、社会精英和大众媒体的交往情况，"地位资本"是指高校与行政单位合作情况以及行政官员视察高校情况。

综合上述研究成果，并结合相关理论分析、调研访谈、探索性案例研究和专家建议，本研究使用 3 个题项测量大学的组织领导情况。具体测量题项和依据文献如表 5.4 所示。

表 5.4　变量测量——组织领导

测量题项	依据文献
大学的相关主要领导能够在本校工作 5 年以上，或有本区域 5 年以上的工作经历	Peng，Luo，2000；Acquaah，2007；Barden，Mitchell，2007；埃兹科维茨，2007；闫广芬、王红雨，2013；Prysor，Henley，2017
大学的相关主要领导与本区域的政府部门互动关系良好	
大学的相关主要领导与本区域支柱产业的高层管理人员互动关系良好	

（2）调节变量——制度环境

由于制度是基础性的共享概念，其存在于参与者的头脑中，有时是作为隐性知识而不是明确的书面形式存在，在制度研究过程中需要克服的最大难题之一，就是如何辨别和测量它们（埃里诺·奥斯特罗姆，2004）。本研究在系统的文献回顾基础上，综合现有相关研究成果和理论对制度的 3 个重要维度进行测量。

第一，管制性要素。管制性要素是指强制和监督行为活动的法律或政策（Scott，2002，2014），是最正式的制度，代表了法律或其他强制性规则赋予社会活动的一系列标准。

Busenitz 等人（2000）在有关国家制度环境对创业行为影响的研究中用 5 个题项测量了管制性要素：政府组织支持个人开办企业；政府为新创小型企业签订政府合同；本地和国家政府特别支持想开办企业的个人；政府赞助和帮助新创企业发展的组织；即使有些人早期创业失败，政府仍然帮助他们重新开始。他们开发出的制度环境 3 大维度测度量表后来得到学术界较为广泛的认可，很多研究采用或重点参照了该量表（Spencer，Gomez，2004；Manolova et al.，2008；倪昌红，2011；杜传文，2013；沈奇泰松等，2014）。此外，还有很多学者从其他不同维度对管制性要素进行测量，例如：支持企业发展的税收和其他相关制度的稳定性与可靠性（De Clercq et al.，2010），知识产权（Alexander，2012），贸易政策、金融政策和产权政策等 6 个方面（Holmes et al.，2013），知识产权保护、解决商业纠纷的效率、公平裁决和商业法律与制度的实施与执行（Jia et al.，2014），商业法律、开办企业流程、风险资本（Urbano，Alvarez，2014）。

具体到区域制度环境中，有关管制性要素的测量维度通常包括：市场化指数（雷新途，熊德平；Chang，Wu，2014；戴魁早，2015）、国家知识产权保护政策在区域内的实施力度（Kafouros，2014）和专利补贴政策（Li，2012）等。此外，有关区域层面的产学合作研究也发现，区域政府的科技研发经费投入对产学合作有显著的积极影响（范柏乃，余钧，2013），政府公共研发投入对企业参与产学合作的研发投入能够起到杠杆作用（肖丁丁等，2011）。其他研究也表明，对产学合作的资助确实有利于减轻企业融资难题，而且最重要的是对企业创新行为产生影响，因为这可促进科学与技术的合作与转化，并鼓励企业从事风险项目，而不是纯粹增加专利数量（Chai，Shih，2013）。最后，针对我国区域层面管制性要素的测量，李习保（2007）提出了要注意的事项：专利法、税法和产业政策等制度要素通常由国家层面设定，一国之内所有区域面对的类似制度要素基本一样，在测量不同区域制度环境时应忽略这些制度要素差异。

综合上述研究成果，并结合相关理论分析、调研访谈、探索性案例研究和专家建议，本研究使用 5 个题项测量区域制度环境中管制性要素的情况。具体测量题项和依据文献如表 5.5 所示。

第二，规范性要素。规范性要素是指对个人或组织的社会行为活动具有约束、期待和认可的规范（Scott，2002，2014），定义了社会发展目的和目标及其实现的恰当方式（如公平交易、信息共享和构建关系等方面），通过"合理的逻辑"引导参与合作组织的行为（Heide，Wathne，2006）。规范性要素通常具有非正式性，有时可以通过编码信息得以认识，而有时则需要通过专业实践或工作的功能来理解（Ahlstrom，Bruton，2006）。

表 5.5　变量测量——管制性要素

测量题项	依据文献
区域政府实施知识产权保护的力度较高	Manolova et al. ,2008;
区域政府从政策上大力促进产学合作,如资助或奖励产学合作研发项目	De Clercq et al. ,2010;
	肖丁丁等,2011;
区域政府较早成立了促进产学合作的专职部门或组织	范柏乃,余钧,2013;
	Chai, Shih, 2013;
区域政府从政策上鼓励大学教师参与公益性科技创新服务活动	Jia et al. ,2014;
区域政府积极发展产学合作服务平台,如信息发布平台和交流/洽谈会等	Kafouros et al. ,2015;
	杨柏等,2020

在国家制度环境对创业行为影响的研究中,Busenitz 等人(2000)开发出的规范性要素测量题项包括 4 个方面:把新观点转化为商业活动是受到尊敬的职业路径;创新性与创造性思考被认为是成功的重要途径;创业者受到尊重;人们通常很敬佩那些亲自创业者。如前所述,这些有关规范性要素测量的维度与题项得到学术界较为广泛的认可(Spencer, Gomez, 2004;Manolova et al. ,2008;倪昌红,2011;沈奇泰松等,2014),基于他们的具体研究情境稍微修改之后便用于问卷调查中。还有其他学者提出的规范性要素测量维度与题项包括:很多人认为成为创业者是一个理想的职业选择,创办新企业被看作发家致富的恰当方式,成功的创业者有较高的社会地位并受到尊重,公共媒体经常报道成功创业者的事例,创业者被认为是能力很强、足智多谋的人(De Clercq et al. ,2010);个人主义与集体主义产生的不同影响(Alexander,2012);在流通领域企业间的合作,社会诚信,产业协会的作用,企业的社会责任,对高标准商业活动的期望(Jia et al. ,2014);认为开办新企业是个良好职业选择的人口比例,成功创业者得到社会认可与具有的相应社会地位程度,媒体对创业的关注程度(Urbano, Alvarez, 2014)。

此外,有关大学与区域创新体系协同发展的很多研究也表明(何建坤等,2008; Bramwell,Wolfe,2008;OECD,2013;王凯、邹晓东,2014),区域的科技中介组织和金融组织等对促进产学合作与协同创新起到重要作用,这些组织对相关活动的认识水平和重视程度对产学关系的构建与可持续发展有着深远影响。

综合上述研究成果,并结合相关理论分析、调研访谈、探索性案例研究和专家建议,本研究使用 4 个题项对区域制度环境中的规范性要素情况进行测量。具体的测量题项和依据文献如表 5.6 所示。

第三,文化—认知要素。文化—认知要素是指社会行为人共享的行动逻辑,代表了一种通过参与各种社会交互活动所建立的比较非正式的、理所应当的规则和信念(Scott, 2002,2014)。

表 5.6　变量测量——规范性要素

测量题项	依据文献
区域内的科技中介（服务）组织积极帮助产学合作项目	Busenitz et al.，2000； 何建坤等，2008； Bramwell，Wolfe，2008；
区域政府对大学促进本区域创新能力的提升寄予厚望，并提出要求	De Clercq et al.，2010； OECD，2013；
区域内的金融组织或个人积极支持产学合作与协同创新	Jia et al.，2014； Urbano，Alvarez，2014； 王凯、邹晓东，2014；
区域的产学合作与协同创新被看成是企业成功的重要途径之一	余冬筠、金祥荣，2014； Wei，2022

　　Busenitz 等人（2000）在制度环境对创业行为影响的研究中，开发出的认知性要素测量题项包括 4 个方面：人们知道如何用法律保护新企业；开办新企业的人们知道如何处理高风险；开办新企业的人们知道如何管理风险；大部分人知道在何处寻找到有关他们产品的市场信息。这些有关认知性要素测量的维度与题项也得到学术界较为广泛的认可（Spencer，Gomez，2004；Manolova et al.，2008；倪昌红，2011；沈奇泰松等，2014）。De Clercq 等人（2010）在研究制度环境对商业活动的影响中所提出的认知性要素测度指标也与之有很大相似之处，例如：很多人有开办新企业的经历；很多人能够对开办新企业的良好机遇做出快速反应；大部分人相信创办新企业或高增长企业比较容易；很多人知道如何管理小企业。Alexander（2012）则主要从人们"避免不确定性"的情况来测量文化—认知要素。Urbano 和 Alvarez（2014）提出的文化—认知测量维度包括 3 个方面：创业经历和技能水平、对创业失败的害怕程度和对创业者的知晓程度。另外一些学者（Jia et al.，2014）基于中国情境提出的认知性要素测量题项包括："关系"（Guanxi）在产业中的重要性，"关系"对产业成功的必要性，"关系"对产业法律和制度的补充程度，"关系"帮助产业降低运营成本情况，"关系"帮助产业增加收益情况。

　　此外，其他有关产学合作的研究还表明，企业的研发投入积极性通常是产学合作关系构建的重要基础，研发投入情况会对产学互动关系产生"门槛"效应（樊霞等，2013）；区域内企业的积极创业文化、开放创新文化与产学合作的开展及成效有显著的正向影响（Saxenian，1994；Casper，2013；Berbegal-Mirabent et al.，2013），例如，Casper（2013）通过对美国旧金山（San Francisco）和洛杉矶（Los Angeles）两个地区大学科技成果转化与技术转移情况的比较分析发现：在两个地区高等教育和经济等方面整体水平相当的情况下，旧金山的大学产学合作与技术转移成效之所以比洛杉矶的大学高出很多，关键在于前一区域内企业间的合作创新网络比后一区域发达很多。事实上，这也是很多拥有同样高水平研究型大学的区域并不能像"硅谷"那样获得高科技经济成效的重要原因之一。

　　综合上述研究成果，并结合相关理论分析、调研访谈、探索性案例研究和专家建议，本研究使用 4 个题项对区域制度环境中的文化—认知要素进行测量。具体测量题项和依据文献如表 5.7 所示。

表 5.7　变量测量——文化—认知要素

测量题项	依据文献
区域内企业之间的交流、合作活动较多	Saxenian，1994；
	Busenitz et al.，2000；
区域内企业的研发投入积极性很高	De Clercq et al.，2010；
	Casper，2013；Jia et al.，2014；
区域内企业很重视与大学的交流、合作活动	樊霞等，2013；
	Urbano，Alvarez，2014；
区域内合作企业能够理解大学研发活动特性	李靖华、黄继生，2017

（3）中介变量——知识网络嵌入性关系

第一，信任。组织间的信任通常是指参与合作的各方都会按照合作之初的期望履行彼此的义务与责任（Ring，Van De Ven，1992），是组织间合作过程中一种独特的治理机制，能够提升合作行为主体之间进行自愿性及非强制性的资产与服务交换的成效（Uzzi，1996，1997）。

基于诚实、可靠和信息三个维度，Morgan 和 Hunt（1994）用 7 个题项对组织间的信任情况进行了测量。Sarkar 等人（2001）同样也是从 3 个方面测量相互信任：合作双方对彼此诚实和正直；合作双方相互公平和公正地交往；合作双方认为有必要谨慎地处理彼此的关系。McEvily 和 Marcus（2005）对组织间的信任测量维度包括：合作伙伴的公正谈判情况；合作伙伴没有误导的情况；合作伙伴遵守诺言的情况。

以上这些学者所开发的组织间信任情况测度量表后来得到学者们的广泛认可，很多学者在测量组织间的信任情况时重点参考了他们的量表（许冠南，2008；章威，2009）。例如，Gulati 和 Sytch（2007）对组织间的信任包括 5 个方面：合作对象是否公正谈判；合作对象是否利用对自己不利的机遇牟利；合作对象是否履行约定事项；合作对象是否能够公平交往；合作对象是否会对共享的机密或产权信息保密。Lavie 等人（2012）对组织间信任的测量题项也包括五个方面：合作伙伴之间的信任程度；他们之间的互惠程度；开放交流程度；相信彼此会完成应尽责任的程度；合作伙伴履行约定义务的情况。

有关产学合作的研究中，Santoro 和 Gopalakrishnan（2000）从企业视角测量组织间相互信任的情况，相关题项包括 3 个方面：企业与合作的大学研究中心能够共享观点、感想和具体目标的意愿，企业对大学研究中心的能力、动机和公正性的怀疑程度，企业对大学研究中心行为准则的接受程度。通过借鉴其他学者（Ganesan，1994；Morgan，Hunt，1994；Doney，Cannon，1997）的测度量表，Plewa 等人（2013）从 3 个方面对产学合作的信任情况进行了测量：参与者对合作伙伴的完全信任程度，相信合作伙伴会考虑自己最高收益的程度，对合作伙伴会诚实交往的相信程度。

综合上述研究成果，并结合相关理论分析、调研访谈、探索性案例研究和专家建议，本研究使用 3 个题项对知识网络嵌入性关系中的信任进行测量。具体测量题项和依据文献如表 5.8 所示。

表 5.8　变量测量——信任

测量题项	依据文献
大学的合作伙伴在协商谈判中都做到了公正和实事求是	Sarkar et al.，2001；McEvily，Marcus，2005；Santoro，Gopalakrishnan，2000；许冠南，2008；章威，2009；Lavie et al.，2012；Plewa et al.，2013；陈伟等，2020
产学合作双方都能够实现约定的责任和义务（如按时结项或付款等）	
产学合作双方都能够开放沟通存在的相关问题	

第二，承诺。承诺是指合作各方都相信现存的关系对彼此很重要，都愿意尽最大努力建立持久与互惠的合作关系，并在此过程中遵从彼此应该承担的责任，它是关系资本的关键要素（Morgan，Hunt，1994；Madhok，1995）。

Sarkar 等人（2001）用 3 个题项测量组织间的相互承诺情况：为了合作项目成功，双方企业愿意贡献任何人力和物力；双方企业为合作项目提供了既有经验又有能力的人才；双方企业承诺要把合作项目做成功。许冠男（2008）在综合其他学者（Morgan，Hunt，1994；Kaufinanetal，2006；Huang，Chang，2008）对组织间承诺研究的基础上提出了 3 个测量维度：组织对合作伙伴关系的重视程度；组织在合作过程中的投入程度；组织与合作伙伴间关系的持久性。通过借鉴相关已有研究成果（Cullen et al.，1995；Kale et al.，2000；McEvily，Marcus，2005；Sarkar et al.，2001），Lavie 和 Haunschild 等人（2012）在有关组织不同特征、关系机制和联盟绩效的关系机制研究中，使用 4 个题项对组织间的承诺情况进行测量：合作伙伴为保障联盟运行所投入资源的情况，如人员培训、市场开发资金和工程资源等；从联盟中获得有关企业管理的帮助情况；共享与交互信息的情况；具备有效解决冲突机制的情况。

综合上述研究成果，并结合相关理论分析、调研访谈、探索性案例研究和专家建议，本研究使用 4 个题项对知识网络嵌入性关系中的承诺进行测量。具体测量题项和依据文献如表 5.9 所示。

表 5.9　变量测量——承诺

测量题项	依据文献
大学教师经常参与区域公益性科技咨询或顾问活动	Morgan，Hunt，1994；Kale，et al.，2000；Sarkar et al.，2001；许冠男，2008；Lavie et al.，2012；尚航标等，2016
大学有面向本区域企业开放的实验室和其他科技基础设施与设备	
区域内企业积极为大学的学生提供实习机会	
区域内相关企业支持大学开展前瞻性研究	

第三，信息共享。组织间的信息共享是指"拟参与"或"已参与"合作的各方披露便于其他主体开展合作活动信息的程度，以及在合作过程中伙伴们超出合同或协议的规定，主动交互有益于彼此的信息的程度（Heide，Miner，1992；McEvily，Mareus，2005）。

　　Heide 和 Miner(1992)用 4 个题项测量组织间的信息共享:任何对其他合作伙伴有用的信息都会提供给他们;除具体协议规定之外,组织间还经常进行非正式的信息交流;合作伙伴会相互提供对彼此有帮助的信息;我们相互沟通可能影响到对方活动的变化。Sarkar 等人(2001)基于前人的研究,提出了信息共享的 3 个测量题项:合作双方经常交流(如互访、开会、书信和电话交流等);合作双方经常以非正式的形式进行信息交互;合作双方容易与彼此的员工沟通。McEvily 和 Marcus(2005)对信息共享的测量包括 3 个题项:合作伙伴会告知我们可能产生问题的事情,合作伙伴与我们共享未来发展计划,合作伙伴与我们共享产权和敏感信息。Gulati 和 Sytch(2007)主要从信息交互范围和信息交互质量两个维度用 13 个题项对组织间的信息共享情况进行测量,如产品的质量信息、库存信息、设计信息、生产能力、收到信息的准确性、收到信息的详情和收到信息的准时性等。许冠男(2008)基于以上学者的研究,从 4 个方面对组织间信息共享情况进行测量:相互信息交互频度,提醒可能存在的问题,相互提供所需信息,共享未来发展计划。

　　李世超、蔺楠和苏竣(2011)基于以前的研究(McEvily, Marcus,2005;Sherwood, Covin,2008;Jong,Woolthuis,2008),在有关产学关系嵌入机制的研究中从 4 个方面测量大学与企业的信息共享情况:双方尽力提供彼此所需信息,尽力提醒可能存在的变化与问题,经常对项目开展情况进行沟通,能够获取数据库和软件说明等资料。Plewa 和 Korff 等人(2013)在有关产学关系演化的研究中用 3 个题项测量双方的信息共享情况:产学间经常对话,产学间有大量的专业交流,产学间有很多交流途径。

　　综合上述研究成果,并结合相关理论分析、调研访谈、探索性案例研究和专家建议,本研究使用 4 个题项对知识网络嵌入性关系中的信息共享进行测量。具体测量题项和依据文献如表 5.10 所示。

表 5.10　变量测量——信息共享

测量题项	依据文献
大学教师经常举行或参加产学交流会/洽谈会/研讨会等	Heide,Miner,1992;
大学教师经常与本区域的科技主管部门和企业进行正式或非正式会面	Sarkar et al. ,2001; McEvily,Marcus,2005; Gulati,Sytch,2007;
大学教师能够通过本区域政府或企业的信息平台获取企业技术创新需求	许冠男,2008; 李世超等,2011;
大学为本区域企业、政府和其他组织了解其科研优势和相关成果信息提供了便利	Plewa et al. ,2013 Krishnan et al. ,2021

　　第四,联合解决问题。联合解决问题是指组织间经常以面对面的形式一起研究和处理合作过程中需要解决的问题(Uzzi,1996,1997),此种活动具有明确的目的和特定的情景,合作双方互动程度很高(章威,2009)。

　　Heide 和 Miner(1992)用 4 个题项测量组织间联合解决问题情况:很多情况下合作伙伴能共同负责完成项目;合作中遇到的问题由伙伴们共同解决而不是单独一方负责;合作伙伴乐于相互帮助;合作伙伴共同承担关系发展的责任。McEvily 和 Marcus(2005)从 3

个方面测量联合解决问题情况：合作双方共同解决困难，合作双方共同负责完成合作任务，合作双方相互帮助解决彼此的问题。Gulati 和 Sytch(2007)用 10 个题项测量组织间联合解决问题情况，如最初的产品设计、质量改进、相互调整关系和联合负责解决问题等。后来的很多研究(许冠男，2008；章威，2009)主要采用了 McEvily 和 Marcus(2005)开发出的量表，例如，许冠男(2008)测量企业间共同解决问题情况的题项包括与之类似的 3 个方面：联合负责完成任务，相互帮助解决彼此的问题，共同克服合作中的困难。

此外，已有很多研究[①]发现，合作研究、联合研发、顾问和科学咨询等的知识双向流动、共同解决问题的合作模式特别有利于产学之间交互学习和知识创新，以及产学双方创新能力的持续提升和区域创新的长期发展。

综合上述研究成果，并结合相关理论分析、调研访谈、探索性案例研究和专家建议，本研究使用 3 个题项对知识网络嵌入性关系中的联合解决问题进行测量。具体测量题项和依据文献如表 5.11 所示。

表 5.11　变量测量——联合解决问题

测量题项	依据文献
大学教师经常与企业一起进行合作研究和技术开发	Heide，Miner，1992；
	Cohen et al.，2002；
大学教师经常参与企业的有偿性咨询或顾问活动	McEvily，Marcus，2005；
	Gulati，Sytch，2007；
大学与企业共建了研发实体，如实验室、工程中心和技术创新中心等	王凯、邹晓东，2014；
	Thomas，Pugh，2020

(4)因变量——ICBU 绩效

第一，任务型绩效。任务型绩效(李成龙、刘智跃，2013)是指大学以知识双向动态流动的方式与其他创新主体进行交互学习和知识创新过程中所产生的合作专利、合著论文和研发收入等显性创新绩效。

Bishop 等人(2011)从企业的角度开发出产学合作创新绩效测度的 9 个题项，有 2 个题项可归属到任务型绩效：招聘到大学研究生，在产品或生产过程中产生专利。Lavie 等人(2012)用 8 个题项测量组织间的合作创新绩效，其中 6 项可归属为任务型绩效：实现了预期成果，产生的收入或客户数量满足或超出了期望值，产生新的客户、产品或项目，使高级终端用户或客户得到满意，得到企业内部与合作组织的认可，已经(或很有可能)演化为长期合作关系。Kabo 等人(2014)则从 3 个方面测量组织间的合作创新绩效：新的合作项目、获得的奖金和专利应用情况。为全面体现企业技术创新绩效，一些学者(肖丁丁、朱桂龙，2013；Kafouros et al.，2015)用新产品销售额测量企业通过产学合作取得的创新绩效。基于以前有关组织间合作绩效的研究成果(Hardy et al.，2003；Lee，Cavusgil，2006；Jong，Woolthuis，2008；Couchman，Fulop，2009)，李世超等(2011)提出测量产学合作创

---

① 例如：Cohen et al.，2002；Arza，Vazquez，2010；Lee et al.，2010；Kitagawa，Lightowler，2013；Bodas，2013；王凯、邹晓东、吕旭峰，2013.

新绩效的 4 个题项:发表的研究成果情况,预期目标(技术创新和利润收益等)实现情况,合作的满意度,继续深入开展合作的意愿。另外,还有其他一些学者分别用合著论文(Liang et al.,2012;赵正国、肖广岭,2014;Fan et al.,2015)与合作专利(Hong,Su,2013;朱凌等,2014)测量中国的产学合作创新绩效。

综合上述研究成果,并结合相关理论分析、调研访谈、探索性案例研究和专家建议,本研究使用 5 个题项对 ICBU 绩效中的任务型绩效进行测量。具体测量题项和依据文献如表 5.12 所示。

表 5.12　变量测量——任务型绩效

测量题项	依据文献
通过与企业互动或合作,大学的合著论文增多	Bishop et al.,2011;
	李世超等,2011;
通过与企业互动或合作,大学的联合专利增多	Liang et al.,2012;
	李成龙、刘智跃,2013;
通过与企业互动或合作,大学的合作奖励增多	Hong,Su,2013;
通过与企业互动或合作,大学的合作项目增多和(或)合作时间增长	肖丁丁、朱桂龙,2013;
	Kabo et al.,2014;
通过与企业互动或合作,大学的知识转化(如咨询、专利转让与合作研究等)收入增多	赵正国、肖广岭,2014;朱凌等,2014;
	Kafouros et al.,2015;Fan et al.,2015

第二,成长型绩效。成长型绩效(李成龙、刘智跃,2013)是指大学以知识双向动态流动的方式与其他创新主体进行交互学习和知识创新过程中所产生的对大学创新能力提升与发展起到重要作用的隐性创新绩效,如发现新问题与新观点、原来的科研效果得以改进和更易于应用到实践或商业化等。

Bishop 等人(2011)从企业的角度开发出产学合作创新绩效测度的 9 个题项中的 7 项可归属为成长型绩效:改进了对特别现象内在规律的理解,获取到有关新项目建议的信息,有助于解决问题,企业员工受到大学研究人员的培训,有助于新产品或新工艺成功上市,降低了产品或工艺的开发成本,减少了企业研发项目完成的时间。Lavie 等人(2012)测量组织间合作创新绩效的 8 个题项中的 2 个题项可归属为任务型绩效:通过集成合作伙伴与企业的技术,产品和专业知识获得高质量的解决方案,正在开发的产品或方案的上市时间减少。此外,Perkmann 等人(2011)从产学合作发展过程的不同阶段提出,成长型绩效的测量可包括 3 个方面:新技术获取情况,新科学知识获取情况,人力资本提升情况(如员工的技能得到发展)。

综合上述研究成果,并结合相关理论分析、调研访谈、探索性案例研究和专家建议,本研究使用 4 个题项对 ICBU 绩效中的成长型绩效进行测量。具体测量题项和依据文献如表 5.13 所示。

表 5.13　变量测量——成长型绩效

测量题项	依据文献
通过与企业互动或合作，我们获得了有利于知识创新的新观点、新知识和新技能	
通过与企业互动或合作，我们发现了新的研究问题	Bishop et al.，2011
通过与企业互动或合作，我们的研究问题或科研课题(项目)与成果得以改进	Perkmann et al.，2011； Lavie et al.，2012； 李成龙、刘智跃，2013
通过与企业互动或合作，我们的知识或研究成果更易于应用到实践或商业化	

(5)控制变量

除大学的知识网络能力和区域制度环境这些变量之外，还可能存在其他一些会对大学 ICBU 绩效产生显著影响的外生变量，在研究中要对其进行控制。

第一，区域经济发展水平。学者们在研究不同国家制度环境对创业活动(Urbano，Alvarez，2014)和商业活动(De Clercq et al.，2010)的影响时，把国家的人均收入和经济发展情况作为控制变量。柳卸林和吕萍等 4 位学者(2011)在研究产学研合作创新网络对区域创新能力的影响时，考虑到区域经济发展水平的差异会对整个计量结果产生影响，用人均 GDP 表征此种差异并作为控制变量。

通过借鉴以上研究成果，并结合专家建议，本研究把区域经济发展水平作为控制变量，用人均 GDP 作为其代理变量，把我国省级区域按 2009—2013 年人均 GDP 水平(国家统计局，2014)的均值从高到低分为 4 个不同等级，分别用"4、3、2、1"4 个虚拟变量表示。

第二，大学发展水平。有关制度环境对企业发展动力(Chang，Wu，2014)、研发投入(廖开容、陈爽英，2011)和社会资本(陈倩倩、尹义华，2014)的影响研究认为，企业规模会对社会资源的获取与创新绩效等产生重要影响，因此应该把企业规模作为控制变量。此外，其他学者从企业的角度研究产学合作创新绩效的过程中也把企业规模作为控制变量(Bishop et al.，2011；Hong，Su，2013；肖丁丁、朱桂龙，2013；Kafouros et al.，2015)。相应地，Hewitt-Dundas(2012)在一项有关大学研究质量对知识转移活动影响的研究中把大学的规模作为控制变量。

通过借鉴以上研究成果，并结合专家建议，本研究把大学发展水平作为另外一个控制变量，用大学所属类型作为大学发展水平的代理变量，把传统的"985 工程"高校、"211 工程"高校、省属重点大学和省直属高校从高到低分别表征为大学发展水平的 4 个不同等级，并分别用"4、3、2、1"4 个虚拟变量表示。

5.1.3　数据收集

为尽可能排除影响问卷数据质量的因素，提高收集到的问卷数据的准确性与可靠性，本研究在问卷发放区域与高校、发放学科与对象以及发放途径等方面进行了控制。

(1)发放区域控制。为减少不同区域创新能力差异较大对整体数据的影响，本研究根据柳卸林和陈傲主编的《中国区域创新能力报告》中近 5 年数据,选取区域创新能力 5 年均值排名前 20 位的省(自治区、直辖市)作为问卷发放区域。

(2)发放高校控制。为减少不同高校科研和技术转移实力差异较大对整体数据的影响,本研究根据教育部教育司主编的《高等学校科技统计汇编》中近 5 年数据,从以上确定的每个区域内选取科技经费收入(包括政府资金和企事业单位委托资金)均值排名前 3 位的大学作为问卷发放高校。

(3)发放学科控制。为减少不同学科差异对整体数据的影响,本研究参照已有研究成果(王凯等,2013),从以上确定的高校内选取一级学科分别为理学、工学、农学、医学的院系作为问卷发放对象。

(4)发放对象控制。有关企业组织层面研究中的问卷调查通常把企业高层管理人员作为调查对象(章威,2009;徐蕾,2012;Lavie et al.,2012),但大学作为独特的公共学术组织,与企业的组织运行模式有很大不同(伯恩鲍姆,2003)。大学的决策中心由学校党政主要领导构成,管理中心与重心则在学院(系),其主要职责是协助校长管理校务,如行政、教学、科研和学科建设等(Clark,1986;邹晓东、吕旭峰,2010,2011)。此外,由于本研究的基本对象为整个大学组织,而且问卷调查的内容主要涉及创新共同体的具体活动,基于调研访谈和专家建议可知,大学内具有相关专业学术背景的院(系)领导通常比较熟知学校的整体运行情况,同时也极有可能参与过创新共同体建设,因此,本研究从以上确定的高校院(系)内选取具有该院系相关专业、学科资深背景的行政领导(如院长、副院长或系主任、副主任)[①]以及仍挂靠在该单位从事学术研究的校领导。

(5)发放途径控制。问卷发放主要通过两种途径进行:互联网和邮寄纸质问卷。由于在线调查既可节约成本,又对资源水平要求较低,数据回收较快捷(Plewa et al.,2013),同时考虑到本研究的调查对象范围很广泛,因此首先选择通过互联网进行问卷调查。具体步骤为:第一,通过相关高校的网站或院系主页大量搜集潜在调查对象的电子邮件地址并进行汇总,标注清楚个人的姓名、职称、职务和单位等信息;第二,对搜集到的电子邮件地址进行筛查,剔除掉错误的或已经失效的邮件地址;第三,通过电子邮件邀请被调查者在互联网上直接填写网络问卷。此外,为提高网络问卷调查回复率,本研究参照Sauermann 和 Roach(2013)的建议,充分利用和调动各种渠道的人际关系以电话或面对面的方式邀请被调查者填写问卷,例如,请曾经调研访谈过的高校和政府部门负责人协助联系被调查者。同时,笔者还借鉴 Lavie 和 Drori(2012)的做法,对网络问卷进行密码保护,只有受到调查邀请者才能获知密码,以防止该问卷被不相关人员填写,从而造成数据"污染"。在网络发放问卷的基础上邮寄纸质问卷,针对有些高校院系中高层管理人员的电子邮件地址搜集不到的情况[②],将按照其通信地址邮寄纸质问卷的方式进行发放。

---

①　例如,有些高校院系的副院长(副主任)中有一位是职业行政人员,没有本学院相关专业学科的资深背景(拥有博士学位或副教授以上职称),当然,有些高校院系的书记或副书记同样具有本院系相关学科资深背景,如果这样的信息通过简历或其他资料能够得到确认,他们也被选为调查对象。

②　这种情况包括:有些高校院系领导的电子邮件地址无法在其学校网站、院系主页和其他资料中检索到;有些被检索到的电子邮件地址无效,如 Yahoo 邮箱、地址错误等。

通过上述数据搜集方法，本研究共有效发放问卷 967 份[①]，回收 349 份，剔除没有参加过任何一项创新共同体建设活动的问卷和答题不完整与不认真（如纸质问卷的答题不全和网络问卷答题时长不足 5 分钟）的问卷，最后剩下有效问卷 336 份，有效回收率为 35%（如表 5.14 所示）。已有研究表明，组织的高层管理人员问卷回收率通常会低于 25%，回复率达到 20% 就可以接受（张春宁等，2006）。由于本研究的问卷有效回收率达到 35%，应该已经满足研究需要。

表 5.14　问卷发放和回收情况汇总表

发放与回收途径	发放数量/份	回收数量/份	回收率/%	有效数量/份	有效率/%
互联网	764	281	37	275	36
纸质邮件	203	68	33	61	30
合　计	967	349	36	336	35

注：回收率＝回收数量/发放数量；有效率＝有效数量/发放数量

5.1.4　分析方法

（1）效度与信度分析

在进行实证分析前，为确保量表的测度质量，首先需要对量表的效度与信度进行检验（梁建、樊景立，2012）。

测量中的效度（validity）是指量表能够测到研究人员所要检测到的心理或行为特质的程度，主要包括三类：内容效度、效标关联效度和构念效度（吴明隆，2010a）。在量表开发中涉及的效度主要包括内容效度和构念效度。内容效度是指量表内容和测量题项能否准确反映所要测量的心理或行为特质，主要判断定义或潜变量在量表中呈现的程度。内容效度主要通过分析测量题项分布的合理性来检验。由于本研究测量量表的开发是基于系统的文献回顾、严谨的理论分析、深入的探索性案例研究和专家建议，并借鉴了得到学术界广泛认可的测度量表，因而已具有较高的内容效度。构念效度是指测量量表与理论构念的一致程度，主要判断量表所测量出的理论特质或概念的程度，是测量质量评价的主要依据（梁建、樊景立，2012）。检验构念效度的常用方法是因子分析（吴明隆，2010a）。

测量中的信度是指研究人员通过量表测量到的结果的一致性与稳定性，主要包括两类：外在信度和内在信度（吴明隆，2010a）。外在信度是指不同时间用同一量表测量结果的一致性；内在信度是指量表测量出某个概念（idea）的程度，以及量表内各个题项的内在一致性程度。因此，内在信度在多选项量表中特别重要，如果量表的内在信度（通常采用 Cronbach's alpha 系数作为检验指标）较高也就意味着整个量表的信度也较高（吴明隆，2010a）。

基于上述观点，并根据梁建与樊景立（2012）以及张伟雄与王畅（2012）四位学者的建

---

① 有效发放问卷主要是指通过电子邮件邀请方式发送问卷的有效数量。由于有些学校院系领导的电子邮件即使能够搜集到，也可能早已弃置不用，为此笔者对所有发出的电子邮件都设置了"已读回执"，如果 30 天内未收到该邮箱的已读回执将被视为废弃邮箱，也即问卷发放无效。

议,本研究首先对基于调查问卷所收集到的数据分别进行描述性统计分析、探索性因子分析(exploratory factor analysis,EFA)和验证性因子分析(confirmatory factory analysis,CFA)。本研究所使用的数据分析软件为 IBM(国际商业机器公司)出品的 SPSS 21.0 和 AMOS 21.0。

(2)探索性因子分析与验证性因子分析

概括而言,因子分析的主要功能包括三个方面:描述性功能、提供假设功能和检验假设功能(吴明隆,2010a)。因子分析能够将数目众多的变量浓缩为少数几个核心因子,探寻出各种观测变量的本质结构;从而有助于建立新假设和发展新理论,此时的因子分析也即探索性因子分析(EFA);如果使用者的理论架构已经很清晰和完善,就可以通过因子分析检验这些理论与假设,此时的因子分析也即验证性因子分析(CFA)。

探索性因子分析与验证性因子分析两种方法的最大不同之处在于,在测量理论架构过程中所起的作用与检验时机不同。EFA 主要目的是分析量表的构念效度,CFA 则要验证此构念效度的适切性与真实性(吴明隆,2010b)。

由于本研究中有关区域制度环境、大学知识网络能力、知识网络嵌入性关系和 ICBU 绩效的测度量表是在调研访谈和理论分析的基础上,通过整合企业管理研究中的相关量表和产学合作、协同创新等相关研究中的量表与观点开发出来的,因此,本研究首先需要通过探索性因子分析来更加明确量表中各个观测变量的内部结构和检验测量题项的合理性,然后通过验证性因子分析进一步检验调整后的观测变量的内在聚合效度与区分效度。

在一般研究中,检验构念聚合效度与区分效度时通常使用的方法是结构方程模型建模(梁建、樊景立,2012)。验证性因子分析是结构方程模型的特殊应用,是结构方程模型的一种次模型(吴明隆,2010b)。

(3)结构方程模型检验

结构方程模型(structural equation modeling,SEM)是整合了因子分析与路径分析两种统计方法的多变量统计分析方法,主要包括测量模型和结构模型(路径模型与全模型)(侯杰泰等,2004;吴明隆,2010b),其基本应用步骤为:初始模型设定,模型拟合,模型评价,模型修正(侯杰泰等,2004)。

SEM 可以基于变量的协方差矩阵检验观测变量与潜变量,以及潜变量之间的假设关系,用问卷收集的数据检验基于理论所建立的假设模型,其本质上也是一种理论模型检验的统计方法(张伟雄、王畅,2012)。这就要求在进行结构方程模型检验之前(或修正模型时)必须有坚实的理论支撑,在理论的引导下方可构建(或修正)假设模型图,由此,SEM 也被看作验证性统计方法。

与其他统计分析方法相比,SEM 的主要优点包括:能够同时处理测量与分析问题,既可估计测量误差,也可评估测量的信度与效度(如验证性因子分析 CFA);容许自变量与因变量含有测量误差,在分析过程中剔除随机测量误差;同时处理多个因变量,估计整个模型的拟合度,特别适用于中介效应检验的研究;适用于大样本统计分析(通常需要 200 个以上)(侯杰泰等,2004;吴明隆,2010b)。因此,结构方程模型建模的方法非常适合对本研究的概念模型进行检验。本研究在量表效度和信度检验的基础上将利用 SEM 检验研究假设和相关概念模型。

(4)调节变量的检验

检验调节变量的方法一般包括多元调节回归分析、多层线性模型和结构方程模型(SME)等方法。由于后两种方法在检验变量的调节效应时往往会存在很多问题,例如,使用 SME 分析时要模拟调节变量项(X×Y)的量度指标,学术界检验调节效应时最常用的方法是多元调节回归分析(罗胜强、姜嬿,2012)。

根据温忠麟、侯杰泰、张雷(2005)和罗胜强、姜嬿(2012)等几位学者的建议,采用多元回归方法对变量的调节效应进行检验的主要步骤包括:(1)将连续变量进行中心化或标准化处理;(2)构造乘积项;(3)构造回归方程;(4)分析和解释回归分析结果。本研究将参照以上学者的建议,通过多元调节回归分析方法对研究中的调节变量——制度环境的调节效应进行检验。

5.2　描述性统计

本研究共计回收有效问卷 336 份,如表 5.15 所示。按照省级行政区域进行分类,样本高校主要分布在浙江、江苏、四川、天津和陕西等地区,如图 5.1 所示。虽然来自浙江和江苏两省的样本相对较多,共占总量的 29%,但整体来看,样本的区域分布基本均匀。

表 5.15　样本主要特征的描述性统计($N=336$)

特征属性	分类标准	频次	百分比/%
参与过的知识 协同创新模式 (多项选择)	联合研发项目	280	83.3
	共建研究实体	172	51.2
	交流会议	216	64.3
	有偿性咨询或顾问	108	32.1
	公益性科技服务项目	120	35.7
性别	男	292	86.9
	女	44	13.1
年龄	20~30	0	0.0
	31~35	8	2.4
	36~40	64	19.0
	40 以上	264	78.6
职称	初级	8	2.4
	中级	0	0.0
	副高级	64	19.0
	高级	264	78.6

续表

特征属性	分类标准	频次	百分比/%
所属一级学科	理学	28	8.3
	工学	276	82.1
	农学	16	4.8
	医学	12	3.6
	其他	4	1.2
行政职级	科级	100	29.8
	处级	212	63.1
	校级	4	1.2
	无	20	6.0
在校工作年限	不足1年	0	0.0
	1~5年	60	17.9
	6~10年	264	78.6
	10年以上	12	3.6
所属高校类型（按最高级选择）	"985工程"高校	36	10.7
	"211工程"高校	80	23.8
	省属重点大学	80	23.8
	省直属高校	140	41.7

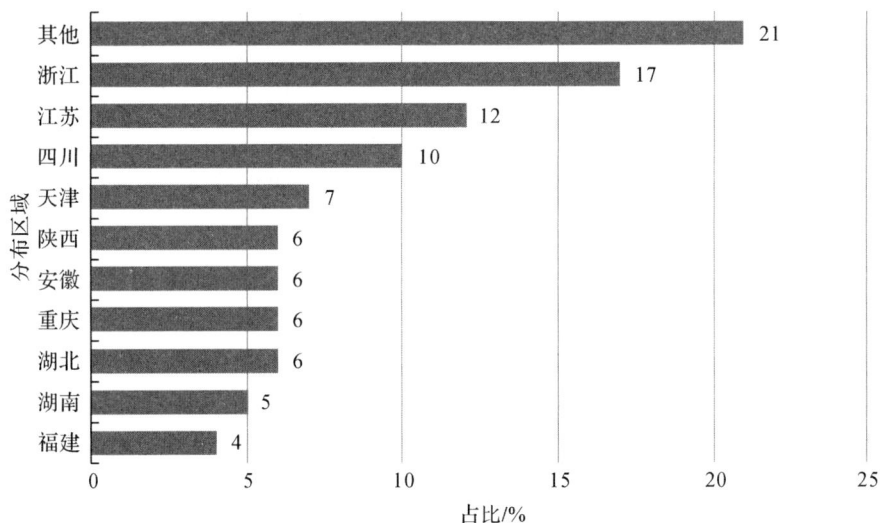

图 5.1 问卷数据来源区域分布情况

首先，从被调查者参与过的区域创新共同体模式来看，"联合研发项目"是他们参与最多的协同创新活动，回答频次为 280，所占比例达到 83.3%。其他模式类型也都比较多，如"共建研究实体"、"交流会议"、"有偿性咨询或顾问"和"公益性科技服务项目"等协同创新活动的回答频次比例分别为 51.2%、64.3%、32.1%、35.7%。

其次,再从样本的年龄、职称、行政职级、在校工作年限和所属高校类型等方面来看,也都满足了本研究问卷设计中有关调查对象的要求,从而有助于提高研究结论的外在效度,例如具有副高级与高级职称的被调查者分别为 64 人(占比为 19.0%)和 264 人(占比为 78.6%),大学的科级、处级和校级管理者分别为 100 人、212 人和 4 人。

5.3　探索性因子分析

由于探索性因子分析与验证性因子分析需要使用不同的样本数据,要将同一批次收集到问卷数据分为两个不同的数据集。按照学术界通用做法,本研究先抽取部分数据作为探索性因子分析所用数据,然后用剩余的数据做验证性因子分析。在探索性因子分析中所需要的最低样本量通常是变量总数的 5~10 倍或题项数的 5~10 倍。有鉴于此,本研究从 336 份总样本中使用 SPSS 软件随机抽取 109 份问卷数据进行探索性因子分析,用剩余的 227 份问卷数据做验证性因子分析。

在进行探索性因子分析之前首先要对样本数据进行 KMO(Kaiser-Meyer-Olkin measure of sampling)和巴特利特球形检验(Bartlett's test),以此考察原有变量是否适合进行因子分析,其检验标准为:KMO>0.70,Bartlett 统计值显著异于 0(马庆国,2002)。通过以上检验之后,本研究采用主成分因子分析(principal components analysis)和最大方差旋转法(varimax rotation),并按特征根(eigenvalues)大于 1 的方式提取因子。依据探索性因子分析中比较通用的做法,各题项因子载荷的最低可接受值为 0.5(马庆国,2002),累计解释方差需要大于 60%(Sánchez-Barrioluengo,2014)。此外,为检验通过探索性因子分析之后各题项间的内部一致性,确定量表的信度,本研究将进一步分析各个变量的"题项—总体"(item to total)相关系数(CITC)和 Cronbach's alpha(α)系数。依据李怀祖(2004)的建议,本研究中样本数据的信度通过检验的最低限值为:CITC>0.35,Cronbach's α>0.70。

5.3.1　制度环境

(1)KMO 和巴特利特球形检验

通过对制度环境的 KMO 和巴特利特球形检验(如表 5.16)可知,KMO 的测量值为 0.912,Bartlett 统计值显著异于 0,因而适合对其进行因子分析。

表 5.16　制度环境的 KMO 和巴特利特球形检验($N=109$)

KMO 取样适切性测量		0.912
巴特利特球形检验		
	近似卡方值	1081.135
	自由度	78
	显著性	0.000

（2）因子分析

根据特征根大于 1 与因子载荷大于 0.5 的要求,通过对制度环境的探索性因子分析共提取到 3 个因子(如表 5.17 所示),管制性要素、规范性要素与文化—认知要素的各个测量题项都按照预期分别归入同一因子,而且累计解释方差为 72.695%。因此,制度环境的构念通过了探索性因子分析的效度检验。

表 5.17　制度环境的探索性因子分析结果($N=109$)

测量题项	因子载荷		
	1	2	3
管制 A1:区域政府实施知识产权保护的力度较高	0.674	0.328	0.147
管制 A2:区域政府从政策上大力促进产学合作,如资助或奖励产学合作研发项目	0.788	0.190	0.413
管制 A3:区域政府较早成立了促进产学合作的专职部门或组织	0.807	0.180	0.249
管制 A4:区域政府从政策上鼓励和支持大学教师参与公益性科技创新服务活动	0.671	0.414	0.142
管制 A5:区域政府积极发展产学合作服务平台,如信息发布平台和交流/洽谈会等	0.673	0.247	0.245
规范 A1:区域内科技中介(服务)组织(如科技企业孵化器和行业协会等)积极帮助产学合作项目	0.215	0.661	0.273
规范 A2:区域政府对我们学校促进本区域创新能力的提升寄予厚望,并提出要求	0.335	0.636	0.322
规范 A3:区域内金融组织积极支持科技型企业的发展	0.429	0.784	0.175
规范 A4:在本区域,产学合作与协同创新被看成是企业成功的重要途径之一	0.418	0.775	0.480
认知 A1:区域内企业之间的交流、合作活动较多	0.408	0.262	0.892
认知 A2:区域内企业的研发投入积极性很高	0.228	0.409	0.725
认知 A3:区域内企业很重视与大学的交流、合作活动	0.311	0.403	0.772
认知 A4:参与产学合作的企业能够理解大学研发活动特性	0.223	0.083	0.866

注:3 个因子的累计解释方差为 74.695%。

（3）信度检验

分别通过对制度环境 3 个变量的信度检验可知(表 5.18),所有的"题项—总体"相关系数(CITC)都大于 0.35,各个变量的 Cronbach's α 系数都大于 0.7,而且删除任何一个题项后都会降低 Cronbach's α 系数。因此,制度环境各个变量的测度题项之间具有较好的内部一致性,通过了信度检验。

表 5.18　制度环境的信度检验（$N=109$）

变量名称	测量题项	"题项—总体"相关系数（CITC）	删除该题项后的 Cronbach's α 系数	Cronbach's α 系数
管制性要素	管制 A1	0.657	0.869	0.881
	管制 A2	0.814	0.832	
	管制 A3	0.710	0.857	
	管制 A4	0.680	0.863	
	管制 A5	0.719	0.854	
规范性要素	规范 A1	0.773	0.861	0.894
	规范 A2	0.780	0.859	
	规范 A3	0.771	0.862	
	规范 A4	0.742	0.872	
文化—认知要素	认知 A1	0.547	0.852	0.861
	认知 A2	0.838	0.767	
	认知 A3	0.831	0.769	
	认知 A4	0.640	0.834	

5.3.2　知识网络能力

（1）KMO 和巴特利特球形检验

基于对知识网络能力的 KMO 和巴特利特球形检验（如表 5.19）可知，KMO 的测量值为 0.834，Bartlett 统计值显著异于 0，因此适合对其进行因子分析。

表 5.19　知识网络能力的 KMO 和巴特利特球形检验（$N=109$）

KMO 取样切性测量		0.834
巴特利特球形检验		
	近似卡方值	974.309
	自由度	78
	显著性	0.000

（2）因子分析

依照特征根大于 1 和因子载荷大于 0.5 的标准，通过对知识网络能力的探索性因子分析共提取到 4 个因子（如表 5.20 所示），内部交流、知识基础、网络导向和组织领导的各个测量题项都按照预期分别归入同一因子，而且累计解释方差为 75.689%。由此可知，知识网络能力的构念通过了探索性因子分析的效度检验。

表 5.20　知识网络能力的探索性因子分析结果($N=109$)

测量题项	因子载荷			
	1	2	3	4
交流 A1：我们容易从校内其他部门（如研究团队、研究所和院系）获取企业技术需求信息	0.733	0.218	0.265	0.111
交流 A2：我们学校开展了很多跨学科（跨部门）研究项目	0.829	0.306	0.072	0.318
交流 A3：我们学校不同部门之间（如研究团队、研究所和院系等）的正式或非正式交流活动较多	0.891	0.150	0.019	0.227
知识 A1：我们的学科与科研成果对本区域相关产业的发展能够起到引领作用	0.163	0.781	0.415	0.162
知识 A2：我们的学科与科研成果基本满足本区域相关产业发展需求	0.130	0.780	0.369	0.171
知识 A3：我们的学科发展方向与区域支柱产业发展方向较为一致	0.129	0.771	0.072	0.008
导向 A1：我们学校从政策上积极促进教师参与区域内公益性的科技创新服务活动	0.006	0.365	0.809	0.398
导向 A2：我们学校较早成立了促进产学合作的专门组织，如地方合作（产学合作）办公室等	0.004	0.224	0.619	0.202
导向 A3：我们学校从政策上积极促进教师进行产学合作与技术成果转化活动	0.408	0.173	0.812	0.264
导向 A4：我们学校开展了很多有关提升教师进行技术转化或产学合作的知识与技能的培训活动	0.469	0.239	0.814	0.133
领导 A1：我校相关主要领导能够在本校工作 5 年以上，或有本区域 5 年以上的工作经历	0.113	0.434	0.284	0.690
领导 A2：我校相关主要领导与本区域的政府部门互动关系良好	0.305	0.411	0.055	0.753
领导 A3：我校相关主要领导与本区域支柱产业的高层管理人员互动关系良好	0.012	0.043	0.192	0.681

注：3 个因子的累计解释方差为 75.689%。

（3）信度检验

基于对知识网络能力 4 个变量的信度检验可知（表 5.21），所有的"题项—总体"相关系数（CITC）都大于 0.35，各个变量的 Cronbach's α 系数都大于 0.7，而且删除任何一个题项后都会降低 Cronbach's α 系数。因此，知识网络能力的各个变量测度题项之间具有较好的内部一致性，通过了信度检验。

表 5.21　知识网络能力的信度检验（$N=109$）

变量名称	测量题项	"题项—总体"相关系数（CITC）	删除该题项后的Cronbach's α 系数	Cronbach's α 系数
内部交流	交流 A1	0.667	0.832	0.887
	交流 A2	0.846	0.778	
	交流 A3	0.834	0.789	
知识基础	知识 A1	0.926	0.957	0.968
	知识 A2	0.888	0.954	
	知识 A3	0.982	0.916	
网络导向	导向 A1	0.774	0.793	0.860
	导向 A2	0.617	0.810	
	导向 A3	0.851	0.757	
	导向 A4	0.700	0.825	
组织领导	领导 A1	0.755	0.903	0.918
	领导 A2	0.787	0.831	
	领导 A3	0.987	0.764	

5.3.3　知识网络嵌入性关系

（1）KMO 和巴特利特球形检验

由知识网络嵌入性关系的 KMO 和巴特利特球形检验结果（如表 5.22）可知，该变量 KMO 的测量值为 0.883，Bartlett 统计值显著异于 0，因此适合对其进行因子分析。

表 5.22　知识网络嵌入性关系的 KMO 和巴特利特球形检验（$N=109$）

KMO 取样适切性测量		0.883
巴特利特球形检验		
	近似卡方值	1334.022
	自由度	91
	显著性	0.000

（2）因子分析

依照特征根大于 1 以及因子载荷大于 0.5 的标准，通过对知识网络嵌入性关系的探索性因子分析共提取到 4 个因子（如表 5.23 所示），信任、承诺、信息共享与联合解决问题的各个测量题项都按照预期分别归入同一因子，而且累计解释方差为 80.614%。由此可以判断，知识网络嵌入性关系的构念通过了探索性因子分析的效度检验。

表 5.23　知识网络嵌入性关系的探索性因子分析结果($N=109$)

测量题项	因子载荷			
	1	2	3	4
信任 A1:我们的合作伙伴在协商谈判中都做到了公正和实事求是	0.246	0.858	0.184	0.137
信任 A2:产学合作双方都能够实现约定的责任和义务(如按时结项或付款等)	0.186	0.908	0.095	0.124
信任 A3:产学合作双方都能够开放沟通存在的相关问题	0.300	0.857	0.052	0.235
承诺 A1:我们经常参与区域公益性科技咨询或顾问活动	0.335	0.438	0.451	0.653
承诺 A2:我们有面向本区域企业开放的实验室和其他科技基础设施与设备	0.237	0.282	0.130	0.802
承诺 A3:区域内企业积极为我校学生提供实习机会	0.492	0.177	0.220	0.786
承诺 A4:区域内相关企业支持我们开展前瞻性研究	0.479	0.113	0.367	0.643
信息 A1:我们经常举行或参加产学交流会/洽谈会/研讨会等	0.734	0.286	0.312	0.233
信息 A2:我们经常与本区域的科技主管部门和企业进行正式或非正式会面	0.754	0.299	0.306	0.318
信息 A3:我们能够通过本区域政府或企业的信息平台获取企业技术创新需求	0.745	0.378	0.144	0.337
信息 A4:我们为本区域企业、政府和其他组织了解我们的科研优势和相关成果信息提供了便利	0.789	0.295	0.293	0.258
联合 A1:我们经常与企业一起进行合作研究和技术开发	0.412	0.235	0.791	0.132
联合 A2:我们经常参与企业的有偿性咨询或顾问活动	0.306	0.216	0.637	0.162
联合 A3:我们与企业共建了研发实体(如实验室、工程中心和技术创新中心等)	0.215	0.009	0.812	0.325

注:3 个因子的累计解释方差为 80.614%。

（3）信度检验

由知识网络嵌入性关系 4 个变量的信度检验结果可知(表 5.24),所有的"题项—总体"相关系数(CITC)都大于 0.35,各个变量的 Cronbach's α 系数都大于 0.7,而且删除任何一个题项后都会降低 Cronbach's α 系数。因此,知识网络嵌入性关系的各个变量测度题项之间具有较好的内部一致性,通过了信度检验。

表 5.24　知识网络嵌入性关系的信度检验($N=109$)

变量名称	测量题项	"题项—总体"相关系数(CITC)	删除该题项后的 Cronbach's α 系数	Cronbach's α 系数
信任	信任 A1	0.830	0.907	
	信任 A2	0.871	0.875	0.926
	信任 A3	0.846	0.895	

续表

变量名称	测量题项	"题项—总体"相关系数（CITC）	删除该题项后的Cronbach's α系数	Cronbach's α系数
承诺	承诺 A1	0.658	0.812	0.845
	承诺 A2	0.646	0.818	
	承诺 A3	0.735	0.779	
	承诺 A4	0.689	0.801	
信息共享	信息 A1	0.799	0.933	0.936
	信息 A2	0.876	0.908	
	信息 A3	0.842	0.919	
	信息 A4	0.883	0.906	
联合解决问题	联合 A1	0.697	0.678	0.801
	联合 A2	0.679	0.695	
	联合 A3	0.570	0.709	

5.3.4　ICBU 绩效

（1）KMO 和巴特利特球形检验

由 ICBU 绩效 KMO 和巴特利特球形检验结果（如表 5.25）可知，KMO 的测量值为 0.890，Bartlett 统计值显著异于 0，适合对该数据进行因子分析。

表 5.25　ICBU 绩效 KMO 和巴特利特球形检验（$N=109$）

KMO 取样适切性测量		0.890
巴特利特球形检验		
	近似卡方值	824.778
	自由度	36
	显著性	0.0002

（2）因子分析

依据特征根大于 1 以及因子载荷大于 0.5 的标准，通过对 ICBU 绩效的探索性因子分析共提取到 2 个因子（如表 5.26 所示），任务型绩效和成长型绩效的各个测量题项都按照预期分别归入同一因子，而且累计解释方差为 78.619%。由此可以判断，ICBU 绩效的构念通过了探索性因子分析的效度检验。

（3）信度检验

基于对 ICBU 绩效两个变量的信度检验可知（表 5.27），所有的"题项—总体"相关系数（CITC）都大于 0.35，各个变量的 Cronbach's α 系数都大于 0.7，而且删除任何一个题项后都会降低 Cronbach's α 系数。因此，ICBU 绩效的各个变量测度题项之间具有较好的内部一致性，通过了信度检验。

表 5.26 ICBU 绩效的探索性因子分析结果($N=109$)

测量题项	因子载荷	
	1	2
任务 A1:通过与企业互动或合作,我们的合著论文增多	0.82	0.422
任务 A2:通过与企业互动或合作,我们的联合专利增多	0.74	0.55
任务 A3:通过与企业互动或合作,我们的合作奖励(如资金和荣誉称号等)增多	0.885	0.296
任务 A4:通过与企业互动或合作,我们的合作项目增多	0.801	0.345
任务 A5:通过与企业互动或合作,我们的知识转化(如顾问或咨询、专利转让、合同研究与合作研究等)收入增多	0.726	0.349
成长 A1:通过与企业互动或合作,我们获得了有利于知识创新的新观点、新知识和新技能	0.357	0.774
成长 A2:通过与企业互动或合作,我们发现了新的研究问题	0.44	0.762
成长 A3:通过与企业互动或合作,我们的研究问题或科研课题(项目)与成果得以改进	0.357	0.838
成长 A4:通过与企业互动或合作,我们的知识或研究成果更易于应用到实践或商业化	0.143	0.858

注:2 个因子的累计解释方差为 78.619%。

表 5.27 ICBU 绩效的信度检验($N=109$)

变量名称	测量题项	"题项—总体"相关系数(CITC)	删除该题项后的 Cronbach's α 系数	Cronbach's α 系数
任务型绩效	任务 A1	0.707	0.904	0.910
	任务 A2	0.759	0.895	
	任务 A3	0.778	0.889	
	任务 A4	0.856	0.873	
	任务 A5	0.773	0.891	
成长型绩效	成长 A1	0.864	0.896	0.928
	成长 A2	0.819	0.912	
	成长 A3	0.876	0.891	
	成长 A4	0.782	0.921	

5.4 验证性因子分析

由以上探索性因子分析的结果可知,量表的各个因素与相关测量题项都已确定,接下来需要通过验证性因子分析检验量表的因子结构模型与实际收集到的数据是否契合,指标变量能否有效地成为因子构念(潜变量)的测量变量(吴明隆,2010b),判断问卷量表中各测量题项与相关维度(因子)的从属关系是否正确(侯杰泰等,2004),以及确定不同构念之间的区分度。根据已有研究中的惯例,并结合相关学者(侯杰泰等,2004;吴明隆,2010b;梁建、樊景立,2012)的建议,在本研究的验证性因子分析过程中主要从以下四个方面来综合检验模型的信度以及其构念的聚合效度与区分效度。

（1）组合信度检验

在因子分析中用 Cronbach's α 系数检验各构念的信度,而在结构方程模型中则需要用组合信度(composite reliability,CR)系数来检验模型的潜变量信度。组合信度也称之为构念信度,主要通过因素负荷量(indicator loading)与误差变量(indicator error variances)来估算,其计算公式(吴明隆,2010b)如下：

$$p_c = \frac{(\sum \lambda)^2}{[(\sum \lambda)^2 + \sum (\theta)]} = \frac{(\sum 标准化因素负荷量)^2}{[(\sum 标准化因素负荷量)^2 + \sum (\theta)]}$$

上面公式中 p_c 为组合信度,λ 为标准化因素负荷量(标准化回归系数或称标准化参数估计值),θ 为误差变量。

潜变量的组合信度系数是模型内在质量的判别标准之一,如果所有潜变量的组合信度系数都大于 0.60,说明该模型内在质量较好。

（2）聚合效度检验

聚合效度(convergent validity)是指,测量同一构念题项的测量值之间由于反映该构念的特质而应该高度相关(吴明隆,2010b;梁建、樊景立,2012)。

聚合效度检验的主要标准包括：各因素负荷量均在 0.50 与 0.95 之间且都经过 T-test 检验时说明,模型适配度良好,指标变量能够有效测量到其相关构念的特质;各潜变量的平均方差抽取量(average variance extracted,AVE)均大于 0.50 时说明,各相关测量指标能有效反映它们共同因子构念的特质。平均方差抽取量的计算公式(吴明隆,2010b)如下：

$$p_v = \frac{(\sum \lambda)^2}{[(\sum \lambda)^2 + \sum (\theta)]} = \frac{(\sum 标准化因素负荷量^2)}{[(\sum 标准化因素负荷量^2) + \sum (\theta)]}$$

（3）区分效度检验

区分效度(discriminant validity)是指,一个构念所代表的潜在特质与其他构念所代表的潜在特质低度相关或存在显著差异,采用不同题项测量不同构念时所得到的测量数值可以区分出来(吴明隆,2010b;梁建、樊景立,2012)。

区分效度的检验标准包括：各潜变量之间的相关系数(correlations)均小于 0.85;各潜变量的 AVE 值大于潜变量之间相关系数的平方。

（4）拟合指数检验

通过采用结构方程模型建模进行验证性因子分析,来检验模型与数据是否拟合的判别指数通常包括三个方面：绝对拟合指数、相对拟合指数和简约拟合指数,其中研究者在判别模型拟合效果时使用较多的是前两种指数。绝对拟合指数中主要采用"基于拟合函数的指数"和"近似误差指数";相对拟合指数主要采用"非范拟合指数"(non-normed fit index，NNFI)和"比较拟合指数"(comparative fit index，CFI)。这些拟合指数通常采用的判别标准依次为 x^2/df、RMSEA、NNFI 与 CFI(张伟雄、王畅，2102)，如表 5.28 所示。

表 5.28　结构方程模型拟合指数及其判别标准

拟合指数	判别标准	拟合结果
x^2/df	$2<x^2/df<5$	可以接受
	$x^2/df\leq2$	非常好
RMSEA	RMSEA<0.10	可以接受
	RMSEA<0.05	非常好
	RMSEA<0.01	极其出色
NNFI(TLI)	NNFI>0.9	可以接受
	越接近于1	非常好
CFI	CFI>0.9	可以接受
	越接近于1	非常好

资料来源：笔者根据已有文献(侯杰泰等，2004；吴明隆，2010b；张伟雄、王畅，2102)整理。

下面将根据以上模型判别标准，采用总样本数据中探索性因子分析时随机抽出 109 份问卷数据后剩余的 227 份问卷数据进行验证性因子分析。

5.4.1　制度环境

采用极大似然法(maximum likelihood，ML)对制度环境测量模型(图 5.2)的验证性因子分析结果如表 5.29 所示。

(1)在模型的信度检验方面：制度环境的三个潜变量组合信度值分别为 0.898、0.879 和 0.877，都超过最低接受值 0.60。

(2)在模型的聚合效度检验方面：各标准化因素负荷量均在 0.50 与 0.95 之间，且都在 P<0.001 的水平上具有统计显著性；各潜变量的平均方差抽取量(AVE)分别为 0.641、0.646 和 0.642，都超过最低接受值 0.50。

(3)在模型的区分效度检验方面：两两潜变量之间的相关系数分别为 0.765、0.786 和 0.796，都低于最高接受值 0.85；变量间的相关系数平方值分别为 0.585、0.618 和 0.634，以上各个平均方差抽取量(AVE)都大于与之相关的平方值。

(4)在模型的拟合指数检验方面：x^2/df 的值为 3.689，达到大于 2 小于 5 的可以接受标准；RMSEA 的值为 0.047，达到小于 0.05 的非常好标准；NNFI(TLI)的值为 0.942，达到大于 0.9 可以接受的水平。CFI 的值为 0.974，达到大于 0.9 接近于 1 的非常好水平。

通过对照验证性因子分析的四类判别标准可知，制度环境的所有因子结构通过验证，此模型的内在质量达到理想效果，测度量表具有较高的聚合效度与区分效度，模型的拟合指数都比较好。因此，本研究的制度环境测量模型有效，对管制性要素、规范性要素和文化—认知要素三个变量的划分及测量有效。

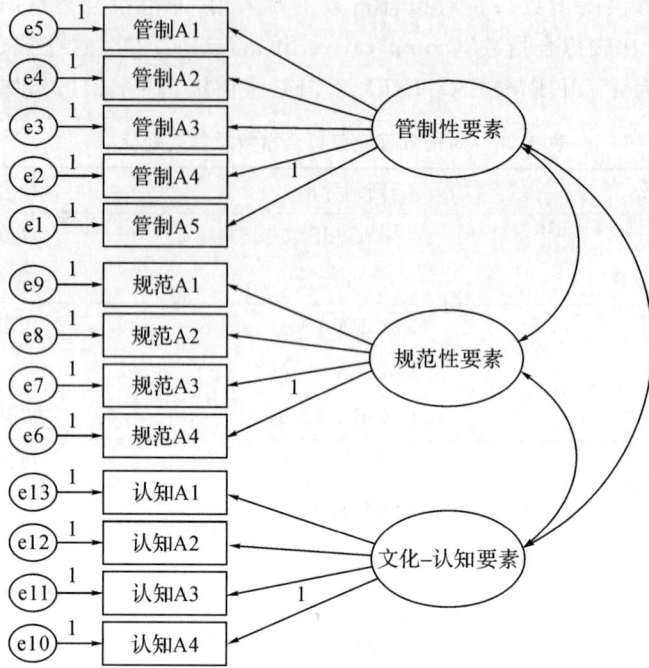

图 5.2 制度环境的测量模型

表 5.29 制度环境的验证性因子分析结果($N=227$)

路径			标准化因素负荷量	显著性P值	组合信度	AVE	变量相关系数
管制 A5	←	管制性要素	0.821	固定参数			
管制 A4	←	管制性要素	0.802	＊＊＊			管制
管制 A3	←	管制性要素	0.830	＊＊＊	0.898	0.641	←＞.765
管制 A2	←	管制性要素	0.859	＊＊＊			认知
管制 A1	←	管制性要素	0.679	＊＊＊			
规范 A4	←	规范性要素	0.763	固定参数			
规范 A3	←	规范性要素	0.824	＊＊＊			规范
规范 A2	←	规范性要素	0.792	＊＊＊	0.879	0.646	←＞.786
规范 A1	←	规范性要素	0.834	＊＊＊			认知
认知 A4	←	文化—认知要素	0.740	固定参数			
认知 A3	←	文化—认知要素	0.872	＊＊＊			管制
认知 A2	←	文化—认知要素	0.822	＊＊＊	0.877	0.642	←＞.796
认知 A1	←	文化—认知要素	0.765	＊＊＊			规范

续表

路径	标准化因素负荷量	显著性P值	组合信度	AVE	变量相关系数
测量模型拟合指数					

x^2/df	RMSEA	NNFI(TLI)	CFI
3.689	0.047	0.942	0.974

注:＊＊＊表示显著性水平 P<0.001。

5.4.2 知识网络能力

采用极大似然法对知识网络能力测量模型(图5.3)的验证性因子分析结果如表5.30所示。

(1)在模型的信度检验方面:知识网络能力的四个潜变量组合信度检验分别为0.890、0.920、0.838和0.885,都超过最低接受值0.60。

(2)在模型的聚合效度检验方面:各标准化因素负荷量均在0.50与0.95之间,且都在P<0.001的水平上具有统计显著性;各潜变量的平均方差抽取量(AVE)分别为0.732、0.794、0.566和0.720,都超过最低接受值0.50。

(3)在模型的区分效度检验方面:两潜变量之间的相关系数分别为0.683、0.640、0.577、0.714、0.560和0.525,都低于最高接受值0.85;变量间的相关系数平方值分别为0.466、0.410、0.333、0.510、0.314和0.276,以上各个平均方差抽取量(AVE)都大于与

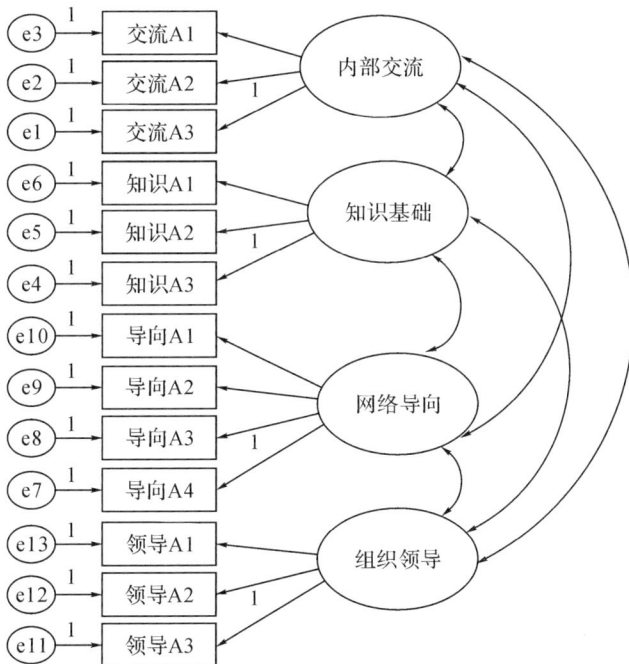

图5.3 知识网络能力的测量模型

之相关的平方值。

(4)在模型的拟合指数检验方面:x^2/df 值为 4.892,达到大于 2 小于 5 的可以接受水平;RMSEA 的值为 0.063,达到小于 0.10 的可接受水平;NNFI(TLI)值为 0.948,达到大于 0.9 的可接受水平;CFI 的值为 0.915,达到大于 0.9 的可接受水平。

通过对照验证性因子分析的四类判别标准可知,知识网络能力的所有因子结构验证通过,此模型的内在质量基本达到理想效果,测度量表的聚合效度系数与区分效度系数都在可接受标准值范围之内,模型的拟合指数都比较好。因此,本研究的知识网络能力测量模型有效,对内部交流、知识基础、网络导向和组织领导这四个变量的划分及测量有效。

表 5.30   知识网络能力的验证性因子分析结果($N=227$)

路径			标准化因素负荷量	显著性 P 值	组合信度	AVE	变量相关系数
交流 A3	←	内部交流	0.910	固定参数			内部交流
交流 A2	←	内部交流	0.920	＊＊＊	0.890	0.732	←→0.683
交流 A1	←	内部交流	0.722	＊＊＊			知识基础
知识 A3	←	知识基础	0.854	固定参数			知识基础
知识 A2	←	知识基础	0.939	＊＊＊	0.920	0.794	←→0640
知识 A1	←	知识基础	0.878	＊＊＊			网络导向
导向 A4	←	网络导向	0.747	固定参数			网络导向
导向 A3	←	网络导向	0.859	＊＊＊			←→0577
导向 A2	←	网络导向	0.696	＊＊＊	0.838	0.566	组织领导 内部交流
导向 A1	←	网络导向	0.858	＊＊＊			←→0714 网络导向
领导 A3	←	组织领导	0.789	固定参数			内部交流 ←→0560
领导 A2	←	组织领导	0.929	＊＊＊	0.885	0.720	组织领导 知识基础 ←→0525
领导 A1	←	组织领导	0.821	＊＊＊			组织领导

测量模型拟合指数

x^2/df	RMSEA	NNFI(TLI)	CFI
4.892	0.063	0.948	0.915

注:＊＊＊表示显著性水平 P<0.001。

5.4.3　知识网络嵌入性关系

采用极大似然法对知识网络嵌入性关系测量模型(图 5.4)的验证性因子分析结果如表 5.31 所示。

(1)在模型的信度检验方面:知识网络嵌入性关系的四个潜变量组合信度检验分别为 0.924、0.932、0.848 和 0.827,都超过最低接受值 0.60。

(2)在模型的聚合效度检验方面:各标准化因素负荷量均在 0.50 与 0.95 之间,且都在 P<0.001 的水平上具有统计显著性；各潜变量的平均方差抽取量（AVE）分别为 0.801、0.773、0.583 和 0.614，都超过最低接受值 0.50。

（3）在模型的区分效度检验方面：两潜变量之间的相关系数分别为 0.740、0.767、0.760、0.689、0.688 和 0.741，都低于最高接受值 0.85；变量间的相关系数平方值分别为 0.548、0.588、0.578、0.475、0.473 和 0.549，以上各个平均方差抽取量（AVE）都大于与之相关的平方值。

（4）在模型的拟合指数检验方面：x^2/df 的值为 4.762，达到大于 2 小于 5 的可以接受水平；RMSEA 的值为 0.089，达到小于 0.10 的可接受水平；NNFI（TLI）的值为 0.932，达到大于 0.9 的可接受水平；CFI 的值为 0.920，达到大于 0.9 的可接受水平。

通过对照验证性因子分析的四类判别标准可知，知识网络嵌入性关系的所有因子结构验证通过，该模型的内在质量基本达到理想效果，测度量表的聚合效度系数与区分效度系数都在可接受标准值范围之内，模型的拟合指数都比较好。因此，本研究的知识网络嵌入性关系测量模型有效，对信任、承诺、信息共享和联合解决问题这四个变量的划分及测度有效。

表 5.31　知识网络嵌入性关系的验证性因子分析结果（$N=227$）

路径			标准化因素负荷量	显著性 P 值	组合信度	AVE	变量相关系数
信任 A3	←	信任	0.880	固定参数			信任
信任 A2	←	信任	0.933	＊＊＊	0.924	0.801	←→0.740
信任 A1	←	信任	0.871	＊＊＊			承诺
信息 A4	←	信息共享	0.910	固定参数			信息共享
信息 A3	←	信息共享	0.842	＊＊＊			←→0.767
信息 A2	←	信息共享	0.884	＊＊＊	0.932	0.773	承诺 信息共享
信息 A1	←	信息共享	0.879	＊＊＊			←→0.760
联合 A3	←	联合解决问题	0.758	固定参数			联合解决问题 信任
联合 A2	←	联合解决问题	0.765	＊＊＊	0.848	0.583	←→0.689
联合 A1	←	联合解决问题	0.804	＊＊＊			信息共享 信任
承诺 A4	←	承诺	0.725	固定参数			←→0.668
承诺 A3	←	承诺	0.813	＊＊＊			联合解决问题 联合解决问题
承诺 A2	←	承诺	0.767	＊＊＊	0.827	0.614	←→0.741
承诺 A1	←	承诺	0.770	＊＊＊			承诺

测量模型拟合指数

x^2/df	RMSEA	NNFI（TLI）	CFI
4.762	0.089	0.932	0.920

注：＊＊＊表示显著性水平 P<0.001。

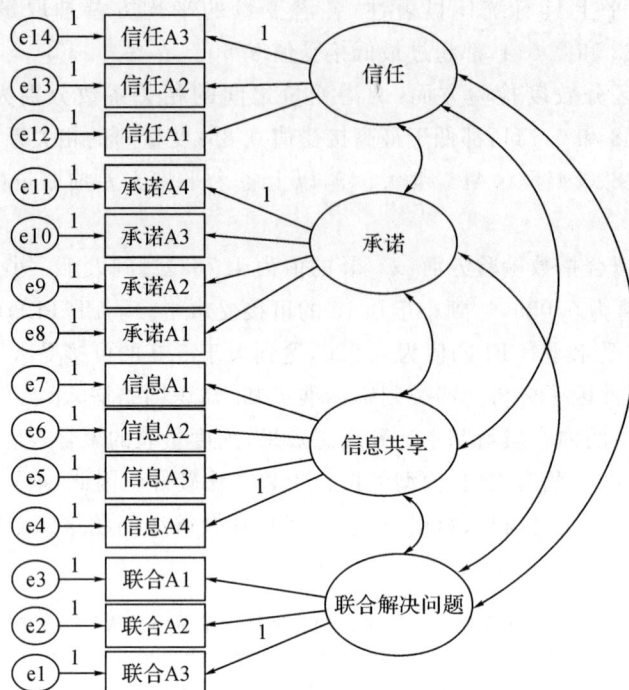

图 5.4　知识网络嵌入性关系的测量模型

5.4.4　ICBU 绩效

采用极大似然法对 ICBU 绩效测量模型（图 5.5）的验证性因子分析结果如表 5.32 所示。

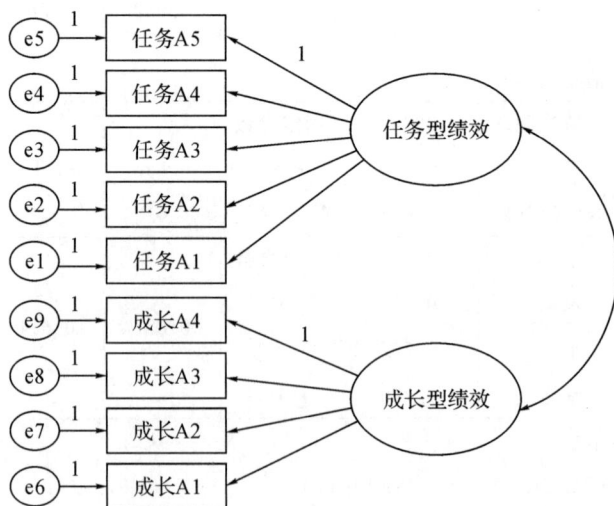

图 5.5　大学主导的区域创新共同体绩效的测量模型

(1)在模型的信度检验方面:ICBU 绩效的两个潜变量组合信度检验分别为 0.955 和 0.891,都超过最低接受值 0.60。

(2)在模型的聚合效度检验方面:各标准化因素负荷量均在 0.50 与 0.95 之间,且都在 P<0.001 的水平上具有统计显著性;各潜变量的平均方差抽取量(AVE)分别为 0.809 和 0.672,都超过最低接受值 0.50。

(3)在模型的区分效度检验方面:两个潜变量之间的相关系数为 0.801,低于最高接受值 0.85;变量间的相关系数平方值分别为 0.642,平均方差抽取量(AVE)大于该平方值。

(4)在模型的拟合指数检验方面:x^2/df 的值为 4.770,在大于 2 小于 5 的可以接受范围;RMSEA 的值为 0.085,达到小于 0.10 的可接受水平;NNFI(TLI)的值为 0.914,达到大于 0.9 的可接受水平;CFI 的值为 0.938,达到大于 0.9 的可接受水平。

表 5.32 ICBU 绩效的验证性因子分析结果($N=227$)

路径			标准化因素负荷量	显著性 P 值	组合信度	AVE	变量相关系数
成长 A4	←	成长型绩效	0.900	固定参数			
成长 A3	←	成长型绩效	0.929	＊＊＊	0.955	0.809	
成长 A2	←	成长型绩效	0.880	＊＊＊			
成长 A1	←	成长型绩效	0.894	＊＊＊			成长型绩效
任务 A5	←	任务型绩效	0.893	固定参数			←→0.801
任务 A4	←	任务型绩效	0.915	＊＊＊			任务型绩效
任务 A3	←	任务型绩效	0.824	＊＊＊	0.891	0.672	
任务 A2	←	任务型绩效	0.810	＊＊＊			
任务 A1	←	任务型绩效	0.719	＊＊＊			

测量模型拟合指数

x^2/df	RMSEA	NNFI(TLI)	CFI
4.770	0.085	0.914	0.938

注:＊＊＊表示显著性水平 P<0.001。

通过对照验证性因子分析的四类判别标准可知,ICBU 绩效的全部因子结构验证通过,该模型的内在质量基本达到理想效果,测度量表的聚合效度系数与区分效度系数以及模型的拟合指数都在可接受标准值范围之内。因此,本研究的 ICBU 绩效测量模型有效,对任务型绩效和成长型绩效这两个变量的划分及测度有效。

5.5 知识网络能力与制度环境对知识网络嵌入性关系影响的实证分析

本节将首先通过结构方程模型建模检验知识网络能力与知识网络嵌入性关系的概念模型与假设；然后通过层级回归分析检验制度环境对知识网络能力影响知识网络嵌入性关系的调节效应，也即知识网络能力与制度环境交互作用对知识网络嵌入性关系的影响。

5.5.1 知识网络能力对知识网络嵌入性关系的影响分析

基于本书第四章中有关知识网络能力与知识网络嵌入性关系的理论假设，本研究所构建的知识网络能力对知识网络嵌入性关系影响的模型（简称"能力—关系"模型）如图5.6所示，该模型包括4个外因变量（内部交流、知识基础、网络导向与组织领导）和4个内因变量（信任、承诺、信息共享与联合解决问题），这两类变量分别包括13个外因显变量和14个内因显变量。此外，该模型还设置了31个残差项变量。

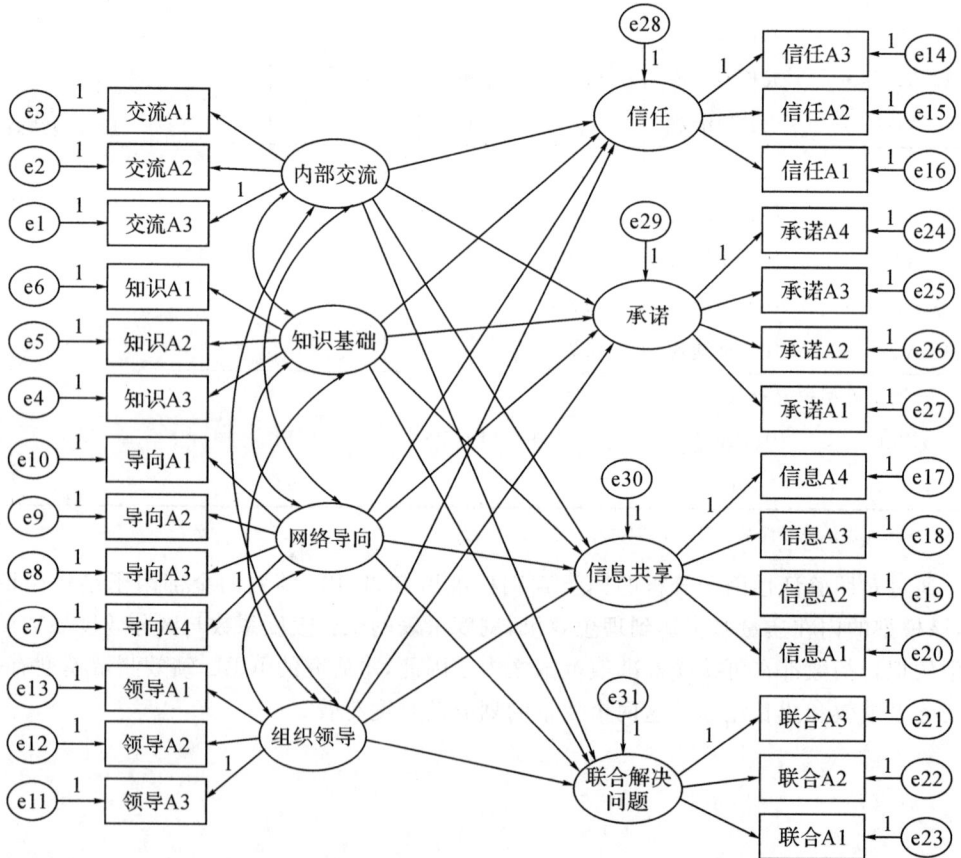

图5.6 知识网络能力对知识网络嵌入性关系影响的路径模型

通过使用 AMOS 软件对"能力—关系"路径模型进行分析运算后的拟合结果如表 5.33 所示：x^2/df 的值为 2.831，在大于 2 小于 5 的可以接受范围；RMSEA 的值为 0.035，达到小于 0.10 的可接受水平；NNFI(TLI) 的值为 0.945，达到大于 0.9 的可接受水平；CFI 的值为 0.944，达到大于 0.9 的可接受水平，这表明"能力—关系"路径模型拟合效果比较好。从潜变量间的路径情况来看，除"联合解决问题←组织领导"、"信任←组织领导"、"承诺←组织领导"、"信任←内部交流"、"承诺←内部交流"这 5 条路径之外，其他 11 条路径的临界比(critical ratio, C. R.)均大于最低标准值 1.96，且均在 P＜0.001 或 P＜0.05 的水平上具有统计显著性，标准化路径系数分别为 0.290、0.354、0.207、0.185、0.193、0.218、0.934、1.051、0.906、1.044 和 0.163。因此，假设 1c、假设 1d、假设 2(2a、2b、2c、2d)、假设 3(3a、3b、3c、3d)和假设 4c 通过检验。但是，以上提到的"联合解决问题←组织领导"和"信任←组织领导"等 5 条路径的临界比均小于最低标准值 1.96，且都达不到统计显著性水平，这说明知识网络能力中的组织领导对知识网络嵌入性关系中的联合解决问题、信任和承诺没有显著影响；知识网络能力中的内部交流对知识网络嵌入性关系中的信任和承诺没有显著影响。因此，假设 1a、假设 1b、假设 4a、假设 4b 和假设 4d 没有通过检验。

表 5.33　知识网络能力对知识网络嵌入性关系影响的模型拟合结果($N=336$)

路径			标准化路径系数	临界比	P
信任	←	内部交流	0.169	1.213	0.225
承诺	←	内部交流	0.150	1.072	0.284
信息共享	←	内部交流	0.390	4.679	＊＊＊
联合解决问题	←	内部交流	0.454	5.528	＊＊＊
信任	←	知识基础	0.307	2.004	0.029
承诺	←	知识基础	0.385	2.382	0.007
信息共享	←	知识基础	0.393	2.108	0.013
联合解决问题	←	知识基础	0.518	4.640	＊＊＊
信任	←	网络导向	0.934	8.416	＊＊＊
承诺	←	网络导向	0.951	8.771	＊＊＊
信息共享	←	网络导向	0.906	8.606	＊＊＊
联合解决问题	←	网络导向	0.944	7.888	＊＊＊
联合解决问题	←	组织领导	0.002	0.034	0.973
信息共享	←	组织领导	0.163	3.880	＊＊＊
信任	←	组织领导	0.039	0.903	0.366
承诺	←	组织领导	0.024	0.682	0.495

路径模型拟合指数

x^2/df	RMSEA	NNFI(TLI)	CFI
2.831	0.035	0.945	0.944

注：＊＊＊表示显著性水平 P＜0.001。

5.5.2 制度环境的调节效应检验

（1）数据中心化处理

根据有关变量调节效应检验的研究（温忠麟等，2005；罗胜强、姜嬿，2012），此部分将首先对自变量（知识网络能力）和调节变量（制度环境）的相关数据进行中心化处理，从而尽可能降低"方差膨胀因子"VIF 值，减少回归方程分析过程中各个变量间的多重共线性（multicollinearity）问题；然后把经过中心化处理后的知识网络能力四个变量和制度环境的三个变量两两相乘，构造出用于层级回归检验的乘积项。

（2）构建层级回归方程

本研究采用层级回归的方法检验制度环境对知识网络能力影响知识网络嵌入性关系的调节效应，使用 SPSS 统计分析软件先后把各个需要进行回归分析的变量依次放入方程：模型 1 的变量只包括控制变量（大学规模与区域经济）；模型 2 在模型 1 的基础上加入表征知识网络能力的四个解释变量（内部交流、知识基础、网络导向与组织领导）和表征制度环境的四个调节变量（管制性要素、规范性要素与文化—认知要素）；模型 3 在模型 2 的基础上加入表征管制性要素调节效应的四个交互项（"管制×内部交流"、"管制×知识基础"、"管制×网络导向"与"管制×组织领导"）；模型 4 在模型 2 的基础上加入表征规范性要素调节效应的四个交互项（"规范×内部交流"、"规范×知识基础"、"规范×网络导向"与"规范×组织领导"）；模型 5 在模型 2 的基础上加入表征文化—认知要素调节效应的四个交互项（"认知×内部交流"、"认知×知识基础"、"认知×网络导向"与"认知×组织领导"）。

此外，本研究还同时按照上述模型构建方式，依次分别把表征知识网络嵌入性关系的四个变量（信任、承诺、信息共享与联合解决问题）作为被解释变量放入回归模型中，先后进行四个批次的层级回归模型检验。为便于分析和展示数据，本书将每批次的 5 个检验模型结果汇总于一个表格中，并按顺序编号为"模型 1"至"模型 20"，如表 5.34 所示。

（3）调节效应分析和检验

在进行调节效应数据分析之前，首先要检查各回归模型是否存在多重共线性、自相关性和异方差问题，如果存在这些问题，得到的数据分析结果会存在不稳定性（马庆国，2002）。根据马庆国（2002）的建议，可分别使用方差膨胀因子（variance inflation factor，VIF）、杜宾-沃森（Durbin-Watson，DW）和回归模型散点图（标准化预测为横轴，标准化残差为纵轴）等方法检查以上问题。在本研究中，以上五个批次的所有模型 VIF 值均显著小于 10，大都小于 5；DW 值都接近于 2；各回归模型散点图都呈现出无序状态，且不存在明显跳跃，能集聚到各中心点周围。因此，各个批次回归模型数据结果具有较好的稳定性，可以开展进一步分析。

第一，对信任的调节效应——模型 1—5

由表 5.34 可知，只包括控制变量的模型 1 中的 R^2 值很小，F 统计值不显著，而且控制变量在模型 1—5 中的标准化回归系数都不显著，这说明控制变量区域经济和大学规模对信任的影响不显著。

模型 3 表明，"管制×内部交流"的标准化回归系数为正值，但达不到统计显著性水平；"管制×知识基础"、"管制×网络导向"和"管制×组织领导"的标准化回归系数均为正值,且都达到统计显著性水平。这说明,除内部交流之外,知识网络能力中的知识基础、网络导向和组织领导对知识网络嵌入性关系中信任的影响均受到管制性要素的正向调节效应。因此,研究假设9a的部分假设通过验证。

模型4表明,"规范×内部交流"的标准化回归系数为正值,但达不到统计显著性水平;"规范×知识基础"、"规范×网络导向"和"规范×组织领导"的标准化回归系数均为正值,且都达到统计显著性水平。这说明,除内部交流之外,知识网络能力中的知识基础、网络导向和组织领导对知识网络嵌入性关系中信任的影响均受到规范性要素的正向调节效应。因此,假设10a的部分假设通过验证。

模型5表明,"认知×内部交流"的标准化回归系数为正值,但达不到统计显著性水平;"认知×知识基础"、"认知×网络导向"和"认知×组织领导"的标准化回归系数均为正值,且都达到统计显著性水平。由此说明,除内部交流之外,知识网络能力中的知识基础、网络导向和组织领导对知识网络嵌入性关系中信任的影响均受到文化—认知要素的正向调节效应。因此,研究假设11a的部分假设通过验证。

第二,对承诺的调节效应——模型6—10

由表5.34可知,只包括控制变量的模型6中的R^2值很小,F统计值不显著,而且控制变量在模型6—10中的标准化回归系数都不显著,这说明控制变量区域经济和大学规模对承诺的影响不显著。

模型8表明,"管制×内部交流"的标准化回归系数为正值,但达不到统计显著性水平;"管制×知识基础"、"管制×网络导向"和"管制×组织领导"的标准化回归系数均为正值,且都达到统计显著性水平。这说明,除内部交流之外,知识网络能力中的知识基础、网络导向和组织领导对知识网络嵌入性关系中承诺的影响均受到管制性要素的正向调节效应。因此,假设9b的部分假设通过验证。

模型9表明,"规范×内部交流"的标准化回归系数为正值,但达不到统计显著性水平;"规范×知识基础"、"规范×网络导向"和"规范×组织领导"的标准化回归系数均为正值,且都达到统计显著性水平。这说明,除内部交流之外,知识网络能力中的知识基础、网络导向和组织领导对知识网络嵌入性关系中承诺的影响均受到规范性要素的正向调节效应。因此,假设10b的部分假设通过验证。

模型10表明,"认知×内部交流"的标准化回归系数为正值,但达不到统计显著性水平;"认知×知识基础"、"认知×网络导向"和"认知×组织领导"的标准化回归系数均为正值,且都达到统计显著性水平。这说明,除内部交流之外,知识网络能力中的知识基础、网络导向和组织领导对知识网络嵌入性关系中承诺的影响均受到文化—认知要素的正向调节效应。因此,研究假设11b的部分假设通过验证。

第三,对信息共享的调节效应——模型10—15

由表5.34可知,只包括控制变量的模型11中的R^2值很小,F统计值不显著,而且控制变量在模型11—15中的标准化回归系数都不显著,这说明控制变量区域经济和大学规模对信息共享的影响不显著。

模型13表明,"管制×内部交流"、"管制×知识基础"、"管制×网络导向"和"管制×组织领导"的标准化回归系数均为正值,且都达到统计显著性水平。这说明,知识网络能力中的内部交流、知识基础、网络导向和组织领导对知识网络嵌入性关系中信息共享的影响均受到管制性要素的正向调节效应。因此，研究假设9c通过验证。

模型14表明，"规范×内部交流"、"规范×知识基础"、"规范×网络导向"和"规范×组织领导"的标准化回归系数均为正值，且都达到统计显著性水平。这说明，知识网络能力中的内部交流、知识基础、网络导向和组织领导对知识网络嵌入性关系中信息共享的影响均受到规范性要素的正向调节效应，假设10c通过验证。

模型15表明，"认知×内部交流"、"认知×知识基础"、"认知×网络导向"和"认知×组织领导"的标准化回归系数均为正值，且都达到统计显著性水平。这说明，知识网络能力中的内部交流、知识基础、网络导向和组织领导对知识网络嵌入性关系中信息共享的影响均受到文化—认知要素的正向调节效应。因此，研究假设11c通过验证。

第四，对联合解决问题的调节效应——模型16—20

由表5.34可知，只包括控制变量的模型16中的R^2值很小，F统计值不显著，而且控制变量在模型16—20中的标准化回归系数都不显著，这说明控制变量区域经济和大学规模对联合解决问题的影响不显著。

模型18表明，"管制×内部交流"、"管制×知识基础"、"管制×网络导向"和"管制×组织领导"的标准化回归系数均为正值，且都达到统计显著性水平。这说明，知识网络能力中的内部交流、知识基础、网络导向和组织领导对知识网络嵌入性关系中联合解决问题的影响均受到管制性要素的正向调节效应。因此，研究假设9d通过验证。

模型19表明，"规范×内部交流"、"规范×知识基础"、"规范×网络导向"和"规范×组织领导"的标准化回归系数均为正值，且都达到统计显著性水平。这说明，知识网络能力中的内部交流、知识基础、网络导向和组织领导对知识网络嵌入性关系中联合解决问题的影响均受到规范性要素的正向调节效应。因此，研究假设10d通过验证。

模型20表明，"认知×内部交流"、"认知×知识基础"、"认知×网络导向"和"认知×组织领导"的标准化回归系数均为正值，且都达到统计显著性水平。这说明，知识网络能力中的内部交流、知识基础、网络导向和组织领导对知识网络嵌入性关系中联合解决问题的影响均受到规范性要素的正向调节效应。因此，研究假设11d通过验证。

5.6　大学主导的创新共同体发展机制的结构方程模型检验

由前面的探索性因子分析和验证性因子分析等方面的数据分析可知，本研究所构建的相关测量模型表征效果较好，可以对此进行更进一步的结构分析。接下来，本研究将通过结构方程模型对第四章提出的有关知识网络能力、知识网络嵌入性关系与ICBU绩效的关系机制概念模型和研究假设进行全面检验。

5.6.1　初始模型构建

基于第四章所构建的知识网络能力、知识网络嵌入性关系和ICBU绩效的关系机制概念模型，本研究设置了初始结构方程模型，如图5.7所示，该模型共包含10个潜变量和

表 5.34　制度环境对知识网络能力影响知识网络嵌入性关系的调节效应层级回归模型检验结果汇总（N=336）

变量	被解释变量：信任					被解释变量：承诺				
	模型 1	模型 2	模型 3	模型 4	模型 5	模型 6	模型 7	模型 8	模型 9	模型 10
控制变量										
区域经济	0.145	0.082	0.079	0.069	0.071	0.127	0.026	0.007	−0.20	−0.18
大学规模	−0.17	−0.01	0.006	−0.03	−0.03	−0.106	−0.88	−0.26	0.009	0.022
解释变量										
内部交流		0.045	0.062	0.053	0.058		0.090	0.038	0.099	1.098
知识基础		0.247*	0.286*	0.297*	0.216*		0.357**	0.341**	0.338**	5.554**
网络导向		0.534***	0.515***	0.483***	0.475***		0.545***	0.551***	0.514***	6.231***
组织领导		0.036	0.033	0.014	0.009		0.024	0.015	0.014	0.091
交互项										
管制×内部交流			0.057	0.230	0.219			0.360	0.273	0.410
管制×知识基础			0.087*	0.088**	0.078**			0.139**	0.033**	0.202**
管制×网络导向			0.029*	0.083**	0.076**			0.205**	0.425**	0.355**
管制×组织领导			0.011**	0.086**	0.054**			0.087**	0.251***	0.217***
规范×内部交流				0.340	0.293				0.748	0.896
规范×知识基础				0.026**	0.086**				0.097**	0.209**
规范×网络导向				0.047***	0.028***				0.432***	0.631***
规范×组织领导				0.174**	0.207***				0.180**	0.178**
认知×内部交流					0.026					0.057
认知×知识基础					0.085***					0.177***
认知×网络导向					0.032***					0.291***
认知×组织领导					0.082**					0.036**
R^2	0.012	0.554	0.758	0.775	0.787	0.024	0.685	0.709	0.753	0.767
调整后 R^2	0.012	0.536	0.731	0.741	0.754	0.016	0.672	0.691	0.733	0.743
F 统计值	2.377	59.998***	40.708***	46.639***	43.341***	2.806	72.495***	59.929***	57.550***	52.071***

续表

变量	被解释变量：信任					被解释变量：承诺				
	模型 11	模型 12	模型 13	模型 14	模型 15	模型 16	模型 17	模型 18	模型 19	模型 20
控制变量										
区域经济	0.063	−0.15	−0.08	−0.27	−0.32	−0.02	−0.71	−0.82	−0.86	−0.111
大学规模	0.052	0.153	0.140	0.162	0.185	0.100	0.116	0.146	0.137	0.145
解释变量										
内部交流		0.496***	0.501***	0.528***	0.496***		0.401***	0.437***	0.538***	0.574***
知识基础		0.449*	0.425**	0.433*	0.481*		0.512***	0.599***	0.605***	0.677***
网络导向		0.537***	0.550***	0.523***	0.506***		0.710***	0.703***	0.797***	0.810***
组织领导		0.354**	0.352**	0.372**	0.367**		0.023	0.083	0.121	0.122
交互项										
管制×内部交流			0.076**	0.450**	0.727**			0.039	0.381***	0.264***
管制×知识基础			0.051**	0.070**	0.423**			0.008	0.260***	0.272***
管制×网络导向			0.020***	0.348***	0.288***			0.020*	0.382***	0.314***
管制×组织领导			0.018**	0.022*	0.109***			0.052*	0.244***	0.100*
规范×内部交流				0.550***	0.498***				0.497***	0.581***
规范×知识基础				0.052*	0.198**				0.362**	0.230***
规范×网络导向				0.516***	0.547***				0.453***	0.426***
规范×组织领导				0.188**	0.127*				0.362**	0.207*
认知×内部交流					0.186**					0.385***
认知×知识基础					0.242***					0.289***
认知×网络导向					0.378***					0.441***
认知×组织领导					0.120**					0.581**
R^2	0.007	0.675	0.780	0.794	0.825	0.010	0.486	0.811	0.819	0.852
调整后 R^2	−0.01	0.662	0.760	0.769	0.797	0.001	0.465	0.781	0.783	0.806
F 统计值	0.840	70.190***	54.757***	57.895***	55.700***	1.124	82.804***	77.117***	73.285***	72.023***

注：表中的回归系数为标准化系数(standardized coefficients)；* $P<0.05$；** $P<0.01$；*** $P<0.001$。

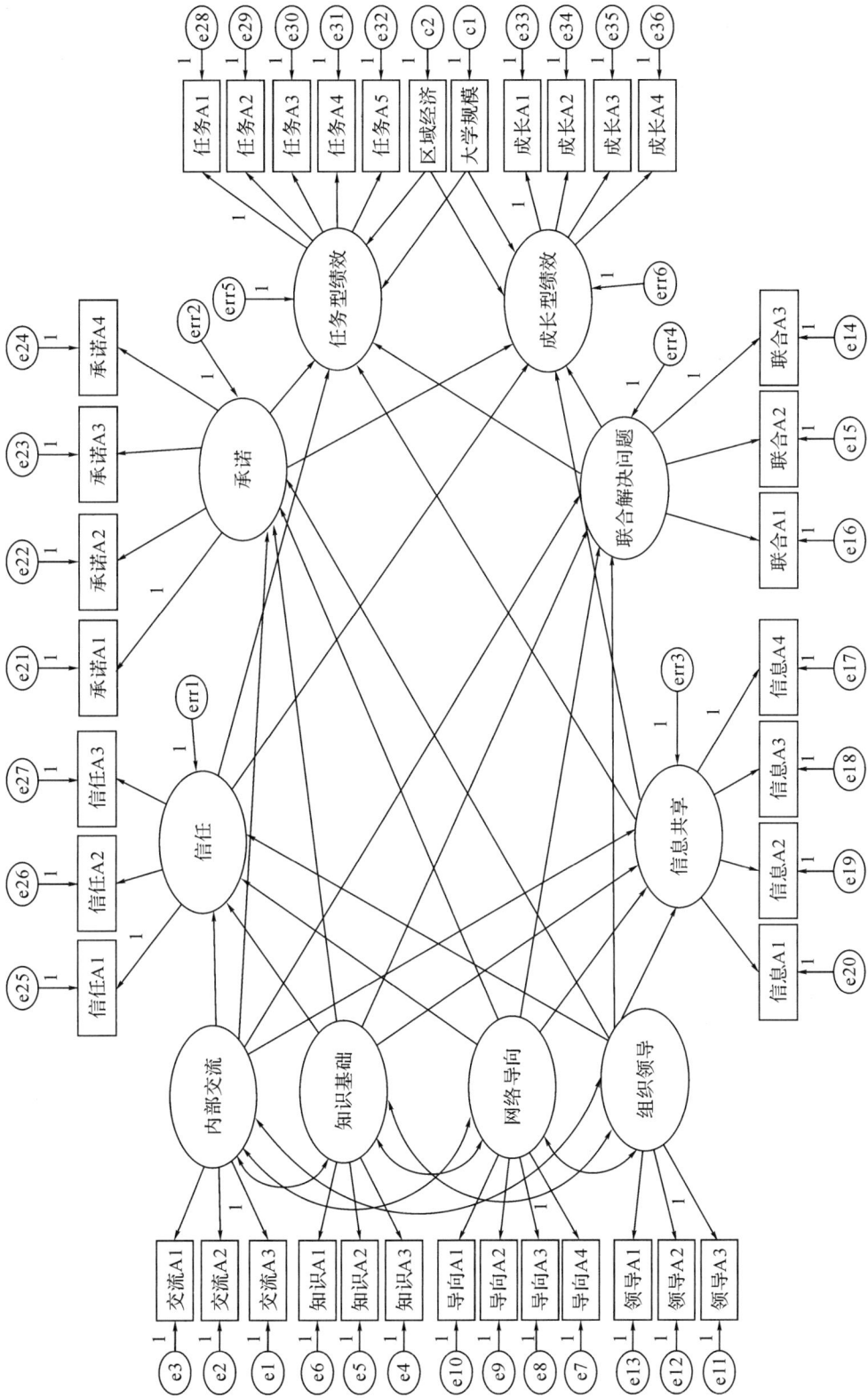

图 5.7　知识网络能力、知识网络嵌入关系与性关系与大学主导的区域创新共同体绩效的关系机制初始模型

30 个显变量，其中内部交流、知识基础、网络导向和组织领导为外生变量，信任、承诺、信息共享与联合解决问题以及任务型绩效与成长型绩效为内生变量。由于问卷数据可能与实践情况存在偏差，该模型还设置了 36 个残差项变量和 6 个内生潜变量的残差项变量。此外，该模型还加入了两个控制变量(区域经济发展水平和大学规模)。

5.6.2　模型初步拟合

采用 AMOS 软件对上面构建的初始结构方程模型进行分析运算后的模型拟合结果如表 5.35 所示，初始模型的 x^2/df 值为 4.710；RMSEA 的值为 0.128；NNFI(TLI)的值为 0.736；CFI 的值为 0.762。除 x^2/df 值达到可接受范围外，以上其他三项拟合指标都不在可接受的拟合指标范围内。此外，除"联合解决问题←网络导向"和"信任←网络导向"等 11 条路径的临界比绝对值大于 1.96，达到 P<0.001 或 P<0.05 统计显著水平之外，其余 17 条路径(包括控制变量)均没有达到统计显著水平。以上各种指标综合说明初始结构方程模型没有通过检验。

表 5.35　初始模型拟合结果汇总($N=336$)

路径			标准化 路径系数	临界比	P
信任	←	内部交流	0.819	1.139	0.255
承诺	←	内部交流	1.087	1.376	0.128
信息共享	←	内部交流	0.886	1.169	0.242
联合解决问题	←	内部交流	0.822	1.270	0.204
信任	←	知识基础	0.879	0.040	0.968
承诺	←	知识基础	0.864	1.550	0.121
信息共享	←	知识基础	0.752	1.795	0.073
联合解决问题	←	知识基础	0.731	0.767	0.443
信任	←	网络导向	0.845	6.158	* * *
承诺	←	网络导向	0.705	7.358	* * *
信息共享	←	网络导向	0.773	6.914	* * *
联合解决问题	←	网络导向	0.689		6.374 * * *
信任	←	组织领导	0.905	0.889	0.374
承诺	←	组织领导	0.801	0.559	0.576
信息共享	←	组织领导	0.792	1.711	0.087
联合解决问题	←	组织领导	0.755	0.111	0.912
成长型绩效	←	信任	0.806	4.433	* * *
任务型绩效	←	信任	0.822	4.496	* * *
成长型绩效	←	承诺	0.922	2.798	0.005

路径			标准化 路径系数	临界比	P
任务型绩效	←	承诺	0.715	4.585	＊＊＊
成长型绩效	←	信息共享	0.896	1.021	0.307
任务型绩效	←	信息共享	0.897	2.805	0.005
成长型绩效	←	联合解决问题	0.921	6.123	＊＊＊
任务型绩效	←	联合解决问题	0.879	5.328	＊＊＊
任务型绩效	←	大学规模	0.899	0.640	0.522
成长型绩效	←	区域经济	0.911	0.443	0.658
成长型绩效	←	大学规模	0.897	2.865	0.004
任务型绩效	←	区域经济	0.819	0.490	0.624

路径模型拟合指数

x^2/df	RMSEA	NNFI(TLI)	CFI
4.710	0.128	0.736	0.762

注：＊＊＊表示显著性水平 P＜0.001。

5.6.3 模型修正与确定

模型修正常用的方法是参照 AMOS 分析计算后提供的修正指数(MI)与拟合指数 x^2 减少的情况，每次去掉一个修正指数最大的路径，然后观察新模型的拟合情况，以此类推，直至模型达到最佳拟合效果(吴明隆，2010b)。当然，模型修正过程中不能完全按照数据参数进行，路径的删除应该有相关的理论或现实依据，否则就容易出现数据引导理论的不合理现象(张伟雄、王畅，2012)。下面将依据以上学者的建议，对模型进行修正，进而确定最终模型。

在初始结构方程模型中修正指数最大的路径是"承诺←内部交流"。在前面知识网络能力与制度环境对知识网络嵌入性关系影响的实证分析中同样发现"内部交流"对"信任"没有明显影响，这可能是因为组织的内部交流要通过组织间的信息共享或联合解决问题才能对信任产生明显影响。因此，在进行第一次模型修正时先删除掉"信任←内部交流"这条路径，得到的模型拟合结果如表 5.36 所示。第一次修正后模型的 x^2/df、RMSEA、NNFI(TLI)和 CFI 的指数虽然还没有达到理想效果，但均有所改进，相关的路径系数和显著性也得到改进，这说明模型拟合的整体情况向更好的方向发展。

本研究按照以上方式先后又进行了 7 次模型修正，相继删除掉了"信任←内部交流"、"联合解决问题←组织领导"和"任务型绩效←区域经济"等 7 条路径，最后的模型拟合结果如表 5.37 所示，拟合指数 x^2/df、RMSEA、NNFI(TLI)和 CFI 的值均在可接受范围之内，说明这次模型拟合效果已经比较好。所有路径的临界比(C. R.)都大于最低限值 1.96，并且在 P＜0.001 或 P＜0.05 水平上具有统计显著性。由此可知，该模型已达到了最佳拟合效果，可以确定为最终模型。

表 5.36　第一次修正后总模型的拟合结果汇总（$N=336$）

路径			标准化 路径系数	临界比	P
承诺	←	内部交流	0.307	2.284	0.072
信息共享	←	内部交流	0.811	1.911	0.363
联合解决问题	←	内部交流	0.844	1.027	0.304
信任	←	知识基础	0.512	0.209	0.834
承诺	←	知识基础	0.578	1.57	0.116
信息共享	←	知识基础	0.588	1.809	0.071
联合解决问题	←	知识基础	0.547	0.844	0.398
信任	←	网络导向	0.791	9.917	＊＊＊
承诺	←	网络导向	0.916	7.871	＊＊＊
信息共享	←	网络导向	0.933	7.284	＊＊＊
联合解决问题	←	网络导向	0.937	6.676	＊＊＊
信任	←	组织领导	0.438	0.905	0.365
承诺	←	组织领导	0.419	0.578	0.563
信息共享	←	组织领导	0.458	1.76	0.078
联合解决问题	←	组织领导	0.404	0.097	0.922
成长型绩效	←	信任	0.819	4.493	＊＊＊
任务型绩效	←	信任	0.79	4.579	＊＊＊
成长型绩效	←	承诺	0.954	2.787	0.005
任务型绩效	←	承诺	0.575	4.633	＊＊＊
成长型绩效	←	信息共享	0.567	0.963	0.335
任务型绩效	←	信息共享	0.759	2.807	0.005
成长型绩效	←	联合解决问题	0.838	6.162	＊＊＊
任务型绩效	←	联合解决问题	0.959	5.374	＊＊＊
任务型绩效	←	大学规模	0.026	0.618	0.537
成长型绩效	←	大学规模	0.143	2.894	0.004
任务型绩效	←	区域经济	0.021	0.436	0.663
成长型绩效	←	区域经济	0.019	0.489	0.625

路径模型拟合指数

x^2/df	RMSEA	NNFI(TLI)	CFI
4.01	0.103	0.841	0.857

注：＊＊＊表示显著性水平 $P<0.001$。

表 5.37 最终模型拟合结果汇总(N=336)

路径			标准化路径系数	临界比	P
信息共享	←	内部交流	0.367	3.801	＊＊＊
联合解决问题	←	内部交流	0.423	3.634	＊＊＊
信任	←	知识基础	0.317	2.117	0.017
承诺	←	知识基础	0.475	2.696	0.009
信息共享	←	知识基础	0.492	2.008	0.025
联合解决问题	←	知识基础	0.559	3.795	＊＊＊
信任	←	网络导向	0.785	10.064	＊＊＊
承诺	←	网络导向	0.843	11.536	＊＊＊
信息共享	←	网络导向	0.765	8.15	＊＊＊
联合解决问题	←	网络导向	0.810	7.743	＊＊＊
信息共享	←	组织领导	0.471	4.334	＊＊＊
成长型绩效	←	信任	0.384	4.267	＊＊＊
任务型绩效	←	信任	0.354	4.318	＊＊＊
成长型绩效	←	承诺	0.420	2.379	0.017
任务型绩效	←	承诺	0.226	4.373	＊＊＊
成长型绩效	←	信息共享	0.463	2.422	0.013
任务型绩效	←	信息共享	0.329	2.577	0.010
成长型绩效	←	联合解决问题	0.816	6.309	＊＊＊
任务型绩效	←	联合解决问题	0.882	5.387	＊＊＊
成长型绩效	←	大学规模	0.163	3.816	＊＊＊

路径模型拟合指数

x^2/df	RMSEA	NNFI(TLI)	CFI
2.167	0.012	0.954	0.939

注:＊＊＊表示显著性水平 P＜0.001。

修正后所确定的最终结构模型如图 5.8 所示,该模型共有 20 条变量间的路径,如"信息共享←内部交流"和"信息共享←网络导向"等,这些路径的标准化回归系数都为正值,且具有统计显著性,说明它们的相关变量与之对应的变量都有正向影响关系。因此,假设1c、假设 1d、假设 2、假设 3、假设 4c、假设 5、假设 6、假设 7 和假设 8 通过检验,而假设 1a、假设 1b、假设 4a、假设 4b 和假设 4d 没有通过检验。

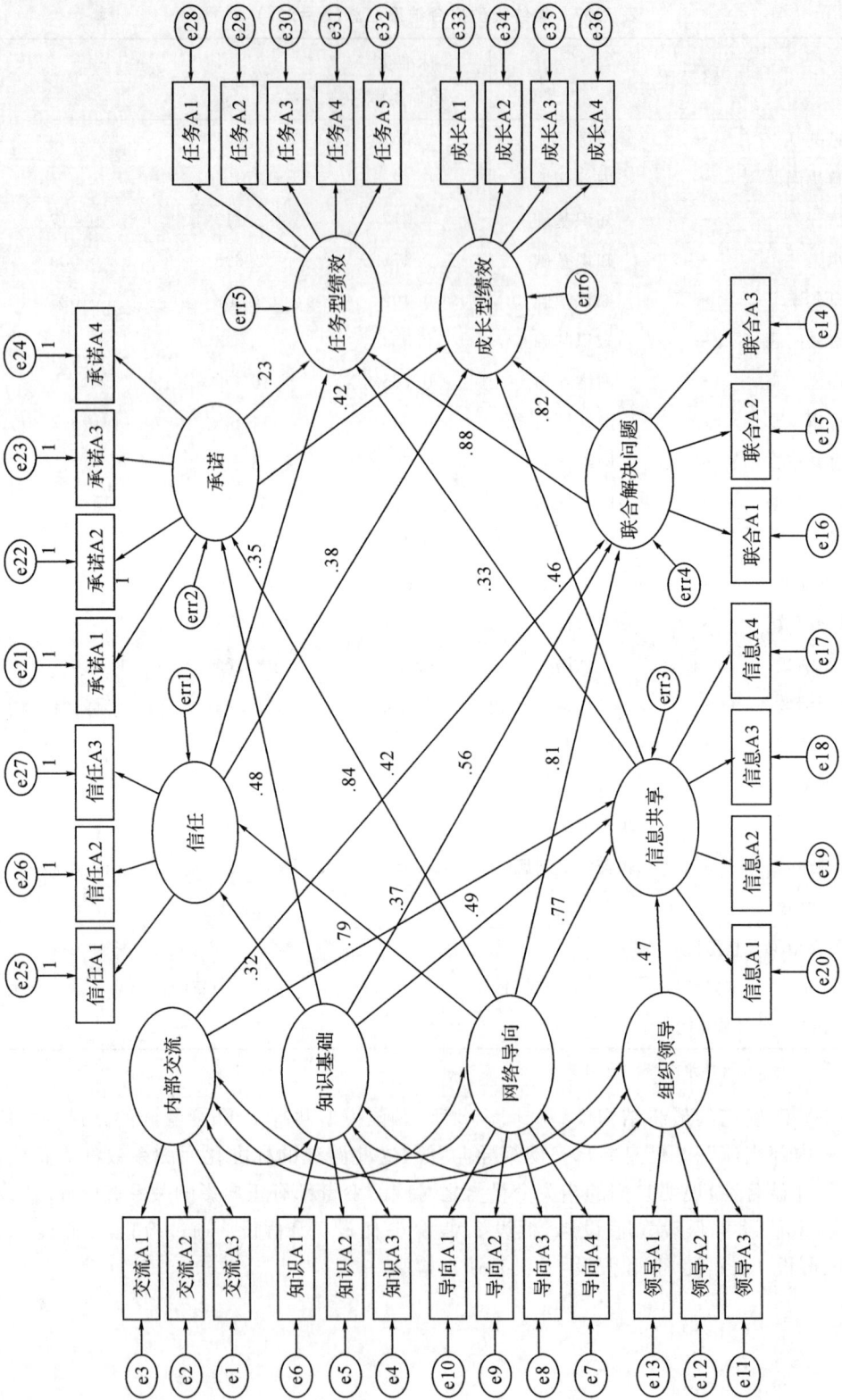

图 5.8 知识网络能力、知识网络嵌入性关系与创新绩效的关系机制最终模型

5.7　实证结果分析与讨论

本章主要对第四章提出的大学主导的创新共同体发展机制概念模型进行了验证和修正:首先通过探索性因子分析和验证性因子分析检验了获取问卷数据的效度和信度;然后采用层级回归分析方法检验了制度环境对知识网络能力影响知识网络嵌入性关系的调节效应,也即知识网络能力与制度环境交互作用对知识网络嵌入性关系的影响;最后通过结构方程建模对知识网络能力、知识网络嵌入性关系与 ICBU 绩效的关系机制概念模型和研究假设进行了全面检验。有关 ICBU 发展机制的研究假设验证情况如表 5.38 所示。

表 5.38　大学主导的创新共同体发展机制的研究假设验证情况汇总

	研究假设	验证情况
假设 1	内部交流对知识网络嵌入性关系有显著的正向影响	部分支持
·1a	内部交流对信任有显著正向影响	不支持
·1b	内部交流对承诺有显著正向影响	不支持
·1c	内部交流对信息共享有显著正向影响	支持
·1d	内部交流对联合解决问题有显著正向影响	支持
假设 2	知识基础对知识网络嵌入性关系有显著的正向影响	支持
·2a	知识基础对信任有显著正向影响	支持
·2b	知识基础对承诺有显著正向影响	支持
·2c	知识基础对信息共享有显著正向影响	支持
·2d	知识基础对联合解决问题有显著正向影响	支持
假设 3	网络导向对知识网络嵌入性关系有显著的正向影响	支持
·3a	网络导向对信任有显著正向影响	支持
·3b	网络导向对承诺有显著正向影响	支持
·3c	网络导向对信息共享有显著正向影响	支持
·3d	网络导向对联合解决问题有显著正向影响	支持
假设 4	组织领导对知识网络嵌入性关系有显著的正向影响	部分支持
·4a	组织领导对信任有显著正向影响	不支持
·4b	组织领导对承诺有显著正向影响	不支持
·4c	组织领导对信息共享有显著正向影响	支持
·4d	组织领导对联合解决问题有显著正向影响	不支持
假设 5	信任对 ICBU 绩效有显著的正向影响	支持
·5a	信任对任务型绩效有显著正向影响	支持
·5b	信任对成长型绩效有显著正向影响	支持

续表

研究假设		验证情况
假设 6	承诺对 ICBU 绩效有显著的正向影响	支持
• 6a	承诺对任务型绩效有显著正向影响	支持
• 6b	承诺对成长型绩效有显著正向影响	支持
假设 7	信息共享对 ICBU 绩效有显著正向影响	支持
• 7a	信息共享对任务型绩效有显著正向影响	支持
• 7b	信息共享对成长型绩效有显著正向影响	支持
假设 8	联合解决问题对 ICBU 绩效有显著正向影响	支持
• 8a	联合解决问题对任务型绩效有显著正向影响	支持
• 8b	联合解决问题对成长型绩效有显著正向影响	支持
假设 9	知识网络能力对知识网络嵌入性关系的影响受到管制性要素的正向调节效应	部分支持
• 9a	知识网络能力对信任的影响受到管制性要素正向调节效应	部分支持
• 9b	知识网络能力对承诺的影响受到管制性要素正向调节效应	部分支持
• 9c	知识网络能力对信息共享的影响受到管制性要素正向调节效应	支持
• 9d	知识网络能力对联合解决问题的影响受到管制性要素正向调节效应	支持
假设 10	知识网络能力对知识网络嵌入性关系的影响受到规范性要素正向调节效应	部分支持
• 10a	知识网络能力对信任的影响受到规范性要素正向调节效应	部分支持
• 10b	知识网络能力对承诺的影响受到规范性要素正向调节效应	部分支持
• 10c	知识网络能力对信息共享的影响受到规范性要素正向调节效应	支持
• 10d	知识网络能力对联合解决问题的影响受到规范性要素的正向调节效应	支持
假设 11	知识网络能力对知识网络嵌入性关系的影响受到文化—认知要素的正向调节效应	部分支持
• 11a	知识网络能力对信任的影响受到文化—认知要素正向调节效应	部分支持
• 11b	知识网络能力对承诺的影响受到文化—认知要素正向调节效应	部分支持
• 11c	知识网络能力对信息共享的影响受到文化—认知要素正向调节效应	支持
• 11d	知识网络能力对联合解决问题的影响受到文化—认知要素正向调节效应	部分支持

5.7.1　制度环境对知识网络嵌入性关系的作用机制分析

　　研究结果表明，制度环境对知识网络嵌入性关系存在显著的正向影响，在知识网络能力与知识网络嵌入性关系之间的关系机制中发挥正向调节效应——随着区域制度环境质量的改善，大学通过提升知识网络能力更有利于促进知识网络嵌入性关系的构建和发展。此结论有力地支持和验证了"组织间的网络关系嵌入在具体制度环境中并受所嵌入制度环境的影响"的理论观点与相关研究成果。[①]

　　然而,制度环境并不能够对所有的知识网络能力要素起到调节效应。由知识网络能力对知识网络嵌入性关系影响的路径分析可知,知识网络能力中的内部交流对知识网络嵌入性关系中的信任和承诺没有显著影响,组织领导对联合解决问题没有显著影响,在随后的制度环境调节效应检验中则发现,尽管制度环境的三个要素分别对内部交流与信任、承诺间的关系不起调节效应,但对组织领导却能够起到调节效应。这说明制度环境在构建知识网络嵌入性关系中发挥积极作用时,应该针对不同的知识网络能力采用不同的措施。由于组织的内部交流可能需要通过信息共享和联合解决问题才能影响到信任和承诺,那么相关制度要素的发展应该注意到这种差异。而组织领导则在制度环境的调解作用下,对联合解决问题又产生了积极影响,这表明大学领导要发挥促进联合解决问题的作用必须有区域良好制度环境支持。

5.7.2　知识网络能力对知识网络嵌入性关系的作用机制分析

　　总体来看,验证分析结果支持了知识网络能力的四个要素——内部交流、知识基础、网络导向和组织领导都有利于组织间知识网络嵌入性关系构建的理论观点[②],但这些要素对不同嵌入关系所发挥的作用则不尽相同。

　　已有研究表明[③],内部交流是组织合作能力的重要组成部分,有利于构建组织间合作关系,提升组织间的协同效应,但这些研究并没有对内部交流发挥作用的具体路径展开深入探索与分析。本研究的验证表明,内部交流对组织间知识网络嵌入性关系中信息共享与联合解决问题能够产生显著的正向影响,而对信任和承诺并没有显著的影响。这说明组织的内部交流可能需要通过信息共享和联合解决问题才能影响到信任和承诺。因而,此项分析结果拓展了知识网络能力中内部交流对组织间嵌入关系影响的具体机制研究成果。

　　此外,虽然已有研究表明(Peng,Luo,2000;Acquaah,2007;Barden,Mitchell,2007;刘婷、李纲,2012),企业的高层管理人员和组织领导在组织构建嵌入性关系和获取社会资本中发挥着重要作用,但本研究验证分析发现,大学的组织领导对知识网络嵌入性关系所发挥的作用则比较有限,除对组织间的信息共享有显著影响之外,对组织的信任、承诺和联合解决问题都没有显著影响。这说明两种不同属性的组织——作为公共组织的大学与作为私立组织的企业,所适应的管理理论并不完全契合。现实中,企业的管理架构更具收敛性,高层管理人员往往能够通过个人的社会资本直接影响到整个组织与其他组织的关系;而大学的管理架构往往更具分散性,管理的重心通常在院系层面,大学高层领导的社会资本比较难以直接渗透或影响到基层学术组织与外界组织(如企业)关系构建过程中的

　　① 例如:Staber,2007;Owen-Smith,Powell,2008;Sorenson,Stuart,2008;Vasudeva et al.,2013;Hong,Su,2013;Bergenholtz,Bjerregaard,2014;Zhang et al.,2015。

　　② 例如:Kale et al.,2002;Bekkers et al.,2008;Perkmann et al.,2011;朱秀梅等,2010;范钧等,2014;Acquaah,2007;Davis,Eisenhardt,2011;刘婷、李纲,2012。

　　③ Doz,1996;Kumar,Nti,1998;Dwyer,2000;Cohen,Levinthal,1990;Gupte,2007;Karanges et al.,2015。

信任、承诺和联合解决问题。而大学领导作为整个大学组织与区域组织关系构建的桥梁，在组织间的信息交流与沟通方面则能够发挥积极作用，例如，通过调研发现大学领导在大学与区域间开展的重大协同创新项目和信息交流平台中发挥的作用尤为重要，通过这样的途径可以对大学与企业间的信息共享起到"以点带面"效应。

5.7.3　知识网络嵌入性关系对 ICBU 绩效的作用机制分析

由结构方程建模分析结果可知，大学与区域内企业通过构建相互信任关系、相互承诺关系、信息共享和联合解决问题对 ICBU 绩效（任务型绩效和成长型绩效）有着非常显著的正向影响，特别是"成长型绩效←联合解决问题"与"任务型绩效←联合解决问题"两条路径的标准化回归系数分别达到 0.816 和 0.882。这不仅验证了信任、承诺、信息共享和联合解决问题是知识网络嵌入性关系的必要构成要素，组织间良好的知识网络嵌入性关系是提升 ICBU 绩效的关键途径[①]，很大程度上也验证了企业组织间嵌入关系理论在学术组织中的适用性，信任、承诺、信息共享和联合解决问题是促进产学合作与协同的重要路径[②]。

5.7.4　知识网络能力对 ICBU 绩效的作用机制分析

有关中介变量的检验通常采用 Baron 和 Kenny(1986)的方法（最传统方法）：首先检验自变量影响因变量的情况；然后检验自变量影响中介变量的情况；最后检验当控制中介变量时自变量对因变量的影响情况。事实上，有关中介变量的检验，学术界一直存在很多争议。MacKinnon 等(2002)通过综合分析 14 种不同的中介变量检验方法后认为，Baron 和 Kenny(1986)的方法功效很低，建议直接检验自变量与中介变量的关系以及中介变量与因变量的关系（罗胜强、姜嬿，2012）。

本研究主要参照 MacKinnon 和 Lockwood 等人(2002)的建议，检验知识网络嵌入性关系在知识网络能力与 ICBU 绩效之间的中介作用。由结构方程建模分析结果可知：知识网络能力对知识网络嵌入性关系有显著的正向影响；知识网络嵌入性关系对 ICBU 绩效也有显著的正向影响。由此可以推断出知识网络嵌入性关系在知识网络能力与 ICBU 绩效之间起着中介作用，这也同样验证了以信任、承诺、信息共享和联合解决问题为核心要素的知识网络嵌入性关系是大学主导的创新共同体发展的关键所在。

5.8　本章小结

基于第四章提出的大学主导的创新共同体发展机制概念模型和相关研究假设，本章

---

① 例如：Uzzi,1996,1997；McEvily,Marcus,2005；Moran,2005；章威，2009；杜建等,2011；Hermes Petter et al.,2014。

② 例如：Bruneel et al.,2010；刁丽琳、朱桂龙,2014；Núñez-Sánchez et al.,2012；吴友群等,2015；李世超等,2011；Lee et al.,2010；王凯、邹晓东,2014.

首先综合理论分析、案例研究与专家意见设计了自变量(知识网络能力)、调节变量(制度环境)、中介变量(知识网络嵌入性关系)和因变量(ICBU 绩效)的测度量表,并通过问卷调查获取实证研究数据;然后分别使用 SPSS 和 AMOS 软件,通过探索性因子分析和验证性因子分析检验问卷数据的效度与信度,得到包括聚合效度、区分效度与拟合效果等都比较好的测量模型。有鉴于此,本研究继而通过层级回归分析检验制度环境对知识网络能力影响知识网络嵌入性关系的调节效应;然后再通过结构方程建模分析检验知识网络能力、知识网络嵌入性关系与 ICBU 绩效的关系机制;最后对全部检验分析结果进行了讨论,对部分研究假设未通过验证的原因进行了分析与解释。

所有实证分析结果表明,大学主导的创新共同体发展机制的大部分命题与研究假设通过检验:大学主导的创新共同体发展的关键环节是大学与创新共同体中的企业构建知识网络嵌入性关系;而要构建良好的产学知识网络嵌入性关系不仅需要大学具备相应的知识网络能力,同样也需要得到优良的区域制度环境支持。

第六章　大学主导的创新共同体
发展路径与政策建议

改革开放以来,由于宪法秩序稳定以及权力结构与意识形态环境的变化,作为中央政府与地方、个人及团体之间联系中介的地方政府,制度创新主体地位的确定和提高,推动了新制度被构造和旧制度被替代的改革过程(郭小聪,2000)。党的十九届四中全会进一步强调中国特色社会主义制度在推进国家治理体系和治理能力现代化中的基本定位,这为推动各方面制度更加成熟、更加定型明确了思路(高小平、刘一弘,2021)。制度主义学者认为:"制度在社会中具有更为基础性的作用,它们是决定长期经济绩效的根本因素"(诺斯,2008)。我们在肯定制度主义理论与方法贡献的同时,也需要明确,一方面,制度需要人来执行;另一方面,制度也需要政策赋予它灵魂,赋予它运行的方向和实质内容。中国的发展经验显示,具有优势的制度也需要配合好的政策(燕继荣,2020)。

在我国探索新型举国体制的过程中,初步实现有效市场与有为政府有机结合,但"十四五"时期的科技事业和创新发展有了更高目标,创新活动"乌卡①特征"则使科技创新治理面临"市场政府双失灵"挑战,例如,前沿领域技术创新仅仅依靠企业主体和市场力量很难实现突破和产业化应用(蔡跃洲,2021)。为了更好地实现创新支撑可持续发展,学者对创新政策在其中的作用进行了广泛探讨(梁正,2017;杨欣萌、何光喜,2021),Schot 等人(2018)从历史和发展的视角对创新政策演变进行了总结,提出创新政策的三个框架(如表 6.1 所示)。针对"转型创新政策"范式的出现,也有学者认为这种新政策范式是在科技政策和创新系统政策等早期政策范式基础上的叠加而不是完全替代(Diercks et al.,2019)。

表 6.1　创新政策的三个框架

政策框架	主要特征	政策原理	政策方向(核心)
框架 1:线性模型(1960 年)	R&D 驱动的线性创新模式	解决市场失灵,如创新公益性导致的企业研发投入不足	国家资助 R&D、为企业提供补贴或税收优惠政策
框架 2:国家创新体系(1990 年)	关注大学、企业和研发机构等创新主体之间的知识流动	应对系统失灵,如改善创新行动者之间的关系,解决系统问题	促进研发和产业合作;注重教育和培训;集群政策

---

①　即易变性(volatility)、不确定性(uncertainty)、复杂性(complexity)和模糊性(ambiguity)4 个单词首字母 VUCA 的音译。

续表

政策框架	主要特征	政策原理	政策方向（核心）
框架 3：转型创新政策（2010 年）	培育可持续创新路径，塑造新的创新方向，实现宏观愿景	推动制度转型	以可持续发展为目标（或任务），鼓励新加入的创新行动者，组织转型性创新联盟；鼓励学习、试验

资料来源：Schot J，Steinmueller W E. Three frames for innovation policy：R&D，systems of innovation and transformative change[J]. Research Policy，2018，47(9)：1554-1567.

政策科学研究者提出，政策分析需依据相关的分析框架、理论、模型和方法（张国庆，2004；刘立，2011），具体的理论框架和特定的政策模型有助于把政策诊断、分析和决策等能力组织到一起（奥斯特罗姆，2004），但同时也要注意"理论与实践结合的问题"（登哈特，2011）。一般的政策建议方法和流程如表 6.1 所示，通常包括：问题构建，明确目标，信息收集、分析与解释，明确目标群体与受益者，估计成本与收益，成本与收益折现，估计风险与不确定性，选择决策标准，提出建议（邓恩，2010）。在这些方法与流程中，问题构建是进行政策分析和提出政策建议的关键环节和重要基石，因而政策分析往往也被称为"解决问题的方法论"。

基于上述学者的建议，本研究把修正后的大学主导的创新共同体发展机制概念模型作为基本的政策模型，同时结合中国相关的现实问题，借鉴上述政策建议方法对促进大学主导的创新共同体相关政策进行分析，从而提出科学、合理的政策建议。

表 6.2　进行政策建议的方法

任务	方法/技术
问题构建	边界分析、层级分析、类别分析、多角度分析、论证分析、论证图形化
明确目标	目标图形化、价值澄清、价值评价
信息收集、分析与解释	边界分析
明确目标群体与受益者	边界分析
估计成本与收益	成本要素构建、成本估计、影子价格
成本与收益折现	折现
估计风险与不确定性	可行性评价、限制图形化、敏感性分析
选择决策标准	价值澄清、价值评价
提出建议	合理性分析

资料来源：威廉·N. 邓恩. 公共政策分析导论（第四版）[M]. 北京：中国人民大学出版社，2010.

6.1　现状与存在的问题

改革开放初期，中国在主要技术领域采取"以市场换技术"战略，强调"引进消化吸收再创新"，后被证明这难以满足产业升级和创新制高点的迫切需求。基于"创新体系整体效能不高，经济发展尚未真正转到依靠创新的轨道"这一现实，中国在"创新、协调、绿色、开放、共享"发展理念引领下实施创新驱动战略，加快国家创新体系建设，"产学研合作"、"协同创新"、"大众创业，万众创新"等命题以及与之相关的大科学中心、重大科研基础设施、协同创新中心、国家实验室、创客空间和创新共同体等成为核心的政策话语。

中国产学协同创新的发展历程与合作模式的演化是以整个国家的科技政策发展为背景进行的，从改革开放初期至今大致可划分为四个阶段，如表 6.2 所示。第一个阶段（1985—1998 年）主要以 1985 年《中共中央关于科学技术体制改革的决定》为政策背景，改革包括大学和公立实验室在内的公共研究组织，促进公共研究机构向企业转移技术，相关政策包括 1988 年《国家教委关于加强高等学校为经济社会发展服务的意见》和 1995 年《国家教委贯彻〈中共中央 国务院关于加速科学技术进步的决定〉的若干意见》等。第二个阶段（1999—2005 年）主要以 1999 年《中共中央 国务院关于加强技术创新发展高科技实现产业化的决定》为政策背景，提升企业创新能力和公共研究商业化水平，相关政策包括 1999 年《科学技术部 教育部关于组织开展大学科技园建设试点的通知》和 2003 年《国家经贸委、教育部、中国科学院关于建立国家技术转移中心的通知》等。第三个阶段（2006—2011 年）主要以 2006 年《国家中长期科学和技术发展规划纲要（2006—2020 年）》为政策背景，由以公共研究组织为中心的创新体系转向以企业为中心的创新体系，相关政策包括 2006 年《国家发展改革委办公厅关于印发〈关于建设国家工程实验室的指导意见〉的通知》和 2011 年《国家科技成果转化引导基金管理暂行办法》等。第四个阶段（2012 年至今）主要以《中共中央 国务院关于深化科技体制改革加快国家创新体系建设的意见》为政策背景，建设以企业为主体、市场为导向、产学研用紧密结合的协同创新体系与机制，相关政策包括 2012 年《教育部 财政部关于实施高等学校创新能力提升计划的意见》、2015 年《中华人民共和国促进科技成果转化法修正案（草案）》和 2020 年《长三角科技创新共同体建设发展规划》等。

纵观近 40 年来中国科技政策发展历程可知，政策之间联系的复杂性越来越深、政策内容也越来越多样化。在此期间，政府开始从"管理者"的角色逐步向"服务者"的角色转变（张超、官建成，2020）。中国的创新系统与产学合作模式由"单向的技术转移"演化到现在的"协同创新"，政策目标虽然一直围绕如何解决"科技与经济两张皮"的问题，但层次在不断提升，而且政策的重心由中央政府不断向地方政府下移。例如，2006 年颁布的《国家中长期科学和技术发展规划纲要（2006—2020 年）》已强调"建设各具特色和优势的区域创新体系……统筹规划区域创新体系和创新能力建设，深化地方科技体制改革"；2012 年《教育部 财政部关于实施高等学校创新能力提升计划的意见》重点指出，"支持地方政府围绕区域经济发展规划，引导高等学校与企业、科研院所等通过多种形式开展产学研用协同研发……推动知识创新、技术创新、区域创新的战略融合，支撑国家创新体系建设"；2012 年《中共中央 国务院关于深化科技体制改革加快国家创新体系建设的意见》中强调"发挥中央和地方两方面积极性……完善国家创新体系，促进技术创新、知识创新、国防科技创新、区域创新、科技中介服务体系协调发展"；2013 年颁布的《"十二五"国家自主创新能力建设规划》也特别强调"大力推动协同创新……提升高校和科研院所服务国家重大需

表6.3　中国科技政策与创新共同体发展历程

发展阶段	第一阶段（1985—1998年）	第二阶段（1999—2005年）	第三阶段（2006—2011年）	第四阶段（2012年至今）
政策背景	《中共中央关于科学技术体制改革的决定》	《中共中央 国务院关于加强技术创新发展高科技实现产业化的决定》	《国家中长期科学和技术发展规划纲要（2006—2020年）》	《中共中央 国务院关于深化科技体制改革加快国家创新体系建设的意见》《国家创新驱动发展战略纲要》
政策举例	《国家教委关于加强高等学校为经济社会发展服务的意见》	《科学技术部 教育部关于组织开展大学科技园建设试点的通知》	《国家科技成果转化引导基金管理暂行办法》	《教育部 财政部关于实施高等学校创新能力提升计划的意见》
政策聚焦	改革大学和公立实验室在内的公共研究组织，促进其向企业转移技术	提升企业创新能力和公共研究商业化水平	由以公共研究组织为中心的创新体系转向以企业为中心的创新体系	建设以企业为主体、市场为导向，产学研用紧密结合的技术创新体系，建立产学研协同创新机制
创新系统演化				
主要产学合作模式	衍生企业 技术转让 合同研究	合作研发 产业工程研究中心 技术转让 合同研究 咨询和顾问	合同研发 专利许可 技术转让 合作研究 产业技术创新战略联盟 咨询和顾问	专利许可 咨询和顾问 合同研究 技术创新战略联盟 技术转让 协同创新中心 合作研发 高校—地方研究院 嵌入式实验室

资料来源：笔者基于已有研究（何建坤等，2007；OECD，2008；苏竣，何晋秋，2009；江诗松等，2014）整理与改编。

求、支撑产业结构调整和促进区域协调发展的能力……构建各具特色、协调发展的区域创新体系";2015 年《中共中央 国务院关于深化体制机制改革 加快实施创新驱动发展战略的若干意见》特别指出，"遵循创新区域高度集聚的规律，在有条件的省（自治区、直辖市）系统推进全面创新改革试验"，并于当年 9 月印发了《关于在部分区域系统推进全面创新改革试验的总体方案》。

尽管到目前为止中国还没有出台专门针对产学研合作的法律法规，但国家层面有关促进科技与经济结合、产学研结合的政策已经十分丰富，反而区域政府层面和高校层面的相关政策则有滞后现象。由于要彻底解决"产学研结合不够紧密，研发和成果转移转化效率不高，科技与经济结合存在的问题"[①]，"消除科技创新中的'孤岛现象'，破除制约科技成果转移扩散的障碍，提升国家创新体系整体效能"[②]，最终要落实到区域层面和大学层面，接下来将依据本书的主要研究问题和概念模型，从区域制度环境和大学知识网络能力两个方面分析相关现实问题。

6.1.1　区域制度环境存在的问题

（1）知识产权保护问题

中国各个区域虽然都要遵守同样的知识产权保护法，但在实际执行过程中却有很大差异。通过比较分析近些年《中国市场化指数》（樊纲等，2014）中各区域知识产权保护指数与《中国区域创新能力报告》（柳卸林等，2014）中的统计数据可知，各区域的知识产权保护实施力度与该区域知识创造、知识获取、企业创新、创新环境和创新绩效等五个方面的数据基本呈正相关关系。相应地，最近一项涉及中国产学合作影响因素的实证研究也表明（Kafouros et al.，2015），不同区域的知识产权保护实施力度对产学合作起到很明显的调节效应。而且，本研究通过案例研究、问卷调查与实证分析也同样发现，区域政府实施知识产权保护的力度对知识网络嵌入性关系中的信任、承诺、信息共享和联合解决问题都起到正向调节效应。此外，尽管中国在改革开放初期就相继颁布、实施了《商标法》、《中华人民共和国专利法》和《著作权法》等知识产权保护法律法规，并于 2008 年印发了《国家知识产权战略纲要》（国发〔2008〕18 号），但时至今日各区域在知识产权保护方面仍存在很多问题，例如，区域创新主体与民众的知识产权意识还比较薄弱，侵犯知识产权的现象时有发生，区域政府的知识产权保护与管理能力不足等，这都会对大学主导的创新共同体发展产生非常不利的影响。

（2）区域创新共同体发展的引导与支持政策问题

对产学合作与协同创新的政策支持体现在很多方面，如资助或奖励产学合作研发项目、成立促进产学合作的专职部门或组织、从政策上鼓励大学教师参与公益性科技创新服务活动和积极发展产学合作服务平台等。本研究通过调研访谈、案例分析、问卷调查与实证分析发现，以上相关政策措施对大学与企业构建知识网络嵌入性关系以及提升 ICBU

---

①　中共中央 2012 年印发的《关于深化科技体制改革加快国家创新体系建设的意见》。

②　中共中央政治局举行第九次集体学习 习近平主持［EB/OL］.（2013-10-01）. http://www.gov.cn/ldhd/2013-10/01/content_2499370.htm.

绩效都有显著的正向影响。但全都具备这些政策措施并能够有效落实的区域很少,由第四章中大学主导的创新共同体发展机制探索性案例可知,江苏省可谓是这较少区域中的典型代表。例如,有些区域的政府也开发了产学合作信息交流网络平台,但内容却很少有更新;有些区域虽然也举行了产学合作对接洽谈会,但只关注会议形式而忽视"会前"与"会后"的沟通协调工作;有些区域政府投入大量资金大力引进"名校院所"共建产业技术研究,而很多研究院后来则发展成为"培训中心";有些区域虽然也实施了产学合作资助或奖励政策,但只关注最终的项目成果(如专利或利润等)[①],而忽视了知识创新最关键的阶段——"概念证明阶段"的扶持与资助。存在以上问题的主要原因是,在制定与实施区域科技创新政策时缺乏创新生态系统理念和区域创新网络思想,也就相应地忽视了大学与企业构建知识网络嵌入性关系的重要性。此外,也有较多研究表明,虽然强有力的政府领导,自上而下、有令必达保障了创新政策实施的效率,但不同层级、不同部门间的协调问题在一定程度上削弱了创新政策的效率(杨欣萌、何光喜,2021)。

(3)科技中介组织问题

科技中介组织的本质是为合作双方构建支持协同创新的桥梁,促进不同组织间关系的发展,协调组织间合作,使新知识与新技术得以整合,国内外很多研究(Battistella et al.,2015)以及本书中的案例研究与实证分析都证明了科技中介组织对创新共同体发展起着明显的正向影响作用。中国区域层面的科技中介组织大致可分为四类:一是科技创新支持平台,如科技企业孵化器和生产力促进中心等;二是科技资讯组织,如知识产权代理和市场调查等;三是科技服务型组织,如技术市场和风险资本市场(科技金融组织)等;四是科技评估管理组织,如行业协会(商会)和律师(会计师)事务所等。这些不同类型的科技中介组织在不同区域的发展水平差异也较大,例如创新能力很强、产学协同创新成效很高的几个区域的科技中介组织都相对比较完善和发达,而其他区域的科技中介组织大都存在不完善和效能低下的问题。而且,尽管有些区域的科技中介组织比较发达,但在建设过程中普遍缺乏生态意识和网络化思想,例如区域政府举办的科技企业孵化器与生产力促进中心通常在建设初期与发展过程中都是"孤立"运行,很少考虑到将本区域内高校、企业或各级政府已存在的相关资源协同开发与利用,这样不仅造成了重复建设与资源浪费,更重要的是不能有效地将高校与企业及其他创新主体联结成区域创新网络,失去了其本应发挥的网络节点作用。此外,虽然科技部和中国人民银行等部门已于2010年联合印发了《关于印发促进科技和金融结合试点实施方案的通知》(国科发财〔2010〕720号),但各个区域的科技金融组织与风险资本仍不够完善,例如,很多风险资本通常关注比较成熟的科研项目或大型的产学合作项目,小型企业或偏远区域企业很难在产学合作过程中获得科技金融组织与风险资本的帮助与支持。

(4)自主创新氛围问题

进入21世纪之后,中国的科技创新战略已从"主要模仿"(引进、消化、吸收、再创新)发展到"自主创新"和"创新驱动发展",但企业的技术创新能力仍普遍较弱,受区域产业结

构和中国经济现阶段发展特点等因素的影响，"企业创新动力和活力不足，技术创新的主体作用没有得到充分发挥"[①]，各区域内企业的自主创新意识与氛围不强。例如，在本研究的调研访谈过程中有些小微型企业或传统大中型企业领导直接表示："我们企业不做任何研发投入、不搞任何产学合作……每年的净利润已足够我们生活得很舒服了。"而且，即使一些大中型企业与高校合作开展"研发"项目，但仍以"引进、消化、吸收、再创新"模式为主。然而，随着经济与科技创新全球化不断深入发展，以及中国经济结构与产业结构调整的不断深入发展，缺乏自主创新能力的企业必将面临严重的生存危机。此外，本书的案例分析与实证研究都表明，区域内各个创新主体对自主创新的重视程度与自主创新意识以及研发投入积极性都会对大学与企业构建知识网络嵌入性关系的成效产生重要影响。

（5）开放创新网络问题

缺乏协同创新和创新网络不健全是影响中国区域知识创造与获取能力提升的重要因素（柳卸林等，2011），企业间的交互式学习和开放创新网络对中国的区域创新系统发展都起着重要影响（魏江，2010）。此外，其他已有研究（Casper，2013；Berbegal-Mirabent et al.，2013）以及本书的案例分析与实证研究都表明，区域内企业的创业文化与开放创新网络、产学合作的开展及成效有显著的正相关关系，如果企业间经常进行交互学习与开放合作，就比较容易构建积极的协同创新文化与提升合作交流能力，这样就很有利于企业与大学发展知识网络嵌入性关系、提升 ICBU 绩效。

近些年很多区域政府虽然已经认识到开放创新网络对提升区域创新能力的重要性，也实施了相关政策措施，但总体效果并不理想。例如，产业集聚区或产业园区建设的主要目标之一应该是"围绕产业链部署创新链"，促进企业之间进行沟通、交流与合作，形成开放创新网络，进而促进创新共同体建设，然而在实践中很多区域的产业集聚区或产业园区主要只是发挥了招商引资与出租土地的作用；为实施"国家技术创新工程"[②]，一些区域政府虽然积极推动产业技术创新战略联盟的建设与发展，但有些成立的联盟往往流于形式，并没有发挥推进产学研结合的作用，有些则成为企业联合申报项目与获取奖励或资助的工具，并没有提升企业技术创新的网络化水平。

6.1.2　大学知识网络能力存在的问题

（1）大学规章制度的支持与引导问题

制度干预发生在两个层次：一般环境和组织内部。前者是指政府和区域行政机构的干预，主要是通过法律和支持计划激励产学协同创新。后者是指具体的研究组织——主要是大学、公共研究机构和联盟——通过内部支持机制、规章和条例等促进其科技成果转化所采取的行动。过去 40 年，制度干预支持产学协同创新与学术创业已得到经济学家、管理学家和政策制定者的广泛关注。学者们已从国家和区域层面阐述了支持学术创业政

[①] 《"十二五"国家自主创新能力建设规划》（国发〔2013〕4 号）

[②] 根据国务院《关于发挥科技支撑作用促进经济平稳较快发展的意见》（国发〔2009〕9 号）的要求，科技部、财政部和教育部等部委于 2009 年共同组织实施"技术创新工程"并出台了总体实施方案。产业技术创新战略联盟是实施国家技术创新工程的重要载体。

策和制度的演化过程。然而,已有研究都忽视了这些支持政策与制度的有效性。直到最近一些学者才开始注意到大学规章制度干预所产生的影响(Muscio et al.,2016;王凯等,2017;Sandström et al.,2018)。

规章制度和程序保证了研发投入和组织在探索方向上的资源分配,规章制度还有利于为创新活动提供一个稳定基础(周雪光、李贞,2010)。从本书的案例研究、问卷调查与实证分析来看,大学的规章制度引导对发展产学知识网络嵌入性关系、提高 ICBU 绩效能够起到非常显著的正向影响。然而,中国各高校的相关引导制度水平差异却很大,这也由此导致了它们与区域内企业构建知识网络嵌入性关系的差异以及创新共同体绩效的差异。例如,创新共同体活动开展比较好的高校通常从政策上积极促进教师开展产学合作与技术成果转化活动,制定并很好地实施了"科技成果转化管理办法"、"知识产权保护和管理办法"、"科技成果孵化及创业基金管理办法"、"地方合作共建科研平台管理办法"以及"开展有关提升教师进行技术转化或产学合作知识与技能的培训措施"等,但其他很多高校并没有如此完备的支持与引导产学合作与协同创新的政策,如对教师晋升职称与考评仍以科研论文发表水平为根本依据。

此外,即使支持与引导教师参与产学合作制度相对较为完善的大学,仍存在三个重要且亟待解决的问题:一是很多高校主要强调专利转让、技术授权与合同研究收入等单向的技术转移或转化活动,而忽视产学知识协同的重要性;二是很多高校虽然重视对知识创新过程中的"问题界定"、"可行性证明"和"进入市场"等阶段的支持,但却忽视了最需要与区域内企业进行协同创新的"概念证明"阶段的政策支持与引导;三是由于缺乏创新共同体意识与知识创新网络化思想,很多高校不重视或忽视从规章制度上积极促进教师参与区域内公益性的科技创新服务活动(如科技特派员和公益性科技咨询与顾问等),这也就失去了很多知识创新过程中"发现问题"和"问题界定"以及与区域内企业构建知识网络嵌入性关系的重要机遇。

(2)支持组织与领导问题

组织模式是协调组织与环境的重要工具(Dijksterhuis et al.,1999),组织模式决定了技术转移双方之间交互的深度与广度(Battistella et al.,2015),能够使组织间建立紧密关系的模式更有利于区域创新共同体的发展。本书通过案例研究与实证分析再次验证了,中国大学成立的促进技术转移或产学合作的专门组织,如"地方合作(产学合作)办公室"或"技术转移中心"等对大学发展产学知识网络嵌入性关系、提高 ICBU 绩效能够起到非常显著的正向影响。当然,通过调研访谈发现,也有不少高校并没有成立支持产学合作与协同创新的专门组织,或者虽然成立了类似的管理与服务部门,但运行效率低下或处于停滞状态,相应地,这些高校的技术转移和创新共同体建设效率同样低下。而且,很多高校运行的产学合作与技术转化支持组织也同样存在上述高校政策引导中的三个重要问题:忽视产学知识协同的重要性;忽视知识创新的"概念证明阶段";不重视或忽视促进教师参与区域内公益性的科技创新服务活动。

此外,尽管已有研究表明(Peng,Luo,2000),营利性组织(企业)的高层管理人员或领导对组织的嵌入性关系与社会资本有很大影响,但本研究发现,大学领导对知识网络嵌入性关系所产生的影响非常有限——他们主要对大学与区域内企业的信息共享有显著正向影响。这就印证了在调研访谈中所了解到的相关问题：大学领导对产学合作与区域创新共同体发展所起的主要作用应该是构建大学与区域政府、企业与科技中介组织的桥梁和纽带，作为区域创新网络中的一个子节点发挥大学与其他创新主体进行创新共同体建设的催化与联结效应，至于是否开展相关协同研发项目或如何开展应由校企专业人员论证决定，而不是由校领导与政府领导"拍脑袋"决定，否则就必然会产生资源浪费与合作失败的情况，如有些大学与地方政府合办的产业技术研究院和技术转化中心等。

（3）内部交流与合作问题

由本研究中的案例分析、问卷调查与实证分析可知，大学的内部交流合作程度与知识网络嵌入性关系及ICBU绩效存在明显的正相关关系。但是，由于受传统大学发展模式的影响，现在中国大学的内部交流与合作机制仍有待改进与提升，这突出体现在学科、专业发展比较封闭，跨学科研究项目与跨学科研究中心相对较少；院系之间甚至各研究所（中心）之间都在比较孤立地发展，缺乏彼此的沟通、交流与合作。例如，笔者通过调研访谈了解到，虽然有些高校实行了学部制改革，但效果也不尽理想，如学部内部各院系虽冠以同一学部的名称，但实际的交流与合作仍然较少，"学部"在一定程度上成为大学新增的一层"官僚机构"；有些科研项目或产学联合研发项目名誉上是在某个"跨学科研究中心"或"协同创新中心"牵头下开展的，但实际上在研究过程中很少进行交流与合作。

（4）学科建设与科研方向问题

已有研究（Battistella et al.，2015）表明，要促进组织间交互学习，双方的知识基础距离不能太大，知识冗余与专业知识出现重合部分有利于组织间的知识流动（Nonaka，1994）。本书的案例研究与实证分析也验证了这一理论对大学主导的创新共同体发展机制的适用性：大学的学科发展与科研方向对本区域相关产业的发展能够起到引领作用或与所在区域支柱产业发展方向较为一致，基本满足本区域相关产业发展需求时，都能够积极地促进知识网络嵌入性关系的构建与ICBU绩效的提升。这说明大学要提升ICBU绩效、推动区域创新驱动发展，其学科建设与科研方向应适当围绕区域产业发展方向展开，从而推动"知识创新、技术创新与区域创新的战略融合，支撑国家创新体系建设"。然而，在现实的大学发展过程中，很多学科的设立与建设围绕高校现有人才或"招生计划"而展开，大学的科研方向往往围绕课题经费或论文发表而展开，这就造成了中国大学的"国际高水平论文发表数量、专利数量等方面的高速发展"与"ICBU绩效以及自主创新能力发展速度缓慢"的严重不匹配现象，例如，一项针对中国大学专利发展情况的实证研究发现，1991—2009年中国大学的专利数量的增长速度虽然不断攀升，但专利的整体质量却没有达到相应的发展水平（Fisch et al.，2014）。

6.2　实践启示与政策建议

影响现代大学角色转换的因素有很多，其中一个重要方面就是经济发展方式由传统的大规模生产和线性转移关系演化到后工业化、知识驱动、开放和更加交互的创新体系，大学与其他创新主体的互动强度决定了社会的经济绩效。这些转变促使大学改变教学科研方式和运行机制,如实现新的技术突破需要跨学科、跨组织合作,改进教育使命和方法以满足人力资本发展质量的新要求,以及重新考虑开发和交换知识的方式等。基于这些改变,促进大学开展创新创业教育、产学合作、技术转移、服务地方发展的趋势在欧洲、美国和其他发达经济体中都广泛存在,当然也包括中国。

另一方面,经济全球化与"新技术基于科学的特征"增加了技术和产品开发的复杂性,这导致产业部门对基础知识产生新的需求,企业不仅要关注短期市场需要,更要注重长期市场开发。此种趋势带来产业与大学、研究机构合作模式的改变,因为实现关键技术突破需要进行长期研发投入,但企业内部资源和能力(知识、资本)通常不足以处理未来科技创新的复杂性。与此同时,创新过程中还存在着大量的"市场失灵"、"组织失灵"与"系统失灵"等重要问题,创新范式的现代转型要求大学与企业进行协同创新,并不断提升协同层次。有鉴于此,中国政府也先后颁布了诸如《高等学校创新能力提升计划》和《关于深化体制机制改革加快实施创新驱动发展战略的若干意见》等重要科技创新政策,加快推进科技与经济的紧密结合以及产学协同创新,推动大学与企业以及其他创新主体深度交互,在"新常态"下实现创新驱动发展。

然而,由于技术变革使基础研究和应用研究之间的差异越来越不明显,这种变化要求改变公共和私营部门间的研发和创新分工,也要求它们采用新的组织模式进行合作,这必然对传统的大学促进区域发展的模式提出新要求与挑战,因此,如何落实好这些科技战略与创新政策,中国各区域与大学都还处于探索阶段。为此,本书基于以上有关大学主导的创新共同体发展现状与存在问题的分析,参照修正后的"大学主导的创新共同体发展机制概念模型",重点围绕如何发展产学知识网络嵌入性关系这一关键问题,分别从区域政府与大学两个层面提出相关政策建议。

6.2.1 改进区域制度环境的政策建议

(1)加大知识产权保护力度,实施知识产权战略

第一,区域政府应制定和实施专门的"知识产权保护和管理"方案与措施。各区域政府可从知识产权的保护与运作能力、知识产权的执法力度和服务水平、知识产权保护的宣传教育等方面,统筹协调实施知识产权保护的相关政策与措施等,在充分发挥市场机制的同时通过宏观管理与政策引导,大力提升知识产权保护力度与管理水平。

第二,区域政府要全面、深入贯彻实施《国家知识产权战略纲要》(国发〔2008〕18 号),结合本区域经济与产业发展实际情况,充分发挥知识产权在区域社会经济、创新创业文化与科技产业政策中的导向作用,从知识产权创造、运用、保护、管理、服务和发展等方面开展知识产权战略工作。

第三,以国家"在部分区域系统推进全面创新改革试验"为契机,建立与实施知识产权保护、科技创新与产业发展相结合的区域创新驱动发展指标评价体系,并实施与之相关的奖惩机制,大力宣传、推广知识产权保护先进区域的典型经验。

(2)协调实施有关支持大学主导的创新共同体发展的政策

第一,在强调"以企业为主体、市场为导向"的同时,应充分发挥区域政府在产学协同创新过程中的引导与支持作用:一是从省级政府层面构建包括宏观组织管理与协调(如成

立推进产学协同创新的指导小组）、资金扶持与引导（如加大科技投入、税收优惠与政府采购等），以及具体实施方案等全面、系统的促进产学研协同创新的科技政策体系；二是充分调动各级政府推动产学协同创新的积极性，鼓励各级政府因地制宜落实或创新实施相关政策，将产学协同创新成效纳入当地创新驱动发展的评价指标体系；三是通过直接拨款、补贴和贴息等资助方式，引导与支持大学、企业和其他创新主体面向战略性新兴产业开展长期的、具有前瞻性的联合研发项目；四是通过任职待遇倾斜和薪金补贴等方式，大力支持高校开展公益性科技创新服务活动，如"科技镇长团"、"科技特派员"和"教授博士进企业"等，同时做好相关的服务、管理以及监督、考核工作，从而充分发挥大学教师构建知识网络嵌入性关系的作用。

第二，重视对知识创新过程中"概念证明"阶段的扶持，改革与创新产学合作资助模式。首先，各区域政府要根据《国家科技成果转化引导基金管理暂行办法》（财教〔2011〕289号）和《国家科技成果转化引导基金设立创业投资子基金管理暂行办法》（国科发财〔2014〕229号）等文件精神，结合本地实际，重点针对技术商业化的关键阶段（也是特别需要协同创新的阶段）——技术发明和产品开发之间的"概念证明阶段"，制定和实施区域层面的"科技成果转化引导基金管理办法"，引导社会各界力量和各级政府加大对科技成果转化关键阶段的投入与支持。其次，改革传统只关注结果的产学合作资助模式，以实现创新驱动发展为目的，构建有利于区域创新共同体发展、促进创新资源流动与产学知识协同的科技创新资助模式。例如，区域政府可借鉴欧盟国家实施的"创新券计划"[①]，根据本地实际情况从区域政府层面实施创新共同体赠券计划，重点支持中小企业与大学的创新共同体发展项目，如咨询、顾问与合作研发等。

第三，充分发挥不同政策的协同效应。区域创新共同体中促进知识协同的科技政策包括多个层面（如国家层面、部委层面、省级层面和市级层面等）和多个维度（如供给面政策、需求面政策和环境面政策等），它们交织在一起形成较为庞大、复杂的科技创新政策系统（图6.1），在制定与实施这些政策时要注意它们彼此间的协同效应。

首先，要注意"纵向协同"——国家层面科技政策、省级层面科技政策与市、县级层面科技政策的协同，在保证完全贯彻落实与充分利用国家科技协同创新政策的同时，根据区域发展实际情况系统地制定省级层面的相关政策，并通过监督、考核等方式切实调动市、县级政府促进协同创新的积极性和能动性。

此外，还要注意"横向协同"——省级层面各部门出台的不同政策间的协同，重视区域科技创新的"跨部门治理与组织间协同"，推动各协同创新的相关主管与支持部门（如科技厅、教育厅等）之间建立沟通、交流与协调机制，根据"政策循环模型"（图6.2），通过"协同办公"和"联席会议"等方式制定、实施、评估和改进相关科技政策，全面促进区域创新共同体中所有协同创新资源的流动与集聚，使各类政策实现"1+1>2"的效应。

---

① "创新券计划"作为欧盟"第七框架计划"重要组成部分开始于2008年：中小企业向政府申请领取小额资金优惠券，专门用来支付高校院所提供的短期技术创新服务，如产品后期评估、创新产品测试、质量检验、顾问和咨询等，其实质上是一种促进中小企业开展产学合作的政策工具（徐侠、姬敏，2013）。

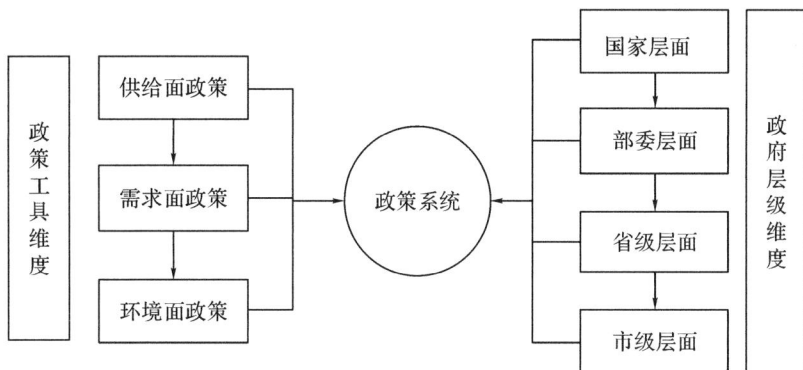

图 6.1 复杂维度的科技创新政策系统

资料来源:笔者根据已有研究(刘立,2011;Magro,Wilson,2013)改编。

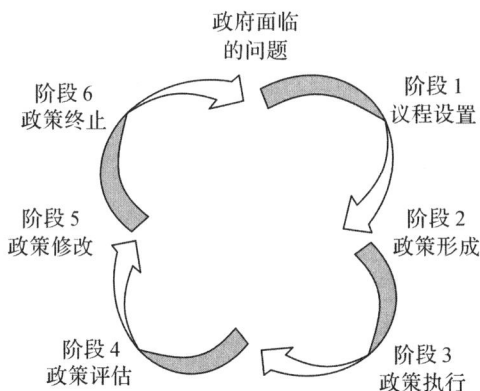

图 6.2 政策循环模型

资料来源:笔者根据已有研究(斯图尔特等,2011;刘立,2011)改编。

(3)合理引导、培育和支持科技中介组织的发展

首先,通过"以市场机制为主导、政府干预相结合"的方式,完善科技中介服务组织的类型与职能(如知识产权、科技信息和金融服务等),使科技中介服务全方位覆盖创新共同体发展的整个过程,促进区域协同创新网络的快速发展。

其次,加大公共科技经费投入,充分发挥政府资金"四两拨千斤"的作用①,引导金融组织与社会资本积极支持各类高校与企业(特别是中小微科技型企业)进行创新共同体建设,大力促进科技与金融深入、全面、系统结合。

再次,推进科技中介服务"个人行为向组织行为、短期项目合作向长期稳定合作、个体行为向网络行为"的"三个转变",对知识创新过程中的"概念证明阶段"进行重点支持。

最后,以发展区域创新共同体和构建协同创新网络为导向,通过政府牵头、科学论证、

① 例如,截至 2013 年,江苏省共计投资 25.278 亿元启动建设了 13 家产业技术研究院,其中通过省财政拨款 1.24 亿元引导社会投资 24.038 亿元。资料来源:江苏省科技创新平台网站,http://kjpt.zacent.com/。

协调沟通，推动区域内高校、科研机构和公共科技服务组织（如政府举办的科技企业孵化器与生产力促进中心等）构建科技中介资源共享网络，使公共科技中介资源在各类创新主体间高效流动。

（4）提高开放创新网络支持平台建设水平

首先，加强战略研究，提高管理水平，改革区域内产业园区（产业集聚区）建设，并合理引导、支持大学科技园建设，充分发挥它们作为企业间或产学交互学习与协同创新"场"的作用。

其次，在建设好"面向战略性新兴产业的产、学、研重大创新载体和平台"的同时，使各类创新载体、平台成为区域创新网络的重要节点，在联结企业的同时与大学的产业技术研究院、科技孵化器等载体、平台相互联网（如图6.3所示），这不仅能够促进创新资源在区域内得到有效流动与利用，也能够促进各个创新主体构建知识网络嵌入性关系，进行开放创新与协同创新。

再次，以新型产业群和城市群建设为契机，基于科学论证与合理规划，通过合适的场地安排、发达的交通网络建设和开放创新文化建设等方式为区域内各个创新主体创造最佳的"物理邻近"与"文化邻近"[①]等条件，从而为构建开放创新网络创造良好的物质、文化环境。

最后，不同于传统的三螺旋理论提出的政、产、学在创新中需保持独立身份，创新网络支持平台需要变革传统的体制机制，在发展模式、管理体制和运行机制等方面进行深入探索，充分发挥政府在促进区域创新共同体的发展中的作用（章芬等，2021）。

（5）建立与本地区现实情况相适应的科技创新体制

我国实施创新驱动发展战略，把优化区域创新布局、打造区域经济增长极作为主要战略任务，传统"一刀切"政策显然不适应国家建设各具特色的区域创新发展格局的战略需要（沈婕、钟书华，2019）。此外，近些年世界各地都越来越关心各地区如何走上新的增长道路，以及这些地区实现这一目标的能力为何不同（De Noni et al.，2021）。例如，为推进各区域创新协调发展，欧盟已启动了区域智慧专业化（smart specialization）[②]创新发展战略，要求成员国和各地区制定适合本地的专业化创新战略，将企业、研究和教育机构以及公共创新主体联结起来，制定工作计划和发展战略，将资源集中在个别优势领域，促进欧盟和成员国政府的协调以及公共和私有部门研发投入的协同增长（黎越亚、钟书华，2018）。Morisson和Doussineau（2019）对荷兰智慧港（Brainport）、西班牙巴斯克（Basque）和哥伦比亚麦德林（Medellín）等地的区域创新治理相关制度安排进行分析后也指出，并不存在适用于所有地区的创新治理架构，每个地区都应根据其自身特点进行制度和政策设计。

因此，在推动区域创新共同发展的过程中，各个区域应根据本地产业、科技和创新等

---

① 在区域创新系统研究中，有关影响企业交互学习与开放创新的"邻近"（proximity）维度包括："物理邻近"、"组织邻近"、"制度邻近"、"认知邻近"和"文化邻近"等（Boschma，2005）。

② "智慧专业化"由欧盟"知识驱动增长"（Knowledge for Growth，K4G）专家小组Foray等人于2009年提出，是一个面向区域创新的政策概念。经欧盟委员会研究商讨，2011年6月，该概念正式成为一项针对欧盟所有28个成员国的政策方案，即"面向智慧专业化的研究和创新战略"（Research and Innovation Strategy for Smart Specialization，RIS3）。

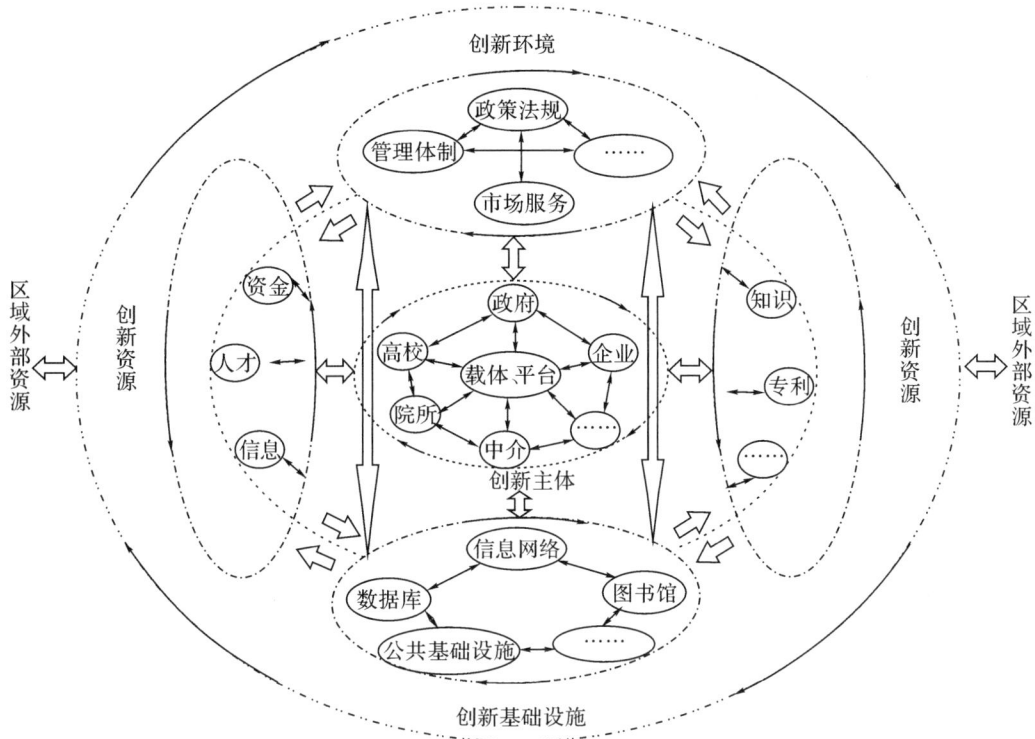

图 6.3　基于载体、平台的区域创新共同体

资料来源：笔者根据已有研究(陈德敏、李华,2011)改编。

资源的实际情况,制定适合自己的科技创新政策。例如,能源化工、光子、种业工程等是陕西的优势产业,但梳理科技"家底"后发现,产业链上还存在不少薄弱环节和瓶颈,创新链上一些关键核心技术受制于人、转化率不高,必须加快补上"卡脖子"的短板。围绕产业链和创新链互动和对接,陕西从创新机制着手,深化拓展服务链,明确可定向委托创新联合体承接省重大科技计划项目;把创新联合体内部产生的创新创业载体优先认定为省级众创空间、孵化器;鼓励创投基金支持创新联合体开展科技成果转化(杨开新、张毅,2021)。

6.2.2　提升大学知识网络能力的路径选择

(1)统筹实施支持大学技术转移与产学协同创新的规章制度

从组织视角来看,高等教育系统实质上就是由生产知识的群体构成的学术组织(伯顿·克拉克,1994)。组织理论和制度理论为大学如何以及何时调整组织结构提供了参考。例如,路径依赖理论认为,随着时间的推移,制度通过自我强化机制而形成。组织偏离已有制度安排是有成本的,只有收益大于成本时才会探讨替代方案,鼓励组织进行变革并不容易。在新制度主义看来,环境和制度的规则、规范和路径依赖制约了组织适应的意愿和能力。尽管如此,政府和政策的干预以及资金、法规和合法性会创造组织变革的机会。因此,区域政策框架的变化可导致组织进行重新思考,并促进组织适应;基于奖励、从众压力或共享价值观来塑造、限制和激发组织行为时，可以促进组织变革。此外，受组织内部的规制（regulative）、规范（normative）或文化—认知（cultural-cognitive）系统的影响变革也可发生：组织的有效规则和指令及其参与者的潜意识和社会惯例，能够改变组织的使命，创建新的组织结构，或者至少改变现有计划（理查德·斯科特，2020）。此外，诸多研究表明，大学规章制度的出台非常有助于提升以各种形式利用研发成果的专业化水平（Meyer，2003；Siegel et al.，2003），使人们认识到大学可以在技术转让方面发挥积极作用，如授权、专利、产学合作和研发合同等（Mowery and Sampat，2004；Walter et al.，2016；冷静、王海燕，2020）。

第一，改革人事管理制度，支持教师开展不同类型的技术转移和参与创新共同体建设活动。首先，根据教师的不同特点、发展能力与兴趣，可将校内相关工作岗位分为"教学科研并重"、"研究为主"、"教学为主"和"应用推广"等类型，为教师提供最适合自己发展的职业通道与平台，并据此实施相应的教师考核管理体系、薪酬与激励体系；与此同时，还要保障教师能够在各类岗位间灵活流动，例如，原来从事"教学科研并重"岗位的教师，转岗专职从事科技成果转化期间（在一定的时间段内）可参加学校职称聘任和学校岗位竞聘，并享有相应的福利待遇。其次，改革发明人（团队）的"科技成果转让"、"许可他人实施转化"以及"作价入股"等管理办法，在国家法律法规许可范围与保障学校可持续发展的情况下，尽可能提高发明人（团队）获得相关收益的比例，加大知识产权的激励力度。

第二，鼓励和引导教师积极参与公益性科技创新服务活动。首先，通过"资金补贴"和"职称（职务）晋升优先"等措施激励大学教师积极参与区域政府组织的"科技镇长团"、"科技特派员"和"教授、博士进企业"等公益性科技创新服务活动。其次，创新教师参与公益性科技创新服务活动的体制机制，激发大学教师与区域内企业进行协同创新的动力与活力，例如，大学进行企业技术创新服务过程中，可借鉴浙江大学在农业技术推广中创新实施的"首席专家＋本地农技推广人员＋本地若干经营主体的'1＋1＋N'"合作机制。最后，在全校师生中大力宣传参与公益性科技创新服务活动的先进个人或团体的典型事迹和成功案例。

第三，以"开放创新"的思维改进大学支持技术转移与产学协同创新的规章制度。首先，大学要积极主动邀请相关利益主体（如企业）参与大学内部科技创新与产学合作制度的制定、评估和修正等工作。其次，及时充分贯彻落实、利用各级政府的科技创新政策，并协调好国家层面、区域层面和大学层面的相关政策，注意各类政策的"纵向"与"横向"协同效应。

（2）提高大学发展区域创新共同体的组织与管理、服务水平

第一，改进产学（地方）合作办公室和技术转移中心等组织机构的管理与服务水平。首先，重视产学（地方）合作与技术转移服务工作的人才队伍建设，通过校外引进、在职培训和参观学习等方式提高工作人员的管理与服务水平。其次，依据教师、企业和政府等利益相关者的评价，以及实际工作成效（如信息交互与知识产权管理等），对产学（地方）合作与技术转移服务工作人员、领导实施绩效考核措施。最后，根据组织的"协同框架"模型（图6.4），协调好校内产学（地方）合作、技术转移部门与其他科技创新管理、支持部门（如科研主管部门和产业技术研究院等）的工作，促进部门间通过"资源流动"、"信息共享"和"相互支持"等方式构建与发展大学内部的知识创新生态系统，从而使大学知识创新链中

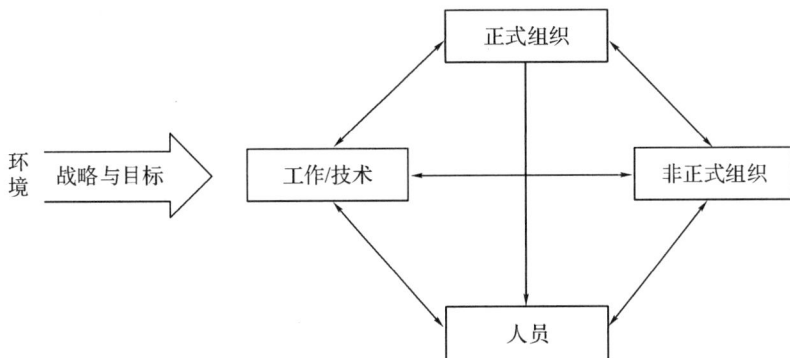

图 6.4　组织的协同框架模型

资料来源：笔者根据已有文献（Scott，Davis，2007）整理。

各个相关部门的工作发挥最大的协同效应。

第二，充分发挥校领导与区域内企业的协调、沟通作用。首先，在不断提高与区域政府、企业和社会团体的沟通、协调能力的同时，大学领导可通过参与技术协会、政协会议和产业技术创新联盟的联席会议等方式，积极融入区域科技创新团体之内，做好大学与区域政府和企业等高层管理人员的沟通与交流工作，充分发挥创新共同体网络的节点作用。其次，根据区域创新驱动发展战略和产业发展趋势，并结合大学发展实际情况，积极主动与主管政府领导和优秀企业领导进行接触和交流，寻求与区域企业开展重大科技合作项目或建设科技创新平台的机遇，但同时要避免大学领导直接指定或干预大学主动的区域创新共同体项目建设。最后，要尽可能减少大学主要领导（校长与党委书记）和相关科技创新主管领导跨区域流动频率，使他们有充分的时间在区域内帮助大学构建知识网络嵌入性关系，不断提升区域创新共同体发展成效。

（3）创新大学发展区域创新共同体的组织模式

进入知识经济时代，大学及其组成部分正变得更加灵活，既采用了集中的行政单位（"总部"）和"分支机构"模式，也采用了"网络"模式，通过合作框架将不同的伙伴联系起来（Scott，2015）。近些年来，很多大学建立了以区域战略为重点、以网络合作为基础的组织结构，反映了这些组织变革原则，如英国的卡迪夫大学创新网络、以色列理工学院创新知识中心、美国的西北大学凯洛格创新网络（王峥、龚轶，2018）以及 MIT 德什潘德技术创新中心（王凯、邹晓东，2014）等。国内比较典型的案例有浙江清华长三角研究院（张羽飞等，2020）、深圳清华大学研究院（孙伟等，2009）、环同济知识经济圈（胡赤弟、张国昌，2019）、浙江大学地方合作网络和产学创新联合体等。最近，为充分发挥基础研究和学科交叉融合优势，成为基础研究的主力军和重大科技突破的生力军，西安交通大学正在建设的"科技创新港"以及"交大—隆基零碳能源研究院"这样的创新联合体也会成为组织适应方面的典范。这一新的组织模式通过打破物理围墙，进而打破心理围墙，探索大学与社会深度融合，已激发了校企双方的积极性（Poppo et al.，2008）。

第一，根据知识创新过程的四个阶段——"问题界定"、"概念证明"、"可行性证明"和"进入市场"或"公共服务"的不同特点，建设相应的协同创新平台或载体。例如，可在上游建设重点实验室与跨学科研究中心,开展知识生产的"源头创新";中游建设"概念证明中心"与"中试基地",开展"概念证明"与"可行性证明";下游建设技术转移中心与大学科技园,进行知识转化或技术转移;形成从"知识生产"到"概念证明"再到"知识转化"完整的知识创新链条与网络(图6.5)。

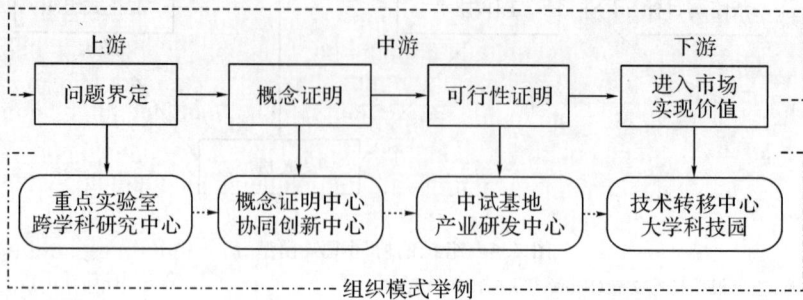

图 6.5　大学知识创新链与组织模式

资料来源:笔者根据调研访谈和已有研究(McAdam et al.,2010;Ibert,Müller,2014)编制。

　　此外,大学还要根据产学双方在不同知识创新阶段或价值链中的能力优势与劣势,寻求产学合作组织模式创新与相关制度创新的突破点。事实上,大学与企业在知识创新四个阶段上的能力有显著差异,如图6.6所示:越接近知识创新价值链上游,大学的能力越强,优势越突出;而越接近价值链下游,企业的能力则越强,相关优势也越突出;反之,两者在彼此最具优势的价值链中的能力都比较弱(孙伟等,2009)。例如,传统上大学通常沿着"路径A"直接通过创办企业进行技术转化或商业化,而企业则通常沿着"路径B"通过创立自己的研究机构进行基础研发,结果双方都会面临能力欠缺的问题。因此,大学可沿着"路径C"的方向,在知识创新过程中的"概念证明"与"可行性证明"阶段重点进行产学合作组织模式创新,全面构建知识网络嵌入性关系,开展更为深度的协同创新。

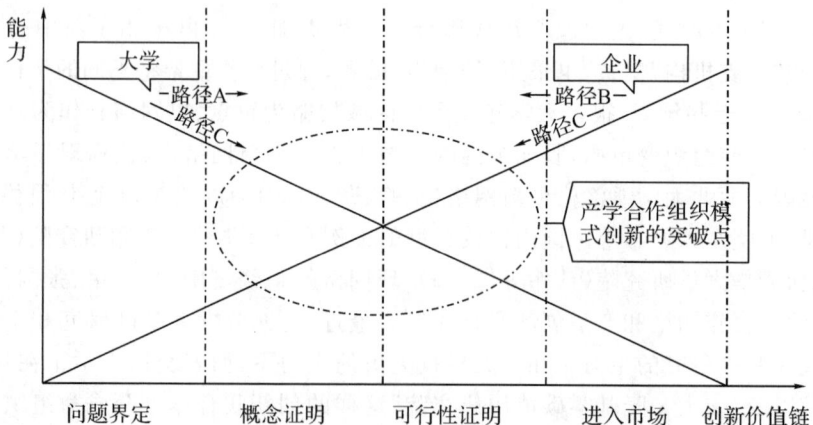

图 6.6　创新价值链与能力的关系

资料来源:笔者根据已有研究(孙伟等,2009)改编。

第二,根据大学与产业知识生产模式的异质性与融合性发展区域创新共同体的组织模式。大学和产业分别依据自己的使命和价值体系在知识生产模式中产生异质性而形成彼此独立的知识生产主体,与此同时,两者又在融合性的基础上进行"边界相互渗透"(Etzkowitz,2012)。也就是说,在学术逻辑和商业逻辑中大学和产业的知识生产模式不是截然对立的,而是在"统一"中既存在异质性也存在融合性(王凯、邹晓东,2016)。

首先,由于产学合作双方的知识生产模式存在异质性,在合作过程中彼此会存在各种张力,较强的异质性会阻碍产学合作的有效开展,以致对双方的知识生产水平和创新能力产生不利影响,这就要求大学的管理者通过组织模型创新与制度创新来减缓这些张力。从学术逻辑来看,国内外已有研究表明,在企业重视专利申请和授权时学术界则认为专利影响科学知识的广泛传播,会危害公共利益和科学共同体,因而对专利的接受度普遍较低。另外,大学把"商业"绩效(以专利授权数量和参与其他产业活动等进行测量)引入对其内部学者的评价体系中会产生消极的后果,如不利于科学研究的长远发展和"变革性研究"成果的出现等。还要注意的是,尽管大学参与产学合作的动机之一是获取更多的经费,但经费的获得应以学术自由和人才培养等大学的核心理念和使命为指南。[①] 从商业逻辑来看,当产业经营者以其惯有的管理产业研发思路和方式处理与大学的合作关系时,往往会产生很多矛盾而导致合作低效或失败,例如,现实中有些企业不区分产业和大学科研人员之间的不同特征,没有考虑到大学和企业对科研时间及成果公开的不同需求等,从而对大学学者提出不恰当的要求。

其次,由于产学合作关系的形成和发展是受双方知识创造能力协同效应驱动的内生性选择过程,而大学和产业知识生产模式的融合性则又是这一协同效应产生的基础。已有研究表明,大学与产业的知识生产模式在有些方面有很强的融合性,双方根据知识生产的需求在基础研究和应用研究方面都可以找到协同合作的项目,而不应只有产品开发或专利授权等类型的合作。事实上,如果太过于强调产学合作中的某一特别途径(如异质性较强的专利授权),可能会对其他合作途径产生消极影响。例如,类似衍生公司、专利授权或使用许可等这样完全商业化的途径在大学和产业之间的知识流动方面发挥的作用非常有限,而合同研究、学术论文发表、科学咨询和人才培养等这样相对开放的途径由于存在较强的融合性,在大学和企业间的知识转移方面发挥着更重要的作用(Cohen,Nelson,2002)。此外,每种产学合作模式都有利弊,最好的合作模式应该依据合作双方的目的和能力选择融合性较强的项目,这样才更有利于提高合作的"匹配度",实现合作共赢和功能互补基础上的协同创新。因此,大学和产业知识生产模式的融合性接口应该是能够通过深入的交互学习和能力互补提升产学双方创新能力的开放合作模式(如合同研究、合作研究和科学咨询等)和混成组织(如产学联合实验室、创新合作中心和协同创新中心等)。因此,大学管理者要在深刻认识和理解产学知识生产模式的异质性和融合性的基础上,通过"多方位交流、多样化协作"构建知识网络嵌入性关系,实施学术逻辑与商业逻辑辩证统一的"混合战略"与"混成组织"(Pache,Santos,2013),来实现知识协同与"能力同构"。

---

① 事实上,大学的一些教师和科研人员已经过于强调"创业"——商业逻辑,而忽视了其存在的基本制度逻辑——学术逻辑。

第三，通过融入区域创新共同体，促进知识创新过程中"概念证明"阶段的快速发展。由本书第三章中有关麻省理工学院主导的区域创新共同体案例研究可知，美国成立"概念证明中心"的大学一般都具有较强的科研能力，但技术转化能力都还不尽如人意，它们通过这类组织主要解决了技术商业化过程中技术创新的初期阶段与技术开发阶段之间（也即概念证明阶段）的"资金缺口"。但这一"缺口"的解决并不是只靠提供种子基金（seed funding）来完成的，而是利用一系列"互补性资产"（complementary assets）（Teece，1986）来实现"缺口缝合"，如创业顾问服务、教育、培训项目、外部资金与合作网络等。"概念证明中心"的这些要素正应和了创业情境中的三个重要方面：网络、知识和资源（Aldrich，2006），而且也是对"第五代技术创新过程模式"①的积极回应。因此，"概念证明中心"成功地促进大学技术商业化的关键要素是，它能够在大学较强科研能力的基础上通过组织模式创新和制度创新使"大学和企业在创新能力中形成动态互补结构"（宗晓华、洪银兴，2013），使创新与创业有机地结合在一起（曾国屏等，2013），实现"提高科学研究水平和成果转化能力"的协同发展。为促进区域创新共同体的发展，提高大学技术商业化能力与水平，中国的大学可从以下两个方面实施相关措施。

首先，大学内部要构建和谐的创新生态系统。由"创新系统"到"创新生态系统"，突出了创新系统的动态演化性，强调了创新系统中创新要素的有机聚集和系统的自组织生长性（曾国屏等，2013）。从美国"概念证明中心"的案例中可知，在推动技术商业化的过程中不仅有"种子基金"的资助，还有优秀的管理团队和运行机制做引导，有"催化项目"、"创新团队"、"技术转移办公室"和"风险顾问"等活动与组织进行协助，以及有雄厚的科技创新能力和友好的创业文化做支撑。这充分说明大学内部和谐的创新生态系统是发展大学主导的创新共同体，促进技术创新顺利实现商业化的必备条件之一。另外要注意的是，在强调创新共同体的任务型绩效（技术商业化）时不可忽视科学创新和基础研究的重要性。大学应在"新巴斯德象限"范式下（刘则渊，陈悦，2007）实现科学创新与技术创新有机结合、创新创业集成发展，使大学的创新生态系统和谐与可持续发展，从而在大学整体创新能力提高的情况下，以"顶天立地"（邹晓东等，2009）为原则提高 ICBU 绩效与技术商业化能力。

其次，大学的创新生态系统要融入区域创新生态系统。一个组织的创新生态系统还要与外界进行能量、信息和物质交换，依靠其外部更大范围的创新生态系统进行动态发展（埃斯特琳，2010）。对大学而言，与其关系最近的就是区域创新生态系统，大学创新系统要获得较丰富资源就要融入该系统与其互动发展，大学与创新过程中其他组织的互动强度决定了 ICBU 绩效。通过构建"概念证明中心"这种类型的创新共同体组织模式，不仅充分利用校内资源还全面挖掘校外资源，如招募优秀的投资者和企业家中的志愿者为受资助者做技术创新和创业方面的顾问，引导科研人员面向区域市场进行技术创新，以及采用各种活动吸引外部投资，实现大学科技创新资源与区域科技资源的交互流动，从而解决"资金缺口"、"信息不对称"和教师动机有待激发等问题。但是，我们绝不可完全效仿这一

---

① 第一代为"技术推动的线性模式"，第二代为"市场拉动的线性模式"，第三代为"耦合模式"，第四代为"综合模式"，第五代为"战略整合与网络化模式"（Rothwell，1992）。

组织模式,"历史、路径依赖和'制度性'都使得这类'效仿'非常困难"(Mowery,Sampat,2005)。我们应在具体情境中理解这一组织模式成功的原因,如从大学、教师、企业和(或)政府构建或参与这类组织的动机、该组织运行的资金来源、对大学(如资金收入、科研与教育产出)和区域经济发展的影响以及大学所处的市场和制度环境等视角进行分析。因此,中国的大学要提高创新共同体发展成效与技术商业化(技术转化)能力,应在"新巴斯德象限"范式下实现创新与创业的有效集成,建设自己的创新生态系统,并在具体情境中积极通过组织模式创新和制度创新构建开放创新网络,实现与区域创新生态系统的融合与协同发展。

(4)激发大学内部交流活力,促进校内协同创新网络建设

第一,结合高校发展现状与未来发展战略,深入开展"学部制"或"大学院制"改革,通过体制机制和运行模型创新,充分发挥其促进学术交流、"整合优化学术资源、激发基层学术组织活力"(邹晓东、吕旭峰,2011)的重要作用。

第二,创新跨学科平台运行模式与机制,突破"学科壁垒"、"路径依赖"与"制度惰性",促进大学各院系与研究院(所、中心)等跨越部门边界进行交流、沟通与合作,推动各部门及其教师之间通过积极构建知识网络嵌入性关系开展跨学科研究,基于"二元环境"从"跨学科文化"、"开放系统"、"研究成果"和"内部流程"等方面构建"跨学科研究管理框架"(König et al.,2013),提高面向协同创新的跨学科研究实效与水平(邹晓东、陈艾华,2014)。例如,大学可借鉴"虚体中心(virtual centers)借用资源、虚体实体相结合、共享基础支撑平台"等跨学科组织运行模式(刘小鹏,2014),解决大学跨学科研究平台的运行机制和资源配置等问题。

第三,构建开放创新文化,开展各种正式与非正式活动,促进校内教师进行"纵向交流"、"横向交流"与"网络化交流"。教师间的"纵向交流"是指,学校领导、学院领导、系(所)领导与教师之间的沟通与交流;教师间的"横向交流"是指,在实施教师岗位分类管理制度的同时,还要促进各类岗位教师的交流与合作;教师间的"网络化交流",是指大学全体教师跨越院系(所)与职级、职位、岗位等进行相互沟通与交流。以这三种形式的交流活动为载体,可以使大学教师跨越传统的"学术部落"(托尼·比彻、保罗·特罗勒尔,2008),推动大学的各部门、各学术团体进行"边界相互渗透",构建和发展知识网络嵌入性关系,提高 ICBU 绩效。

(5)参照区域产业结构与创新驱动发展战略,优化学科战略布局

首先,以"大师+团队"的模式,扎实开展源头创新,探索产业发展新方向。为此,大学要紧密围绕区域产业发展重大战略需求,特别是战略性新兴产业发展需要,加快调整学科布局,大力发展前沿交叉学科与新兴学科。与此同时,充分利用国家人才计划与区域人才计划(如"领军人才计划")政策,并创新大学和区域联合引进人才的模式(如"人才驿站"),大力引进或培养引领学科发展的"大师"和优秀团队,以高层次人才队伍建设为抓手,全面提高学科建设水平与自主创新能力。其次,基于产业链发展学科链(胡赤弟、黄志兵,2013),使学科链衔接产业链,优化学科布局,推进学科链与产业链的融合发展。但要注意的是,使学科建设在满足区域产业发展现有需求的同时,还要根据产业结构调整与产业升级趋势适时超前发展。

6.3　本章小结

本章借鉴政策科学理论和政策建议方法论，把第五章修正后的"大学主导的创新共同体发展机制概念模型"作为基本的政策模型，通过对中国科技政策与产学合作发展历程的梳理，以及相关现状与问题分析，分别从区域政府层面和大学层面提出改进区域制度环境与大学知识网络能力的相关政策建议。区域政府层面的政策建议主要包括：加大知识产权保护力度，实施知识产权战略；协调实施有关支持大学与企业协同创新的政策；合理引导、培育和支持科技中介组织的发展；加快产业结构调整与升级，推动企业自主创新；提高开放创新网络支持平台建设水平。大学层面的政策建议主要包括：统筹实施大学技术转移与创新共同体建设的支持政策；提高创新共同体的组织与管理、服务水平；创新大学发展区域创新共同体的组织模式；激发大学内部交流活力，促进校内协同创新网络建设；参照区域产业结构与创新驱动发展战略，优化学科战略布局。

第七章 研究结论与展望

本章将对前面章节的研究内容进行总结,归纳出主要的研究结论,以及主要的理论贡献与实践贡献,回顾、阐明研究中存在的局限和不足,并在此基础上提出未来的研究方向。

7.1 主要研究结论

中国进入新的发展阶段,需要新的发展理念,构建新的发展格局,十九届五中全会在《关于制定国民经济和社会发展第十四个五年规划和二〇三五年远景目标的建议》中提出坚持创新在现代化建设全局中的核心地位,把科技自立自强作为国家发展战略支撑。科技部 2020 年 12 月印发的《长三角科技创新共同体建设发展规划》也明确提出,"充分发挥长三角高校协同创新联盟作用,整合高校优势科技资源,在重大基础研究和关键核心技术突破等方面形成联合攻关机制……鼓励有条件的高校、科研机构和企业牵头设立跨区域的新型研发机构"。事实上,尽管人才培养仍然是现代大学的核心使命,但他们确实在不断努力通过科学研究与"第三使命"协同发展来提高知识创新能力,正在成为区域社会经济发展的"知识中枢"。在这种模式下,大学更加融入区域创新生态系统,围绕知识生产、整合、传播与应用等活动承担催化、激发经济与社会发展的角色,其区域知识网络关键节点效应和区域创新催化效应越发突出,所演化出的创新共同体已成为推动内生发展和创新能力提升的重要载体。然而,目前有关产学合作与高校科技成果转化的学术研究与政策话语中,还缺乏对不同知识交互类型与组织交易治理机制关系的讨论,这样就更加难以有效地促进合作与协调。例如,在资本逻辑的规制下,人们的交往通常服从于资本利益最大化原则(李包庚,2020),但金钱的"胡萝卜"与权威的"大棒"只能驱动着人们完成狭窄的任务,却阻碍了人们的创新与超越(王雎,罗珉,2007)。

制度变迁和创新范式转型背景下,大学主导的创新共同体有利于促进区域创新驱动发展、解决我国科技创新中的"孤岛现象"和各种"知识悖论"。本书在借鉴和整合大学功能观、知识创新理论、区域创新共同体理论、社会网络理论和新组织制度理论等理论的基础上,以影响大学主导的创新共同体发展的知识网络嵌入性关系为切入点,构建"大学知识网络能力与区域制度环境——知识网络嵌入性关系——ICBU 绩效"的理论逻辑,采用文献分析、调研访谈、案例研究、问卷调查、层级回归分析和结构方程模型检验等方法,先后构建和检验了大学主导的创新共同体发展机制概念模型,并结合中国现实问题,根据修正后的概念模型提出了相关政策建议。由此,本书通过上述分析与论证,形成了以下主要研究结论。

(1)知识网络嵌入性关系对 ICBU 绩效有显著的正向影响,知识网络嵌入性关系质量越高,越有利于其发展。基于案例研究、已有研究成果和理论分析,如社会网络理论、嵌入性关系理论、知识创新理论和创新共同体理论等,本书把知识网络嵌入性关系划分为四个维度,即"信任"、"承诺"、"信息共享"和"联合解决问题";把 ICBU 绩效划分为两个维度,即"任务型绩效"和"成长型绩效",并通过问卷调查与探索性因子分析、验证性因子分析验证了这些维度的信度与效度。最后通过结构方程模型检验发现,知识网络嵌入性关系的各个维度对 ICBU 绩效的两个维度都有显著的正向影响,这说明知识网络嵌入性关系对 ICBU 绩效有显著的正向影响,知识网络嵌入性关系质量越高,越有利于提升 ICBU 绩效。

(2)大学的知识网络能力对产学知识网络嵌入性关系有显著的正向影响,大学的知识网络能力越强,越有利于知识网络嵌入性关系的构建与发展。基于案例研究、理论分析和已有研究成果,本研究把大学的知识网络能力划分为四个维度,即"内部交流"、"知识基础"、"网络导向"和"组织领导",并通过问卷调查与探索性因子分析、验证性因子分析验证了这些维度划分的信度与效度。最后通过结构方程模型检验发现,"知识基础"和"网络导向"这两个维度对知识网络嵌入性关系的各个维度都有显著的正向影响,而"内部交流"只对知识网络嵌入性关系中的"信息共享"和"联合解决问题"有显著的正向影响;"大学领导"只对知识网络嵌入性关系中的"信息共享"有显著的正向影响,这说明一般的社会网络理论和社会资本理论在大学这样的公共组织内确实有不适用性。但总体来看,大学的知识网络能力仍对知识网络嵌入性关系有显著的正向影响,大学的知识网络能力越强,越有利于知识网络嵌入性关系的构建与发展。

(3)区域制度环境在大学知识网络能力与知识网络嵌入性关系之间起到显著的调节效应,区域制度环境质量越高,越有利于知识网络嵌入性关系的构建与发展。基于案例研究、理论分析和已有研究成果,本研究把区域的制度环境划分为"管制性要素"、"规范性要素"和"文化—认知要素"三个维度,并通过问卷调查与探索性因子分析、验证性因子分析验证了这些维度划分的信度与效度。最后通过层级回归分析检验其调节效应发现,制度环境中的三个维度除对知识网络能力中的"内部交流"与知识网络嵌入性关系中的"信任""承诺"不起调节效应之外,对知识网络能力与知识网络嵌入性关系的其他维度之间的关系机制都能够起到显著的正向调节效应。由此从整体来看,区域制度环境质量越高,越有利于知识网络嵌入性关系的构建与发展。

(4)构建知识网络嵌入性关系是促进大学主导的创新共同体发展的关键途径,为促进知识网络嵌入性关系的构建与发展、提高 ICBU 绩效,既要提高大学的知识网络能力,也要提高区域的制度环境质量。通过对大学主导的创新共同体发展机制概念模型构建、实证分析与检验可知,知识网络嵌入性关系对 ICBU 绩效有显著的正向影响;大学的知识网络能力对知识网络嵌入性关系有显著的正向影响,而且区域制度环境在大学知识网络能力与知识网络嵌入性关系之间起到显著的调节效应,知识网络嵌入性关系是大学知识网络能力与 ICBU 绩效的中介变量。因此,构建知识网络嵌入性关系是促进大学主导的创新共同体发展的关键途径,为促进知识网络嵌入性关系的建立与发展、提高 ICBU 绩效,既要提高大学的知识网络能力,也要提高区域的制度环境质量。为此,本书通过对中国科技政策与产学合作发展历程的梳理,基于中国区域制度环境与大学知识网络能力存在的实际问题,重点围绕如何通过提升区域制度环境质量和大学知识网络能力来发展产学知识网络嵌入性关系这一关键问题,分别从区域政府和大学两个方面提出相关政策建议。

7.2 主要研究贡献

7.2.1 理论贡献

(1)丰富和发展了创新共同体理论。以前有关大学知识转化的研究主要强调知识的单向流动和显性经济价值,如从知识生产到商业化或资本化,强调知识产权与研发活动收入等。然而,大学是非营利性组织,其知识转化不仅要体现经济价值,更要体现社会价值,如知识网络连接和知识公共服务等,而且知识双向流动是大学主导的创新共同体发展的根本路径与特征,也是大学参与区域创新驱动发展活动的重要路径。基于此,尽管已有研究提出了大学促进区域发展的几种模式,如"区域创新系统模式"(Cooke,1992;Cooke et al.,2004)、"新知识生产模式"(Gibbons et al.,1994;Nowotny et al.,2001)和"融入型大学模式"(Boyer,1990,1996;Trencher et al.,2014;Thomas,Pugh,2020)等,但基本处于理念探讨阶段。在人类命运共同体核心思想指导下,本研究通过综合有关区域创新共同体、协同创新和知识协同等相关概念的分析,提出大学主导的创新共同体概念,并开发出其绩效的两个测量维度——任务型绩效与成长型绩效,以实现大学知识创新的社会价值与经济价值、建设区域创新共同体为导向,以知识网络嵌入性关系为视角,重点研究大学以知识双向动态流动的方式发展区域创新共同体的机制,不仅丰富了大学功能观以及大学知识创新的价值实现机制,也发展了创新共同体理论。

(2)有助于改进知识溢出理论。知识溢出被认为是经济增长的重要资源之一(Romer,1986,1990),学者们长期以来认为大学基础研究作为公共物品能够溢出到社会中(Arrow,1962;Rosenberg,Nelson,1994,1996)。经济地理领域和高等教育研究领域的学者也经常指出,大学的科学研究对区域技术创新能够产生溢出效应,大学知识能否顺利进入市场得以应用的关键在于"推动"变量——大学内部因素,如科研水平、大学声誉和对技术转移的资助等。然而以前很多有关知识溢出理论的研究往往忽视了区域环境"拉动"变量的重要性。直到近年有学者从很多国家或地区效仿"硅谷"发展的失败案例中注意到,传统的知识溢出理论认为隐性知识可以自动溢出,但事实上知识溢出不仅受到知识创新主体和接受主体特征的影响,更受到这些主体所处的环境的影响,如制度环境和开放创新网络环境等;杰出大学的存在对于区域创新能力的提升只是必要条件,而非充分条件,如果没有良好的创新环境,大学的知识很难溢出到区域中,例如区域企业间开放创新网络的发展水平与产学协同创新、大学技术转化绩效等存在显著的正相关关系(Casper,2013)。本研究从大学知识网络能力与区域制度环境两方面同时考察产学知识网络嵌入性关系与ICBU绩效的影响因素与机制,并研究发现区域制度环境确实对知识网络嵌入性关系与协同创新绩效有显著的正向影响,从而在中国情境下从更广泛的维度验证了

Casper(2013)和 Berbegal-Mirabent (2013)等学者提出的有关"知识溢出理论修正的假设"，从而有助于对传统的知识溢出理论与区域创新系统理论进行修正和完善。

（3）拓展了社会网络理论与嵌入性关系理论。有关知识网络的研究主要基于社会网络理论(主要包括嵌入理论和社会资本理论等)，很多学者已对网络嵌入或嵌入性关系如何影响社会资本获取，以及社会资本对组织或个体间知识转移、合作创新和经济发展等方面的影响机制进行了大量研究，充分认识到网络嵌入对组织创新绩效提升的重要性，但是有关如何开发网络使组织更好地构建嵌入性关系的研究却比较匮乏。此外，社会网络的形成及其作用的发挥程度还受到制度环境的影响，例如，以前的研究认识到社会资本有益于集群创新，但却忽视了社会资本演化所处的具体情境(Staber，2007)；以前的研究主要关注企业所在网络联盟中的位置对企业创新的影响，而忽略了联盟网络本身也处于特定的制度环境中，并深受此影响(Vasudeva，2013)。虽然已有学者注意到制度环境对社会网络关系和结构有重要影响(Owen-Smith，Powell，2008；Sorenson，Stuart，2008)，但有关具体的影响机制及其对组织网络能力的调节机制还缺乏深入研究。因此，本研究重点以区域政府和大学如何分别通过提升制度环境质量和知识网络能力来促进产学知识网络嵌入性关系的发展为现实问题，基于对知识网络能力、制度环境、知识网络嵌入性关系与ICBU 绩效之间关系机制的研究，从组织层面丰富与拓展了社会网络理论与嵌入性关系理论。

总之，本研究基于大学主导的创新共同体发展机制的分析，在能够统合知识生产与知识转化——知识协同概念框架下，从经济价值与社会价值两方面研究大学知识转化能力实现的机制，在一定程度上超越了传统"创业型大学"功能观，突破了科技成果转化、知识商业化或资本化分析框架，这不仅发展了大学功能观，也丰富了知识创新理论和区域创新共同体理论，并有助于修正传统的知识生产函数；本研究还突破了以前单一制度环境对知识网络嵌入和知识创新影响的分析，从区域制度环境与大学知识网络能力协同共演的角度，探究制度环境与大学知识网络能力对产学知识网络嵌入性关系和 ICBU 绩效的影响机制，一方面丰富和完善了社会网络理论、区域创新共同体理论、知识创新理论、知识溢出理论，另一方面为我国促进区域创新驱动发展、知识创新与区域创新融合发展提供了政策分析框架和理论借鉴。

7.2.2 实践贡献

本书基于区域创新共同体理论、大学功能观、新组织制度理论、社会网络理论和知识创新理论等理论，通过综合运用探索性案例分析和半结构性访谈，构建出大学主导的创新共同体发展机制的理论框架，并通过实证数据分析来厘清区域制度环境、大学知识网络能力、知识网络嵌入性关系和 ICBU 绩效之间的复杂关系机制，从而揭示了区域制度环境和大学知识网络能力共演对产学知识网络嵌入性关系与 ICBU 绩效影响的内在机制。

因此，本书的研究成果为充分发挥大学在建设"各具特色和优势的区域创新系统"中的潜能提供了重要的政策启示，为区域和大学的发展改革提供重要政策依据，从而有助于指导大学和区域政府如何通过提高知识网络能力与制度环境质量，促进产学知识网络嵌入性关系的发展、提升 ICBU 绩效，进而提升大学知识创新能力和创新共同体建设水平，解决中国科技创新中的"孤岛现象"和各种"知识悖论"问题,支撑国家创新体系建设和创新驱动发展战略。

7.3　研究不足与展望

7.3.1　研究不足与局限

本研究虽然具有上述理论价值与实践价值,但由于研究者的主观能力和客观资源有限,本书主要存在以下研究不足与局限。

(1)实证分析数据不够全面,缺乏纵向的实证研究。首先,虽然在案例研究中,对中国的多个区域开展了较为广泛的调研访谈,调查对象包括大学的教师与高层管理人员、企业领导、政府领导和工商协会等,由此了解到很多有关大学主导的创新共同体发展的实际问题和成功经验,但为了寻求问题的突破点和便于开展实证分析,在后面的问卷调查中只将大学作为抽样对象进行数据收集和分析。这虽然有助于提高研究的可操作性,但也会造成研究分析数据不够全面,从而产生"共同方法变异"(common method variance)问题,使整个研究不足够完整。其次,在进行问卷调查时为避免区域经济水平发展差异较大产生数据偏差大的问题,主要选取了中国经济发展前20位的省级行政区作为调查对象,虽然问卷回收总量已基本满足实证分析需要,但实际上从很多不同区域收集到的问卷仍然较少,由此就不能够更为全面和深入地反映中国大学与区域创新共同体发展的多样性和不均衡性等特征,从而可能会造成研究结论的不完整。最后,由于本研究是通过单次的问卷调查获取分析数据,相应地就缺乏相关的纵向数据,从而无法对知识网络嵌入性关系与创新共同体的动态演化机制开展纵向实证分析,难以全面、深入掌握影响ICBU绩效的相关变量。

(2)缺乏对影响大学主导的创新共同体发展的其他层面的分析。由于本研究主要以如何提升区域创新共同体建设水平为背景,从组织间关系层面研究大学主导的创新共同体发展的机制,虽然在研究设计和研究过程中也考虑和分析了其他层面(如国家层面与个人层面等)的影响因素,但在很大程度上没有兼顾到这些因素对大学主导的创新共同体发展的影响。

(3)大学的组织情境因素研究不够深入和全面。学术界认为大学组织是一种松散型的结构,这取决于大学组织形成的基础,即大学是以学科为基础的。由于学科之间是彼此独立、封闭的,学生接受教育和教师从事学术活动也是按学科进行,因此学校的组织结构呈现出一种松散、扁平的状态。与此相对应的是,大学组织具有两个权力系统,一个是行政权力系统,另一个是学术权力系统。后者的存在对于前者而言,是一种补充,也是一种制衡。因此,比起其他组织,大学组织更加关注其组织成员——教师的专业性,关注其相对独立的专业权力,强调学术权力对行政权力的制约作用。

科恩和马奇(2006)提出,大学组织并非像人们所想象的那样具有统一而清晰的目标、明晰的技术线路以及规范的运作程序;大学内部的无序远甚于有序,人员、机构间的联系呈现明显的松散特征，处于"有组织的无序"状态。卡尔·韦克(1976)把这类组织称为"松散耦合的系统"(loosely coupled system)。托尼·布什(1998)则进一步将"松散耦合的系统"的特征概括为以下几个方面：(1)组织目标不明确。"教师的专业自主权能够使他们自由地确定自己的工作目标，并在工作中使自己的行为与确认的目标相一致。"(2)组织管理的手段和程序不清楚。(3)组织中不同机构间虽然存在联结，但相互间的影响比较小，机构和成员有相当程度的自主权，独立性强。(4)组织结构不确定。规模越大，复杂程度越高的组织，其权力结构越复杂模糊。(5)越是高度专业化、规模较大、有多种目标的学院组织，其组织内部运作越无序，它越"需要专业人员依据自己的判断来从事教学，而并非按照管理者的命令去工作"。(6)组织管理中参与者的流动性强，很难明确各人的责任。(7)组织对外部信息的把握具有不确定性，决策过程模糊。(8)组织的决策是无计划的决策。"当新的问题出现时，组织将注意力集中在对付新问题，而未能顾及对原有决策的实施。"(9)强调分权优势。伯顿·克拉克(1994)认为，恰恰是这种结构松散的网络和中心在工作层面的特点，成就了高等院校，使之成为历史上最为古老、最有生机的社会组织。

因此，除了外部环境特征的影响外，大学网络能力促进区域创新共同体发展的有效性还与其自身的组织特性相关，但这些因素在本研究中缺乏深入的分析。例如，大学通常是由学院、系和跨部门研究单位连接在一起的组织，其中的每一个单位(院系)又处于更广泛的组织情境中，会表现出更多的具体行动和干预形式。此外，不同学科在接触产业途径和获得创业所必需的关系嵌入机会等方面存在较大差异，这都会影响其成员的区域创新共同体活动参与度，像工程这样的应用性学科领域更有可能与相关行业建立联系、密切合作。

7.3.2　未来研究展望

根据以上研究不足与局限，本书从以下几个方面提出需要进一步改进的研究方法与未来需要继续研究的方向。

(1)拓展大学主导的创新共同体利益相关者研究范围，创新问卷发放与收集的方式、方法。第一，从研究设计、概念模型构建和问卷调查设计等方面分析大学主导的创新共同体利益相关者，如区域政府、企业和中央政府等。例如，在问卷调查中把区域政府和企业也作为调查对象，分别设计针对大学、政府和企业的调查问卷，从而全面获取不同利益相关者的观点与看法，进一步提升创新共同体发展影响因素研究结论的信度与效度，提高相关政策建议的科学性与可行性。第二，基于"制度逻辑"理论(Thornton et al.,2012)研究中央政府与区域政府以及大学之间的"制度冲突"对创新共同体发展的影响，例如国家对部属高校产权的管理与区域促进产学协同创新、大学科技成果转化的相关科技创新政策之间会存在一定的张力，这种张力使部属高校无法充分利用区域政府的相关激励政策。第三，从时间维度发展大学主导的创新共同体创新网络演化机制，深入分析影响创新共同体的关键要素，填补问卷调查研究中的不足之处，例如，可使用社会网络分析方法和相关分析软件(如 Paject 与 Ucinet 等)对产学合作专利与合著文章等数据进行纵向分析，探索其动态演化机制。第四，不断创新问卷调查的方式、方法，如在继续使用网络和邮寄方式收集调查数据的同时，可联系政府机构和专业的中介组织协助收集数据，使收集到的研究数据更具有代表性。

（2）大学规章制度对教师参与区域创新共同体建设的影响机制。制度、网络和资源之间存在共生演化关系。组织内和组织间的交互活动主要基于三种机制进行——层级、市场和网络：层级制由雇佣关系定义，主要依靠层级结构和命令系统运行；市场由合同和产权治理，主要依靠自由竞争运作；网络既不基于交易也不基于规则运行，而是基于现有关系、义务、声誉和信任运行，其实质是成员间通过"自组织"开展合作。基于社会网络嵌入而进行的区域创新共同体建设活动主要通过自组织机制运行，与之相对应的管理系统存在复杂性、不确定性和非线性，该系统本身及其子系统与外界有物质、能量和信息交换的开放性，传统的控制方式、管理模式与制度设计都难以解决这些复杂问题。

制度分析与制度创新的研究主要包括六大层次：世界系统、社会系统、组织场域、组织群落、组织和组织亚系统。其中，组织场域层次是制度理论的最重要分析层次，主要研究聚合或集群在一起的组织。当前有关组织与制度之间关系的研究则主要集中于以诺斯（North）为代表的制度经济学领域，认为制度为组织间交互行为提供了博弈规则。虽然以威廉姆森（Williamson）和埃尔斯巴赫（Elsbach）为代表的学者分别对组织层次上制度创新和组织内制度创新的问题进行了研究，但他们所关注的对象主要是企业等非学术组织的交易成本和内部治理问题，而且很少涉及组织内部制度对组织间网络及合作创新绩效影响的研究。此外，由于现有研究主要关注创新网络的价值与影响力，忽视了组织特征及其内部制度与能力对网络嵌入的影响，有关如何通过制度创新充分发挥组织的主观能动性使之更好地嵌入社会网络的研究比较欠缺。

有关创业型高校和技术转移等方面的研究虽然在一定程度上关注了高校内部制度设计对技术转化绩效的影响，但这些研究主要基于线性技术转化思路进行相关因素的分析，忽视了大学主导的创新共同体的重要性和特殊性。另外，中国经济和创新系统正在从以前的"中央统一计划模式"转型到"市场驱动系统模式"，随着政府权力不断下放和经济改革持续进行，高校在拥有越来越多办学自主权的同时，急需探索如何通过制度创新提升科技成果转化能力和服务创新驱动发展的能力。因此，在经济发展新常态下，从组织制度层面研究高校如何更好地促进创新共同体建设已成为可能与必需。

正如著名组织与制度理论学者斯科特（Scott，2015）所言，现代组织理论是建立在对高校研究的基础上的，包括布劳（Blau）、科尔（Cole）、帕森斯（Parsons）和马奇（March）等在内的一批杰出的社会学家和管理学者曾一度将他们的注意力转向高等教育，但他们都没有在这一领域持续多久。因此，现有组织制度理论并不能满足高校这样的公共学术组织进行制度创新的需求。未来相关研究可从以下几个方面展开。

第一，分析具体组织环境对大学教师个人参与协同创新的影响机制。从政策的视角来看，不同的创新共同体发展模式需要不同的组织结构和激励机制。由于个人特征是大学教师参与产学合作的主要决定因素（Bercovitz，Feldman，2008），在组织结构和政策措施的研究方面也应该重视个人层面的问题，如进一步探究科研团队、基层学术组织的纵横结构和相关激励措施对大学教师参与产学合作与协同创新所产生的影响（王凯、邹晓东，2013）。

第二，分析学科制度环境对大学教师个人参与协同创新的影响机制。科研管理工作者在促进教师进行科研成果转化时要认识到学科自身特点和内在发展要求，只有充分尊重不同学科的性质和规律，才能制定出符合学科发展要求的科研战略规划，才能保证科研活动按照大学与社会需要的方向发展，从而实现其价值（周文泳等，2012）。因此，还应进一步研究学科制度对教师个人参与协同创新的影响机制。

第三，分析教师个人参与协同创新对教育教学质量的影响机制。[①] 目前，在教师个人参与协同创新所产生的影响方面进行的研究还不全面，还不能就此认为这一活动总是有益而且应该得以发展。因为大学的核心职能是增进知识和培养人才，如果"交往的增加和责任的扩大"超出其承受范围，这些交往和责任就会有害于大学与社会（Flexner，1930）。然而，已有研究通常忽视了教师个人参与协同创新对教育质量的影响，如教师对教学时间的投入和教学质量等。忽视这方面研究的原因可能很多，如"美国研究型大学片面地吸取德意志学术理念，并将之与过度的经验主义相结合，导致大学无法批判地反思自己并重新规划自己的发展"（罗兹、常永才，2011）。因此，对教师个人参与协同创新所产生的这些影响进行深入研究对大学和政策制定者将有很大的价值：一方面可以使大学在"学术资本主义"不断渗透、"学术随着资本的激流而漂浮"（王英杰，2012）的环境中清楚地认识到如何更好地完成自己的根本使命——培养人才，另一方面可使政策制定者深刻地认识到"第三使命"活动所产生的收益或代价，进而实施相关激励政策或干预措施。

（3）在具体情境下探索创新共同体的治理模式和治理机制。很多研究已采用了多种理论视角对区域创新共同体的主要障碍和促进机制等问题进行了分析，但这些研究主要是经验驱动的，开展更具有针对性和理论驱动的研究仍还有巨大潜力。例如，大学主导的创新共同体的实践如何能够成为发展和检验更广泛理论的重要场域。虽然大学主导的创新共同体是一个比较具体的经验背景，但由此产生的研究发现可以为相关理论提供新的分析视角。此外，情景化是提高理论契合性和稳健性的关键路径，组织与管理研究越来越强调"情境"，如与现象相关的和有意义的元素，而"新常态"下中国大学科技成果转化与产学合作等方面的丰富实践为此提供了特别机遇。因此，我们不仅要讨论相关理论如何为大学主导的创新共同体提供借鉴与参考，更要深入探究其如何能够促进相关理论的完善和发展。当然，这方面的研究并非易事，不仅需要洞察中国所特有的情境要素，还要理解引入这些特定情境要素的必要性。

以本研究的结论为基础，在未来的研究中可进而针对大学、区域政府和企业等最为关切的问题，以及经济社会发展与创新区域发展中亟待解决的问题，更加深入地分析具体核心问题，并以此为突破点，探究大学所创造的知识价值（经济价值与社会价值）实现的动力机制。例如，2019 年 12 月《长江三角洲区域一体化发展规划纲要》的印发，标志着长三角区域一体化发展上升为国家战略。然而，长三角"跨区域共建共享共保共治机制尚不健全"；尽管该区域拥有全国约 1/4 的"双一流"高校，但"科创和产业融合不够深入"，科技成果转化缺乏"一体化"协调机制。在此背景下，通过系统研究揭示长三角高校技术转移网络治理的权变因素和内在机理，并从治理模式、区域政策、高校制度与合作平台提出相关政策建议，将有助于促进各创新主体协同开展技术转移，减少科技创新中的"孤岛现象"，提升高校科技成果转化水平。此外，2021 年 6 月《中共中央 国务院关于支持浙江高质量

---

① 关于此部分的后续研究成果请参考：王凯，胡赤弟."双一流"建设背景下创新人才培养绩效影响机制的实证分析——以学科—专业—产业链为视角[J].教育研究，2019（02）：85-93.

发展建设共同富裕示范区的意见》公布,这是以习近平同志为核心的党中央把促进全体人民共同富裕摆在更加重要位置做出的一项重大决策,充分体现了党中央对解决我国发展不平衡不充分问题的坚定决心;2022 年 1 月《科技部、浙江省人民政府关于印发〈推动高质量发展建设共同富裕示范区科技创新行动方案〉的通知》提出,到 2035 年,浙江要建成高水平创新型省份和科技强省,成为展示新型举国体制优越性的"中国创新之窗"。因此,共同富裕的建设对创新主体的战略导向以及创新范式选择都将产生重要影响,科技创新目标应从市场逻辑下的经济价值主导转向涵盖经济、社会与环境的混合型使命驱动(陈劲等,2022)。作为区域创新生态系统的重要组成部分,大学与其他创新主体的互动强度决定了经济社会发展成效,其知识生产与转化活动已被赋予更多的社会责任。

　　基于现有研究可知,仅仅基于"资本逻辑"开展的技术转移与产学合作,由于缺乏深度与可持续的交互学习以及公共价值的引导,往往会陷入"知识悖论"困境。学术研究与政策讨论已认识到传统技术转移模式的不足,但更注重"技术推动",对"需求牵引"、"用户参与"和"交互学习"的作用及其公共价值关注不够,导致无法深刻理解中国情境下技术转移和产学关系的核心价值与使命。同时,有关大学知识转化的研究通常采用单一静态的视角分析某种治理机制的前因与后果,难以适应基础研究、应用研究、技术开发和社会需求等要素之间的动态演化关系,不能为由此带来的协调与合作难题提供有效解决方案。

　　大学主导的创新共同体通过产学交互学习与知识网络化流动促进产学创新能力的协同提升,其中往往没有针对成员正式的法律契约,声誉则是创新中比互惠更为基础的因素。相应地,能够适合产学组织特性与知识生产模式的关系治理机制则是其运行的重要保障。当然,在现实中我们会经常发现组织合作过程中会被一组治理机制共同协调,单独一种机制发生作用的现象较少,而两种或者多种机制的联合作用是普遍的。此外,包容式创新、社会创新、负责任创新与使命导向的创新等面向社会议题的科技创新范式的提出,为分析创新驱动要素配置的公共社会效益提供了新的理论框架(陈劲等,2022)。未来的相关研究可在"人类命运共同体"和"共同富裕"[①]思想指导下,借鉴现代大学功能观、创新共同体理论、知识创新理论、组织网络治理、共同富裕理论和区域一体化理论等研究成果,基于产学关系,在由价值交易向价值共创转型的背景下构建"使命导向—共建共治—价值共享"的知识转化理论逻辑,基于合作治理视角聚集"如何促进知识转化的多元主体实现价值共创共享"这一关键问题,重点从区域层面分析关键核心技术攻关和城乡协调发展等领域影响大学知识转化的组织制度、治理机制和外部环境等因素;基于"要素—结构—功能"模型,从模式、路径和时间等维度探究如何设计动态耦合的治理机制与支持政策,"推动有效市场和有为政府更好结合",促进知识转化多元主体协调与合作,从而在中国情境下完善与发展创新共同体理论和支撑共同富裕建设。

---

　　① 共同富裕的实质是在中国特色社会主义制度保障下,全体人民共创领先世界的生产力水平和共享幸福美好的生活,体现了发展、共享与可持续性的统一。参见:刘培林,钱滔,黄先海,等. 共同富裕的内涵、实现路径与测度方法[J]. 管理世界,2021,37(08):117-129;郁建兴,任杰. 共同富裕的理论内涵与政策议程[J]. 政治学研究,2021(03):13-25.(3)

参考文献

[1] Abramo G, D'Angelo C A, Di Costa F. University-industry research collaboration: A model to assess university capability[J]. Higher Education, 2011, 62 (2): 163-181.

[2] Acosta M F, Coronado D, Ferrándiz E, et al. Regional scientific production and specialization in Europe: The role of HERD[J]. European Planning Studies, 2013, 22(5): 949-974.

[3] Acquaah M. Managerial social capital, strategic orientation, and organizational performance in an emerging economy[J]. Strategic Management Journal, 2007, 28(12): 1235-1255.

[4] Acs Z J, Anselin L, Varga A. Patents and innovation counts as measures of regional production of new knowledge[J]. Research Policy, 2002, 31(7): 1069-1085.

[5] Acworth E B. University-industry engagement: The formation of the knowledge integration community (KIC) model at the Cambridge-MIT Institute[J]. Research Policy, 2008, 37(8): 1241-1254.

[6] Adler P S. Social capital: Prospects for a new concept[J]. The Academy of Management Review, 2002, 27(1): 17-40.

[7] Adner, R. Match your innovation strategy to your innovation ecosystem[J]. Harvard Business Review, 2006, 84(4): 98.

[8] Adner R, Kapoor R. Value creation in innovation ecosystems: How the structure of technological interdependence affects firm performance in new technology generations[J]. Strategic Management Journal, 2010, 31(3): 306-333.

[9] Adner R, Kapoor R. Innovation ecosystems and the pace of substitution: Re-examining technology S-curves[J]. Strategic Management Journal, 2016, 37 (4): 625-648.

[10] Aghion P, Howitt P. Endogenous growth theory[M]. Cambridge, MA: MIT Press, 1998.

[11] Aghion P, David P A, Foray D. Science, technology and innovation for economic growth: Linking policy research and practice in 'STIG Systems'[J]. Research Policy, 2009, 38(4): 681-693.

[12] Ahlstrom D, Bruton G D. Venture capital in emerging economies: Networks

and institutional change[J]. Entrepreneurship Theory and Practice, 2006, 30 (2): 299-320.

[13] Aldrich H E, Ruef M. Organizations evolving[M]. SAGE Publications,2006.

[14] Alexander E A. The effects of legal, normative, and cultural-cognitive institutions on innovation in technology alliances[J]. Management International Review, 2012, 52(6): 791-815.

[15] Amidon Debra. Innovation strategy for the knowledge economy[M]. Butterworth-Heinemann, 1997.

[16] Asheim B T, Coenen L. Knowledge bases and regional innovation systems: Comparing nordic clusters[J]. Research Policy, 2005, 34(8): 1173-1190.

[17] Asheim B, Gertler M. The geography of innovation: Regional innovation systems [M]//Fagerberg J, Mowery D C, Nelson R R. The Oxford handbook of innovation[C]. Oxford: Oxford University Press, 2005.

[18] Ahuja G. Collaboration networks, structural holes, and innovation: A longitudinal study[J]. Administrative Science Quarterly, 2000, 45(3): 425-455.

[19] Arrow K. Economic welfare and the allocation of resources for invention [M]//Nelson RR. The rate and direction of inventive activity. Princeton University Press, Princeton, NJ. 1962: 609-625.

[20] Arza V, Vazquez C. Interactions between public research organisations and industry in Argentina [J]. Science and Public Policy, 2010, 37 (7SI): 499-511.

[21] Audretsch D B, Lehmann E E, Warning S. University spillovers and new firm location[J]. Research Policy, 2005, 34(7): 1113-1122.

[22] Auerswald P E, Branscomb L M. Valleys of death and darwinian seas: Financing the invention to innovation transition in the United States[J]. The Journal of Technology Transfer, 2003, 28(3-4): 227-239.

[23] Azagra-Caro J M. What type of faculty member interacts with what type of firm? Some reasons for the delocalisation of university-industry interaction [J]. Technovation, 2007, 27(11): 704-715.

[24] Azagra-Caro, J M, Pontikakis D, Varga A. Delocalization patterns in university-industry interaction: Evidence from the sixth R&D framework programme[J]. European Planning Studies, 2013, 21(10): 1676-1701.

[25] Azoulay P, Zivin J S G, Wang J. Superstar extinction[J]. Quarterly Journal of Economics, 2010, 125(2): 549-589.

[26] Barden J Q, Mitchell W. Disentangling the influences of leaders' relational embeddedness on interorganizational exchange[J]. Academy of Management Journal, 2007, 50(6): 1440-1461.

[27] Beckmann M. Economic models of knowledge networks[M]. Springer Berlin

Heidelberg, 1995.

[28] Bekkers R, Freitas I. Analysing knowledge transfer channels between universities and industry: To what degree do sectors also matter? [J]. Research Policy, 2008, 37(10): 1837-1853.

[29] Barge-Gil A, Santamaría L, Modrego A. Complementarities between universities and technology institutes: New empirical lessons and perspectives[J]. European Planning Studies, 2011, 19(2): 195-215.

[30] Battaglia D, Paolucci E, Ughetto E. The role of proof-of-concept programs in facilitating the commercialization of research-based inventions[J]. Research Policy, 2021, 50(6): 104-268.

[31] Battistella C, De Toni A, Pillon R. Inter-organisational technology/knowledge transfer: A framework from critical literature review[J]. The Journal of Technology Transfer, 2015: 1-40.

[32] Baycan T. Knowledge commercialization and valorization in regional economic development [M]. Cheltenham, England: Edward Elgar, 2013.

[33] Bergenholtz C, Bjerregaard T. How institutional conditions impact university-industry search strategies and networks[J]. Technology Analysis & Strategic Management, 2014, 26(3): 253-266.

[34] Benneworth P, Hospers G. The new economic geography of old industrial regions: Universities as global-local pipelines[J]. Environment and Planning C: Government and Policy, 2007, 25(6): 779-802.

[35] Benneworth P, Coenen L, Moodysson J, et al. Exploring the multiple roles of lund university in strengthening scania's regional innovation system: Towards institutional learning? [J]. European Planning Studies, 2009, 17 (11): 1645-1664.

[36] Berbegal-Mirabent J, Lafuente E, Sole F. The pursuit of knowledge transfer activities: An efficiency analysis of Spanish universities[J]. Journal of Business Research, 2013, 66(10): 2051-2059.

[37] Bercovitz J, Feldman M. Entrepreneurial universities and technology transfer: A conceptual framework for understanding knowledge-based economic development[J]. The Journal of Technology Transfer, 2006, 31(1): 175-188.

[38] Bikard M, Marx M. Bridging academia and industry: How geographic hubs connect university science and corporate technology[J]. Management Science, 2020, 66(8): 3425-3443.

[39] Bishop K, D Este P. Gaining from interactions with universities: Multiple methods for nurturing absorptive capacity[J]. Research Policy, 2011, 40(1): 30-40.

[40] Bleda M, Del Río P. The market failure and the systemic failure rationales in

technological innovation systems［J］. Research Policy, 2013, 42（5）: 1039-1052.

［41］Boardman P C. Government centrality to university-industry interactions: University research centers and the industry involvement of academic researchers［J］. Research Policy, 2009, 38（10）: 1505-1516.

［42］Bodas Freitas I M, Marques R A, de Paula E Silva E M. University-industry collaboration and innovation in emergent and mature industries in new industrialized countries［J］. Research Policy, 2013, 42（2）: 443-453.

［43］Bonaccorsi A, Secondi L, Setteducati E, Ancaiani A. Participation and commitment in third-party research funding: Evidence from Italian universities ［J］. The Journal of Technology Transfer, 2014, 39（2）: 169-198.

［44］Borgatti S. The network paradigm in organizational research: A review and typology［J］. Journal of Management, 2003, 29（6）: 991-1013.

［45］Borowik I M. Knowledge exchange mechanisms and innovation policy in post-industrial regions: Approaches of the basque country and the west midlands ［J］. Journal of the Knowledge Economy, 2014, 5（1）: 37-69.

［46］Boschma R A. Proximity and innovation: A critical assessment［J］. Regional Studies, 2005, 39（1）: 61-74.

［47］Bothner M S. Competition and social influence: The diffusion of the sixth-generation processor in the global computer industry［J］. American Journal of Sociology, 2003, 108: 1175-1210.

［48］Boyer E L. The scholarship of engagement［J］. Bulletin of the American Academy of Arts and Sciences, 1996, 49（7）: 18-33.

［49］Bozeman B, Rimes H, Youtie J. The evolving state-of-the-art in technology transfer research: Revisiting the contingent effectiveness model［J］. Research Policy, 2014.

［50］Bradley S R, Hayter C S, Link A N. Proof of concept centers in the United States: An exploratory look［J］. The Journal of Technology Transfer, 2013, 38（4）: 349-381.

［51］Bramwell A, Wolfe D A. Universities and regional economic development: The entrepreneurial University of Waterloo［J］. Research Policy, 2008, 37（8）: 1175-1187.

［52］Breznitz S M. Improving or impairing? Following technology transfer changes at the University of Cambridge［J］. Regional Studies, 2011, 45（4）: 463-478

［53］Brodhag C. Research universities, technology transfer, and job creation: What infrastructure, for what training? ［J］. Studies in Higher Education, 2013, 38（3）: 388-404.

［54］Bruneel J, D'Este P, Salter A. Investigating the factors that diminish the barriers to university-industry collaboration[J]. Research Policy, 2010, 39(7): 858-868.

[55] Bstieler L, Hemmert M, Barczak G. Trust formation in university-industry collaborations in the US biotechnology industry IP policies, shared governance, and champions[J]. Product Development & Management Association, 2015, 32(1): 111-121.

[56] Burt R S. The contingent value of social capital[J]. Administrative Science Quarterly, 1997, 42(2): 339-365.

[57] Burt R S. The network structure of social capital[J]. Research in Organizational Behavior, 2000, 22: 345-423.

[58] Burt R S, Soda G. Network capabilities: Brokerage as a bridge between network theory and the resource-based view of the firm[J]. Journal of Management, 2021, 47(7): 1698-1719.

[59] Busenitz, L. W., Gomez, C., Spencer, J. W. Country institutional profiles: Unlocking entrepreneurial phenomena[J]. Academy of Management Journal, 2000, 43(5): 994-1003.

[60] Bush V. Science, the endless frontier: A report to the president on a program for postwar scientific research[M]. Washington, DC: Government Printing Office, 1945.

[61] Butler John, Gibson David. Research universities in the framework of regional innovation ecosystem: The case of Austin, Texas [J]. Foresight-Russia, 2013, 7(2):42-57.

[62] Cai Y, Liu C. The roles of universities in fostering knowledge-intensive clusters in Chinese regional innovation systems [J]. Science and Public Policy, 2015, 42(1): 15-29.

[63] Calzonetti F J. Knowledge commercialization and valorization in regional economic development (book review) [J]. Economic Development Quarterly, 2014, 28(2): 186-189.

[64] Caniels M C J, van den Bosch H. The role of higher education institutions in building regional innovation systems[J]. Papers in Regional Science, 2011, 90 (2SI): 271-377.

[65] Capó-Vicedo J, Molina-Morales F X, Capó J. The role of universities in making industrial districts more dynamic. A case study in Spain[J]. Higher Education, 2013, 65(4): 417-435.

[66] Carayannis E G, Borowik I. Forms and role of cluster initiatives in fostering innovation in post-industrial regions: A comparative study of environmental technologies clusters in the British West Midlands and the Spanish Basque Country[J]. International Journal of Innovation and Regional Development,

2011, 3(3-4): 222-253.

[67] Carayannis E G, Campbel D F J. "Mode 3" and "quadruple helix": Toward a 21st century fractal innovation ecosystem[J]. International Journal of Technology Management, 2009, 46(3-4): 201-234.

[68] Carayannis E G, Campbell D F. Mode 3 knowledge production in quadruple helix innovation systems[M]. New York: Springer, 2012.

[69] Carpenter M A, Li M, Jiang H. Social network research in organizational contexts: A systematic review of methodological issues and choices[J]. Journal of Management, 2012, 38(4): 1328-1361.

[70] Carree M, Malva A D, Santarelli E. The contribution of universities to growth: Empirical evidence for Italy[J]. The Journal of Technology Transfer, 2014, 39(3): 393-414.

[71] Carson S J, John G. A theoretical and empirical investigation of property rights sharing in outsourced research, development, and engineering relationships[J]. Strategic Management Journal, 2013, 34(9): 1065-1085.

[72] Casper Steven. Creating Silicon Valley in Europe: Public policy towards new technology industries[M]. Oxford: Oxford University Press, 2007.

[73] Casper Steven. The spill-over theory reversed: The impact of regional economies on the commercialization of university science[J]. Research Policy, 2013, 42(8): 1313-1324.

[74] Chai Sen, Willy C Shih. "Bridging science and technology through Academic-industry partnerships. " Harvard Business School Working Paper, No. 13-058, January 2013. (Revised July 2014.)

[75] Chang S, Wu B. Institutional barriers and industry dynamics[J]. Strategic Management Journal, 2014, 35(8): 1103-1123.

[76] Chen K, Kenney M. Universities/research institutes and regional innovation systems: The cases of Beijing and Shenzhen[J]. World Development, 2007, 35(6): 1056-1074.

[77] Clark B R. The higher education system: Academic organization in cross-national perspective[M]. University of California Press, 1986.

[78] Clark B R. Creating entrepreneurial universities: Organizational path-ways of transformation [M]. Oxford: International Association of Universities and Elsevier Science Ltd, 1998.

[79] Clark G L, Feldman M P, Gertler M S. The Oxford handbook of economic geography [M]. Oxford: Oxford University Press, 2000.

[80] Clarysse B, Wright M. Creating value in ecosystems: Crossing the chasm between knowledge and business ecosystems[J]. Research Policy, 2014, 43(7): 1164-1176.

［81］Coakes E，Smith P. Developing communities of innovation by identifying innovation champions［J］. The Learning Organization，2007，14(1)：74-85.

［82］Cohen W M，Levinthal D A. Absorptive capacity：A new perspective on learning and innovation［J］. Administrative Science Quarterly，1990，35(1)：128-152.

［83］Cohen W M，Nelson R R，Walsh J P. Links and impacts：The influence of public research on industrial R&D［J］. Management Science，2002，48(1)：1-23.

［84］Coleman J S. Social capital in the creation of human capital［J］. American Journal of Sociology，1988：S95-S120.

［85］Coleman J S. Foundations of social theory［M］. Cambridge，MA：Harvard University Press，1990.

［86］Cooke P，Gomez Uranga M，Etxebarria G. Regional innovation systems：Institutional and organisational dimensions［J］. Research Policy，1997，26(4-5)：475-491.

［87］Cooke P. Knowledge economies：Clusters，learning and cooperative advantage［M］. London：Routledge，2002.

［88］Cooke P. Introduction：Regional innovation systems. An evolutionary approach［M］//Cooke P，Heidenreich M，Braczyk H J. Regional Innovation Systems. 2nd Edn，London，Uk and New York.，2004.

［89］Cooke P，Clifton N，Oleaga M. Social capital，firm embeddedness and regional development［J］. Regional Studies，2005，39(8)：1065-1077.

［90］Cooke P，Gomez Uranga M，Etxebarria G. Regional innovation systems：Institutional and organisational dimensions［J］. Research Policy，1997，26(4-5)：475-491.

［91］Cooke P，Leydesdorff L. Regional development in the knowledge-based economy：The construction of advantage［J］. The Journal of Technology Transfer，2006，31(1)：5-15.

［92］Cooke P，Asheim B T，Boschma R，et al. Handbook of regional innovation and growth［M］. Edward Elgar Publishing，2011.

［93］Comacchio A，Bonesso S，Pizzi C. Boundary spanning between industry and university：The role of technology transfer centres［J］. Journal of Technology Transfer，2012，37(6)：943-966.

［94］Crescenzi R，Percoco M. Geography，institutions and regional economic performance［M］. Springer Berlin Heidelberg，2013.

［95］Dacin M T，Ventresca M J，Beal B D. The embeddedness of organizations：Dialogue & directions［J］. Journal of Management，1999，25(3)：317-356.

［96］Davis J P，Eisenhardt K M. Rotating leadership and collaborative innovation：

Recombination processes in symbiotic relationships[J]. Administrative Science Quarterly, 2011, 56(2): 159-201.

[97] DeCarolis D M, Deeds D L. The impact of stocks and flows of organizational knowledge on firm performance: An empirical investigation of the biotechnology industry[J]. Strategic Management Journal, 1999, 20(10): 953-968.

[98] De Clercq D, Danis W M, Dakhli M. The moderating effect of institutional context on the relationship between associational activity and new business activity in emerging economies[J]. International Business Review, 2010, 19 (1): 85-101.

[99] De Noni I, Ganzaroli A, Pilotti L. Spawning exaptive opportunities in European regions: The missing link in the smart specialization framework[J]. Research Policy, 2021, 50(6): 104265.

[100] Dhanaraj C, Lyles M A, Steensma H K, et al. Managing tacit and explicit knowledge transfer in IJVs: The role of relational embeddedness and the impact on performance[J]. Journal of International Business Studies, 2004, 35 (5): 428-442.

[101] Diercks G, Larsen H, Steward F. Transformative innovation policy: Addressing variety in an emerging policy paradigm[J]. Research Policy, 2019, 48(4): 880-894.

[102] DiMaggio P J, Powell W W. The iron cage revisited: Institutional isomorphism and collective rationality in organizational fields[J]. American Sociological Review, 1983, 48(2): 147-160.

[103] Doloreux D. What we should know about regional systems of innovation[J]. Technology in Society, 2002, 24(3): 243-263.

[104] Doloreux D, Parto S. Regional innovation systems: Current discourse and unresolved issues[J]. Technology in Society, 2005, 27(2): 133-153.

[105] Dong M C, Tse D K, Hung K. Effective distributor governance in emerging markets: The salience of distributor role, relationship stages, and market uncertainty[J]. Journal of International Marketing, 2010, 18(3): 1-17.

[106] Doz Y L. The evolution of cooperation in strategic alliances: Initial conditions or learning processes? Strategic Management Journal, 1996, 17(S1): 55-83.

[107] Drucker J, Goldstein H. Assessing the regional economic development impacts of universities: A review of current approaches[J]. International Regional Science Review, 2007, 30(1): 20-46.

[108] Dyer J H, Hatch N W. Relation-specific capabilities and barriers to knowledge transfers: Creating advantage through network relationships[J]. Strategic Management Journal, 2006, 27(8): 701-719.

[109] Dyer J H, Singh H. The relational view: Cooperative strategy and sources of inter-organizational competitive advantage[J]. Academy of Management Review, 1998, 23(4): 660-679.

[110] Eisenhardt K M. Building theories from case study research[J]. The Academy of Management Review, 1989, 14(4): 532-550.

[111] Eisenhardt K M, Graebner M E. Theory building from cases: Opportunities and challenges[J]. Academy of Management Journal, 2007, 50(1): 25-32.

[112] Etzkowitz H. Entrepreneurial scientists and entrepreneurial universities in American academic science [J]. Minerva, 1983, 21(2-3): 198-233.

[113] Etzkowitz H, Leydesdorff L. The dynamics of innovation: From national systems and "Mode 2" to a triple helix of university-industry-government relations[J]. Research Policy, 2000, 29(2): 109-123.

[114] Etzkowitz H. Triple helix clusters: Boundary permeability at university-industry-government interfaces as a regional innovation strategy[J]. Environment and Planning C-Government and Policy, 2012, 30(5): 766-779.

[115] Edquist C. Systems of innovation: Perspective and challenge[M]//Fagerberg J, Mowery D C, Nelson R R. The Oxford handbook of innovation. Oxford: Oxford University Press, 2005.

[116] Eun J, Lee K, Wu G. Explaining the "university-run enterprises" in China: A theoretical framework for university-industry relationship in developing countries and its application to China[J]. Research Policy, 2006, 35(9): 1329-1346.

[117] Fan X, Yang X, Chen L. Diversified resources and academic influence: Patterns of university-industry collaboration in Chinese research-oriented universities[J]. Scientometrics, 2015, 104(2): 489-509.

[118] Fini R, Lacetera N. Different yokes for different folks: Individual preferences, institutional logics, and the commercialization of academic research [M]//Libecap G D, Thursby M. Spanning boundaries and disciplines: University technology commercialization in the idea age. UK: Emerald Group Publishing Limited, 2010, (21): 1-25.

[119] Fisch C O, Block J H, Sandner P G. Chinese university patents: Quantity, quality, and the role of subsidy programs[J]. The Journal of Technology Transfer, 2016, 41(1): 60-84.

[120] Fleming L. Recombinant uncertainty in technological search[J]. Management Science, 2001, 47(1): 117-132.

[121] Fleming L, Colfer L, Marin A. Why the valley went first[M]//Padgett John F, Powell Walter W. The emergence of organizations and markets. Princeton: Princeton University Press, 2012.

[122] Flexner Abraham. Universities: American, English, German [M]. Oxford: Oxford University Press, 1930.

[123] Florida R. The role of the university: Leveraging talent, not technology[J]. Issues in Science and Technology, 1999, 15: 67-73.

[124] Fowler Jr F J. Survey research methods(5th)[M]: Sage Publications, 2013.

[125] Flyvbjerg B. Five misunderstandings about case-study research[J]. Qualitative Inquiry, 2006, 12(2): 219-245.

[126] Fogelberg H, Thorpenberg S. Regional innovation policy and public-private partnership: The case of triple helix arenas in Western Sweden[J]. Science and Public Policy, 2012, 39(3): 347-356.

[127] Forti E, Franzoni C, Sobrero M. Bridges or isolates? Investigating the social networks of academic inventors [J]. Research Policy, 2013, 42 (8): 1378-1388.

[128] Freeman C. Technology and policy and economic performance: Lessons from Japan[M]. London: Pinter, 1987.

[129] Freeman C. Networks of innovators: A synthesis of research issues[J]. Research Policy, 1991, 20(5): 499-514.

[130] Fritsch M, Aamoucke R. Regional public research, higher education, and innovative start-ups: An empirical investigation[J]. Small Business Economics, 2013, 41(4): 865-885.

[131] Fritsch M, Krabel S. Ready to leave the ivory tower? Academic scientists' appeal to work in the private sector[J]. The Journal of Technology Transfer, 2012, 37(3): 271-296.

[132] Fritsch M, Slavtchev V. Universities and innovation in space[J]. Industry & Innovation, 2007, 14(2): 201-218.

[133] Fritsch M, Slavtchev V. Determinants of the efficiency of regional innovation systems[J]. Regional Studies, 2011, 45(7SI): 905-918.

[134] Galunic D C, Rodan S. Resource recombinations in the firm: Knowledge structures and the potential for schumpeterian innovation[J]. Strategic Management Journal, 1998, 19(12): 1193-1201.

[135] Gertler M S. Tacit knowledge and the economic geography of context, or the undefinable tacitness of being [J]. Journal of Economic Geography, 2003, 3 (1): 75-99.

[136] Gibbons Scott P, Nowotny M H, Limoges C, et al. The new production of knowledge: The dynamics of science and research in contemporary societies [M]. London: Sage Publications Limited, 1994.

[137] GilsingV, Nooteboom B. Density and strength of ties in innovation networks: An analysis of multimedia and biotechnology[J]. European Manage-

ment Review，2005，2(3)：179-197.

[138] Gittelman M，Kogut B. Does good science lead to valuable knowledge? Biotechnology firms and the evolutionary logic of citation patterns[J]. Management Science，2003，49(4)：366-382.

[139] Gobble M M. Charting the innovation ecosystem[J]. Research Technology Management，2014，57(4)：55-59.

[140] Godin B，Gingras Y. The place of universities in the system of knowledge production[J]. Research Policy，2000，29(2)：273-278.

[141] Goldstein H A. The entrepreneurial turn and regional economic development mission of universities[J]. Annals of Regional Science，2010，44(1)：83-109.

[142] Griliches Z. Issues in assessing the contribution of research and development to productivity growth[J]. The Bell Journal of Economics，1979，10(1)：92-116.

[143] Granovetter M S. The strength of weak ties[J]. American Journal of Sociology，1973，78：1360-1380.

[144] Granovetter M. Economic action and social structure：The problem of embeddedness[J]. American Journal of Sociology，1985，91(3)：481-510.

[145] Granovetter M S. Economic institutions as social constructions：A framework for analysis[J]. Acta Sociologica，1992，35(1)：3-11.

[146] Grant R M. Toward a knowledge-based theory of the firm[J]. Strategic Management Journal，1996，17(S2)：109-122.

[147] Greenwood R，Oliver C，Suddaby R，et al. The SAGE handbook of organizational institutionalism[M]. SAGE Publications Ltd，2008.

[148] Grimaldi R，Kenney M，Siegel D S，et al. 30 years after Bayh-Dole：Reassessing academic entrepreneurship[J]. Research Policy，2011，40(8SI)：1045-1057.

[149] Guan Jiancheng，Chen Kaihua. Modeling macro-R&D production frontier performance：An application to Chinese province-level R&D[J]. Scientometrics，2010，82(1)：165-173.

[150] Gulati R. Does familiarity breed trust? The implications of repeated ties for contractual choice in alliances[J]. The Academy of Management Journal，1995，38(1)：85-112.

[151] Gulati R. Alliances and networks[J]. Strategic Management Journal，1998，19(4)：293.

[152] Gulati R. Network location and learning：The influence of network resources and firm capabilities on alliance formation[J]. Strategic Management Journal，1999，20(5)：397-420.

[153] Gulati R，Gargiulo M. Where do interorganizational networks come from?

[J]. American Journal of Sociology，1999，104(5)：1438-1439.

[154] Gulati R，Sytch M. Dependence asymmetry and joint dependence in interorganizational relationships：Effects of embeddedness on a manufacturer's performance in procurement relationships[J]. Administrative Science Quarterly，2007，52(1)：32-69.

[155] Gulati R，Sytch M. Does familiarity breed trust：Revisiting the antecedents of trust [J]. Managerial and Decision Economics，2008，29(2-3)：165-190.

[156] Gulbrandsen M，Mowery D，Feldman M. Introduction to the special section：Heterogeneity and university-industry relations[J]. Research Policy，2011，40(1)：1-5.

[157] Gunasekara C. The generative and developmental roles of universities in regional innovation systems[J]. Science and Public Policy，2006，33(2)：137-150.

[158] Gupte M. Success of university spin-offs：Network activities and moderating effects of internal communication and adhocracy[M]. Springer Science & Business Media，2007.

[159] Hakansson H. Industrial technological development：A network approach [M]. London：Croom Helm，1987.

[160] Hall B H，Rosenberg N. Handbook of the economics of innovation[M]. Elsevier，2010.

[161] Hagedoorn J. Understanding the cross-level embeddedness of interfirm partnership formation[J]. Academy of Management Review，2006，31(3)：670-680.

[162] Hansen M T. The search-transfer problem：The role of weak ties in sharing knowledge across organization subunits[J]. Administrative Science Quarterly，1999，44(1)：82-111.

[163] Hansen M T. Knowledge networks：Explaining effective knowledge sharing in multiunit companies[J]. Organization Science，2002，13(3)：232-248.

[164] Hatakenaka S. University-industry partnerships in MIT，Cambridge，and Tokyo：Storytelling across boundaries[M]. Routledge，2004.

[165] He V F，von Krogh G，Sirén C，et al. Asymmetries between partners and the success of university-industry research collaborations[J]. Research Policy，2021，50(10)：104-356.

[166] Heide J B，Miner A S. The shadow of the future：Effects of anticipated interaction and frequency of contact on buyer-seller cooperation[J]. Academy of Management Journal，1992，35(2)：265-291.

[167] Heide J B，Wathne K H. Friends，businesspeople，and relationship roles：A conceptual framework and a research agenda[J]. Journal of Marketing，

2006，70(3)：90-103.

[168] Heidenreich Martin, Koschatzky Knut. Regional innovation governance [M]//Cooke, et al. Handbook of regional innovation and growth. Cheltenham: Edward Elgar Publishing Limited，2011.

[169] Hemmert M, Bstieler L, Okamuro H. Bridging the cultural divide: Trust formation in university-industry research collaborations in the US, Japan, and South Korea[J]. Technovation，2014，34(10)：605-616.

[170] Hermes Petter R R, Resende L M, de Andrade Junior P P, et al. Systematic review: An analysis model for measuring the coopetitive performance in horizontal cooperation networks mapping the critical success factors and their variables[J]. Annals of Regional Science，2014，53(1)：157-178.

[171] Holmes R M, Miller T, Hitt M A, et al. The interrelationships among informal institutions, formal institutions, and inward foreign direct investment [J]. Journal of Management，2013，39(2)：531-566.

[172] Hong W. Decline of the center: The decentralizing process of knowledge transfer of Chinese universities from 1985 to 2004 [J]. Research Policy，2008，37(4)：580-595.

[173] Hong W, Su Y S. The effect of institutional proximity in non-local university-industry collaborations: An analysis based on Chinese patent data[J]. Research Policy，2013，42(2)：454-464.

[174] Horner S, Jayawarna D, Giordano B, et al. Strategic choice in universities: Managerial agency and effective technology transfer[J]. Research Policy，2019，48(5)：1297-1309.

[175] Howells J, Ramlogan R, Cheng S. Innovation and university collaboration: Paradox and complexity within the knowledge economy[J]. Cambridge Journal of Economics，2012，36(3SI)：703-721.

[176] Huggins R, Johnston A, Stride C. Knowledge networks and universities: Locational and organisational aspects of knowledge transfer interactions[J]. Entrepreneurship and Regional Development，2012，24(7-8)：475-502.

[177] Huggins R, Kitagawa F. Regional policy and university knowledge transfer: Perspectives from devolved regions in the UK[J]. Regional Studies，2012，46(6)：817-832.

[178] Haeussler C, Colyvas J A. Breaking the ivory tower: Academic entrepreneurship in the life sciences in UK and germany[J]. Research Policy，2011，40(1)：41-54.

[179] Hwang Victor W, Horowitt G. The rainforest: The secret to building the next Silicon Valley [M]. Los Altos Hills: Regenwald，2012.

[180] Hewitt-Dundas, N. Research intensity and knowledge transfer activity in

UK universities[J]. Research Policy, 2012, 41(2): 262-275.

[181] Iansiti Marco, Levien Roy. The keystone advantage: What the new dynamics of business ecosystems mean for strategy, innovation, and sustainability [M]. Boston: Harvard Business School Press, 2004.

[182] Ibert O, Müller F C. Network dynamics in constellations of cultural differences: Relational distance in innovation processes in legal services and biotechnology[J]. Research Policy, 2014.

[183] Inzelt A. The evolution of university-industry-government relationships during transition[J]. Research Policy, 2004, 33(6-7): 975-995.

[184] Inkpen A C, Tsang E. Social capital, networks, and knowledge transfer[J]. Academy of Management Review, 2005, 30(1): 146-165.

[185] Isaksen A, Nilsson M. Combined innovation policy: Linking scientific and practical knowledge in innovation systems[J]. European Planning Studies, 2013, 21(12): 1919-1936.

[186] Jaffe A B. Real effects of academic research[J]. The American Economic Review, 1989, 79(5): 957-970.

[187] Jaffe A B, Trajtenberg M, Henderson R. Geographic localization of knowledge spillovers as evidenced by patent citations[J]. The Quarterly Journal of Economics, 1993, 108(3): 577-598.

[188] Jacobides M G, Cennamo C, Gawer A. Towards a theory of ecosystems[J]. Strategic Management Journal, 2018, 39(8): 2255-2276.

[189] Jacobsson S, Lindholm-Dahlstrand Å, Elg L. Is the commercialization of European academic R&D weak? —A critical assessment of a dominant belief and associated policy responses[J]. Research Policy, 2013, 42(4): 874-885.

[190] Jaeger A, Kopper J. Third mission potential in higher education: measuring the regional focus of different types of HEIs[J]. Review of Regional Research, 2014, 34(2): 95-118.

[191] Jean R B, Sinkovics R R, Hiebaum T P. The effects of supplier involvement and knowledge protection on product innovation in customer-supplier relationships: A study of global automotive suppliers in China[J]. Journal of Product Innovation Management, 2014, 31(1): 98-113.

[192] Jia F, Cai S, Xu S. Interacting effects of uncertainties and institutional forces on information sharing in marketing channels[J]. Industrial Marketing Management, 2014, 43(5SI): 737-746.

[193] Jones C, Hesterly W S, Borgatti S P. A general theory of network governance: Exchange conditions and social mechanisms[J]. Academy of Management Review, 1997, 22(4): 911-945.

[194] Kabo F W, Cotton-Nessler N, Hwang Y, et al. Proximity effects on the dy-

namics and outcomes of scientific collaborations[J]. Research Policy, 2014, 43(9): 1469-1485.

[195] Kafouros M, Wang C, Piperopoulos P, et al. Academic collaborations and firm innovation performance in China: The role of region-specific institutions [J]. Research Policy, 2015, 44(3): 803-817.

[196] Kalar B, Antoncic B. The entrepreneurial university, academic activities and technology and knowledge transfer in four European countries[J]. Technovation, 2015, 36-37: 1-11.

[197] Karanges E, Johnston K, Beatson A, et al. The influence of internal communication on employee engagement: A pilot study[J]. Public Relations Review, 2015, 41(1): 129-131.

[198] Karlsen J, Larrea M, Wilson J R, et al. Bridging the gap between academic research and regional development in the Basque Country[J]. European Journal of Education, 2012, 47(1SI): 122-138.

[199] Kale P, Dyer J H, Singh H. Alliance capability, stock market response, and long-term alliance success: The role of the alliance function[J]. Strategic Management Journal, 2002, 23(8): 747-767.

[200] Karlenzig W, Markovich M, Borromeo J J, et al. Knowledge collaboration [EB/OL]. (2002-03-01). http: // www. Didata. Com.

[201] Keeble D, Lawson C, Moore B, et al. Collective learning processes, networking and 'institutional thickness' in the Cambridge region[J]. Regional Studies, 1999, 33(4): 319-332.

[202] Kerr C. The uses of the university [M]. Cambridge: Harvard University Press, 1963.

[203] Kilduff M, Brass D J. Organizational social network research: Core ideas and key debates[J]. Academy of Management Annals, 2010, 4(1): 317-357.

[204] Kitagawa F, Lightowler C. Knowledge exchange: A comparison of policies, strategies, and funding incentives in English and Scottish higher education [J]. Research Evaluation, 2013, 22(1): 1-14.

[205] Kliewe T, Kesting T, Plewa C, et al. Developing engaged and entrepreneurial universities[M]. Singapore: Springer, 2019.

[206] König B, Diehl K, Tscherning K, et al. A framework for structuring interdisciplinary research management [J]. Research Policy, 2013, 42 (1): 261-272.

[207] Krippner G R, Alvarez A S. Embeddedness and the intellectual projects of economic sociology[J]. Annual Review of Sociology, 2007, 33: 219-240.

[208] Krishnan R, Cook K S, Kozhikode R K, et al. An interaction ritual theory of social resource exchange: Evidence from a Silicon Valley accelerator[J]. Ad-

ministrative Science Quarterly. 2021, 66(3): 659-710.

[209] Krugman P R. Geography and trade[M]. MIT Press, 1991.

[210] Kumar R, Nti K O. Differential learning and interaction in alliance dynamics: A process and outcome discrepancy model[J]. Organization Science, 1998, 9(3): 356-367.

[211] Kwon S, Adler P S. Social capital: Maturation of a field of research[J]. Academy of Management Review, 2014, 39(4): 412-422.

[212] Lavie D, Haunschild P R, Khanna P. Organizational differences, relational mechanisms, and alliance performance[J]. Strategic Management Journal, 2012, 33(13): 1453-1479.

[213] Lee J J. Heterogeneity, brokerage, and innovative performance: Endogenous formation of collaborative inventor networks[J]. Organization Science, 2010, 21(4): 804-822.

[214] Lenger A. Regional innovation systems and the role of state: Institutional design and state universities in Turkey[J]. European Planning Studies, 2008, 16(8): 1101-1120.

[215] Leydesdorff L. The triple helix, quadruple helix, …, and an N-Tuple of helices: Explanatory models for analyzing the knowledge-based economy? [J]. Journal of the Knowledge Economy, 2012, 3(1): 25-35.

[216] Li X. China's regional innovation capacity in transition: An empirical approach[J]. Research Policy, 2009, 38(2): 338-357.

[217] Li X. Behind the recent surge of Chinese patenting: An institutional view [J]. Research Policy, 2012, 41(1): 236-249.

[218] Liang L, Chen L, Wu Y, et al. The role of Chinese universities in enterprise-university research collaboration[J]. Scientometrics, 2012, 90(1): 253-269.

[219] Lin N. Social capital: A theory of social structure and action[M]. Cambridge: Cambridge University Press, 2001.

[220] Lippitz M, Wolcott R C, Andersen J B. Innovation communities: Trust, mutual learning and action[M]. Oslo, Nordic Innovation Publication, 2012.

[221] Liu X L, White S. Comparing innovation systems: A framework and application to China's transitional context[J]. Research Policy, 2001, 30(7): 1091-1114.

[222] Liu J S, Lu W, Ho M H. National characteristics: Innovation systems from the process efficiency perspective[J]. R&D Management, 2015, 45(4): 317-338.

[223] Lorenzoni G, Lipparini A. The leveraging of interfirm relationships as a distinctive organizational capability: A longitudinal study[J]. Strategic Management Journal, 1999, 20(4): 317-338.

[224] Lubman S B. Bird in a cage：Legal reform in China after Mao[M]. Stanford University Press，1999.

[225] Lucas Jr R E. On the mechanics of economic development[J]. Journal of Monetary Economics，1988，22(1)：3-42.

[226] Lumpkin G T，Dess G G. Clarifying the entrepreneurial orientation construct and linking it to performance [J]. Academy of Management Review，1996，21(1)：135-172.

[227] Lundvall Bengt-Åke. National systems of innovation：Towards a theory of innovation and interactive learning[M]. London：Printer Publishers，1992.

[228] Lundvall Bengt-Åke，Johnson B O R. The learning economy[J]. Journal of Industry Studies，1994，1(2)：23-42.

[229] Lundvall Bengt-Åke. National innovation systems：Analytical concept and development tool [J]. Industry and Innovation，2007，14(1)：95-119.

[230] Lundvall Bengt-Åke. National systems of innovation：Toward a theory of innovation and interactive learning[M]. Anthem Press，2010.

[231] Lundvall Bengt-Åke，Uyarra E. What is evolutionary about regional systems of innovation? Implications for regional policy[J]. Journal of Evolutionary Economics，2010，20(1)：115-137.

[232] Lynn L H，Mohan Reddy N，Aram J D. Linking technology and institutions：The innovation community framework[J]. Research policy，1996，25(1)：91-106.

[233] Maccio L，Cristofoli D. How to support the endurance of long-term networks：The pivotal role of the network manager[J]. Public Administration，2017，95(4)：1060-1076.

[234] Madhok A. Revisiting multinational firms' tolerance for joint ventures：A trust-based approach[J]. Journal of International Business Studies，1995：117-137.

[235] Madhok A，Tallman SB. Resources, transactions and rents：Managing value through interfirm collaborative relationships [J]. Organization Science，1998，9(3)：326-339.

[236] Magro E，Wilson J R. Complex innovation policy systems：Towards an evaluation mix[J]. Research Policy，2013，42(9)：1647-1656.

[237] Maia C，Claro J O. The role of a proof of concept center in a university ecosystem：An exploratory study[J]. The Journal of Technology Transfer，2013，38(5)：641-650.

[238] Malecki E J. Global knowledge and creativity：New challenges for firms and regions[J]. Regional Studies，2010，44(8)：1033-1052.

[239] Manolova TS，Eunni R V，Gyoshev B S. Institutional environments for en-

trepreneurship: Evidence from emerging economies in Eastern Europe[J]. Entrepreneurship Theory and Practice, 2008, 32(1): 203-218.

[240] Markkula M A. European engineering universities as key actors in regional and global innovation ecosystems[R]. SEFI 40th annual conference. Thessaloniki, Greece. 23-26. 09. 2012.

[241] Martínez-Granado Maite P G, Oleaga M. The Basque Country, Spain: Self-evaluation report [M]//OECD reviews of higher education in regional and city development. OECD Publishing, 2012.

[242] McAdam, M. , McAdam, R. , Galbraith, B. et al. An exploratory study of principal investigator roles in UK university proof-of-concept processes: An absorptive capacity perspective [J]. R&D Management, 2010, 40 (5): 455-473.

[243] McEvily B, Marcus A. Embedded ties and the acquisition of competitive capabilities[J]. Strategic Management Journal, 2005, 26(11): 1033-1055.

[244] McEvily B, Perrone V, Zaheer A. Introduction to the special issue on trust in an organizational context[J]. Organization Science, 2003, 14(1): 1-4.

[245] Mckelvey M, Alm H, Riccaboni M. Does co-location matter for formal knowledge collaboration in the Swedish biotechnology-pharmaceutical sector? [J]. Research Policy, 2003, 32(3): 483-501.

[246] Meyer J W, Rowan B. Institutionalized organizations: Formal structure as myth and ceremony [J]. American Journal of Sociology, 1977, 83 (2): 340-363.

[247] Metcalfe S. The economic foundations of technology policy: Equilibrium and evolutionary perspectives [M]//Stoneman P. Handbook of the economics of innovation and technological change. Oxford: Blackwell Publishers, 1995.

[248] Mitrega M, Forkmann S, Ramos C, et al. Networking capability in business relationships — Concept and scale development[J]. Industrial Marketing Management, 2012, 41(5): 739-751.

[249] Moodysson J, Zukauskaite E. Institutional conditions and innovation systems: On the impact of regional policy on firms in different sectors[J]. Regional Studies, 2014, 48(1): 127-138.

[250] Mora-Valentin E M, Montoro-Sanchez A, Guerras-Martin L A. Determining factors in the success of R&D cooperative agreements between firms and research organizations[J]. Research Policy, 2004, 33(1): 17-40.

[251] Morgan K. The learning region: Institutions, innovation and regional renewal[M]//Rutten R, Boekema F (eds). The learning region foundations, state of the art, future. Cheltenham: Edward Elgar, 2007.

[252] Morgan K. The exaggerated death of geography: learning, proximity and

territorial innovation systems[J]. Journal of Economic Geography, 2004, 4 (1): 3-21.

[253] Morgan R M, Hunt S D. The commitment-trust theory of relationship marketing[J]. The Journal of Marketing, 1994: 20-38.

[254] Moran P. Structural vs. relational embeddedness: Social capital and managerial performance [J]. Strategic Management Journal, 2005, 26 (12): 1129-1151.

[255] Morisson A, Doussineau M. Regional innovation governance and place-based policies: Design, implementation and implications[J]. Regional Studies, Regional Science. 2019, 6(1): 101-116.

[256] Moore J F. The death of competition: Leadership and strategy in the age of business ecosystems[M]. NewYork: HarperBusiness, 1996.

[257] Moore J F. Business ecosystems and the view from the firm[J]. Antitrust Bull, 2006, 51(1): 31-75.

[258] Mowery David C, Nelson Richard R, Sampat Bhaven N. Ivory tower and industrial innovation: University-industry technology transfer before and after the Bayh-Dole Act in the United States [M]. Stanford University Press, 2004.

[259] Mowery David C, Sampat Bhaven N. Universities in national innovation systems[M]//Fagerberg, J., Mowery, D. C., Nelson, R. R. The oxford handbook of innovation. Oxford: Oxford University Press, 2005.

[260] Mindruta D. Value creation in university-firm research collaborations: A matching approach [J]. Strategic Management Journal, 2013, 34 (6): 644-665.

[261] Mu J, Di Benedetto A. Networking capability and new product development [J]. IEEE Transactions on Engineering Management, 2012, 59(1): 4-19.

[262] Murray F. The oncomouse that roared: Hybrid exchange strategies as a source of distinction at the boundary of overlapping institutions[J]. American Journal of Sociology, 2010, 116(2): 341-388.

[263] Muscio A. University-industry linkages: What are the determinants of distance in collaborations? [J]. Papers in Regional Science, 2013, 92 (4): 715-740.

[264] Muscio A, Quaglione D, Ramaciotti L. The effects of university rules on spinoff creation: The case of academia in Italy[J]. Research Policy, 2016, 45(7): 1386-1396.

[265] Nahapiet J, Ghoshal S. Social capital, intellectual capital, and the organizational advantage [J]. Academy of Management Review, 1998, 23 (2): 242-266.

［266］Nelson R R. The simple economics of basic scientific research［J］. Journal of Political Economy, 1959: 297-306.

［267］Nelson R R, Winter, S G. An evolutionary theory of economic change［M］. Cambridge, MA: Harvard University Press, 1982.

［268］Nelson R R. National systems of innovation: A comparative study［M］. Oxford: Oxford University Press, 1993.

［269］Nelson R. R. The market economy, and the scientific commons［J］. Research Policy, 2004, 33(3): 455-471.

［270］Nemeth B. The accelerating roles of higher education in regions through the European lifelong learning initiative［J］. European Journal of Education, 2010, 45(3): 451-465.

［271］Nielsen B B. The role of knowledge embeddedness in the creation of synergies in strategic alliances［J］. Journal of Business Research, 2005, 58(9): 1194-1204.

［272］Nieves J, Osorio J. The role of social networks in knowledge creation［J］. Knowledge Management Research & Practice, 2012, 11(1): 62-77.

［273］North D. Institutions, institutional change and economic performance［M］. Cambridge: Cambridge University Press, 1990.

［274］Northouse P G. Leadership: Theory and practice (6th edition)［M］. Thousand Oaks, California: SAGE Publications Ltd. , 2013.

［275］Nonaka I. A dynamic theory of organizational knowledge creation［J］. Organization Science, 1994, 5(1): 14-37.

［276］Nooteboom B, Van Haverbeke W, Duysters G, et al. Optimal cognitive distance and absorptive capacity［J］. Research Policy, 2007, 36(7): 1016-1034.

［277］Nowotny H, Scott P, Gibbons M. Re-thinking science: Knowledge and the public in an age of uncertainty［M］. Cambridge: Polity Press, 2001.

［278］Núñez-Sánchez R, Barge-Gil A, Modrego-Rico A. Performance of knowledge interactions between public research centres and industrial firms in Spain: A project-level analysis［J］. The Journal of Technology Transfer, 2012, 37(3): 330-354.

［279］OECD. The knowledge based economy［J］. Paris: OECD Publishing, 1996.

［280］OECD. Managing national innovation systems［M］. Paris: OECD Publishing, 1999.

［281］OECD. Governance of innovation systems volume［M］. Paris: OECD Publishing, 2005.

［282］OECD. Higher education and regions: Globally competitive, locally engaged［M］. Paris: OECD Publishing, 2007.

［283］OECD. Reviews of regional innovation Basque Country, Spain 2011［M］.

OECD Publishing，2011.

[284] OECD. Science, technology and industry outlook 2012[M]. OECD Publishing, 2012.

[285] OECD. Higher education in regional and city development Basque Country, Spain[M]. OECD Publishing, 2013.

[286] OECD. OECD science, technology and industry outlook 2014[M]. OECD Publishing, 2014.

[287] O'Shea R P, Allen T J, Morse K P, et al. Delineating the anatomy of an entrepreneurial university: The Massachusetts institute of technology experience[J]. R & D Management, 2007, 37(1): 1-16.

[288] Owen-Smith J, Powell W W. Knowledge networks as channels and conduits: The effects of spillovers in the Boston biotechnology community [J]. Organization Science, 2004, 15(1): 5-21.

[289] Owen-Smith J, Powell W W. Networks and institutions[M]//Greenwood, et al. The SAGE handbook of organizational institutionalism. SAGE Publications Ltd, 2008.

[290] Pache A C, Santos F. Inside the hybrid organization: Selective coupling as a response to competing institutional logics [J]. Academy of Management Journal, 2013, 56(4): 972-1001.

[291] Pachucki M A, Breiger R L. Cultural holes: Beyond relationality in social networks and culture [J]. Annual Review of Sociology, 2010, 36 (1): 205-224.

[292] Paleari S, Donina D, Meoli M. The role of the university in twenty-first century European society[J]. The Journal of Technology Transfer, 2014.

[293] PCAST. Sustaining the nation's innovation ecosystem, information technology manufacturing and competitiveness[R]. President's Council of Advisors on Science and Technology, 2004.

[294] Peng M W, Luo Y. Managerial-ties and firm performance in a transition economy: The nature of a micro-macro link[J]. Academy of Management Journal, 2000, 43(3): 486-501.

[295] Perkmann M, Neely A, Walsh K. How should firms evaluate success in university-industry alliances? A performance measurement system[J]. R&D Management, 2011, 41(2): 202-216.

[296] Perkmann M, Walsh K. University-industry relationships and open innovation: Towards a research agenda[J]. International Journal of Management Reviews, 2007, 9(4): 259-280.

[297] Perkmann M, Schildt H. Open data partnerships between firms and universities: The role of boundary organizations[J]. Research Policy, 2015, 44

(5)：1133-1143.

[298] Perkmann M，Salandra R，Tartari V，et al. Academic engagement：A review of the literature 2011-2019[J]. Research Policy，2021，50(1)：104-114.

[299] Petruzzelli A M. The impact of technological relatedness，prior ties，and geographical distance on university-industry collaborations：A joint-patent analysis[J]. Technovation，2011，31(7)：309-319.

[300] Phelps C，Heidl R，Wadhwa A. Knowledge，networks，and knowledge networks：A review and research agenda[J]. Journal of Management，2012，38 (4)：1115-1166.

[301] Plewa C，Korff N，Johnson C，et al. The evolution of university-industry linkages-A framework[J]. Journal of Engineering and Technology Management，2013，30(1)：21-44.

[302] Porter M E. On competition[M]. Boston：Harvard Business School，1998.

[303] Portes A. Social capital：Its origins and applications in modern sociology[J]. Annual Review of Sociology，1998，24(1)：1-24.

[304] Powell W W，White D R，Koput，K. W. et al. Network dynamics and field evolution：The growth of interorganizational collaboration in the life sciences [J]. American Journal of Sociology，2005，110(4)：1132-1205.

[305] Powers J B，Campbell E G. Technology commercialization effects on the conduct of research in higher education[J]. Research in Higher Education，2011，52(3)：245-260.

[306] Power D，Malmberg A. The contribution of universities to innovation and economic development：In what sense a regional problem? [J]. Cambridge Journal of Regions Economy and Society，2008，1(2)：233-245.

[307] Provan K G，Kenis P. Modes of network governance：Structure，management，and effectiveness[J]. Journal of Public Administration Research and Theory，2008，18(2)：229-252.

[308] Prysor D，Henley A. Boundary spanning in higher education leadership：Identifying boundaries and practices in a British university[J]. Studies in Higher Education. 2017，43(12)：2210-2225.

[309] Ramos-Vielba I，Fernandez-Esquinas M，Espinosa-de-los-Monteros E. Measuring university-industry collaboration in a regional innovation system [J]. Scientometrics，2010，84(3)：649-667.

[310] Rauch M，Ansari S S. From 'publish or perish' to societal impact：Organizational repurposing towards responsible innovation through creating a medical platform[J]. Journal of Management Studies，2022，59(1)：61-91.

[311] Reypens C，Lievens A，Blazevic V. Hybrid orchestration in multi-stakeholder innovation networks：Practices of mobilizing multiple，diverse stakeholde-

rs across organizational boundaries[J]. Organization Studies，2021，42(1)：61-83.

[312] Ritter T，Gemünden H. G. Network competence：Its impact on innovation success and its antecedents[J]. Journal of Business Research，2003，56(9)：745-755.

[313] Ring P S，Van de Ven A H. Structuring cooperative relationships between organizations[J]. Strategic Management Journal，1992，13(7)：483-498.

[314] Romer P M. Increasing returns and long-run growth[J]. The Journal of Political Economy，1986：1002-1037.

[315] Romer P M. Endogenous technological change[J]. The Journal of Political Economy，1990，98(5)：S71-S102.

[316] Robin S，Schubert T. Cooperation with public research institutions and success in innovation：Evidence from France and Germany[J]. Research Policy，2013，42(1)：149-166.

[317] Rodríguez-Pose A. Do institutions matter for regional development? [J]. Regional Studies，2013，47(7)：1034-1047.

[318] Polanyi K. The great transformation[M]. New York，NY，Holt，Rinehart，1944.

[319] Rohe William M. The research triangle：From tobacco road to global prominence[M]. Philadelphia：University of Pennsylvania Press，2011.

[320] Rosenberg N，Nelson R R. American universities and technical advance in industry[J]. Research Policy，1994，23(3)：323-348.

[321] Rothaermel F T，Agung S D，Jiang L. University entrepreneurship：A taxonomy of the literature[J]. Industrial and Corporate Change，2007，16(4)：691-791.

[322] Rothwell R. Successful industrial innovation：Critical factors for the 1990s [J]. R&D Management，1992，22(3)：221-240.

[323] Rowley T，Behrens D，Krackhardt D. Redundant governance structures：An analysis of structural and relational embeddedness in the steel and semiconductor industries[J]. Strategic Management Journal，2000，21(3)：369-386.

[324] Sam C，Sijde P. Understanding the concept of the entrepreneurial university from the perspective of higher education models [J]. Higher Education，2014.

[325] Sánchez-Barrioluengo M. Articulating the 'three-missions' in Spanish universities[J]. Research Policy，2014.

[326] Sánchez-Barrioluengo M，Benneworth P. Is the entrepreneurial university also regionally engaged? Analysing the influence of university's structural configuration on third mission performance[J]. Technological Forecasting and

Social Change, 2019, 141: 206-218.

[327] Sandstrom C, Wennberg K, Wallin M W, et al. Public policy for academic entrepreneurship initiatives: A review and critical discussion[J]. Journal of Technology Transfer, 2018, 43(5): 1232-1256.

[328] Santoro M D, Gopalakrishnan S. The institutionalization of knowledge transfer activities within industry-university collaborative ventures[J]. Journal of Engineering and Technology Management, 2000, 17(3-4): 299-319.

[329] Sauermann H, Roach M. Increasing web survey response rates in innovation research: An experimental study of static and dynamic contact design features[J]. Research Policy, 2013, 42(1): 273-286.

[330] Savitskaya I, Salmi P, Torkkeli M. Barriers to open innovation: Case China [J]. Journal of Technology Management & Innovation, 2010, 5(4): 10-21.

[331] Saxenian A. Regional advantage: Culture and competition in Silicon Valley and Route 128[M]. Cambridge, MA: Harverd University Press, 1994.

[332] Saxenian A. The new Argonauts: Regional advantage in a global economy [M]. Cambridge, MA: Harverd University Press, 2006.

[333] Schiller D. Institutions and practice in cross-sector research collaboration: Conceptual considerations with empirical illustrations from the German science sector[J]. Science and Public Policy, 2011, 38(2SI): 109-121.

[334] Schilling M A, Phelps C C. Interfirm collaboration networks: The impact of large-scale network structure on firm innovation[J]. Management Science, 2007, 53(7): 1113-1126.

[335] Schot J, Steinmueller W E. Three frames for innovation policy: R&D, systems of innovation and transformative change[J]. Research Policy, 2018, 47 (9): 1554-1567.

[336] Schreiner M, Kale P, Corsten D. What really is alliance management capability and how does it impact alliance outcomes and success? [J]. Strategic Management Journal, 2009, 30(13): 1395-1419.

[337] Scott W R, Davis G F. Organizations and organizing: Rational, natural, and open system perspectives[M]. Prentice Hall, 2007.

[338] Scott, W. Richard. Institutions and organizations: Ideas, interests and identities [M]. Fourth Edition. Thousand Oaks: SAGE Publications, 2014.

[339] Scott W R. Organization theory and higher education[J]. The Journal of Organizational Theory in Education, 2015, 1(1): 68-76.

[340] Shane S A. Academic entrepreneurship: University spin offs and wealth creation[M]: Edward Elgar Publishing, 2004.

[341] Sarkar M B, Echambadi R, et al. The influence of complementarity, compatibility, and relationship capital on alliance performance[J]. Journal of the A-

cademy of Marketing Science，2001，29(4)：358-373.

[342] Shaikh M，Levina N. Selecting an open innovation community as an alliance partner：Looking for healthy communities and ecosystems[J]. Research Policy，2019，48(1037668SI)：103-766.

[343] Shipilov A V，Li S X. Can you have your cake and eat it too? Structural holes' influence on status accumulation and market performance in collaborative networks[J]. Administrative Science Quarterly，2008，53(1)：73-108.

[344] Shipilov A，Gawer A. Integrating research on interorganizational networks and ecosystems[J]. Academy of Management Annals，2020，14(1)：92-121.

[345] Simoes J，Silva M J，Trigo V，et al. The dynamics of firm creation fuelled by higher education institutions within innovation networks[J]. Science and Public Policy，2012，39(5)：630-640.

[346] Singh J，Fleming L. Lone inventors as sources of breakthroughs：Myth or reality? [J]. Management Science，2010，56(1)，41-56.

[347] Spithoven A，Teirlinck P. Internal capabilities，network resources and appropriation mechanisms as determinants of R&D outsourcing[J]. Research Policy，2014.

[348] Slaughter S，Archerz C J，Campbell T. Boundaries and quandaries：How professors negotiate market relations[J]. Review of Higher Education，2004，28(1)：129-165.

[349] Slaughter S，Rhoads Gary. Academic capitalism and the new economy：Markets，state，and higher education[M]. Baltimore：The Johns Hopkins University Press，2004.

[350] Smith K. Measuring innovation[M]//Fagerberg，J.，Mowery，D. C.，Nelson，R. R. The Oxford handbook of innovation. Oxford：Oxford University Press，2005.

[351] Smith H L，Bagchi-Sen S. The research university，entrepreneurship and regional development：Research propositions and current evidence[J]. Entrepreneurship and Regional Development，2012，24(5-6)：383-404.

[352] Soh P，Subramanian A M. When do firms benefit from university-industry R&D collaborations? The implications of firm R&D focus on scientific research and technological recombination [J]. Journal of Business Venturing，2013.

[353] Sorenson O，Stuart T E. Bringing the context back in：Settings and the search for syndicate partners in venture capital investment networks[J]. Administrative Science Quarterly，2008，53(2)：266-294.

[354] Spencer J W，Gómez C. The relationship among national institutional structures，economic factors，and domestic entrepreneurial activity：A multicoun-

try study[J]. Journal of Business Research, 2004, 57(10): 1098-1107.

[355] Staber U. Contextualizing research on social capital in regional clusters[J]. International Journal of Urban And Regional Research, 2007, 31(3): 505-521.

[356] Stokes D E. Pasteur's quadrant: Basic science and technological innovation [M]. Washington, DC: Brookings Institution Press, 1997.

[357] Sydow, J., Staber, U. The institutional embeddedness of project networks: The case of content production in German television[J]. Regional Studies, 2002, 36(3): 215-227.

[358] Teece D J. Profiting from technological innovation: Implications for integration, collaboration, licensing and public policy[J]. Research Policy, 1986, 15(6): 285-305.

[359] Tether B S, Tajar A. Beyond industry-university links: Sourcing knowledge for innovation from consultants, private research organisations and the public science-base[J]. Research Policy, 2008, 37(6-7): 1079-1095.

[360] Thursby J G, Jensen R, Thursby M C. Objectives, characteristics and outcomes of university licensing: A survey of major U. S. Universities[J]. The Journal of Technology Transfer, 2001, 26(1-2): 59-72.

[361] Thornton P H, Ocasio W, lounsbury M. The institutional logics perspective: A new approach to culture, structure, and process[M]. Oxford: Oxford University Press, 2012.

[362] Tijssen R J W. Anatomy of use-inspired researchers: From Pasteur's Quadrant to Pasteur's Cube model[J]. Research Policy, 2018, 47(9): 1626-1638.

[363] Tkalac Verčič A, Verčič D, Sriramesh K. Internal communication: Definition, parameters, and the future[J]. Public Relations Review, 2012, 38(2): 223-230.

[364] Todorovic Z W, McNaughton R B, Guild P. ENTRE-U: An entrepreneurial orientation scale for universities[J]. Technovation, 2011, 31(2-3): 128-137.

[365] Toedtling F, Lehner P, Kaufmann A. Do different types of innovation rely on specific kinds of knowledge interactions? [J]. Technovation, 2009, 29(1): 59-71.

[366] Tortoriello M. The social underpinnings of absorptive capacity: The moderating effects of structural holes on innovation generation based on external knowledge[J]. Strategic Management Journal, 2015, 36(4): 586-597.

[367] Tranfield D, Denyer D, Smart P. Towards a methodology for developing evidence-informed management knowledge by means of systematic review [J]. British Journal of Management, 2003, 14(3): 207-222.

[368] Trencher G, Yarime M, McCormick K B, et al. Beyond the third mission:

Exploring the emerging university function of co-creation for sustainability [J]. Science and Public Policy, 2014, 41(2): 151-179.

[369] Todtling F, Trippl M. One size fits all? Towards a differentiated regional innovation policy approach[J]. Research Policy, 2005, 34(8): 1203-1219.

[370] Thomas E Pugh R. From 'entrepreneurial' to 'engaged' universities: Social innovation for regional development in the Global South[J]. Regional Studies, 2020, 54(12): 1631-1643.

[371] Trippl Michaela, Sinozic Tanja, Smith Helen L. The role of universities in regional development: Conceptual models and policy institutions in the UK, Sweden and Austria[EB/OL]. Papers in Innovation Studies from Lund University, CIRCLE. http: //econpapers. repec. org/paper/hhslucirc/2014_ 5f013. htm. 2014-2-20.

[372] Tsai W P. Knowledge transfer in intraorganizational networks: Effects of network position and absorptive capacity on business unit innovation and performance[J]. The Academy of Management Journal, 2001, 44 (5): 996-1004.

[373] Tsai W P, Ghoshal S. Social capital and value creation: The role of intrafirm networks[J]. Academy of Management Journal, 1998, 41(4): 464-476.

[374] Urbano D, Alvarez C. Institutional dimensions and entrepreneurial activity: An international study[J]. Small Business Economics, 2014, 42 (4SI): 703-716.

[375] Uyarra E. Conceptualizing the regional roles of universities, implications and contradictions[J]. European Planning Studies, 2010, 18(8): 1227-1246.

[376] Uzzi B. The sources and consequences of embeddedness for the economic performance of organizations: The network effect[J]. American Sociological Review, 1996, 61(4): 674-698.

[377] Uzzi B. Social structure and competition in interfirm networks: The paradox of embeddedness [J]. Administrative Science Quarterly, 1997, 42 (1): 35-67.

[378] Vallas S P, Kleinman D L. Contradiction, convergence and the knowledge economy: The confluence of academic and commercial biotechnology [J]. Socio-Economic Review, 2008, 6(2): 283-311.

[379] Van Rooij A. University knowledge production and innovation: Getting a hrip[J]. Minerva, 2014, 52(2): 263-272.

[380] van de Burgwal L H M, Dias A, Claassen E. Incentives for knowledge valorisation: A European benchmark [J]. Journal of Technology Transfer, 2019, 44(1): 1-20.

[381] Vasudeva G, Zaheer A, Hernandez E. The embeddedness of networks: In-

stitutions, structural holes, and innovativeness in the fuel cell industry[J]. Organization Science, 2013, 24(3): 645-663.

[382] Walter A, Auer M, Ritter T. The impact of network capabilities and entrepreneurial orientation on university spin-off performance [J]. Journal of Business Venturing, 2006, 21(4): 541-567.

[383] Wang C, Hong J, Kafouros M, et al. Exploring the role of government involvement in outward FDI from emerging economies[J]. Journal of International Business Studies, 2012, 43(7): 655-676.

[384] Wang C, Rodan S, Fruin M, et al. Knowledge networks, collaboration networks, and exploratory innovation[J]. Academy of Management Journal, 2014, 57(2): 484-514.

[385] Wei Y. Regional governments and opportunity entrepreneurship in underdeveloped institutional environments: An entrepreneurial ecosystem perspective[J]. Research Policy, 2022, 51(1): 104-380.

[386] Weick K E. Educational organizations as loosely coupled systems[J]. Administrative Science Quarterly, 1976, 21(1): 1-19.

[387] Wolfe R A, Putler D S. How tight are the ties that bind stakeholder groups? [J]. Organization Science, 2002, 13(1): 64-80.

[388] Wong A, Tjosvold D, Yu Z. Organizational partnerships in China: Self-interest, goal interdependence, and opportunism. [J]. Journal of Applied Psychology, 2005, 90(4): 782.

[389] Wright M. Academic entrepreneurship, technology transfer and society: Where next? [J]. The Journal of Technology Transfer, 2014, 39(3): 322-334.

[390] Wu W P. Managing and incentivizing research commercialization in Chinese Universities[J]. Journal of Technology Transfer, 2010, 35(2): 203-224.

[391] Wu W P, Zhou Y. The third mission stalled? Universities in China's technological progress[J]. Journal of Technology Transfer, 2012, 37(6): 812-827.

[392] Wu W Y, Chang M L, Cheng C W. Promoting innovation through the accumulation of intellectual capital, social capital, and entrepreneurial orientation [J]. R&D Management, 2008, 38(3), 265-277.

[393] Wuchty S, Jones B F, Uzzi B. The increasing dominance of teams in production of knowledge[J]. Science, 2007, 316(5827): 1036-1039.

[394] Xin K K, Pearce J L. Guanxi: Connections as substitutes for formal institutional support [J]. Academy of Management Journal, 1996, 39(6): 1641-1658.

[395] Yayavaram S, Ahuja G. Decomposability in knowledge structures and its impact on the usefulness of inventions and knowledge-base malleability[J]. Ad-

ministrative Science Quarterly, 2008, 53(2): 333-362.

[396] Yin Robert K. Application of case study(2nd edition)[M]. Thousand Oaks, California: Sage Publication, 2003.

[397] Yin Robert K. Case study research: Design and Methods(4th edition)[M]. Thousand Oaks, California: Sage Publication, 2008.

[398] Youtie J, Shapira P. Building an innovation hub: A case study of the transformation of university roles in regional technological and economic development [J]. Research Policy, 2008, 37(8): 1188-1204.

[399] Zaheer A, Bell G G. Benefiting from network position: Firm capabilities, structural holes, and performance [J]. Strategic Management Journal, 2005, 26(9): 809-825.

[400] Zhang C, Tan J, Tan D. Fit by adaptation or fit by founding? A comparative study of existing and new entrepreneurial cohorts in China[J]. Strategic Management Journal, 2015. DOI: 10. 1002/smj. 2355.

[401] Zhao Z, Brostrom A, Cai J. Promoting academic engagement: University context and individual characteristics[J]. Journal of Technology Transfer, 2020, 45(1SI): 304-337.

[402] Zhou K Z, Li C B. How knowledge affects radical innovation: Knowledge base, market knowledge acquisition, and internal knowledge sharing[J]. Strategic Management Journal, 2012, 33(9): 1090-1102.

[403] Zhong W, Su C, Peng J, et al. Trust in interorganizational relationships: A meta-analytic integration[J]. Journal of Management, 2014.

[404] Zukin Sharon, Dimaggio Paul. The structures of capital: The social organization of the economy[M]. New York: Cambridge University Press, 1990.

[405] 阿什比.科技发达时代的大学教育[M].北京:人民教育出版社,1983.

[406] 艾尔·巴比.社会研究方法(第十一版)[M].北京:华夏出版社,2009.

[407] 埃里诺·奥斯特罗姆.制度的理性选择:对制度分析和发展框架的评估[M]//萨巴蒂尔.政策过程理论.北京:生活·读书·新知三联书店,2004.

[408] 白庆华,赵豪迈,申剑等.产学研合作法律与政策瓶颈问题分析[J].科学学研究,2007(1):62-68.

[409] 巴克斯特,泰勒.扶持创业的场所:英、美两国中介组织的作用[M]//普可仁.创新经济地理.北京:高等教育出版社,2009.

[410] 边燕杰,丘海雄.企业的社会资本及其功效[J].中国社会科学,2000(02): 87-99.

[411] 伯顿·克拉克.高等教育系统——学术组织的跨国研究[M].杭州:杭州大学出版社,1994.

[412] 伯顿·克拉克.大学的持续变革——创业型大学新案例和新概念[M].北京:人民教育出版社,2008.

［413］陈德敏,李华.区域创新战略与中国的经济社会[M]//中国未来与高校创新.北京:中国人民大学出版社,2011.

［414］陈光华,王烨,杨国梁.地理距离阻碍跨区域产学研合作绩效了吗?[J].科学学研究,2015(01):76-82.

［415］陈劲,李飞宇.社会资本:对技术创新的社会学诠释[J].科学学研究,2001(03):102-107.

［416］陈劲,阳银娟.协同创新的理论基础与内涵[J].科学学研究,2012(2):161-164.

［417］陈劲,张月遥,阳镇.共同富裕战略下企业创新范式的转型与重构[J].科学学与科学技术管理,2022:1-16.

［418］陈劲,阳镇,张月遥.共同富裕视野下的中国科技创新:逻辑转向与范式创新[J].改革,2022(01):1-15.

［419］陈倩倩,尹义华.民营企业、制度环境与社会资本——来自上市家族企业的经验证据[J].财经研究,2014(11):71-81.

［420］陈凌,王昊.家族涉入、政治联系与制度环境——以中国民营企业为例[J].管理世界,2013(10):130-141.

［421］陈昀,贺远琼,周振红.研究型大学主导的区域创新生态系统构建研究[J].科技进步与对策,2013(14):32-36.

［422］陈明,郑旭,王颖颖.关于产学研合作中政府作用的几点思考[J].科技管理研究,2011(12):14-17.

［423］陈宇豪,何刚,董康.高校协同创新,支撑江苏创新型省份建设[N].江苏教育报,2015-05-22.

［424］陈晓萍,徐淑英,樊景立.组织与管理研究的实证方法[M].2版.北京:北京大学出版社,2012.

［425］陈伟,王秀锋,曲慧,等.产学研协同创新共享行为影响因素研究[J].管理评论,2020,32(11):92-101.

［426］达夫特.组织理论与设计[M].北京:清华大学出版社,2011.

［427］道格拉斯·诺思.制度、制度变迁与经济绩效[M].上海:格致出版社,2008.

［428］丁荣贵,张宁,李媛媛.产学研合作项目双中心社会网络研究[J].科研管理,2012(12):86-93.

［429］戴勇,陈丽明,王思卉.美国大学与社区发展伙伴关系的影响因素研究[J].科研管理,2013(02):81-88.

［430］邓华,曾国屏.OECD创新测度的理论与实践——基于三版《奥斯陆手册》的比较研究[J].科学管理研究,2011(04):49-53.

［431］邓英.网络能力与企业竞争优势关系的实证研究[J].经济地理,2009(09):1518-1523.

［432］刁丽琳,朱桂龙.产学研合作中的契约维度、信任与知识转移——基于多案例的研究[J].科学学研究,2014(06):890-901.

[433] 杜传文. 社会嵌入对家族企业创业导向的作用机制研究[D]. 杭州：浙江大学，2013.

[434] 范建波. 地方高校与社区互动的运行机制研究[J]. 教育发展研究，2013(09)：69-73.

[435] 范群林，邵云飞，唐小我等. 结构嵌入性对集群企业创新绩效影响的实证研究[J]. 科学学研究，2010，28(12)：1891-1900.

[436] 方刚. 网络能力结构及对企业创新绩效作用机制研究[J]. 科学学研究，2011，29(3)：461-470.

[437] 方炜，王莉丽. 协同创新网络的研究现状与展望[J]. 科研管理，2018(09)：30-41.

[438] 傅利平，周小明，罗月丰. 知识溢出与产学研合作创新网络的耦合机制研究[J]. 科学学研究，2013(10)：1541-1547.

[439] 樊霞，任畅翔，刘炜. 产学研合作与企业独立研发关系的进一步检验——基于企业 R&D 投入门槛效应的分析[J]. 科学学研究，2013(01)：85-91.

[440] 范钧，郭立强，聂津君. 网络能力、组织隐性知识获取与突破性创新绩效[J]. 科研管理，2014(01)：16-24.

[441] 弗洛德·J. 福勒. 调查问卷的设计与评估[M]. 重庆：重庆大学出版社，2010.

[442] Gertler，Meric，S. 生产系统中的隐含知识：地理的重要性[M]//Polenske，Karen，R. 创新经济地理. 北京：高等教育出版社，2009.

[443] G·多西，C·弗里曼，R·纳尔逊等. 技术进步与经济理论[M]. 北京：经济科学出版社，1992.

[444] 高小平，刘一弘. 论行政管理制度创新[J]. 江苏行政学院学报，2021(02)：97-107.

[445] 郭小聪. 中国地方政府制度创新的理论：作用与地位[J]. 政治学研究，2000(01)：67-73.

[446] 海本禄. 大学科研人员合作研究参与意愿的实证研究[J]. 科学学研究，2013(04)：578-584.

[447] 赫尔曼·哈肯. 协同学：大自然构成的奥秘[M]. 上海：上海译文出版社，2001.

[448] 赫尔曼·哈肯. 信息与自组织[M]. 成都：四川教育出版社，2010.

[449] 韩义雷，张晔，张琦. 用改革的力量释放创新的活力——创新驱动发展的江苏实践[N]. 科技日报，2013-12-29.

[450] 何建坤，李应博等. 研究型大学与区域创新体系——首都地区案例研究与数量分析[M]. 北京：清华大学出版社，2008.

[451] 何建坤，吴玉鸣，周立. 大学技术转移对首都区域经济增长的贡献分析[J]. 科学学研究，2007(05)：871-876.

[452] 何郁冰. 产学研协同创新的理论模式[J]. 科学学研究，2012(02)：165-174.

[453] 何郁冰，张迎春. 网络嵌入性对产学研知识协同绩效的影响[J]. 科学学研究，2017(09)：1396-1408.

[454] 亨利·埃兹科维茨.麻省理工学院与创业科学的兴起[M].北京:清华大学出版社,2007.

[455] 侯杰泰,温忠麟,成子娟,张雷.结构方程模型及其应用[M].北京:教育科学出版社,2004.

[456] 胡彩梅.知识溢出影响区域知识创新的机理及测度研究[D].长春:吉林大学,2013.

[457] 胡赤弟,黄志兵.知识形态视角下高校学科—专业—产业链的组织化治理[J].教育研究,2013(01):76-83.

[458] 胡赤弟,张国昌.高校协同创新社区及其治理原则分析[J].中国高教研究,2019(03):72-76.

[459] 胡曙虹,杜德斌,游小珺等.中国"成长三角"区域高校知识创新绩效的时空演化分析[J].经济地理,2014(10):15-22.

[460] 宦建新.科技创新"浙江现象"[N].科技日报,2015-10-19.

[461] 黄鲁成.区域技术创新生态系统的特征[J].中国科技论坛,2003(1):23-26.

[462] 黄鲁成.基于生态学的技术创新行为研究[M].北京:科学出版社,2007.

[463] 胡志坚.国家创新系统——理论分析与国际比较[M].北京:社会科学文献出版社,2000.

[464] 教育部科技发展中心.中国高校知识产权报告 2010[M].北京:清华大学出版社,2012.

[465] 江诗松,李燕萍,龚丽敏.中国产学研联结的发展历程、模式演化和经验教训[J].自然辩证法研究,2014(04):48-55.

[466] 蒋舒阳,庄亚明,丁磊.产学研基础研究合作、财税激励选择与企业突破式创新[J].科研管理,2021,42(10):40-47.

[467] 蒋喜锋,刘小强,邓婧.大学的"社会参与"运动还是"参与型"大学的崛起?——兼论知识、经济和社会多重转型背景下一流大学建设的方向[J].西北工业大学学报(社会科学版),2022(01):55-67.

[468] 井润田,孙璇.实证主义 vs.诠释主义:两种经典案例研究范式的比较与启示[J].管理世界,2021,37(03):198-216.

[469] 孔寒冰,吴婧姗,李文.SkTech:俄罗斯工程教育的模式创新[J].高等工程教育研究,2012(06):38-46.

[470] 理查德·斯科特.制度与组织:思想观念、利益偏好与身份认同(第 4 版)[M].北京:中国人民大学出版社,2020.

[471] 黎越亚,钟书华.国外"区域智慧专业化成长"研究述评[J].自然辩证法通讯,2018,40(12):85-93.

[472] 冷静,王海燕.解读制约科研人员创造力的制度性障碍——基于科技政策落实情况的分析[J].中国软科学,2020(07):187-192.

[473] 罗伯特·罗兹,常永才.美国创业型研究型大学存在的问题及其对中国高等教育的启示[J].高等教育研究,2011,(8):16-25.

[474] 罗伯特·B. 登哈特. 公共组织理论(第 5 版)[M]. 北京：中国人民大学出版社，2011.

[475] 刘华，周莹. 我国技术转移政策体系及其协同运行机制研究[J]. 科研管理，2012(03)：105-112.

[476] 刘克勤. 地方普通高校服务区域创新驱动发展探析[J]. 教育发展研究，2014(07)：23-27.

[477] 刘立. 科技政策学研究[M]. 北京：北京大学出版社，2011.

[478] 刘力. 学术价值与商业价值的冲突——产学研合作的理念探析[J]. 教育研究，2002(04)：25-29.

[479] 刘婷，李纲. 管理者社会联系、企业网络能力与创新绩效——一个理论框架[J]. 科学管理研究，2012(04)：75-78.

[480] 刘婷，薛佳奇. 企业网络能力：研究回顾与未来展望[J]. 科技进步与对策，2012(20)：150-154.

[481] 李包庚. 世界普遍交往中的人类命运共同体[J]. 中国社会科学，2020(4)：4-26.

[482] 李成龙，刘智跃. 产学研耦合互动对创新绩效影响的实证研究[J]. 科研管理，2013(03)：23-30.

[483] 李飞. 创业导向的产学协同创新机理研究[D]. 杭州：浙江大学，2014.

[484] 李怀祖. 管理研究方法[M]. 西安：西安交通大学出版社，2004.

[485] 李靖华，黄继生. 网络嵌入、创新合法性与突破性创新的资源获取[J]. 科研管理，2017(04)：10-18.

[486] 李善民，张媛春. 制度环境、交易规则与控制权协议转让的效率[J]. 经济研究，2009(05)：92-105.

[487] 李世超. 产学合作关系对企业创新绩效的影响研究——基于案例研究的概念模型与解释[J]. 科技进步与对策，2012(5)：6-13.

[488] 李世超，蔺楠，苏竣. 基于知识转移的产学关系嵌入作用机制研究[J]. 科学学研究，2011(10)：1532-1541.

[489] 李维安，林润辉，范建红. 网络治理研究前沿与述评[J]. 南开管理评论，2014(05)：42-53.

[490] 李习保. 中国区域创新能力变迁的实证分析：基于创新系统的观点[J]. 管理世界，2007(12)：18-30.

[491] 李新男. 创新"产学研结合"组织模式 构建产业技术创新战略联盟[J]. 中国软科学，2007(5)：9-12.

[492] 李志远，张路通，赵雁海. 创业导向、关系嵌入与客户知识获取的关系研究[J]. 软科学，2013(02)：19-23.

[493] 李万，常静，王敏杰等. 创新 3.0 与创新生态系统[J]. 科学学研究，2014，32(12)：1761-1769.

[494] 梁正. 从科技政策到科技与创新政策——创新驱动发展战略下的政策范式转

型与思考[J].科学学研究,2017,35(02):170-176.

[495] 廖开容,陈爽英.制度环境对民营企业研发投入影响的实证研究[J].科学学研究,2011(09):1342-1348.

[496] 柳卸林.区域创新体系成立的条件和建设的关键因素[J].中国科技论坛,2003(1):18-22.

[497] 柳卸林,吕萍,程鹏,陈傲.构建均衡的区域创新体系[M].北京:科学出版社,2011.

[498] 柳卸林,孙海鹰,马雪梅.基于创新生态观的科技管理模式[J].科学学与科学技术管理,2015(01):18-27.

[499] 柳卸林等.中国区域创新能力报告2014[M].北京:科学出版社,2014.

[500] 刘伟,杨贝贝,刘严严.制度环境对新创企业创业导向的影响——基于创业板的实证研究[J].科学学研究,2014(03):421-430.

[501] 刘则渊,陈悦等.科学知识图谱:方法与应用[M].北京:人民出版社,2008.

[502] 刘小鹏.高校跨学科研究机构的动态管理机制[J].研究与发展管理,2014(05):124-128.

[503] 雷新途,熊德平.区域制度环境、上市公司聚集与绩效[J].经济地理,2013(01):41-45.

[504] 鲁若愚,周阳,丁奕文,等.企业创新网络:溯源、演化与研究展望[J].管理世界,2021,37(01):217-233.

[505] 骆严,焦洪涛.基于ROCCIPI模型的中国"拜杜规则"分析[J].科学学研究,2014(01):59-65.

[506] 栾春娟,侯海燕.中国"拜杜法"对中国学术机构专利申请的影响[J].科技管理研究,2010(10):128-129.

[507] 罗伯特·伯恩鲍姆.大学运行模式:大学组织与领导的控制系统[M].青岛:中国海洋大学出版社,2003.

[508] 罗亚非.区域技术创新生态系统绩效评价研究[M].北京:经济科学出版社,2010.

[509] 吕国庆,曾刚,顾娜娜.经济地理学视角下区域创新网络的研究综述[J].经济地理,2014(02):1-8.

[510] 吕一博,韩少杰,苏敬勤.大学驱动型开放式创新生态系统的构建研究[J].管理评论,2017(04):68-82.

[511] 马庆国.管理统计——数据获取、统计原理、SPSS工具与应用研究[M].北京:科学出版社,2002.

[512] 迈尔斯·M.B.,休伯曼·M.质性资料的分析:方法与实际[M].重庆:重庆大学出版社,2006.

[513] 迈克尔·D.科恩,詹姆斯·G.马奇.大学校长及其领导艺术[M].青岛:中国海洋大学出版社,2006.

[514] 梅亮,陈劲,刘洋.创新生态系统:源起、知识演进和理论框架[J].科学学研究,

2014(12):1771-1780.

[515] 明铭.区域创新体系中的大学行为研究[D].武汉:华中科技大学,2012.

[516] Nonaka,Ikujiro,Reinmoeller,Patrick.知识创造与应用的动态业务系统[M]//查尔斯·德普雷,丹尼尔·肖维尔.知识管理的现在与未来.北京:人民邮电出版社,2004.

[517] 倪昌红.管理者的社会关系与企业绩效:制度嵌入及其影响路径[D].长春:吉林大学,2011.

[518] 倪渊.核心企业网络能力与集群协同创新:一个具有中介的双调节效应模型[J].管理评论,2019,31(12):85-99.

[519] 庞建刚,石琳娜.创新共同体:从实体转向虚拟[M].北京:科学出版社,2018.

[520] 任胜钢.企业网络能力结构的测评及其对企业创新绩效的影响机制研究[J].南开管理评论,2010(01):69-80.

[521] 锁利铭.面向共同体的治理:功能机制与网络结构[J].天津社会科学,2020(06):71-78.

[522] 斯劳特,莱斯利.学术资本主义:政治、政策和创业型大学[M].北京:北京大学出版社,2008.

[523] 苏竣,何晋秋等.大学与产业合作关系:中国大学知识创新及科技产业研究[M].北京:中国人民大学出版社,2009.

[524] 眭依凡.科学发展观与大学按规律办学[J].教育研究,2008(11):57-64.

[525] 孙宁华.苏州大学:高校与企业协同创新将大有作为[N].科技日报,2011-12-06.

[526] 孙伟,高建,张帏等.产学研合作模式的制度创新:综合创新体[J].科研管理,2009(05):69-75.

[527] 沈婕,钟书华.国外"智慧专业化战略"研究述评[J].科研管理,2019,40(09):48-56.

[528] 尚航标,李卫宁,黄培伦.跨部门协同创新的行为学机制[J].管理学报.2016,13(01):93-99.

[529] 唐小旭.区域产学研结合技术创新研究[D].哈尔滨:哈尔滨工程大学,2009.

[530] 唐丽艳,周建林,王国红.社会资本、在孵企业吸收能力和创新孵化绩效的关系研究[J].科研管理,2014(07):50-58

[531] 托尼·比彻,保罗·特罗勒尔.学术部落及其领地[M].北京:北京大学出版社,2008.

[532] 托尼·布什.当代西方教育管理模式[M].南京:南京师范大学出版社,1998.

[533] 王缉慈.知识创新和区域创新环境[J].经济地理,1999,19(01):12-16.

[534] 王雎,罗珉.知识共同体的构建:基于规则与结构的探讨[J].中国工业经济,2007(04):54-62.

[535] 王凯,胡赤弟."双一流"建设背景下创新人才培养绩效影响机制的实证分析——以学科—专业—产业链为视角[J].教育研究,2019(02):85-93.

[536] 王凯,胡赤弟,陈艾华.大学网络能力对ICBU绩效的影响机制研究[J].科研管理,2019,40(08):166-178.

[537] 王凯,胡赤弟,吴伟.基于"学科—专业—产业链"的创新创业型大学:概念内涵与现实路径[J].清华大学教育研究,2017(05):110-117.

[538] 王凯,邹晓东,吕旭峰.欧美大学学者参与产学合作的程度、决定因素和影响——基于实证研究文献的探析[J].中国高教研究,2013(07):57-61.

[539] 王凯,邹晓东.美国大学技术商业化组织模式创新的经验与启示——以"概念证明中心"为例[J].科学学研究,2014(11):1754-1760.

[540] 王凯,邹晓东.大学和产业知识生产模式的异质性与融合性研究——基于制度逻辑的视角[J].自然辩证法通讯,2016(01):110-115.

[541] 王凯,邹晓东.由国家创新系统到区域创新生态系统——产学协同创新研究的新视域[J].自然辩证法研究,2016(09):97-101.

[542] 王凯,邹晓东.大学与区域协同创新的组织模式:以德国"研究园计划"为例[J].科技管理研究,2016(17):93-96.

[543] 王松,胡树华,牟仁艳.区域创新体系理论溯源与框架[J].科学学研究,2013(03):344-349.

[544] 王仁文.基于绿色经济的区域创新生态系统研究[D].合肥:中国科学技术大学,2014.

[545] 王瑞敏,滕青,卢斐斐.影响高校专利转化的因素分析和对策研究[J].科研管理,2013(03):137-144.

[546] 王英杰.大学文化传统的失落:学术资本主义与大学行政化的叠加作用[J].比较教育研究,2012,(1):1-7.

[547] 王永杰,陈家宏,陈光等.研究型大学在知识创新中的地位和作用[J].科学学研究,2000,18(2):42-49.

[548] 王峥,龚轶.创新共同体:概念、框架与模式[J].科学学研究,2018,36(01):140-148.

[549] 王峥,龚轶.京津冀创新共同体:概念、框架与路径[M].北京:科学出版社,2018.

[550] 王燕,刘晗,赵连明,等.乡村振兴战略下西部地区农业科技协同创新模式选择与实现路径[J].管理世界,2018,34(06):12-23.

[551] 汪良兵,洪进,赵定涛.中国技术转移体系的演化状态及协同机制研究[J].科研管理,2014(05):1-8.

[552] Walsh,John,P.,洪伟.美国大学技术转移体系概述[J].科学学研究,2011(5):641-649.

[553] 温忠麟,侯杰泰,张雷.调节效应与中介效应的比较和应用[J].心理学报,2005(02):268-274.

[554] 翁鸣.构建科技兴农创新体系的有益探索——湖州经验的启示和借鉴[J].农村经济,2016(09):104-108.

[555] 魏江.多层次开放式区域创新体系建构研究[J].管理工程学报,2010(S1)：31-37.

[556] 魏江,戴维奇,林巧.公司创业研究领域两个关键构念——创业导向与公司创业——的比较[J].外国经济与管理,2009(01)：24-31.

[557] 魏江,徐蕾.知识网络双重嵌入、知识整合与集群企业创新能力[J].管理科学学报,2014(02)：34-47.

[558] 魏江,郑小勇.关系嵌入强度对企业技术创新绩效的影响机制研究——基于组织学习能力的中介性调节效应分析[J].浙江大学学报(人文社会科学版),2010(06)：168-180.

[559] 沃尔特·W.鲍威尔,保罗·J.迪马吉奥.组织分析的新制度主义[M].上海：上海人民出版社,2008.

[560] 武学超.影响大学与产业科研协同创新的逻辑因素——基于国外实证研究文献的解析[J].中国高教研究,2014(03)：42-47.

[561] 武学超.模式3知识生产的理论阐释——内涵、情境、特质与大学向度[J].科学学研究,2014(09)：1297-1305.

[562] 吴金希.创新生态体系的内涵、特征及其政策含义[J].科学学研究,2014(01)：44-51.

[563] 吴明隆.问卷统计分析实务——SPSS操作与应用[M].重庆：重庆大学出版社,2010a.

[564] 吴明隆.结构方程模型：AMOS的操作与应用[M].重庆：重庆大学出版社,2010b.

[565] 吴伟,邹晓东,王凯.拓展与参与：美国公立大学功能的新变化[J].高等教育研究,2013(06)：84-93

[566] 吴晓波,韦影,杜健.社会资本在企业开展产学研合作中的作用探析[J].科学学研究,2004,22(6)：630-633.

[567] 吴旭云,贺小刚,郝影利.创业导向、网络嵌入与创业型企业成长关系研究[J].科技进步与对策,2013(05)：78-84.

[568] 吴友群,赵京波.产学研合作的经济绩效研究及其解释[J].科研管理,2014(07)：147-153.

[569] 吴玉鸣.大学知识创新与区域创新环境的空间变系数计量分析[J].科研管理,2010(5)：116-123.

[570] 席建,刘海燕.创新科研管理助推苏州大学科技发展[J].中国基础科学,2013,(06).55-57.

[571] 向永胜.文化嵌入对集群企业创新能力的作用机制及协同演进研究[D].杭州：浙江大学,2012.

[572] 肖丁丁,朱桂龙.产学研合作创新效率及其影响因素的实证研究[J].科研管理,2013(01)：11-18.

[573] 肖俊夫,胡娜,李华.高校促进区域创新：发展趋势与行动对策[J].中国高校科

技,2011(12):11-14.

[574] 邢小强,全允桓.网络能力:概念、结构与影响因素分析[J].科学学研究,2006(S2):558-563.

[575] 谢洪明,张颖,程聪.网络嵌入对技术创新绩效的影响:学习能力的视角[J].科研管理,2014(12):1-8.

[576] 许斌,陈敏艳,盛永祥.嵌入性对不同模式技术转移的影响研究[J].科技进步与对策,2010(24):1-5

[577] 许冠南.关系嵌入性对技术创新绩效的影响研究——基于探索型学习的中介机制[D].杭州:浙江大学,2008.

[578] 徐芳,杨国梁,郑海军等.基于知识创新过程的科技政策方法论研究[J].科学学研究,2013(04):510-517.

[579] 徐金发,许强,王勇.企业的网络能力剖析[J].外国经济与管理,2001(11):21-25.

[580] 徐侠,姬敏.创新赠券项目的国际比较与综合评价[J].科学学研究,2013(09):1433-1440.

[581] 徐蕾.知识网络双重嵌入对集群企业创新能力提升的机理研究[D].杭州:浙江大学,2012.

[582] 闫广芬,王红雨.大学校长社会资本:来源、特征与测量[J].江苏高教,2013(05):6-8.

[583] 燕继荣.制度、政策与效能:国家治理探源——兼论中国制度优势及效能转化[J].政治学研究,2020(02):2-13.

[584] 晏双生.知识创造与知识创新的含义及其关系论[J].科学学研究,2010(08):1148-1152.

[585] 杨柏,陈银忠,李爱国,等.政府科技投入、区域内产学研协同与创新效率[J].科学学研究,2020:1-14.

[586] 杨开新,张毅.陕西促进创新要素精准对接高效耦合——创新联合体为发展添动力[N].经济日报,2021-05-05.

[587] 杨文明,韩文秀.论知识创新和技术创新的互动关系与作用机制[J].科学管理研究,2003,21(6):42-44.

[588] 杨欣萌,何光喜.面向可持续发展的转型创新政策:理论与中国实践[J].中国科技论坛,2021(01):1-9.

[589] 原长弘,孙会娟.政产学研用协同与高校知识创新链效率[J].科研管理,2013(4):60-67.

[590] 余冬筠,金祥荣.创新主体的创新效率区域比较研究[J].科研管理,2014(3):51-57.

[591] 俞竹超,樊治平.知识协同理论与方法研究[M].北京:科学出版社,2014.

[592] 余维新,顾新,熊文明.产学研知识分工协同理论与实证研究[J].科学学研究,2017(5):737-745.

[593] 余维新,熊文明,黄卫东,等.创新网络关系治理对知识流动的影响机理研究[J].科学学研究,2020,38(02):373-384.

[594] 余义勇,杨忠.如何有效发挥领军企业的创新链功能——基于新巴斯德象限的协同创新视角[J].南开管理评论,2020,23(02):4-15.

[595] 约翰·亨利·纽曼.大学的理念[M].北京:中国人民大学出版社,2012.

[596] 约翰·S.布鲁贝克.高等教育哲学[M].杭州:浙江教育出版社,2002:13-30.

[597] 袁茂,杜晨杰,杨华,等.高校科技特派员制度与产教融合的关系探讨[J].中国高校科技,2017(S2):79-80.

[598] 曾健,张一方.社会协同学[M].北京:科学出版社,2000.

[599] 曾国屏,林菲.走向创业型科研机构—深圳新型科研机构初探[J].中国软科学,2013(11):49-57.

[600] 曾国屏,林菲.创业型科研机构初探[J].科学学研究,2014(02):242-249.

[601] 曾国屏,苟尤钊,刘磊.从"创新系统"到"创新生态系统"[J].科学学研究,2013(01):4-12.

[602] 曾国屏,王程韡等.知识资本全球化与科技创新[M].北京:清华大学出版社,2013:6

[603] 曾庆辉,王国顺.基于产业网络的企业网络能力与创新绩效关系实证研究[J].经济地理,2014(10):111-118.

[604] 宗晓华,洪银兴.创新范式转型与中国大学—企业协同创新机制的深化[J].高等教育研究,2013(07):1-9.

[605] 邹晓东,陈艾华.面向协同创新的跨学科研究体系[M].杭州:浙江大学出版社,2014.

[606] 邹晓东,陈汉聪.创业型大学:概念内涵、组织特征与实践路径[J].高等工程教育研究,2011(3):54-59.

[607] 邹晓东,李铭霞,刘继荣.顶天与立地结合,全方位打造服务社会新体系——浙江大学的综合案例[J].高等工程教育研究,2009(06):46-52.

[608] 邹晓东,吕旭峰."学部制"改革初探——基于构建跨学科研究组织体系的思考[J].高等教育研究,2010(02):26-31.

[609] 邹晓东,吕旭峰.研究型大学学部制改革的动因、运行机制及发展走向[J].浙江大学学报(人文社会科学版),2011(03):5-11.

[610] 邹晓东,翁默斯,姚威.我国"革新式"创业型大学的转型路径——一个多案例的制度考察[J].高等工程教育研究,2014(02):100-105.

[611] 邹晓东,王凯.区域创新生态系统情境下的产学知识协同创新:现实问题、理论背景与研究议题[J].浙江大学学报(人文社会科学版),2016(06):5-18.

[612] 张超,官建成.基于政策文本内容分析的政策体系演进研究——以中国创新创业政策体系为例[J].管理评论,2020,32(05):138-150.

[613] 张春宁,谢恩,李垣.企业间合作学习、控制方式、创新的关系研究[J].科学学研究,2006(5):791-797.

［614］张丹华.直面产业需求、推动开放融合,西安交通大学——创新没有"围墙"
［N］.人民日报,2022-01-18.

［615］张凡.区域创新效率与经济增长实证研究［J］.中国软科学,2019（02）:
155-162.

［616］张慧琴,王鑫,王旭,等.超越巴斯德象限的基础研究动态演化模型及其实践内
涵［J］.中国工程科学,2021,23（04）:145-152.

［617］张钢,陈劲,许庆瑞.技术、组织与文化的协同创新模式研究［J］.科学学研究,
1997（02）:56-61.

［618］张钢,李腾,乐晨.管理实践中流行的十大迷思［J］.管理学报,2014（04）:
492-501.

［619］张国庆.公共政策分析［M］.上海:复旦大学出版社,2004.

［620］张国昌,胡赤弟.知识生产方式变迁下的产业—教学—科研—学习联结体的组
织特征［J］.高等教育研究,2012（11）:27-31.

［621］张利斌,张鹏程,王豪.关系嵌入、结构嵌入与知识整合效能:人—环境匹配视
角的分析框架［J］.科学学与科学技术管理,2012（05）:78-83.

［622］张羽飞,原长弘,王涛,等.产学研深度融合演化路径分析——基于浙江清华长
三角研究院的纵向案例研究［J］.中国科技论坛,2020（07）:87-98.

［623］章芬,原长弘,郭建路.新型研发机构中产学研深度融合——体制机制创新的
密码［J］.科研管理,2021,42（11）:43-53.

［624］章威.基于知识的企业动态能力研究:嵌入性前因及创新绩效结果［D］.杭州:
浙江大学,2009.

［625］赵婀娜."政产学研"四位一体为经济社会建设作贡献——四轮驱动成就"浙大
模式"［N］.人民日报,2011-04-29.

［626］赵新峰,李水金,王鑫.协同视阈下雄安新区创新共同体治理体系的建构方略
［J］.中国行政管理,2020（06）:44-50.

［627］赵正国,肖广岭.从合著论文看中国工程材料工业知识生产的产学合作——兼
与制药工业的比较［J］.自然辩证法通讯,2014（02）:75-80.

［628］周光礼,宋小舟.区域知识创新中心:大学的新模式——武汉未来科技城的案
例研究［J］.高等工程教育研究,2016（06）:16-24.

［629］周文泳,何云飞,李娜等.价值主体需求对科研活动价值取向的影响机理［J］.
科学学研究,2012（7）:1056-1062.

［630］周雪光.组织社会学十讲［M］.北京:社会科学文献出版社,2003.

［631］周雪光,李贞.组织规章制度与组织决策［J］.北京大学教育评论,2010,8（03）:
2-23.

［632］朱凌,薛萍,徐旋.高校与区域的协同创新:基于我国典型区域10年专利数据
的实证分析［J］.高等工程教育研究,2014（04）:15-21.

［633］朱学彦.基于嵌入性关系和组织间学习的产学知识联盟研究［D］.杭州:浙江大
学,2009.

［634］朱迪·埃斯特琳.美国创新在衰退［M］.北京:机械工业出版社,2010.

［635］朱秀梅,陈琛,蔡莉.网络能力、资源获取与新企业绩效关系实证研究［J］.管理科学学报,2010(04):44-56.

［636］庄涛,吴洪.基于专利数据的我国官产学研三螺旋测度研究——兼论政府在产学研合作中的作用[J].管理世界,2013(8):175-176.

后　记

　　"盛年不重来，一日难再晨。及时当勉励，岁月不待人。"几经波折，此书终于得以完稿和出版。

　　该书是在本人博士论文基础上形成的。书中的相关理论、核心概念和数据等内容虽然随着时代发展和学术研究不断深入得以改进、补充和完善，但其核心观点仍来源于浙江大学那段美好而纯粹的科研时光。

　　首先特别感谢邹晓东老师在我攻读博士阶段给予的大力指导与帮助。邹老师渊博的学术积累、对实践的深刻洞察力和人格魅力使我在科研训练和学会做人的过程中受益颇丰。博士论文的选题、研究设计和分析框架等研究内容的提出与完善都得益于邹老师的谆谆教诲与耐心启发。

　　衷心感谢浙江大学中国科教战略研究院（科教发展战略研究中心）老师和同学在研究过程中的指导和帮助。

　　衷心感谢在研究过程中接受和支持调研访谈的高校、企业和政府部门管理人员或领导，以及接受和支持问卷调查的高校教师和领导。

　　衷心感谢宁波大学公共管理研究所对此书出版的资助，衷心感谢宁波大学教育管理与政策研究中心学术团队的支持和帮助。

　　当然，还要特别感谢家人对我长期以来的宽容、关心和支持。

　　虽然本书的完成得到了以上众多人士的鼎力相助，但书中仍可能会有疏漏和谬误之处，这些不足都将归咎于我的个人能力。

　　最后，希望新冠肺炎疫情早日过去，久未谋面的亲人朋友可以热情相拥！

王　凯

2022 年 5 月 9 日于宁波大学